BANKING LAWS

The Annual Report of Banking Laws and Regulations

国内唯一的
银行法专业连续性出版物

2010 银行业法制年度报告

张炜　主编

中国金融出版社

责任编辑：戴　硕　李　融
责任校对：孙　蕊
责任印制：程　颖

图书在版编目（CIP）数据

银行业法制年度报告 2010（Yinhangye Fazhi Niandu Baogao 2010）/张炜主编．—北京：中国金融出版社，2010．3
ISBN 978－7－5049－5433－6

Ⅰ．①银…　Ⅱ．①张…　Ⅲ．①银行法—研究报告—中国—2010　Ⅳ．①D922．281．4

中国版本图书馆 CIP 数据核字（2010）第 034941 号

出版 发行　中国金融出版社
社址　北京市益泽路 2 号
市场开发部　（010）63272190，66070804（传真）
网 上 书 店　http://www.chinafph.com
（010）63286832，63365686（传真）
读者服务部　（010）66070833，62568380
邮编　100071
经销　新华书店
印刷　利兴印刷有限公司
装订　平阳装订厂
尺寸　169 毫米×239 毫米
印张　35．25
字数　464 千
版次　2010 年 3 月第 1 版
印次　2010 年 3 月第 1 次印刷
定价　63．00 元
ISBN 978－7－5049－5433－6/F．4993

主 编 简 介

张炜 北京大学法律系毕业，法学博士，研究员。现任中国工商银行监事、总行法律事务部总经理；兼任中国政法大学教授、中国国际经济贸易仲裁委员会金融专业委员会副主任及仲裁员、中国法学会银行法研究会副会长、中国法学会证券法研究会常务理事、中国金融学会理事等。先后出版《银行改制上市法律问题与规制比较》、《银行国际业务与法律风险控制》、《银行公司金融业务与法律风险控制》、《银行中间业务与法律风险控制》、《个人金融业务与法律风险控制》等多部著作。自 2004 年起，每年主编国内唯一的银行法专业连续性出版物——《银行业法制年度报告》。

目　录

上篇　年度法制述评

下篇 法律问题探讨

上　篇

年度法制述评

第一章

银行业法律法规述评

一、银行业法律法规概览

概括而言，2009 年出台的与银行业密切相关的法律法规、部门规章有以下几个主要特点：

（一）保险法律规范修改完善

近年来，我国保险行业发展迅速，市场主体和从业人员不断增加，保费收入和保险业总资产屡创新高，业务结构逐步完善，产品类型日趋丰富，业务发展模式不断创新。与此同时，保险业发展过程中所存在的经营行为不规范、公司治理结构不完善、投保人和被保险人利益保护不充分、行业监管不完备等问题也逐步暴露，1995 年制定颁布的《保险法》已不能适应新形势发展的需要。为了维护投保人和被保险人的合法权益，推进保险公司合法合规经营，引导建立行业诚信自律，2009 年 10 月 1 日，经修订的《保险法》正式实施。新保险法总结了近年来保险业的发展经验，在现行保险法基本框架的基础上，对部分内容和条文进行了修改完善，进一步规范了保险公司经营行为，拓宽了保险服务领域，强化了保险监管，加强了对投保人和被保险人合法权益的保护，其颁布实施对完善我国保险法律制度、促进保险行业创新与发展具有重要意义。同时，新保险法的颁布实施也将对商业银行规范开展保险兼业代理等银保合作业务、拓展金融服务范围、探索参股保险公司等多元化经营产生重要影响。

（二）专利保护制度进一步健全

为了满足中美双边条约和WTO相关规定的需要，我国《专利法》自1985年施行以来，曾历经两次修改，但由于修法时间仓促，尚有许多问题未来得及解决。随着我国科技和经济迅猛发展，相关问题亟待加以解决和完善。为加快实现《国家知识产权战略纲要》所确立的自主创新、建设创新型国家的目标，同时与近年来陆续制定或修改的知识产权保护国际公约及多边协议相适应，完善专利法律制度、加强知识产权保护力度已势在必行。对此，2009年10月1日开始实施的新修订的《专利法》从提高专利授予标准、强化专利权保护、明确专利权私权本质、规制专利权滥用行为、实现与国际立法变化相匹配等方面对原有规范作了修改和调整，进一步完善了我国专利保护制度，将对促进我国科技进步和经济发展产生深远的影响，也将对商业银行运用专利武器提高自身核心竞争力、在市场竞争中抢占优势地位产生积极影响。

（三）惩治经济犯罪刑事法律适时修正

当前我国经济社会生活中犯罪分子利用计算机、网络等工具侵犯公民人身及财产权利、非法利用相关信息破坏金融管理秩序、干扰正常市场秩序等现象日渐增多。为适应惩治经济犯罪的实际需要、维护正常社会秩序，2009年2月28日，十一届全国人大常委会第七次会议通过了《刑法修正案（七）》，对现行《刑法》惩治经济犯罪的有关条文进行补充和修改，进一步充实和完善了刑事立法制度。其中有关内幕交易罪、逃避缴纳税款罪、非法经营罪、非法侵入计算机信息系统罪、非法泄露公民个人信息罪等罪刑的修改和增设，在有效打击各类违法犯罪行为的同时，也对商业银行维护客户信息资料安全、规范日常经营行为、加强公司治理与内部控制提出了更高要求。

（四）征信管理立法迈出实质性一步

为了改变我国征信立法工作长期滞后的局面、规范征信机构的行为、保护征信活动相关当事人的合法权益、促进征信业健康有序发展，国务院法制办向社会公布了《征信管理条例（征求意见稿）》。征求意见稿立足于我国征信业现状和解决征信管理的突出问题，将信用报告业务、信用评分业务和信用评级业务等纳入管理范围，并对征信业务中信息收集、整理、保存和加工等各个环节作了详细规定。同时，通过限制征信机构组织形式，明确设立条件、业务范围、退出机制等方式，强化对征信机构及其从业人员的监督和管理。此外，为防止征信机构、金融机构不规范或者不法行为对信息主体的权益造成侵害，特别对信息主体给予了较为严格的保护，规定了禁止收集的信息范围，明确了包括征信机构、金融机构在内的相关征信活动主体的法律责任。征求意见稿的发布，对促进征信活动的法律化和制度化，改善社会信用环境、提高国民的信用意识，推动社会信用体系的构建将发挥积极作用，也将对商业银行客户信息处理与相关业务发展产生重要影响。

（五）反垄断法律体系进一步完善

素有“经济宪法”之称的《反垄断法》规定了市场经济活动中垄断行为的种类，明确了鼓励和保护市场竞争、禁止和限制垄断行为的原则，但对相关市场界定、申报标准、执法标准以及审查程序等问题，却缺乏较为详细、明确的规定。为此，2009 年国务院反垄断委员会通过《关于相关市场界定的指南》，对界定相关市场的基本依据、界定相关市场的一般方法和关于假定垄断者测试分析思路的说明等内容作了具体规定，细化了立法条文，为相关市场界定工作提供了指导，有助于提高反垄断执法机构执法工作的透明度。同时，商务部会同中国人民银行、中国银监会、中国证监会和中国保监会制定了《金融业经营者集中申报营业额计算办法》，从规范银行、保险、证券、期货等特殊行业、领域经营者的集中申报行为角度出发，对金融业经营者集中的申报标准作了规定，提高了反垄断法律法规的适用性和可操作性。上述反垄断相关规定的出台，进一步健全了我国反垄断法律法规体系，也为商业银行依法经营、合法竞争提供了明确尺度。

二、重要法律法规述评

（一）法律

1.《保险法》

2009年2月28日，修订后的《中华人民共和国保险法》（以下简称新《保险法》）经十一届全国人大常委会第七次会议审议通过，自2009年10月1日起正式实施。

（1）新《保险法》出台背景及意义

原《保险法》于1995年10月1日实施，并于2002年作了部分修正。近年来，随着我国社会经济不断发展，保险业进入了一个高速发展阶段，保险市场主体和从业人员不断增加，保费收入和保险业总资产屡创新高；另外，保险业务结构逐步完善，产品类型日趋丰富，业务发展模式不断创新。同时，保险业发展过程中所暴露出来的经营行为不规范、公司治理结构不完善、投保人和被保险人利益保护不充分、行业监管不完备等问题，影响和制约了我国保险业的健康发展。

新《保险法》总结了近年来保险业的发展经验，从加强对投保人和被保险人合法权益保护、规范保险经营行为、拓宽保险服务领域、加强保险监管等方面对《保险法》进行了修订完善，进一步细化保险合同规定，明确各方权利义务；完善市场规则制度，推动业务模式创新；扩大业务经营范围，拓宽资金运用渠道；增加监管措施手段，强化行业监督管理。这些修改完善有利于维护投保人和被保险人的合法权益，推进保险公司合法合规经营，引导建立行业诚信自律，促进保险业创新与发展。

（2）新《保险法》主要修改内容

新《保险法》共八章一百八十七条，在保留原《保险法》基本框架的基础上，对部分章节和条文进行了修改调整。本次修改的内容主要包括以下几个方面：

第一，强化对投保人、被保险人利益的保护。针对保险经营中存在的误导、欺诈、违法销售，以及侵害投保人、被保险人利益等行为，新《保险法》对保险合同成立与生效、格式条款解释、保险理赔等方面作了进一步完善，增加了一些保护投保人、被保险人合法权益的内容。

一是强化保险公司说明义务，充分保障投保人知情权。为使投保人能够在投保前全面了解保险合同格式条款的完整内容，自主作出是否投保的决定，新《保险法》第十七条明确规定，订立保险合同，采用保险人提供的格式条款的，保险人提供投保单时应当附上合同的格式条款，并向投保人说明合同的内容。对于保险合同中含有免除保险人责任条款的，为防止保险人利用免责条款损害相关当事方的合法利益，新保险法规定了更为严格的说明义务，保险人除在订立合同时应当在投保单、保险单或者其他保险凭证上作出足以引起投保人注意的提示外，还应对该条款的内容以书面或者口头形式向投保人作出明确说明；未作提示或者明确说明的，该条款不产生效力。

二是限制保险人合同解除权，设置保险合同"不可抗辩"条款。根据原《保险法》，如果投保人在投保时未履行对保险人的如实告知义务，保险人可以拒绝承担保险责任。实践中，保险人援引这一规定拒绝赔付的情形时有发生，造成"投保容易理赔难"的局面。这种情况的产生既有个别投保人故意不履行如实告知义务的情况，也有保险公司营销人员为追求业绩，采取不作为甚至误导、欺骗客户等不合法、不合规的营销行为，诱使不符合投保条件的投保人投保的情形。

为了保障保险业务依法合规开展，防止保险公司滥用合同解除权，保护被保险人利益，新《保险法》适度减轻了投保人的如实告知义务，并对保险人在投保人未依法履行如实告知义务时的抗辩权利作出限制。根据新《保险法》第十六条的规定，投保人故意或者因重大过失未履行如实告知义务，足以影响保险人决定是否同意承保或者提高保险费率的，保险人才有权解除合同，且合同解除权的期限，自保险人知道有解除事由之日起，超过三十日不行使而消灭。同时，新保险法设置了保险合同“不可抗辩”条款，明确自合同成立之日起超过两年的，保险人不得解除合同。此外，新《保险法》还借鉴了英美法禁止反言制度，规定保险人在合同订立时已经知道投保人未如实告知的，保险人不得解除合同，不得免于承担保险责任。

三是明确保险合同的成立时间和效力问题。新《保险法》在保险合同成立时间及其效力的确定上作出了有利于投保人的规定。按原《保险法》，投保人提出保险要求，经保险人同意承保，并就合同的条款达成协议，保险合同才成立。如保险人迟延就合同条款达成协议，在保险合同的成立时间上容易产生争议，并引发对合同效力及保险责任承担等诸多方面的纠纷。新《保险法》第十三条规定：“投保人提出保险要求，经保险人同意承保，保险合同成立。保险人应当及时向投保人签发保险单或者其他保险凭证。”“依法成立的保险合同，自成立时生效。投保人和保险人可以对合同的效力约定附条件或者附期限。”新《保险法》以保险人同意承保作为保险合同的成立时间，更加有利于对投保人权益的维护。

四是规范保险合同格式条款，公平设置当事人权利义务。为了充分体现保险合同权利义务条款的公平性，防止保险人滥用免责条款，损害投保人、被保险人及受益人权益，新《保险法》增设了关于保险格式合同中特殊免责条款无效的规定。根据第十九条的规定，采用保险人提供的格式条款订立的保险合同，如设置了免除保险人依法应承担的义务或者加重投保人、被保险人责任，排除投保人、被保险人或者受益人依法享有的权利条款的，该条款无效。

此外，新《保险法》还对格式合同条款的解释作了进一步完善。相对于原《保险法》规定的对于保险合同的条款，保险人与投保人、被保险人或者受益人有争议时，人民法院或者仲裁机关应当作有利于被保险人和受益人的解释，新《保险法》增加了对有争议的保险合同格式条款按“通常理解”解释的规定，避免了片面强调弱势群体保护，不当加重保险人责任，实现了保险合同各方权利义务的平衡。

五是规范保险公司理赔程序和时限，明确人身保险特殊情形下的理赔原则。新《保险法》对保险公司理赔的程序和时限作了进一步明确和规范。根据新《保险法》规定，保险事故发生后，被保险人、受益人索赔时，保险人应当及时作出核定，认为有关索赔请求的证明和材料不完整的，应当“及时一次性书面”通知投保人、被保险人或者受益人补充提供；情形复杂的，应当在 30 天内作出核定，并将核定结果书面通知对方。其中，属于保险责任范围的，应当在赔付协议达成后 10 天内支付赔款；不属于保险责任范围的，应当自作出核定之日起 3 天内发出拒赔通知书并说明理由。上述规定有利于被保险人、受益人保险金请求权的实现，有助于防止保险人拖延理赔，缓解理赔难等问题。

同时，新《保险法》还减轻了投保人、被保险人或受益人对保险事故的通知义务，增加了保险人免责的例外条款，即保险事故发生后，保险人通过其他途径已经及时知道或者应当及时知道保险事故发生的，即使投保人、被保险人或受益人对保险事故未及时通知保险人，保险人也不能免责，仍须承担保险责任。这一规定可督促保险人在重特大保险事故发生后及时开展核赔工作，最大程度地维护了被保险人、受益人利益。

针对人身保险合同中，被保险人与受益人在同一事件中死亡且不能确定死亡先后顺序时的保险金处理问题，新《保险法》确定了同时死亡情形下推定受益人死亡在先、被保险人死亡在后的理赔原则，体现了保护被保险人利益的立法旨意。

六是解决财产保险合同标的转让理赔争议问题，明确受让人承继后的保险权利义务。原《保险法》规定保险标的的转让应当通知保险人，经保险人同意继续承保后，依法变更合同，但对于保险合同标的转让双方未及时通知保险人，或保险人迟延作出同意继续承保意思表示，保险合同如何履行、保险权益如何实现，原《保险法》未予明确，导致了被保险财产转让中的理赔争议。新《保险法》明确规定，保险标的转让的，保险标的的受让人承继被保险人的权利和义务，明确了财产保险合同标的转让后保险合同权利义务的归属问题。另外，新《保险法》设置了被保险人或者受让人的通知义务，规定对被保险人、受让人未履行通知义务，因转让导致保险标的危险程度显著增加而发生的保险事故，保险人不承担赔偿责任。对保险标的转让导致危险程度显著增加的，新《保险法》还规定保险人自收到前款规定的通知之日起三十日内，可以按照合同约定增加保险费或者解除合同。新《保险法》的规定在保护被保险人及财产保险合同标的受让人权益的同时，赋予了保险人一定条件下的免责和解除权，平衡了合同当事各方的权利义务，体现了立法的公平和对等。

第二，放宽保险利益主体范围。随着我国保险业务的发展，团体险已成为保险业务中一种重要产品类型。团体险业务中的投保人往往是被保险人的单位，单位员工作为被保险人享有保险保障的权益，但按照原《保险法》关于保险利益原则的规定，保险利益仅指投保人对保险标的具有的法律上承认的利益，因此，大部分团险业务的投保人即用人单位不具有对保险标的的保险利益，团体险业务与现行法律规定相违背。新《保险法》对保险利益原则作了相应修改，规定保险利益是指投保人或者被保险人对保险标的具有的法律上承认的利益，拓宽了保险利益的主体范围，为团体险业务的发展提供了明确的法律依据。同时，为防止团体险的投保人侵占、挪用被保险人的保险金，新《保险法》还规定，投保人为与其有劳动关系的劳动者投保人身保险，受益人限于被保险人及其近亲属，不得指定被保险人及其近亲属以外的人为受益人。此举进一步规范了团体险投保行为，保护了被保险人的合法利益。

第三，拓宽保险资金运用渠道和保险公司业务范围。针对原《保险法》对保险资金运用限制过于严格，保险资金运用渠道狭窄、保值增值难度大的问题，新《保险法》作了相应修改，将原《保险法》规定的“买卖政府债券、金融债券”，修改为“买卖债券、股票、证券投资基金等有价证券”，并增加了保险资金可以投资不动产的规定，拓宽了保险资金的运用渠道，为实践中保险资金投资股票、基金等行为提供了法律依据。同时，新《保险法》删除了保险公司不得兼营法律、行政法规规定以外的业务的禁止性规定，明确保险公司可以从事国务院保险监管机构批准的与保险有关的其他业务，拓展了保险公司的业务经营范围，满足了我国保险行业开放和社会经济发展的需要。针对资金运用渠道放宽带来的投资风险问题，新《保险法》还明确了保险资金运用的稳健性和安全性原则，以切实加强资金运用监管，有效保障资金运用安全。

第四，强化保险业监管，惩戒保险违法行为。为了满足新形势下对保险业监督管理的客观需要，保障保险监管机构依法履行职责，新《保险法》对保险监管机构的职权范围和监管措施作了新的规定，赋予保险监管机构对保险机构的现场检查权，对与被调查事件有关的单位和个人的调查权，在特定情形下封存相关资料、申请人民法院冻结或者查封的权力。新《保险法》强化了对保险公司偿付能力的监管力度，确立了以风险为基础的偿付能力监管机制，对原《保险法》有关偿付能力的规定作了进一步完善和修订，明确保险公司应当具有与其业务规模和风险程度相适应的最低偿付能力。对于偿付能力不足的保险公司，保险监管机构可采取责令增加资本金、限制业务范围、限制向股东分红、责令拍卖不良资产、转让保险业务以及限制董事、监事和高级管理人员的薪酬水平等一系列限制性监管措施。此外，对于保险业中存在的违法违规行为，新《保险法》设置了更加严格、全面的监管处罚规定，明确了相关各方当事人以及保险监管机构工作人员的法律责任。

第五，提高保险公司股东准入和高管任职资格要求。新《保险法》进一步明确和细化了保险公司主要股东准入条件和董事、监事、高管人员的任职资格，有利于提高保险市场从业人员素质和质量，促进保险公司健康发展。同时，新《保险法》还规定了保险公司高管人员资格的限制性条件，对因违法行为或者违纪行为被金融监督管理机构取消任职资格的金融机构的董事、监事、高级管理人员，自被取消任职资格之日起未逾五年的；因违法行为或者违纪行为被吊销执业资格的律师、注册会计师或者资产评估机构、验证机构等机构的专业人员，自被吊销执业资格之日起未逾五年的，不得担任保险公司的董事、监事、高级管理人员。此外，为保证保险公司的稳健经营，新《保险法》还规定保险公司注册资本必须为实缴货币资本。

第六，取消再保险“境内优先分保”规定。新《保险法》对我国再保险政策规定作出调整，继法定强制分保之后，取消了原《保险法》中与加入世界贸易组织承诺不符的“境内优先分保”规定。原《保险法》规定，再保险分出业务应当优先向中国境内的保险公司办理；保险监管机构有权限制或禁止保险公司向中国境外的保险公司办理再保险分出业务或者接受中国境外再保险分入业务。新《保险法》取消了上述规定，对再保险的分保对象不再作任何限制，体现了平等一致的国民待遇原则，有利于推动我国境内保险公司提高保险服务水平，积极应对国际竞争，促进我国再保险市场的发展。

（3）新《保险法》对商业银行的影响分析

第一，新《保险法》对商业银行银保合作业务的影响。新《保险法》明确界定了保险兼业代理机构的法律地位，对兼业代理机构及其业务人员的行为规范作出了详细规定，并对兼业代理活动中的违法行为设置了严格的法律责任。目前，商业银行兼业代理销售保险业务已成为银保合作的主要方式之一。为了保证兼业代理销售行为的合法合规性，避免因兼业代理行为瑕疵对商业银行带来不利影响，有效防范法律风险和声誉风险，商业银行在开展代理保险业务时应注意以下问题：

一是关注保险合同的成立时间，确保业务程序的合规性。新《保险法》明确规定，“投保人提出保险要求，经保险人同意承保，保险合同成立”，“依法成立的保险合同，自成立时生效”。因此，经中国保监会批准，由保险公司委托保险兼业代理人签发保险单的，商业银行兼业代理销售保险产品的业务人员在保险人同意承保后，应及时向投保人签发保险单或者其他保险凭证，避免在保险合同依法生效情况下，因延误签发保险凭证造成商业银行被动卷入保险纠纷。

二是充分履行说明提示义务，确保客户知情权。新《保险法》规定了保险人对保险合同格式条款的说明义务和对免责条款的提示义务，并列举了格式合同免责条款无效的两种情形。商业银行在代理销售保险时，应确保代理销售行为合法合规，除要求兼业代理业务人员向投保人提供保险合同条款、产品说明书和投保提示等文件资料，并提示客户履行如实告知义务外，对采用格式条款的，应确认保险公司提供的投保单附有保险合同的格式条款，并向投保人重点说明投保条件、犹豫期规定、退保损失等内容；对含有保险人免责条款的，应确认在保险公司提供的投保单、保险单或者其他保险凭证上已作出足以引起投保人注意的提示，并向投保人明确说明该条款的内容。在业务合作过程中应及时督促保险公司为商业银行兼业代理业务的顺利开展提供必要的协作支持，如确保合同格式条款准确、完整、合规，并及时将产品条款的更新通知兼业代理银行。

三是严格遵守相关规定，确保代理销售行为的合法性。新《保险法》对保险兼业代理机构在办理保险业务活动中的禁止性行为作出了明确规定，商业银行在代理销售操作中，应当严格遵守《保险法》各项规定，对客户填写的投保单等资料的真实性进行形式审查，严禁兼业代理业务人员代替投保人、被保险人填写投保书和签名，或诱使他人代替填写和签名，并严格防范兼业代理业务人员在代理销售保险产品活动中出现下列情形：隐瞒与保险合同有关的重要情况；阻碍投保人履行如实告知义务，或者诱导其不履行如实告知义务；泄露在办理业务中知悉的有关投保人、被保险人或受益人商业秘密或者个人隐私；挪用、截留保险费或保险金；串通投保人、被保险人或者受益人骗取保险金；承诺向投保人、被保险人或者受益人给予保险合同规定以外的其他利益；利用职业便利以及其他不正当手段强迫、引诱或者限制投保人订立保险合同等损害投保人、被保险人、受益人的利益。

四是提高兼业代理业务人员专业素质，建立长效培训机制。目前，商业银行在开展代理销售保险产品过程中存在的兼业代理业务人员缺少必备的兼业代理资质、对相关保险产品了解不充分、代理销售行为不规范等问题，引发了一些保险纠纷，影响了商业银行声誉，制约了保险代理销售业务的快速发展。为有效防范兼业代理销售行为可能存在的风险，满足相关法律法规对兼业代理行为的基本要求，商业银行应加强对兼业代理业务人员的从业资格管理和专业素质培训，建立健全兼业代理业务人员资格管理体制和长效培训机制，提高兼业代理业务人员的专业素质、职业道德及对保险产品的熟悉和掌握程度，防控兼业代理保险业务中的操作风险、法律风险及声誉风险，推动银保合作业务的健康发展。

第二，新《保险法》对商业银行自身经营行为的影响。新《保险法》的立法主旨之一，是加强对投保人和被保险人合法权益的保护。商业银行在经营过程中，既可能出于风险防范需要对自身财产进行投保，也可能要求债务人或抵押人对相关资产进行商业保险以保证融资债权安全，享有保险赔偿请求权利。在上述情形中，商业银行作为保险法律关系的投保人、被保险人或保险金赔偿请求权人，应充分利用新《保险法》有利于投保人、被保险人的相关规定，切实维护自身合法权益。

对以自身财产向保险公司投保的，要根据新《保险法》的规定就保险财产和自身情况向保险公司履行如实告知义务，避免保险合同无效或被解除。要注意审查保险合同格式条款和免责条款，对条款存在不公平、不合理约定可能损害自身合法权益的，要积极向保险公司交涉进行修改。保险事故发生后，要及时通知保险公司并向其提出索赔。

对于因办理信贷业务而要求债务人、抵押人对特定资产或抵押物进行投保的，商业银行除及时关注保险合同的成立时间和生效条件，并在发生保险事故时及时主张保险赔偿权外，应注意以下问题：

一是虽然《保险法》对“保险利益”作了重新界定，规定保险利益是指投保人或者被保险人对保险标的具有的法律上承认的利益，从而为商业银行以担保物权人身份直接作为被保险人扫清了法律障碍，但由于被保险人除享有保险金请求权等相应权利外，还需履行维护保险标的安全、保险标的危险程度显著增加及时通知保险人、保险事故发生时防止或减少损失等保险义务，加重了银行作为被保险人的法律责任。因此，银行在实践中可采取以下两种方式实现对保险赔偿金的优先请求权：第一，在对抵押物投保财产保险时，将银行列为保险事故发生时的优先受偿人（第一受益人），同时在保险合同中明确约定保险事故发生后银行赔偿请求权的行使方式、投保人及保险人的通知义务、赔偿金支付对象，防止因索赔支付程序不明确造成的理赔难问题，有效维护银行权益。第二，通过签订专门协议，将投保人（债务人/抵押人）在保险合同项下的权益转让给银行，并在转让协议中对银行的索赔权、终止保险、强制保险人履约或采取补救措施的权利、依保单向保险人提起诉讼的权利、取得保单项下各项保险费返还的权利等保单项下权益的行使作出约定，并约定保单项下的义务仍由投保人履行。同时，对上述保险权益转让事宜取得保险人的同意，并由其出具确认函。

二是对银行为债务人、抵押人指定保险人的，操作中应选择品牌好、实力强、运作规范的保险公司作为保险人，并确保保险人选择程序的公平、公正、公开，提高保险标的的风险保障程度。同时，应注意给予债务人、抵押人一定条件下的选择权，避免形成“捆绑式销售”，在确保业务合法合规的前提下，不断提高服务便捷程度，实现银保业务的相互促进。对于特定财产或抵押物保险缺乏对应投保险种，现有保险产品无法充分保障特殊保险标的的可保风险等问题，商业银行应深化与保险公司的业务合作，创新业务品种，构建与各类银行贷款相匹配的财产保险产品，充分覆盖特殊保险标的的可保风险，维护贷款债权安全。

第三，新《保险法》拓宽保险资金运用渠道对商业银行的影响。新《保险法》对保险公司资金运用形式的规定，拓宽了保险资金运用渠道，对商业银行业务发展具有一定的影响。一方面，将为商业银行同业金融服务的拓展创造更多机会。目前，保险公司在商业银行的负债业务主要是同业存款，保险资金投资渠道的扩大意味着保险公司可将保险资金投资于风险收益较高的领域，获取更高的资产回报。商业银行可以凭借先进的现金和结算系统服务，围绕保险资金的各类投资账户，为保险公司提供多方位的同业金融服务，提高保险业机构客户对高品质金融服务的依存度，为商业银行带来更高的贡献度。另一方面，有利于分散商业银行中长期贷款项目的信用风险。保险公司拓宽保险资金运用渠道，投资不动产和相关基础设施建设领域，既能够满足不动产建设项目周期长、资金量大的需求特点，为相关项目提供新的融资渠道，也有利于缓解不动产项目中银行贷款占比过大、风险过于集中的问题，有助于分散商业银行中长期信贷项目信用风险。

第四，新《保险法》对于商业银行综合化经营的影响。随着金融混业经营的不断深化，商业银行综合化经营已经成为发展趋势。新《保险法》虽然继续坚持“保险业和银行业、证券业、信托业实行分业经营、分业管理，保险公司与银行、证券、信托业务机构分别设立”的原则，但同时规定“国家另有规定的除外”，既解决了实践中商业银行投资设立保险公司的法律障碍，也为未来金融混业经营预留了法律空间。商业银行可在进一步拓展和加强银保合作的基础上，将银行保险合作逐步从分销代理、战略联盟向资本合作、组建金融集团过渡。同时，在银保合作发展过程中，积极探索建立“防火墙”机制，防范金融系统连带风险，保障金融业健康稳定发展。

2. 《专利法（修正）》

2008 年 12 月 27 日，全国人大常委会审议通过《关于修改〈中华人民共和国专利法〉的决定》，自 2009 年 10 月 1 日起施行。该决定是对 1984 年制定的《专利法》的第三次修改，此次修改进一步完善了我国专利保护制度，将对我国的科技进步和经济发展产生深远的影响。

（1）《专利法》的修订背景

我国《专利法》自 1985 年 4 月 1 日施行以来，分别于 1992 年和 2000 年进行了两次修改，其中 1992 年的修改主要是为了满足中美双方签署的《关于保护知识产权的谅解备忘录》等双边条约的要求，对专利的保护期限、专利权的具体内容等方面进行了调整。2000 年的修改主要是为了满足 WTO 相关规定的需要，对许诺销售权、诉前禁令等内容进行了调整修改。经过这两次修改，我国专利保护制度已基本达到国际通行标准，对于推动我国经济社会发展发挥了重要作用。但是，由于 1992 年和 2000 年的修改基本是由于外部因素推动，修法时间仓促，同时也未广泛征求企业和学者意见，因此，在立法中遗留下许多问题。近年来，随着我国科技和经济的迅猛发展，这些问题开始逐渐显现，需要适时通过修订法律来加以解决和完善。

另外，党的十七大报告和国务院制定的《国家知识产权战略纲要》均将自主创新、建设创新型国家确立为知识产权保护的目标之一。要实现这一目标，就必须加强知识产权保护力度，完善相关法律制度，特别是专利法律制度。此外，近年来与知识产权保护有关的国际公约或多边协议陆续制定或修改，主要包括 WTO

多哈部长级会议通过的《关于〈与贸易有关的知识产权协定〉与公共健康宣言》、WTO总理事会通过的《修改〈与贸易有关的知识产权协定〉议定书》、《生物多样性公约》等，我国国内相关法律制度也需要修改完善以与之相适应。

（2）《专利法（修正）》的主要内容

第一，提高专利授予标准。《专利法》理论上所称的“新颖性”、“创造性”和“实用性”是一项技术方案能否被授予专利的主要考量因素。2000年《专利法》关于新颖性的规定采用的是“相对新颖性标准”，即要求申请发明、实用新型专利权的技术方案没有在国内外出版物上公开发表过，也没有在国内公开使用过或者以其他方式为公众所知；申请外观设计专利权的技术方案没有在国内外出版物上公开发表过，也没有在国内公开使用过。根据这一规定，没有公开发表过的技术方案，即使在国外已经投入公开使用，只要在我国还没有公开使用，就可以在我国授予专利，从而导致一些质量不高的“舶来品”在我国获取专利，不利于真正的自主创新。为此，《专利法（修正）》采用了“绝对新颖性标准”，即要求申请专利的技术方案不属于“现有技术”或“现有设计”，同时将“现有技术”、“现有设计”明确定义为申请日以前在国内外为公众所知的技术或设计。

此外，为了进一步提高外观设计专利的质量，《专利法（修正）》除了将外观设计专利权的新颖性标准调整为“绝对新颖性标准”以外，还增加了创造性的要求，即要求申请专利权的外观设计与现有设计或者现有设计的组合相比，应当具有明显区别，并明确规定对平面印刷品的图案、色彩或者二者的结合作出的主要起识别作用的设计不授予专利权。

第二，加强专利权保护力度。为了更好地保护专利权人的权利，打击专利侵权等违法行为，《专利法（修正）》首先加大了对侵犯专利权行为的处罚措施，将假冒他人专利的罚款额度从违法所得的3倍提高到4倍；没有违法所得的，罚款数额由5万元提高到20万元。同时，为了避免出现专利权人获得的赔偿不足以弥补因维权支出的成本而影响专利权人行使权利的积极性，《专利法（修正）》还明确规定侵犯专利权的赔偿数额应当包括权利人为制止侵权行为所支付的合理开支。在诉讼程序上，为防止侵权人在专利权人起诉之前转移、毁灭证据，《专利法（修正）》还增加规定，为了制止专利侵权行为，在证据可能灭失或者以后难以取得的情况下，专利权人或者利害关系人可以在起诉前向人民法院申请保全证据。根据《与贸易相关的知识产权协议》的要求，2000年《专利法》为发明和实用新型专利增设了许诺销售权。为了更好地保护我国具有相对优势的外观设计专利，《专利法（修正）》也为外观设计专利增设了许诺销售权，外观设计专利权人可以制止他人未经许可，通过广告、货架或展会陈列等方式进行侵权产品的许诺销售行为。

第三，进一步明确专利权的私权本质。专利权虽然需要经国家行政机关的授予方可取得，但是在本质上依然是当事人的私权，因此，在立法中应注意尊重当事人意思自治，给创造主体以更大的自由。在这方面的修订主要表现在以下几个方面：一是取消了对专利实施许可合同的形式要求，由原来的要式合同修改为非要式合同，合同当事人可以根据需要采用书面合同或口头合同，灵活地进行专利实施许可。二是取消了对集体所有制单位和个人的发明专利，可由国务院有关主管部门和省、自治区、直辖市人民政府进行推广应用的规定，有助于进一步激发发明人的创造积极性。三是增加专利申请权或专利权共有时权利行使的规定。根据《专利法（修正）》的规定，权利的行使首先取决于共有人之间的约定。没有约定的，共有人可以单独实施或以普通许可方式许可实施，如采用其他许可方式的，应取得全体共有人同意。四是取消了自1984年《专利法》实施以来我国一直延续的涉外代理制度。无论是中国人向外国申请专利还是外国人在中国申请专利，均可根据需要自行委托依法设立的代理机构办理。同时，取消向外国申请专利须先申请中国专利的规定，在国内完成的发明创造如权利人需要，可在经过国务院专利行政部门保密审查后，直接向外国申请专利。五是明确了申请人同时申请发明和实用新型专利时的最终选择权。根据2002年《专利法实施细则》的规定，同样的发明创造只能被授予一项专利。但在实践中，由于发明和实用新型专利的授予条件和审查程序均不完全相同，为了确保专利权得以有效保护，当事人往往同时申请发明和实用新型两种专利。在审查实践中，一般要求申请人声明放弃先授予的实用新型专利后，方授予发明专利权。《专利法（修正）》将这一实践做法明确规定为法律条款，使当事人的选择权有了明确的法律依据。

第四，规制滥用专利权的行为。首先，在专利侵权案件中引入了现有技术抗辩的规定。根据2000年《专利法》的规定，在专利侵权案件中，被告如主张原告的专利权无效，需先向专利复审委员会提出无效宣告请求，在专利复审委宣告专利权无效后，法院才会判决被告不构成侵权。为防止恶意利用现有技术申请专利、阻碍现有技术实施、帮助现有技术实施人及时从专利侵权纠纷中摆脱出来，同时也为了节省司法资源、缩短诉讼周期，《专利法（修正）》增加了在专利侵权纠纷中，被控侵权人有证据证明其实施的技术或者设计属于现有技术或者现有设计的，不构成侵犯专利权的规定。

其次，鉴于专利权人不实施或不充分实施其专利，以及滥用专利权构成垄断，都有悖于专利法律制度促进科学技术进步和社会经济发展的立法本意，为了规制前述行为，《专利法（修正）》也明确规定在出现前述行为的情况下，国务院专利行政部门可以根据具备实施条件的单位或个人的申请，给予实施发明专利或实用新型专利的强制许可。

此外，由于实践中实用新型和外观设计专利只进行初步审查，不进行实质审查，为了避免权利人滥用质量低劣的实用新型和外观设计专利进行诉讼，妨碍技术进步和经济发展，《专利法（修正）》还规定了在实用新型或外观设计专利的侵权纠纷中，法院或行政部门可要求专利权人或利害关系人出具由国务院专利行政部门对相关实用新型或外观设计进行检索、分析和评价后作出的专利权评价报告，作为审理、处理专利侵权纠纷的证据。

第五，匹配国际法变化的调整。根据《与贸易相关的知识产权协议》的修改，《专利法（修正）》中也相应增加了为了公共健康目的，对取得专利权的药品，国务院专利行政部门可以给予制造并将其出口到符合我国参加的有关国际条约规定的国家或地区的强制许可的规定。根据《生物多样性公约》的规定，对依赖遗传资源完成的发明创造，《专利法（修正）》要求申请人在专利申请文件中说明该遗传资源的直接来源和原始来源；无法说明原始来源的，要求申请人陈述理由。对违反法律、行政法规的规定获取或者利用遗传资源，并依赖该遗传资源完成的发明创造，《专利法（修正）》明确规定不授予专利权。此外，《专利法（修正）》还在参考美国等其他国家专利法的基础上，引入了类似于美国和加拿大专利法中的“BOLAR 例外”条款，即为提供行政审批所需要的信息，制造、使用、进口专利药品或专利医疗器械，以及专门为其制造、进口专利药品或专利医疗器械的行为不视为侵犯专利权。

（3）商业银行应注意的问题

第一，提高专利质量，增强专利保护力度。专利是商业银行提高自身核心竞争力、在未来的市场竞争中抢占优势地位的重要武器。近年来，各商业银行普遍提高了对专利保护的重视程度，申请并获准了相当数量的专利。《专利法（修正）》实施以后，商业银行应注意所申请的专利应满足法律在新颖性、创造性以及实用新型和外观设计专利侵权纠纷案件中对专利质量所提出的更高的要求，确保所申请的专利不属于现有技术或现有设计，只有这样，才能确保自身专利得到更好的保护。此外，商业银行还应注意《专利法（修正）》对向外国申请专利的程序变化，根据实际情况，适时在国外提出专利申请，确保相关专利权在国外得以有效保护。

第二，制止滥用专利权的行为，积极维护自身权利。《专利法（修正）》在强化专利权保护力度的同时，也对专利权滥用行为设置了多项限制性规定。保护与反滥用并重是《专利法（修正）》的一个鲜明特点。商业银行在业务实践中应注意根据专利法的要求，对滥用专利权形成的侵权指控予以积极抗辩，对于不符合专利法要求授予的可能对商业银行造成不利影响的专利，积极通过主张专利无效。另外一个值得商业银行关注的问题是，本次专利法修改，在经过反复论证和考察后，最终未将商业方法纳入可授予专利的技术方案范畴中，商业方法专利目前在我国还难以被授予专利权。

第三，积极参与立法过程，反映对专利保护的诉求。专利法第三次修改与前两次修改，在立法程序上有很大的一点不同。本次修改，在形成征求意见稿后向包括银行等企业在内的社会公众广泛征求了意见，很多意见在最终公布的《专利法（修正）》中得到了体现。商业银行应积极参与到相关立法过程中来，将自身合理诉求反映到最终制定的法律上，这样也可以在一定程度上减少法律与社会经济的实际脱节，提高法律的实用性和生命力。

3.《刑法修正案（七）》

2009 年 2 月 28 日，第十一届全国人民代表大会常务委员会第七次会议审议通过了《中华人民共和国刑法修正案（七）》（以下简称“修正案”），自公布之日起施行。修正案通过对《中华人民共和国刑法》（以下简称“刑法”）有关条文的补充和修改，进一步充实和完善了这部重要法律，其中部分修正内容与商业银行有关经营管理活动具有比较密切的关系，值得予以关注。

（1）修正案的立法背景

我国现行的刑法是 1997 年重新制定颁布的。从 1999 年至 2006 年，全国人大常委会根据打击刑事犯罪的需要，先后对刑法进行了六次修正。随着我国经济社会的发展变化，一些新的犯罪问题不断产生。例如，在科技进步的同时，犯罪分子利用计算机、网络等工具侵犯公民人身及财产权利、妨害社会管理秩序的现象日渐增多；在信息交流更为便捷的同时，犯罪分子非法利用相关信息破坏金融管理秩序和干扰正常市场秩序的行为也逐渐猖獗，等等。为及时有效地打击违法犯罪行为，维护正常的社会秩序，有必要对刑法作进一步修正。

(2) 修正案的主要内容

修正案共十五条，对刑法中的绑架罪、内幕交易罪、逃避缴纳税款罪等罪刑进行了修改，增设非法泄露公民个人信息罪、组织领导传销罪等新的罪名。其中与商业银行经营管理行为具有比较密切关系的内容包括：

第一，增设“非法泄露公民个人信息罪”。近年来，随着科技发展与网络信息技术普及，公民个人信息被非法泄露和使用的情况时有发生，对公民人身、财产安全和个人隐私构成严重威胁。一些国家机关、金融、电信、交通等公共服务单位因履行职责或者提供公共服务的需要，收集、获取了一定数量的公民个人信息。同时，依照有关法律、法规的规定，这些单位及其工作人员应负有对其依法收集的公民个人信息予以保密的义务。对此，修正案规定：国家机关或者金融、电信、交通、教育、医疗等单位的工作人员，违反国家规定，将本单位在履行职责或者提供服务过程中获得的公民个人信息，出售或者非法提供给他人，情节严重的，依法追究刑事责任；单位犯前两款罪的，对单位判处罚金，并对其直接负责的主管人员和其他直接责任人员，依照规定进行处罚。

第二，修改“内幕交易、泄露内幕信息罪”。修正案扩大了“内幕交易、泄露内幕信息罪”的犯罪行为范围。首先，除规定证券、期货交易内幕信息的知情人员或者非法获取证券、期货交易内幕信息的人员，利用内幕信息进行交易或者泄露该信息构成犯罪外，还规定上述人员“明示、暗示他人从事上述交易活动”的也构成本罪。其次，修正案还规定，证券交易所、期货交易所、证券公司、期货经纪公司、基金管理公司、商业银行、保险公司等金融机构的从业人员，以及有关监管部门或者行业协会的工作人员，利用因职务便利获取的内幕信息以外的其他未公开的信息，从事与该信息相关的证券、期货交易活动，或者明示、暗示他人从事相关交易活动的，也构成本罪，依法承担刑事责任。

第三，修改“逃避缴纳税款罪”。刑法原规定的纳税人逃避缴纳税款的行为包括：伪造、变造、隐匿、擅自销毁账簿、记账凭证，在账簿上多列支出或者不列、少列收入等。针对犯罪人偷税手段的多样化，为保证国家税收，严肃税收征管秩序，修正案对刑法中的“逃避缴纳税款罪”条文进行了较大改动，取消刑法列举各种偷逃税款的方式，规定无论采取哪种方式，只要纳税人采取欺骗、隐瞒手段进行虚假纳税申报或者不申报，逃避缴纳税款数额较大并且占应纳税额百分之十以上的，就构成本罪。同时，为适应我国居民财富快速增长的现实状况、科学设置刑罚，修正案取消了对具体偷税数额的规定，只是区分偷税数额占应纳税额的不同百分比分别设置了相应的刑罚，即逃避缴纳税款数额较大并且占应纳税额百分之十以上的，处三年以下有期徒刑或者拘役，并处罚金；数额巨大并且占应纳税额百分之三十以上的，处三年以上七年以下有期徒刑，并处罚金。此外，为体现宽严相济的原则，修正案补充规定：经税务机关依法下达追缴通知后，补缴应纳税款，缴纳滞纳金，已受行政处罚的，不予追究刑事责任；但是，五年内因逃避缴纳税款受过刑事处罚或者被税务机关给予两次以上行政处罚的除外。

第四，修改“非法侵入计算机信息系统罪”。为防范网络黑客及计算机病毒传播给社会带来的损害，修正案补充规定，下述两种行为情节严重的，应追究刑事责任：一是侵入计算机信息系统或者采用其他技术手段，获取该计算机信息系统中存储、处理或者传输的数据，或者对该计算机信息系统实施非法控制；二是提供专门用于侵入、非法控制计算机信息系统的程序、工具，或者明知他人实施侵入、非法控制计算机信息系统的违法犯罪行为而为其提供程序、工具。

第五，修改“非法经营罪”。在 1999 年对刑法“非法经营罪”进行修正的基础上，修正案再次对该项罪名进行了修正，将未经国家有关主管部门批准非法从事资金支付结算业务的行为纳入本罪，以有效规范市场经营秩序。

（3）商业银行应注意的问题

第一，加强客户信息资料管理，防止非法泄露客户信息。在市场经济条件下，客户信息具有一定的经济价值。一些单位或个人出于市场营销需要或基于其他目的，通过各种途径从一些在履行公务或提供服务过程中获得公民信息的单位非法获取相关信息，将其用于营利目的，甚至实施违法犯罪行为，对公民的人身、财产安全和个人隐私构成了严重侵害。修正案增设“非法泄露公民个人信息罪”，有助于从源头上打击此类犯罪行为。

作为专门提供金融服务的机构，商业银行在日常经营管理过程中会掌握大量客户信息。这些信息如果使用和管理不当，造成客户信息的非法泄露，不仅相关当事人可能承担刑事责任，商业银行自身以及直接负责的主管人员和其他责任人员也可能会受到刑事处罚。为此，商业银行应当从以下两个方面依法加强对客户信息的保护：一是高度重视客户信息保密工作。客户是商业银行的利润来源，尊重和保护客户是提高客户忠诚度和贡献度的重要基础。依法保护、合理使用客户信息，保护客户人身权和隐私权，是尊重客户的重要表现之一，也应当成为商业银行履行社会责任的一种重要方式。二是从制度上加强对客户信息的保护，防止非法泄露客户信息。商业银行应当制定专门的客户信息保密制度，明确客户信息取得途径、使用范围和使用程序，规定特定的客户信息只能由特定人员在特定范围内使用，并建立相应的惩戒机制。在与其他机构开展业务合作时，如涉及对客户信息的使用，应采取与合作方签订保密协议等方式，明确其保密责任。

需要注意的是，“非法泄露公民个人信息罪”打击的是出售和非法泄露客户信息的行为，并不影响商业银行对客户信息的合理使用。商业银行可以对客户信息进行统计、分析和整理，为产品研发和业务管理提供数据支持，进一步提高金融服务质量和水平；也可以按照规定将相关客户信息提供给国家有关征信系统，协助相关部门加强社会信用环境建设，提高社会诚信水平。

第二，加强公司治理和内部控制，防止内幕交易或泄露内幕信息。修正案加大了打击内幕交易和泄露内幕信息等犯罪行为的力度，有利于进一步规范和改善我国证券市场秩序。对此，商业银行应注意以下两个问题：一是对于上市的商业银行来讲，应进一步加强公司治理和内部控制，提高公司董事、监事、高级管理人员以及其他由于所任公司职务可以获取有关内幕交易信息人员的职业操守，防止和避免上述人员利用内幕信息进行内幕交易，或者明示或暗示他人利用内幕信息进行相关交易。二是商业银行在为客户提供金融服务过程中，相关工作人员可能会获悉对上市公司的证券交易价格产生重要影响的信息。在刑法此次修订之前，商业银行的工作人员利用上述信息进行证券交易活动尚不构成犯罪。修正案出台之后，商业银行的工作人员利用因职务便利获取的内幕信息以外的其他未公开的信息，不管是自己直接从事与该信息相关的证券、期货交易活动，还是明示、暗示他人从事相关交易活动，均构成犯罪行为，要依法承担相应的刑事责任。因此，商业银行应加强对有关工作人员的职业道德教育和纪律约束，防止发生相关的违法犯罪行为。

第三，利用刑法武器保护交易系统安全。随着计算机系统在商业银行经营管理中的重要作用日益凸显，如何保障计算机系统的安全也越来越引起关注。商业银行应采取有效措施提升计算机系统的安全性水平，防范和遏制不法分子的入侵，保护客户信息和金融资产的安全。另外，商业银行可以通过刑法等法律武器，有效打击和震慑非法入侵计算机系统、盗取相关数据、对计算机系统进行非法控制的违法犯罪行为。

此前，刑法所规定的“非法入侵计算机信息系统罪”只是针对非法入侵国家事务、国防建设和尖端科学技术领域的计算机系统的行为，对非法入侵上述领域之外的其他计算机系统的行为未列入刑法的打击对象。刑法的此次修订，大大拓展了“非法入侵计算机信息系统罪”的适用范围，即只要是非法入侵计算机系统，或采用其他技术手段，获取该计算机信息系统中存储、处理或者传输的数据，或者对该计算机信息系统实施非法控制，情节严重的，即构成犯罪，应依法承担刑事责任。修正案的这一规定为商业银行维护自身合法权益提供了新的途径，为商业银行计算机系统的保护提供了刑事法律依据。对于非法入侵其计算机信息系统的不法分子，商业银行可依据刑法的相关规定，请求司法机关追究其刑事法律责任，更好地维护自身计算机信息系统的安全。

（二）国务院行政法规和部门规章

1.《征信管理条例（征求意见稿)》

为维护社会主义市场经济秩序，保护征信活动相关当事人的合法权益，规范征信机构的行为，促进征信业发展，国务院法制办公室草拟了《征信管理条例（征求意见稿)》（以下简称《条例》)，并于 2009 年 10 月 12 日全文公布，面向社会广泛征求意见。

(1)《条例》的主要内容

《条例》立足于我国征信业现状和解决征信管理的突出问题，共九章六十三条，主要包括调整范围、征信机构的设立、征信业务规则、信用评级、信息主体权益保护、中国征信中心和监督管理等内容。

第一，《条例》的调整范围。《条例》将征信业务定义为依法收集、整理、保存和加工个人、法人及其他组织的信用信息，并对外提供信用报告、信用评分、信用评级等的业务活动，并分别针对信用报告业务、信用评分业务和信用评级业务等作出相应规定。同时，为避免征信业务的覆盖范围与各行政、司法机关及法律、法规授权的具有管理公共事务职能的组织在日常工作中收集信息供内部使用或依法对外提供信息的活动存在交叉，《条例》明确将这些活动排除在征信业务之外。

第二，征信市场的准入与业务规范。《条例》对征信业务设定了较为严格的准入标准，明确规定未经国务院征信业监督管理部门批准，任何单位和个人不得从事征信业务，明确征信机构应当采用法人组织形式，其设立、业务范围、业务变更、分离、合并，以及设立、撤销分支机构等均应该经国务院征信管理机构批准，并对设立征信机构的条件、申请材料、申请和审批程序、高级管理人员的任职条件、征信机构的退出等事项作出了明确规定。

《条例》在第三章还用10个条款对征信机构开展征信业务时所要遵循的一般规范作出了规定，主要规范了信息的收集、整理、提供，以及信息产品的使用、征信机构履行信息公开义务和保密义务等业务准则。在信用信息的收集和使用上，《条例》采取个人、法人及其他组织区别对待原则，即除中国征信中心外，征信机构收集和使用个人信息一般必须征得信息主体的同意，而对法人及其他组织仅要求征信机构在对外提供信用信息时取得其同意。此外，《条例》还突出了对信用评级业务的监管，明确规定征信机构开展信用评级业务时应当建立防范利益冲突的机制，以增强评级结果的可靠性，并对征信机构的透明度要求、尽职调查义务、内部控制机制、跟踪评级、评级机构的检验等内容作了规定。

第三，信息主体的权益保护。《条例》对信息主体给予了较为严格的保护，不但规定了绝对禁止收集的信息，还通过增加征信机构、金融机构义务的方式增强了对信息主体知情权和异议权的保护，并赋予个人在除征信中心外的其他征信机构未按要求处理异议的情况下，退出其征信系统的权利。具体而言，信息主体为法人及其他组织的，征信机构在对外提供相关信用信息时应当取得其同意。信息主体有权向征信机构查询自己的信用报告，在认为其信息存在错误、遗漏时，有权向征信机构提出异议，要求更正。个人提出异议申请，征信机构未按照规定办理的，该信息主体有权以书面方式要求该征信机构一次性删除其全部信息。信息主体认为征信机构、信用信息提供者和信用信息使用者侵害其合法权益的，还可以向国务院征信业监督管理部门投诉。

第四，中国征信中心的法律地位。中国征信中心自2003年由人民银行设立以来，先后建成和完善了个人和企业信用信息基础数据库，并为商业银行提供查询服务，促进了我国社会信用体系的建设。《条例》确认了中国征信中心的法律地位，规定中国征信中心是独立的法人，依法对外提供有偿服务，不以营利为目的，负责全国统一信用信息基础数据库的建设、运行和管理。《条例》规定金融机构负有向中国征信中心提供客户信用信息的法定义务，赋予中国征信中心自行收集个人、法人及其他组织的证券、期货、保险、外汇等金融信用信息和相关信用信息，以及与行政机关、司法机关和法律、法规授权的具有管理公共事务职能的组织开展信息共享的权利，并规定其收集个人信用信息时无须征得信息主体同意。

第五，征信业务监督管理和法律责任。《条例》明确中国人民银行是国务院征信业监督管理部门，负责对征信机构及其业务活动实施监督管理。对相关法律法规规定征信机构有关业务接受其他监管部门监督管理的，还要遵循其他相关规定。此外，《条例》还规定中国人民银行从事征信管理工作的人员、征信机构和金融机构违反《条例》有关规定及未经批准从事征信业务的，应承担相应的法律责任，构成犯罪的，依法追究其刑事责任。

(2)《条例》的局限性分析

《条例》征求意见稿的发布，标志着我国征信管理立法迈出了实质性一步，对促进征信活动的法律化和制度化、改善社会信用环境、提高国民的信用意识、推动社会信用体系的构建具有积极意义。但是，作为国内首部征信立法，《条例》的部分内容和条款还存在一些不足，有待在立法过程中进一步调整和完善。

第一，“信用信息”的界定问题。《条例》第二条将“信用信息”界定为“能够反映个人、法人或其他组织信用状况的信息”，具体包括基本信息、信用交易信息及其他信息三类，其中又以“其他信息”作为兜底性的条款将“与个人、法人或其他组织的信用状况密切相关的行政处罚信息、法院强制执行信息、企业环境保护信息等社会公共信息”一并囊括列入“信用信息”范畴。但是，《条例》在后文却并未明确如何来界定相关信息是否属于“与个人、法人或其他组织的信用状况密切相关”的信息，这种较为宽泛和开放的表述容易使得诸如交通违规、手机欠费，水电气滞纳金等与信用交易关联度本不高的记录也纳入征信范围，不良征信记录亦会因此变成不良行为记录，这与征信立法的本旨相悖，也与建立社会征信体系的初衷不符。

第二，中国征信中心的定位问题。《条例》将中国征信中心定位为国务院征信业监督管理部门设立的征信机构，是依法对外提供有偿服务、不以营利为目的的独立法人。一方面，中国征信中心的设立无须符合《条例》所规定的其他征信机构在设立时所应符合的诸如注册资本、高级管理人员、运行和管理机制等方面的限制；另一方面，其在开展相关征信业务时，又可不受制于一般征信机构业务规则的限制，比如，其可在无须征得信息主体书面同意的前提下从金融机构获取信息主体的相关信息。换言之，中国征信中心因其特殊地位而享有其他征信机构所不具有的特殊待遇。因此，如何加强对中国征信中心征信业务的管理，以进一步加强对信息主体权益的保护及促进征信行业公平有序发展，是《条例》制定过程中应当予以充分考虑和关注的问题。

第三，信息主体异议的处理问题。《条例》第四十条规定，信息主体认为其信息存在错误、遗漏的，有权向征信机构提出异议，要求更正，征信机构应当在收到异议申请之日起20个工作日内完成对异议信息的核查和处理，书面答复异议申请人。对于个人提出的异议申请，征信机构未按上述规定办理的，信息主体有权要求征信机构一次性删除其全部信息。但是，如果信息主体对征信机构的处理结果不满意，后续该采取何种处理措施，是提交至行政部门处理还是提起民事诉讼、仲裁抑或经由其他方式处理，《条例》对此有待进一步明确。

第四，信用记录的保留期限问题。《条例》明确了不良信用记录的保留年限：征信机构不得披露、使用自不良信用行为或事件终止之日起已超过5年的个人不良信用记录，以及自刑罚执行完毕之日起超过7年的个人犯罪记录。这一规定对稳定社会信用关系、给予曾有不良信用记录的各类信用主体重新参与市场交易的机会进而促进市场交易的开展具有重要的意义。但是应该看到，不同不良信用记录所涉及的不良行为或事件的性质各不相同，信息主体的主观态度也存在差异，不良行为涉及的信用额度也不尽相同。针对不同信息主体截然不同的不良行为，不加区分地笼统设定一致的负面记录保留期限，难以真正体现公平正义的立法取向，不利于实现该条款鼓励诚实守信、惩戒违约背信的立法本旨。

(3) 商业银行应注意的问题

商业银行在征信体系中具有信用信息提供者和使用者的双重身份，《条例》如获颁布施行，必将对商业银行客户信息处理与相关业务发展产生重要影响。对此，商业银行应注意以下几个方面的问题：

第一，明晰信用信息的范围，依法保护客户信息安全。根据《条例》的相关规定，信用信息是指能够反映个人、法人或其他组织信用状况的信息，包括基本信息、信用交易信息和其他信息三类。根据《条例》的规定，商业银行应注意可以依法采集的信息主要为个人、法人或其他组织的身份识别、职业和居住地址等基本信息以及其在贷款、使用贷记卡或准贷记卡、赊销、担保、合同履行等活动中形成的与信用有关的信用交易信息，对于《条例》规定禁止收集和提供的诸如客户民族、家庭出身、血型、病史等信息，不得收集和提供。

第二，在数据采集和提供前须履行告知义务，并及时取得客户授权。《条例》明确规定包括商业银行在内的金融机构对除中国征信中心外的征信机构提供信用信息的，应当告知信息主体该信息特定的提供对象和提供该信息所可能产生的不利后果，并取得信息主体的书面同意。当相关信用信息涉及客户收入数额、存款、有价证券、不动产、纳税数额等方面的数据时，还须取得信息主体的特别书面授权。对中国征信中心提供信用信息的，也必须以适当的方式向信息主体告知提供情况。

第三，严格审查征信机构资质，审慎采纳征信机构信用评级结论。根据《条例》的规定，商业银行在对征信机构提供客户信用信息前需要严格审核该征信机构的经营资质，不得向未经国务院征信业监督管理部门批准，不具有向金融机构收集信用信息资格的征信机构提供信息主体的信用信息。另外，对商业银行而言，准确、完整的信用评级报告可以在一定程度上防范业务风险，但却不足以客观、公正、全面地反映客户的信用状况和偿付能力，因为信用评级报告的形成不可避免地会加入征信机构的判断和评价，也不排除个别征信机构以恶性竞争、评级诈骗、以级定价或以价定级等方式开展信用评级业务的可能。因此，商业银行应当独立评价客户信用记录，审慎参考和对待征信机构评级报告。

第四，限定信用报告使用范围，依法合规进行信用管理。在信用信息的使用方面，《条例》要求商业银行等信用信息使用人获得的信用信息不能用做与信息主体或征信机构约定之外的其他用途，不得未经授权向第三方提供，否则将对信息主体承担赔偿责任。据此，商业银行须明确经许可的客户信用信息的使用范围，将相关信用信息的使用限定于贷款、信用卡等相关业务的开展，不可未经许可扩大信用信息使用范围，更不可未经授权向第三方提供。此外，商业银行可根据需要与征信机构系统对接，做好客户信用数据的跟踪管理工作，以实现客户信用信息的及时更新与许可使用，推动相关业务健康发展。

2.《关于当前金融促进经济发展的若干意见》

2008 年以来，次贷危机引发的金融危机愈演愈烈，迅速从局部发展到全球，从发达国家传导到新兴市场国家和发展中国家，从金融领域扩散到实体经济领域，酿成了一场历史罕见、冲击力极强、波及范围很广的国际金融危机。受国际金融危机快速蔓延和世界经济增长明显减速的影响，加上我国经济生活中尚未解决的深层次矛盾和问题，我国经济运行中的困难增加，经济下行压力加大，企业经营困难增多，保持农业稳定发展和农民持续增收难度加大，金融领域潜在风险增加。党中央、国务院根据形势发展变化，及时把宏观调控的首要任务调整为保持经济平稳较快发展、控制物价过快上涨，果断实施积极的财政政策和适度宽松的货币政策，采取一系列进一步扩大内需、促进经济增长的政策措施，全力保持经济平稳较快发展。2008 年 11 月 5 日，国务院常务会议确定了“进一步扩大内需、促进经济增长的十项措施”。作为这十项措施的配套政策，2008 年 12 月 13 日，国务院办公厅印发了《国务院办公厅关于当前金融促进经济发展的若干意见》(国办发〔2008〕126 号，以下简称《意见》)。

(1)《意见》的主要内容

《意见》包括九方面内容，共三十条，涉及金融、财政、税收等多个领域，其中与商业银行关系较为密切的有以下几个方面：

第一，落实适度宽松的货币政策，促进货币信贷稳定增长。保持银行体系流动性充足，促进货币信贷稳定增长。根据经济社会发展需要，创造适度宽松的货币信贷环境，以高于 GDP 增长与物价上涨之和约 3 至 4 个百分点的增长幅度作为 2009 年货币供应总量目标，争取全年广义货币供应量增长 17% 左右。

第二，加强和改进信贷服务，满足合理资金需求。《意见》要求加强货币政策、信贷政策与产业政策的协调配合；鼓励银行业金融机构在风险可控的前提下，对基本面比较好、信用记录较好、有竞争力、有市场、有订单但暂时出现经营或财务困难的企业给予信贷支持；支持中小企业发展；鼓励金融机构开展出口信贷业务；加大对产业转移的信贷支持力度；加大对农村金融政策支持力度，引导更多信贷资金投向农村。

第三，加快建设多层次资本市场体系，发挥市场的资源配置功能。采取有效措施，稳定股票市场运行，发挥资源配置功能；推动期货市场稳步发展；扩大债券发行规模，积极发展企业债、公司债、短期融资券和中期票据等债务融资工具。

第四，创新融资方式，拓宽企业融资渠道。允许商业银行对境内外企业发放并购贷款；开展房地产信托投资基金试点；在进一步规范发展信贷资产重组、转让市场的基础上，允许在银行间债券市场试点发展以中小企业贷款、涉农贷款、国家重点建设项目贷款等为标的资产的信用风险管理工具，适度分散信贷风险。

第五，加快金融服务现代化建设，全面提高金融服务水平。进一步丰富支付工具体系，提高支付清算效率，加快资金周转速度；加快征信体系建设，继续推动中小企业和农村信用体系建设，进一步规范信贷市场和债券市场信用评级，为中小企业融资创造便利条件。

第六，深化金融改革，加强风险管理。完善国际金融危机监测及应对工作机制；完善金融监管体系，加强中央银行与金融监管部门的沟通协调；商业银行和其他金融机构要继续深化各项改革，正确处理好金融促进经济发展与防范金融风险的关系，在经济下行时避免盲目惜贷。

（2）商业银行应当注意的问题

《意见》提出的政策措施不仅明确了货币政策的各项手段和信贷增速目标，也指出要通过完善配套政策措施和创新体制机制，调动商业银行增加信贷投放的积极性，发挥金融支持经济增长和促进结构调整的作用。实践证明，《意见》提出的政策措施对于我国有力应对国际金融危机的冲击，促进经济平稳较快发展起到了非常积极的作用。对商业银行而言，以下几点值得重视：

第一，注意加强对符合国家产业政策的信贷支持力度。金融危机既对我国实体经济的发展造成了一定的负面影响，但同时也为我国产业结构的升级调整提供了一次机遇。商业银行应按照国家宏观经济政策的变化，相应调整信贷政策使之与产业政策协调配合，支持对符合国家产业政策的民生工程、重大基础工程建设、灾后重建、节能减排、科技创新、技术改造和兼并重组、区域协调发展等领域的信贷支持。

第二，注意把握国家应对金融危机的一些新的信贷政策。作为国务院“扩内需，保增长”十项措施的配套政策，《意见》提出了多项应对金融危机的具体要求，如“在风险可控前提下，对基本面比较好、信用记录较好、有竞争力、有市场、有订单但暂时出现经营或财务困难的企业给予信贷支持”，“允许金融机构开办人民币出口买方信贷业务”，“鼓励金融机构优先发放人民币贷款，支持国内过剩产能向境外转移”，“允许商业银行对境内外企业发放并购贷款”等，商业银行要注意处理好金融危机中一些局部性、临时性的信用风险，同时抓住政策给予的发展契机，在风险可控的前提下积极抢占市场，在危机中求发展。

第三，采取有力措施加强对中小企业的支持。在当前经济形势下，大力发展中小企业，对改善我国经济结构、促进就业水平、促进社会和谐发展更是具有举足轻重的现实意义。《意见》三十条内容中，有九条内容涉及中小企业的发展，包括中小企业信贷担保、证券（债券）市场融资、民间资本进入、贸易融资、信用评级、呆账核销、地方风险补偿基金及银行新增中小企业贷款的风险补偿等多个方面，可见国家对中小企业发展的高度重视。商业银行应当注意根据自身信贷结构和风险管理水平，积极开展金融创新，适当加强对中小企业的金融支持力度。

第四，充分关注《意见》对商业银行的有利规定。《意见》在关注整个宏观经济金融领域的同时，也提出了不少有利于商业银行的具体政策，如“全面清理银行信贷政策、法规、办法和指引，根据当前特殊时期需要，对《贷款通则》等有关规定和要求作适当调整”，“简化税务部门审核金融机构呆账核销手续和程序”，“研究金融机构抵债资产处置税收政策”等。商业银行应注意充分利用这些有利条件，及时向有关部门反映制约和影响自身发展的问题，用好用足相关政策，不断加强和改进金融服务，提高抵御风险的能力。

3.《国务院关于进一步促进中小企业发展的若干意见》

为改善中小企业经营环境，解决中小企业融资难、担保难等问题，国务院于2009年9月19日颁布了《国务院关于进一步促进中小企业发展的若干意见》（国发〔2009〕36号，以下简称《若干意见》）。

（1）《若干意见》的出台背景

中小企业是我国国民经济和社会发展的重要力量，促进中小企业发展，是保持国民经济平稳较快发展的重要基础，是关系民生和社会稳定的重大战略任务。然而，受国际金融危机冲击，自2008年下半年以来，我国不少中小企业陷入生产经营困难的境地。虽然中央及时出台了相关政策措施，加大了财税、信贷等扶持力度，改善了中小企业经营环境，使得中小企业生产经营出现了积极变化，但是发展形势依然严峻。主要表现在：融资难、担保难问题依然突出，部分扶持政策尚未落实到位，企业负担重，市场需求不足，产能过剩，经济效益大幅下降，亏损加大等。为解决上述问题，国务院出台《关于进一步促进中小企业发展的若干意见》，以有效帮助中小企业克服困难，转变发展方式，实现又好又快发展。

（2）《若干意见》的主要内容

《若干意见》主要就营造有利于中小企业发展的良好环境、缓解中小企业融资困难、加大对中小企业的财税扶持力度、加快中小企业技术进步和结构调整、支持中小企业开拓市场、努力改进对中小企业的服务、提高中小企业经营管理水平、加强对中小企业工作的领导等8个方面提出了具体要求，共涉及29项政策措施，其中与金融机构相关的内容主要包括以下几个方面：

一是全面落实支持小企业发展的金融政策。完善小企业信贷考核体系，提高小企业贷款呆账核销效率，建立完善信贷人员尽职免责机制。鼓励建立小企业贷款风险补偿基金，对金融机构发放小企业贷款按增量给予适度补助，对小企业不良贷款损失给予适度风险补偿。

二是加强和改善对中小企业的金融服务。国有商业银行和股份制银行都要建立小企业金融服务专营机构，完善中小企业授信业务制度，逐步提高中小企业中长期贷款的规模和比重；提高贷款审批效率，创新金融产品和服务方式；完善财产抵押制度和贷款抵押物认定办法，采取动产、应收账款、仓单、股权和知识产权质押等方式，缓解中小企业贷款抵、质押不足的矛盾；对商业银行开展中小企业信贷业务实行差异化的监管政策；建立和完善中小企业金融服务体系；加快研究鼓励民间资本参与发起设立村镇银行、贷款公司等股份制金融机构的办法；积极支持民间资本以投资入股的方式，参与农村信用社改制为农村商业（合作）银行、城市信用社改制为城市商业银行以及城市商业银行的增资扩股；支持、规范发展小额贷款公司，鼓励有条件的小额贷款公司转为村镇银行。

三是进一步拓宽中小企业融资渠道。加快创业板市场建设，完善中小企业上市育成机制，扩大中小企业上市规模，增加直接融资；完善创业投资和融资租赁政策，大力发展创业投资和融资租赁企业；鼓励有关部门和地方政府设立创业投资引导基金，引导社会资金设立主要支持中小企业的创业投资企业，积极发展股权投资基金；发挥融资租赁、典当、信托等融资方式在中小企业融资中的作用；稳步扩大中小企业集合债券和短期融资券的发行规模，积极培育和规范发展产权交易市场。

四是完善中小企业信用担保体系。设立包括中央、地方财政出资和企业联合组建的多层次中小企业融资担保基金和担保机构；各级财政要加大支持力度，综合运用资本注入、风险补偿和奖励补助等多种方式，提高担保机构对中小企业的融资担保能力；落实好对符合条件的中小企业信用担保机构免征营业税、准备金提取和代偿损失税前扣除的政策；国土资源、住房城乡建设、金融、工商等部门要为中小企业和担保机构开展担保物的登记、确权、转让等提供优质服务；加强对融资性担保机构的监管，引导其规范发展。鼓励保险机构积极开发为中小企业服务的保险产品。

五是发挥信用信息服务在中小企业融资中的作用。推进中小企业信用制度建设，建立和完善中小企业信用信息征集机制和评价体系，提高中小企业的融资信用等级；完善个人和企业征信系统，为中小企业融资提供方便快速的查询服务；构建守信受益、失信惩戒的信用约束机制，增强中小企业信用意识。

对商业银行而言，应按照《若干意见》上述指导性要求，通过建立小企业金融服务专营机构等方式，结合自身实际研究制定支持小企业发展的信贷方案和具体措施，增进服务效率，对支持小企业发展予以合理倾斜，积极探索方便小企业融资的路径。进一步加强金融服务创新，拓宽服务渠道，为小企业提供多元化的金融服务。除传统贷款业务外，商业银行还可以发挥自身优势，协助小企业进行直接融资，通过理财信托产品等为小企业提供融资，进一步拓宽小企业的融资渠道。与此同时，商业银行也应注意防控在支持小企业发展中相关因素可能带来的风险，通过总结经验、完善制度，不断提高抵御金融风险的综合能力，以有效帮助小企业健康、快速发展。

4.《境外投资管理办法》和《关于完善境外投资项目管理有关问题的通知》

为更好地满足企业境外投资需求和经济发展需要，2009 年 3 月和 6 月，商务部和国家发展和改革委员会分别发布《境外投资管理办法》（商务部令 2009 年第 5 号，以下简称《办法》）和《关于完善境外投资项目管理有关问题的通知》（发改外资〔2009〕1479 号，以下简称《通知》），对现行境外投资管理体制作了进一步改革和完善。

(1)《办法》和《通知》的出台背景

近年来，我国境外投资快速发展，国内企业境外投资规模不断扩大，境外投资呈现以下特点：一是投资主体多元化，国有大型企业、股份上市公司逐渐成为我国境外投资主力；二是投资形式多样化，从传统的新建投资向跨国并购、参股及境外上市等多种方式扩展；三是投资领域和地域广泛化，从普通的加工制造业向资源开发、技术研发等领域转变，投资地域从发达国家和地区向发展中国家和地区拓展。现有的境外投资管理体制已不能完全满足国内企业境外投资的实际需要。为了有效保障我国对外投资的健康有序发展，同时，在当前国际金融危机的形势下进一步扩大对外投资、拉动需求、促进我国经济增长，作为境外投资管理的主要职能部门，商务部于2009 年3 月16 日发布《办法》，从简化审批程序、强化引导服务、规范企业行为等方面对现行的境外投资管理体制进行了改革，突出了便利投资与公共服务两大主旨，并将原有境内企业赴境外及港澳投资的不同规定作了统一规范。国家发展和改革委员会也于 2009 年 6 月 8 日发布《通知》，从项目管理对象、项目信息报告及审核、确认函出具及风险提示等方面对2004 年发布的《境外投资项目核准暂行管理办法》（国家发展和改革委员会令第 21 号）作了进一步补充，就完善境外投资项目管理提出了相应要求。

（2）《办法》的主要内容

《办法》共七章四十一条，主要内容包括：

第一，下放核准权限，简化核准程序。为了明确各级主管部门权责，推进投资便利化，《办法》将境外投资核准事项主要交由省级商务主管部门负责，商务部仅保留对少数重大、敏感的境外投资的核准权限。

根据《办法》的规定，须报商务部核准的境外投资情形包括：在与中国未建交国家的境外投资；特定国家或地区的境外投资（具体名单由商务部会同外交部等有关部门确定）；中方投资额 1 亿美元及以上的境外投资；涉及多国（地区）利益的境外投资；设立境外特殊目的公司。同时，在核准程序上，《办法》对商务主管部门核准时限作了明确限制。根据《办法》规定，企业开展上述境外投资的，中央企业向商务部提出申请，地方企业通过所在地省级商务主管部门向商务部提出申请。收到申请后，省级商务主管部门应当于10个工作日内［不含征求驻外使（领）馆（经商处室）的时间］对企业申报材料真实性及是否涉及不予核准的情形进行初审，同意后将初审意见和全部申请材料报送商务部。商务部收到省级商务主管部门或中央企业的申请后，于5个工作日内决定是否受理。申请材料不齐全或者不符合法定形式的，应当在5个工作日内一次告知申请人；受理后，应当于15个工作日内［不含征求驻外使（领）馆（经商处室）的时间］作出是否予以核准的决定。

省级商务主管部门负责核准的企业境外投资项目则包括：中方投资额1 000万美元及以上、1亿美元以下的境外投资；能源、矿产类境外投资；需在国内招商的境外投资。在核准程序上，《办法》规定，省级商务主管部门收到企业上述境外投资申请后，应于5个工作日内决定是否受理。如受理，应于15个工作日内［不含征求驻外使（领）馆（经商处室）意见的时间］作出是否予以核准的决定。

除上述情形外的其他境外投资，《办法》规定企业仅需向商务部和省级商务主管部门递交申请表即可。《办法》同时要求商务部和省级商务主管部门在收到此类对外投资的申请表后3个工作日内进行审查，对于申请表填写完整且符合法定形式的，即予颁发证书，以提高审批的时效性，满足中国企业快速“走出去”的需要。

第二，转变政府职能，强化引导服务。《办法》明确商务主管部门的审核主要针对双边政治和经贸关系、国家经济安全、国际义务等方面，具体包括：企业境外投资是否危害我国国家主权、安全和社会公共利益，或违反我国法律法规；是否损害我国与有关国家（地区）关系；是否可能违反我国对外缔结的国际条约；是否涉及我国禁止出口的技术和货物等。对于境外投资的经济及技术可行性则完全由企业自行负责。

同时，为了体现建设服务型政府的要求，提高政府公共服务水平，推进管理体制创新，《办法》从服务企业、促进企业长远发展和维护企业权益等方面，对商务主管部门职责作了相应要求。《办法》明确规定，商务部应会同有关部门建立健全境外投资引导、促进和服务体系，强化公共服务；发布《对外投资合作国别（地区）指南》，帮助企业了解东道国（地区）投资环境；发布《对外投资国别产业导向目录》，引导企业有针对性地到东道国（地区）开展境外投资；建立对外投资与合作信息服务系统，为企业开展境外投资提供统计、投资机会、投资障碍、预警等信息服务。此外，《办法》还要求商务部门通过政府间多（双边）经贸或投资合作机制等协助企业解决困难和问题，为企业创造良好的境外投资环境，促进对外投资。

第三，规范企业境外投资经营行为。在明确企业境外投资决策行为自负，强化政府公共服务职能的同时，《办法》也对企业境外投资应遵守的法律规范、应承担的社会责任作了原则性要求。《办法》规定，企业开展境外投资应当认真了解并遵守境内外相关法律法规、规章和政策，客观评估自身条件、能力和东道国（地区）投资环境，境内外法律法规和规章对其资格资质有要求的，应当取得相关证明文件；投资设立的境外企业冠名应当符合境内外法律法规和政策规定；在经营中应当落实各项人员和财产安全防范措施，建立突发事件预警机制和应急预案，并在境外发生突发事件时，应当及时、妥善处理，并立即报告；应当向原核准机关报告境外投资业务情况和统计资料，确保报送情况和数据真实准确；对外签署的与境外投资相关的合同或协议生效前，应取得有关政府主管部门的核准。

（3）《通知》的主要内容

第一，明确境外投资项目核准对象为《政府核准的投资项目目录》规定的由国家发展和改革委员会核准或由国家发展和改革委员会审核后报国务院核准的境外收购项目和境外竞标项目。其中，境外收购项目指国内企业直接或通过在境外设立的子公司或控股公司以协议、要约等方式收购境外企业全部或者部分股权、资产或其他权益的项目；境外竞标项目指国内企业直接或通过在境外设立的子公司或控股公司参与境外公开或不公开的竞争性招标，以投资获得境外企业全部或者部分股权、资产或其他权益的项目。对于上述项目以外的境外投资项目，则要求仍按《境外投资项目核准暂行管理办法》的具体规定执行。

第二，强化了企业开展境外投资项目应履行的报告义务。《通知》强调企业境外收购项目在对外签署约束性协议、提出约束性报价及向对方国家（地区）政府审查部门提出申请之前，境外竞标项目在对外正式投标之前，应向国家发展和改革委员会报送项目信息报告，并抄报国务院行业管理部门。其中，项目信息报告应说明投资主体基本情况、项目投资背景情况、收购或竞标目标情况、对外工作和尽职调查情况、收购或竞标的基本方案和时间安排等。在对外完成实质性工作以及项目必要前期工作后，则应按照《境外投资项目核准暂行管理办法》的规定向国家发展和改革委员会报送项目申请报告，履行境外投资项目核准手续。此外，《通知》还对企业的境外收购和竞标项目行为提出原则性要求，规定企业在开展相关活动时，要遵守国家法律法规、产业政策和境外投资管理规定，结合国家战略规划、企业发展战略和自身实力，在充分进行前期论证和尽职调查的基础上，综合考虑各方面复杂因素，制订完善的工作方案和计划，有效防范投资风险。

第三，突出了确认函的作用及审核要求。《通知》明确规定，国家发展和改革委员会收到项目信息报告后出具的确认函，是企业向国家发展和改革委员会报送项目申请报告进行核准的必备材料，并注有一定的有效期。企业须在有效期内对外开展实质性工作，有效期未能完成的，则应办理确认函延期，或者重新报送项目信息报告。在确认函的出具程序上，《通知》要求国家发展和改革委员会对于报告内容符合要求的项目，在收到项目信息报告后7个工作日内出具确认函；对于报告内容不符合要求的，及时通知企业补充和完善。此外，对在审核中发现项目存在明显的重大不利因素的，《通知》强调须在确认函中作出特别备注，进行风险提示，并要求国家发展和改革委员会在项目核准时对此类项目进行严格审查，防范投资风险。

第四，增加了对违规企业的处罚措施。针对《境外投资项目核准暂行管理办法》未规定企业违反境外投资项目管理应承担责任的情形，《通知》增加了相应的处罚措施，对违反《通知》规定的企业，予以批评或通报批评，并责令纠正；性质严重、给国家和企业利益造成严重损害的，依法进行处罚，并追究有关领导和责任人的责任。此外，《通知》还对金融机构为企业境外投资提供金融支持与服务提出了明确要求，规定金融机构要认真执行境外投资项目管理的有关规定，在风险评估和合规性审查的基础上，为国内企业境外投资项目提供金融支持，不得向违规项目发放贷款。

（4）《办法》和《通知》的局限性分析

上述境外投资管理规范的出台，有利于规范企业境外投资行为，维护境外投资秩序。同时通过转变政府管理职能，提高公共服务水平，创造良好投资环境，保护企业利益，推动企业境外投资步伐，积极参与国际合作和竞争。但是，上述境外投资管理规范仍存在不足和欠缺，有待进一步补充和完善。

第一，投资管理体制有待统一。国家发展和改革委员会与商务部作为我国境外投资管理职能部门，虽然二者管理环节各有不同，国家发展和改革委员会侧重从维护经济安全、符合产业政策、保障公共利益、资本项目管理等方面进行核准，商务部则主要负责对境外企业设立、变更、终止的核准及境外投资的服务引导。但是，这种“双重管理，分头审核”模式，容易产生监管职能交叉和审核事项重复，客观上增加了政府管理成本和企业行为成本，降低了审核效率，造成资源浪费。同时，上述规范均属于部门规章，法律效力等级较低，且不同监管规章在具体规定上容易产生冲突矛盾，有损法律的确定性和严肃性。因此，实践中有待进一步完善现行投资管理体制，合并监管职能，提高立法等级，构建完整协调统一的境外投资管理体系。

第二，上述规章仅适用非金融企业境外投资，有关金融企业境外投资的具体规定，则因企业行业性质的不同，散见于各种行业监管规章中，金融企业境外投资行为尚缺乏统一的管理机构和监管规范。伴随我国金融企业境外投资规模扩大、步伐加快，为有效规范金融企业境外投资行为、防范投资风险，有必要明确相应监管职能部门，建立统一的监管制度规范，以适应我国金融企业国际化发展需要，保障金融业对外投资的健康稳定发展。

（5）商业银行应注意的问题

境外投资管理制度的改革与完善，将有效维护境外投资秩序，有力地支持企业“走出去”参与国际竞争。境内企业国际化发展步伐的加快，也为商业银行相关业务的发展与创新提供了巨大机遇和挑战。在企业境外投资过程中，商业银行除可提供传统的贸易融资、国际结算、外汇买卖等金融服务外，还应进一步拓宽服务渠道，开展金融创新，为企业境外投资提供包括并购融资、投资咨询、财务顾问等在内的综合化服务，构建与企业国际化经营活动相适应的金融服务体系。与此同时，商业银行还应注意防控业务发展创新带来的法律风险，保障相关业务的健康发展。就上述规章而言，商业银行在业务开展过程中，应注意以下问题：

第一，审慎防控业务合法性风险。商务部与国家发展和改革委员会均就境外投资管理作出了具体规定，商业银行在为企业境外投资提供金融服务时，除要充分评估境外投资项目可能存在的商业风险外，还应根据上述规范对境外投资核准主体、管理权限及程序的具体规定，就投资项目是否符合违反禁止性规定、是否经过有权部门核准等事项进行核实调查，确保项目合法合规，切实防范有关法律风险。

第二，及时关注项目政策性风险。目前我国将境外投资项目分为鼓励类、允许类和禁止类三类，对鼓励类和允许类境外投资项目，国家给予相应政策支持，而对禁止类境外投资项目，将不予核准并采取措施予以制止。因此，商业银行除注意前述审批核准等项目合法合规性外，还应注意企业境外投资项目性质，积极关注国家境外投资产业指导政策的发展，并根据相关产业政策的变化，适时调整业务领域以切合国家行业发展、产业升级的战略需要，规避产业投资限制带来的政策性风险。

5.《金融企业国有资产转让管理办法》

2009 年 3 月 17 日，财政部颁布《金融企业国有资产转让管理办法》（财政部令第 54 号，以下简称《办法》），自 2009 年 5 月 1 日起施行。

（1）《办法》出台背景及意义

近年来，我国金融体制改革和金融创新的步伐不断加快，金融企业重组并购活动日益活跃。但是，在金融企业国有资产转让实践中，存在着监管缺位、转让规则不明确、交易规范缺失等问题，不利于国有金融资产的合理转让和国有金融企业股权结构的调整，影响了金融市场的良性发展。同时，国际金融危机的爆发对保护国有金融资产安全、维护正常金融秩序提出了更高要求，加快建立规范有序的国有金融资产转让交易机制，促进金融业健康发展显得尤为迫切。基于上述客观状况和要求，财政部制定颁布了《办法》。

《办法》对金融企业国有资产转让的监管部门及其职责、转让方式、审批程序、资产评估及法律责任等作出了较为细致的规定，为金融企业国有资产转让提供了相关准则。《办法》的出台，具有以下积极意义：一是有利于规范金融企业国有资产转让行为，促进国有资产有序流转，加强对转让行为的监督管理，维护国有资产权益；同时，有助于促使金融企业通过市场机制提高金融资源配置效率，促进金融业的改革与发展。二是进一步健全了金融企业国有资产管理体系。国有资产产权登记、资产评估和产权转让是国有资产管理的三个重要方面，三者的有机结合形成了国有资产管理的基本体系。2006年以来，财政部相继出台了《金融类企业国有资产产权登记管理暂行办法》（财金〔2006〕82号）和《金融企业国有资产评估监督管理暂行办法》（财政部令第47号）。《办法》的出台规范了金融企业国有资产管理的重要环节——产权转让，使产权转让有了统一的工作原则和操作规范，使得国有资产转让行为有法可依、有章可循。

（2）《办法》的主要内容

《办法》共六章六十二条，包括总则、非上市企业国有产权转让、上市公司国有股份转让、国有资产直接协议转让、法律责任和附则。主要内容如下：

第一，规定《办法》适用范围。根据《企业国有资产法》中对企业国有资产的定义，企业国有资产是指国家对企业各种形式的出资所形成的权益。《办法》对金融企业国有资产的定义进行了细化，按照《办法》的规定，金融企业国有资产是指“各级人民政府及其授权投资主体对金融企业各种形式的出资所形成的权益”。简而言之，《办法》定义的金融企业国有资产是指国有股权资产。

《办法》所规范的金融企业国有资产转让行为包括两种情形：一是金融企业国有资产被转让的行为，即县级以上人民政府财政部门和县级以上人民政府或者财政部门授权投资主体转让所持金融企业国有资产；二是国有控股金融企业转让其所持国有资产的行为。

第二，明确财政部的监督管理职责及分级审批制度。《办法》规定，金融企业国有资产转让按照统一政策、分级管理的原则，由财政部门负责监督管理。其中，财政部负责制定有关资产转让的监管制度，并对中央管理的金融企业及其子公司的国有资产转让实施监管；县级以上财政部门对本级管理的金融企业及其子公司国有资产转让实施监管。

《办法》赋予国有及国有控股金融企业对下属企业股权转让事项一定的审批权限。根据《办法》的规定，国有及国有控股金融企业一级子公司（省级分公司或者分行、金融资产管理公司办事处）转让所持子公司产权，由控股（集团）公司审批。但是，涉及重要行业、重点子公司的重大国有产权转让，或者导致转让标的企业所持金融企业或者其他重点子公司控股权转移的，仍应报财政部门审批。

第三，明确以场内转让为主的转让方式。《办法》规定，金融企业国有资产转让应主要通过产权交易机构和证券交易系统进行。其中，非上市金融企业国有产权的转让在省级以上产权交易机构公开进行，不受地区、行业、出资或者隶属关系的限制；上市金融企业国有股份和金融企业转让上市公司国有股份通过证券交易系统进行。金融企业国有资产转让在场内进行交易，有利于保证交易过程和交易信息的公开、透明，发挥市场的价格发现和优化资源配置的功能，实现金融国有产权处置价值的最大化。同时，产权交易所和证券市场规范有序的交易制度，可以避免金融企业国有资产转让过程中的地域和行业分割，有利于形成统一的市场监督和制约机制。

为了保证国家对重点金融企业的控制，避免国有持股比例下降，简化国有金融企业集团内部战略重组程序，提高转让效率，降低交易成本，《办法》规定下述三类转让可以采取直接协议转让的方式：一是交易本身对受让方有特殊要求；二是控股（集团）公司进行内部资产重组；三是具有其他特殊原因的交易。对于这三类交易，经国务院批准或者财政部门批准，可以采取直接协议转让方式进行国有产权转让。

第四，规定转让定价的量化标准。为了保证资产转让的公平合理，防止国有资产流失，完善金融企业国有资产转让市场定价机制，《办法》对转让资产的定价方式作了明确规定。场内非上市金融企业国有产权转让及协议转让的，首次挂牌价格或协议价格不得低于经核准或者备案的资产评估结果，其中，首次挂牌未能征集到意向受让方的，可确定新的挂牌价格，但新挂牌价格不得低于资产评估结果的90%，低于该比例的应重新报批。以大宗交易方式转让上市公司国有股份的，股份转让价格不得低于该上市公司股票当天交易的加权平均价格；当日无成交的，不得低于前1个交易日的加权平均价格。直接协议转让上市公司国有股份的，转让价格按上市公司股份转让信息公告日（经批准不需公开股份转让信息的，以股份转让协议签署日为准）前30个交易日每日加权平均价格的加权平均价格或者前1个交易日加权平均价格孰高的原则确定。对国有金融企业内部资产重组并采取直接协议方式转让的，如转让方和受让方为控股（集团）公司所属独资子公司的，《办法》规定可不对转让标的企业进行整体评估，但转让价格不得低于最近一期经审计确认的净资产值；如转让方为上市公司国有控股股东且拥有的上市公司权益不因资产重组行为而减少的，转让价格可根据上市公司最近一期经审计的净资产、净资产收益率、市盈率等因素合理协商确定。

第五，细化产权转让的操作流程。《办法》针对非上市企业国有产权转让、上市公司国有股份转让以及国有资产直接协议转让等不同情形，明确了具体的操作程序和审批材料，包括事前审议和报批、事中评估和披露、事后支付和登记等，形成了较为完整、规范的操作规程。

（3）《办法》存在的不足

《办法》虽然规范了金融企业国有资产转让行为和监督行为，明确了财政部门的监督管理职权，但是，其中的一些模糊规定也使得《办法》在实施中需要依赖于监管部门的自由裁量权。

第一，“金融企业”的提法含糊。在财政部制定的有关金融企业的一系列管理办法中，分别使用了“金融企业”、“金融类企业”等较为模糊的用语，且定义范围并不一致。《金融类企业国有资产产权登记管理暂行办法》使用了“金融类企业”的概念，并将其界定为“所有获得金融监管机构颁发金融业务许可证的企业”及人民银行、银监会、证监会和保监会所办经济实体、信用担保公司和中央汇金投资有限责任公司、中国中信集团公司、中国光大（集团）总公司、中国建银投资有限责任公司、中国银河金融控股有限责任公司等公司。《金融企业国有资产评估监督管理暂行办法》使用“金融企业”的概念，是指“在中华人民共和国境内依法设立，并拥有国有资产的金融企业、金融控股公司、担保公司”。而《办法》将“金融企业”界定为“获得金融业务许可证的企业和金融控股（集团）公司”以及人民银行总行所属企业、中投公司（汇金公司）、信用担保公司以及其他金融类企业。上述三个办法对于“金融企业”的界定不尽一致。国有产权登记、评估及转让是一系列相关性较强的行为，如果适用主体不一致，在执行中还需要依赖财政部门的个别解释。

第二，《办法》对国有金融控股企业的审批授权具有不确定性。《办法》第十二条规定：“国有及国有控股金融企业一级子公司（省级分公司或者分行、金融资产管理公司办事处）转让所持子公司产权，由控股（集团）公司审批。其中，涉及重要行业、重点子公司的重大国有产权转让，或者导致转让标的企业所持金融企业或者其他重点子公司控股权转移的，应当报财政部门审批。”但是，《办法》对“重要行业、重点子公司以及重大国有资产”未作解释，这使得相关的审批授权具有一定的模糊性，不利于有关控股（集团）公司在实际操作中正确掌握和执行相关规定。

第三，《办法》对可以直接协议转让的情形规定不明确，需依赖财政部的自由裁量权作出判断。《办法》将直接协议转让作为场内转让的例外形式，但由于金融企业的行业特殊性，股权转让，特别是大宗股权的转让，实践中多以直接协议转让形式进行。《办法》对这一实践中更具有适用性的方式关注不够，有关规定过于原则，对于监管部门而言增加了灵活性，但对金融企业而言则缺乏一定的操作性，需依赖个案沟通的方式才能确认股权转让的方式。

（4）商业银行需要注意的问题

第一，依法合规进行国有股权转让。近年来，国有商业银行股改上市取得显著成果，银行业进入新的发展时期。在寻求国际化和综合化经营发展的过程中，商业银行实施并购及成为并购目标的实践活动日益频繁。《办法》对涉及国有产权转让的行为提出了规范性的要求，商业银行在进行国有股权转让时应当注意以下问题：

一是按规定履行审批手续。按照《办法》的规定，国有控股银行及其一级子公司股权的转让应报财政部审批，对于一级（不含）以下子公司股权的转让可由控股公司审批，但是涉及重大项目的仍需报财政部批准。由于相关规定比较原则，实际操作中应当与财政部门进行充分沟通，以明确审批部门，避免违规风险。

二是选择合法可行的转让方式。按照《办法》的规定，国有资产转让一般应当进行场内交易，但在特殊情况下也可以进行直接协议转让。对于国有控股银行及其子公司而言，由于股权转让特别是大宗股权转让影响重大，除了直接在证券交易所进行上市银行的股票交易外，应当对交易方式作出审慎选择，报财政部批准。

三是金融企业国有股权转让应当符合行业监管部门和外资管理部门的要求。例如，根据《中资商业银行行政许可事项实施办法》的规定，持股5%以上股东变更应当经银监会批准。以境外投资人为受让方的，还应当符合国家有关外商投资的监督管理规定，由转让方按照有关规定报经政府有关部门批准。商业银行应密切关注各相关监管部门的现行政策及其变化，确保国有股权转让行为的合法合规性。

第二，审慎开展相关金融服务业务。随着我国金融改革的深入及资本市场的发展，金融机构兼并重组日趋活跃。在这一过程中，商业银行不仅可能作为股权转让的转让方或受让方，还可以作为金融服务提供者参与其他金融企业国有资产转让的过程，这也为商业银行并购贷款业务提供了发展空间。商业银行在为金融企业国有资产产权交易提供融资等相关金融服务时，应关注相关交易行为和交易程序的合法合规性，有效防范相关法律风险。商业银行在尽职调查工作中，应确认资产交易主体的适格性和拟转让金融企业国有资产权属关系的明晰性；对不同主体的资产转让行为，除明确获得内部合法有效的授权审批外，还应确认获得相应监管部门或授权监管主体的批准同意；对于资产转让相关合同协议，应对交易价格是否公平合理、是否违反《办法》的限制性规定、合同主要条款是否齐备、合同附带的保留条款和前置条件是否对本次交易进展构成实质性影响等问题作出判断。涉及非上市金融企业国有产权的转让和国有资产直接协议转让的，还应审核合同条款是否具备《办法》的规定内容，并履行相应的报批程序；针对《办法》就不同转让方式下信息披露义务的不同规定，应确认交易各方是否已履行法定的披露和报告义务，是否具有法定的豁免情形等。

6.《关于相关市场界定的指南》及《金融业经营者集中申报营业额计算办法》

为配合《中华人民共和国反垄断法》（以下简称《反垄断法》）的实施，2009 年 5 月 24 日国务院反垄断委员会（以下简称反垄断委员会）通过了《关于相关市场界定的指南》（以下简称《指南》），就“相关市场”这一反垄断法中最重要的概念进行界定。2009 年 7 月 15 日，根据《反垄断法》和《国务院关于经营者集中申报标准的规定》（以下简称《规定》），商务部会同中国人民银行、中国银监会、中国证监会和中国保监会制定了《金融业经营者集中申报营业额计算办法》（以下简称《计算办法》），经反垄断委员会审议通过，予以公布。作为相关配套法规，这两部规定的出台，进一步健全了我国反垄断法律法规体系。

（1）《指南》及《计算办法》出台背景

2007 年 8 月 30 日，《反垄断法》经十届全国人大常委会第二十九次会议通过，自 2008 年 8 月 1 日起施行。《反垄断法》的公布和实施是我国反垄断立法的重大进步，是我国法制建设过程中的一个标志性事件，使得“经济宪法”真正有了一个法典化的基础。这适应了我国市场经济发展的迫切需要，也在改革开放和经济全球化背景下具有积极意义。《反垄断法》规定了市场经济活动中垄断行为的种类、明确了鼓励和保护市场竞争、禁止和限制垄断行为的原则，建立了国家反垄断工作机制以及对垄断行为进行调查和处理的制度。但由于《反垄断法》是基本法律，规定较为原则，在相关市场的界定、申报标准、执法标准以及审查程序等问题上还需配套规则予以明确。

"相关市场"（relevant market）是反垄断法中最为基础和重要的概念之一，贯穿于《反垄断法》规定的垄断协议、滥用市场支配地位及经营者集中等三大反垄断行为的执法工作中。对相关市场的界定是判断经营者的市场地位，判断其是否构成垄断的基础。作为负责组织、协调及指导反垄断工作的主管部门，国务院反垄断委员会制定的《关于相关市场界定的指南》，对于为相关市场界定提供指导、提高国务院反垄断执法机构执法工作的透明度、贯彻《反垄断法》具有积极作用。

在《反垄断法》实施不久，国务院于2008年8月4日印发了《反垄断法》的第一个配套行政法规——《国务院关于经营者集中申报标准的规定》，就"经营者集中的申报标准"问题进行了明确，但考虑到"银行、保险、证券、期货等特殊行业、领域的实际情况"，《规定》明确，涉及这些特殊行业的"具体办法由国务院商务主管部门会同国务院有关部门制定"。因此，为明确金融业经营者集中的申报标准，商务部会同中国人民银行、中国银监会、中国证监会和中国保监会，结合金融行业的特点，制定了《金融业经营者集中申报营业额计算办法》，并经反垄断委员会审议通过，自公布之日起30日后施行。

（2）《指南》及《计算办法》的主要内容

《指南》共四章十一条，从总则、界定相关市场的基本依据、界定相关市场的一般方法和关于假定垄断者测试分析思路的说明四个方面进行了规定。主要包括以下内容：

第一，阐明界定相关市场的作用。任何竞争行为均发生在一定的市场范围内。界定相关市场就是明确经营者竞争的市场范围。在禁止经营者达成垄断协议、禁止经营者滥用市场支配地位，以及控制具有或者可能具有排除、限制竞争效果的经营者集中等反垄断执法工作中，均可能涉及相关市场的界定问题。科学合理地界定相关市场，对识别竞争者和潜在竞争者、判定经营者市场份额和市场集中度、认定经营者的市场地位、分析经营者的行为对市场竞争的影响、判断经营者行为是否违法以及在违法情况下需承担的法律责任等关键问题，具有重要的作用。

第二，明确相关市场的含义。相关市场是指经营者在一定时期内就特定商品或者服务进行竞争的商品范围和地域范围。在反垄断执法实践中，通常需要界定相关商品市场和相关地域市场。相关商品市场，是根据商品的特性、用途及价格等因素，由需求者认为具有较为紧密替代关系的一组或一类商品所构成的市场。这些商品表现出较强的竞争关系，在反垄断执法中可以作为经营者进行竞争的商品范围。相关地域市场，是指需求者获取具有较为紧密替代关系的商品的地理区域。这些地域表现出较强的竞争关系，在反垄断执法中可以作为经营者进行竞争的地域范围。此外，当生产周期、使用期限、季节性、流行时尚性或知识产权保护期限等已构成商品不可忽视的特征时，界定相关市场还应考虑时间性。在技术贸易、许可协议等涉及知识产权的反垄断执法工作中，可能还需要界定相关技术市场，考虑知识产权、创新等因素的影响。

第三，提出界定相关市场的基本依据，主要是替代性分析，包括需求替代和供给替代。在反垄断执法实践中，相关市场范围的大小主要取决于商品（地域）的可替代程度。在市场竞争中对经营者行为构成直接和有效竞争约束的，是市场里存在需求者认为具有较强替代关系的商品或能够提供这些商品的地域，因此，界定相关市场主要从需求者角度进行需求替代分析。当供给替代对经营者行为产生的竞争约束类似于需求替代时，也应考虑供给替代。需求替代是根据需求者对商品功能用途的需求、质量的认可、价格的接受以及获取的难易程度等因素，从需求者的角度确定不同商品之间的替代程度。原则上，从需求者角度来看，商品之间的替代程度越高，竞争关系就越强，就越可能属于同一相关市场。供给替代是根据其他经营者改造生产设施的投入、承担的风险、进入目标市场的时间等因素，从经营者的角度确定不同商品之间的替代程度。原则上，其他经营者生产设施改造的投入越少，承担的额外风险越小，提供紧密替代商品越迅速，则供给替代程度就越高，界定相关市场尤其在识别相关市场参与者时就应考虑供给替代。

第四，指出界定相关市场的一般方法。界定相关市场的方法不是唯一的。在反垄断执法实践中，根据实际情况，可能使用不同的方法。界定相关市场时，可以基于商品的特征、用途、价格等因素进行需求替代分析，必要时进行供给替代分析。在经营者竞争的市场范围不够清晰或不易确定时，可以按照“假定垄断者测试”的分析思路来界定相关市场。从需求替代角度界定相关商品市场，可以考虑的因素包括：需求者因商品价格或其他竞争因素变化，转向或考虑转向购买其他商品的证据；商品的外形、特性、质量和技术特点等总体特征和用途；商品之间的价格差异；商品的销售渠道；等等。从供给角度界定相关商品市场，一般考虑的因素包括：其他经营者对商品价格等竞争因素的变化作出反应的证据，其他经营者的生产流程和工艺，转产的难易程度，转产需要的时间，转产的额外费用和风险，转产后所提供商品的市场竞争力和营销渠道等。从需求替代角度界定相关地域市场，可以考虑的因素包括：需求者因商品价格或其他竞争因素变化，转向或考虑转向其他地域购买商品的证据；商品的运输成本和运输特征；多数需求者选择商品的实际区域和主要经营者商品的销售分布；地域间的贸易壁垒；等等。从供给角度界定相关地域市场时，一般考虑的因素包括：其他地域的经营者对商品价格等竞争因素的变化作出反应的证据；其他地域的经营者供应或销售相关商品的即时性和可行性，如将订单转向其他地域经营者的转换成本等。

第五，对假定垄断者测试分析的思路进行了说明。假定垄断者测试是界定相关市场的一种分析思路，可以帮助解决相关市场界定中可能出现的不确定性，目前为各国和地区制定反垄断指南时普遍采用。依据这种思路，人们可以借助经济学工具分析所获取的相关数据，确定假定垄断者可以将价格维持在高于竞争价格水平的最小商品集合和地域范围，从而界定相关市场。

《计算方法》共十条，主要包括适用范围、营业额计算要素、计算公式等内容。

第一，《计算方法》适用于银行业金融机构、证券公司、期货公司、基金管理公司和保险公司等金融业经营者集中申报营业额的计算。

第二，《计算办法》分别就银行业金融机构、证券公司、期货公司、基金管理公司的营业额要素进行了规定。以银行业金融机构为例，其营业额要素包括：利息净收入、手续费及佣金净收入、投资收益、公允价值变动收益、汇兑收益及其他业务收入等项目。

第三，明确了经营者集中申报营业额的计算公式。除保险公司外，其他金融机构集中申报营业额的计算公式为：营业额 =（营业额要素累加 - 营业税金及附加）×10%。保险公司集中申报营业额的计算公式为：营业额 =（保费收入 - 营业税金及附加）×10%。

（3）完善《指南》及《计算办法》的建议

由于我国反垄断经验不足，《指南》及《计算办法》的规定都比较原则，还需要在实践中逐步完善。需要关注的待完善内容主要包括：

第一，《指南》的规定比较原则，多是对相关概念的定性阐述。比如，对于相关商品市场、相关地域市场、需求替代、供给替代等概念均是定性分析。在实践中，虽然对于是否垄断的判断最终由执法者作出，但是同样应当给予市场参与者一定的量化标准，这样可以使市场参与者的行为更具有预判性，避免实施垄断行为。因此，根据实践的发展，立法者有必要引入一些定量分析，以使执法行为更具有预期性。

第二，《指南》针对普遍市场，有必要结合特定行业细化特定行业相关市场的界定标准，比如银行业。在国内，金融业仍采用分业经营、分业监管的模式，而美国、英国等国家均采用混业经营模式。那么，对于银行业相关市场的界定，应以商业银行产品或服务为特定市场范畴，还是应当考虑混业经营因素将非商业银行金融服务纳入其中值得思考。根据美国银行业反垄断法的规定，在商品市场方面，不仅应当考虑与兼并银行相竞争的银行，还包括其他的金融机构，特别是那些具有与银行相似的经营权限，并且正进军银行业市场的金融机构。因此，对于银行业等特殊行业有必要结合行业特点制定专门的指南。

第三，《计算方法》的规定比较简单。这种简单的计算方法能否满足申报的立法目的，能够既适当监测出可能形成垄断的集中行为，又满足市场发展的需要，尚需要实践检验，并需根据我国金融行业的实际情况不断修正。

（4）商业银行遵循反垄断法规应注意的问题

商业银行作为市场经济的重要参与主体，其经营管理活动不可避免地受到反垄断法律法规的规制和调节；而且，基于行业特殊性，立法和监管部门亦会就商业银行反垄断问题予以特别规制。因此，商业银行需要注意以下两个方面的问题：

第一，不得通过垄断协议、滥用市场支配地位及经营者集中进行排除、限制竞争的行为，避免因涉嫌垄断行为而受到调查和处罚。在实施并购行为时，商业银行需要结合《反垄断法》、《规定》、《指南》及《计算办法》等法律法规，就行为本身是否符合反垄断法律法规作出初步判断，防止实施“不得集中”的行为。

第二，注意运用反垄断法律手段维护自身合法权益。一方面，当自身利益因其他经营者的垄断行为而受到损害时，商业银行应当采取有效措施，维护自身权益；另一方面，考虑到银行业的特殊性及其对金融稳定的重要作用，在商业银行实施集中时，在合法合规的前提下，可以充分运用反垄断豁免规则，证明该集中对竞争产生的有利影响明显大于不利影响，或者符合社会公共利益，以避免反垄断执法机构作出对经营者集中予以禁止的决定。

三、2010年展望

（一）社会民生领域的立法步伐将进一步加快

近年来，随着改革开放的不断深入和社会经济的快速发展，社会民生问题日益突出，经济与社会发展不平衡及其在立法领域所表现出来的社会民生领域立法长期滞后的状况，使相关社会利益群体的诉求难以在法律层面得到充分体现和有效保障，经济立法与社会民生立法的相对失衡已成为构建和谐社会的制度性瓶颈。为了合理调整利益分配，破解社会矛盾，切实保障弱势群体基本权益，促进社会和谐发展，党的十六届六中全会提出要“完善发展民主政治、保障公民权利、推进社会事业、健全社会保障、规范社会组织、加强社会管理等方面的法律法规”，将民生问题的解决置于法律的框架之下，实现经济立法和社会民生立法并重。2009年十一届全国人大进一步明确，将抓紧制定和修改在法律体系中起支架作用的重要法律，在继续完善经济、政治、文化领域立法的同时，着力加强社会领域立法。在“确保到2010年形成中国特色社会主义法律体系并不断加以完善”这一立法思路的指引下，相关的社会民生立法工作将会得到重视和加强，与劳动就业、社会保障、社会福利、特殊群体权益保障、收入分配、教育卫生、公共服务等相关的法律法规的制定和修改完善，将会成为2010年民生和社会领域立法的主要内容和重点。

（二）社会保险立法将对银行经营活动产生重要影响

长期以来，我国虽已设立并实施社会保险制度，国务院及其相关部门和地方政府也制定发布了相应的政策法规，但由于相关规定效力层次较低，缺乏协调统一性，不能适应经济社会发展的需要。目前，我国社会保险存在着覆盖范围有限，城乡、地区差异明显，强制性偏弱，用人单位拒不参保、长期拖欠保费常有发生，机关、事业单位、企业之间社保制度缺乏衔接，社会保险基金多头管理、职责不清等诸多问题。对此，加快综合性社会保险立法，构建覆盖城乡、无缝对接、普惠全民的社会保障体系的呼声日益强烈。历经 13 年的酝酿、起草、讨论及修改，并于 2007 年、2008 年经全国人大常委会两次审议，社会保险法有望于 2010 年获得通过。

社会保险法除确立社会保险原则、参保人员权利义务、各险种覆盖范围、社会保险待遇项目和享受条件、社会保险经办机构、社会保险基金监督等基本内容外，还将对养老、医疗、工伤、失业和生育保险等作出规定，并在养老保险关系的转移接续、社会保险的全国统筹、城镇居民基本医疗保险与新型农村合作医疗的合并统一等难点上破题，以充分保障公民共享社会发展成果，促进社会和谐稳定。社会保险法的出台将对商业银行自身的社会保险管理制度产生影响，尤其是在险种选择、人力资源成本控制、保险责任承担等方面。商业银行应密切关注社会保险立法进程，积极应对可能发生的变化，保障业务经营活动的顺利开展。

（三）《商标法》将适时进行调整和完善

我国《商标法》自 1982 年 8 月 23 日颁布实施以来，历经两次修改，建立了相对完备的商标法律法规体系，在保护商标权人合法权益、鼓励公平竞争、维护市场秩序和促进经济发展等方面发挥了重要作用。近年来，随着国内经济的不断发展和国际投资贸易的日益增长，我国商标申请量和审查量迅猛增长，现有商标法律制度存在的商标申请周期漫长、注册确权程序复杂、纠纷解决机制繁琐、侵权行为惩罚力度较弱、诚实信用维护不充分等问题，已严重地影响了对商标权的保护和运用，无法适应新形势的发展需要。同时，2006年3月，世界知识产权组织（WIPO）在新加坡缔结了《商标法新加坡条约》，对《商标法条约》（1994年）作出修订和更新，我国《商标法》在商标注册类型、电子申请制度和时限救济措施等方面与国际条约存在一定差距。为贯彻落实《国家知识产权战略纲要》提出"到2020年，把我国建设成为知识产权创造、运用、保护和管理水平较高的国家，知识产权法治环境进一步完善"的战略目标，切实加强对商标领域知识产权保护，推动自主创新，适应社会经济发展需要，并与我国承诺履行的国际义务相一致，《商标法》第三次修订工作已全面展开，并有望在2010年审核通过。修订后的《商标法》将从缩短商标注册审查周期、简化和完善商标注册确权程序；防范恶意申请、防止商标权滥用；强化商标代理行为监管和驰名商标规范管理；加强地理标志保护、加大商标的保护力度和行政监管力度等方面对现有条文进一步完善。

《商标法》的修订也将对商业银行知识产权的保护和管理产生积极影响。近年来，伴随信息化和金融市场一体化的加快，知识产权在金融创新发展中的作用和意义日益突出，加强知识产权保护和管理已成为商业银行塑造自身品牌、提升银行核心竞争力和进行金融产品持续创新的重要保障。商业银行应加强商标宣传力度，提高商标保护意识，在日常经营中及时申请商标注册和专用期满后的商标续展，及时申请驰名商标认定，加强商标权的保护与管理；同时，通过加大对包括商标权在内的知识产权保护研究，不断探索知识产权保护的新思路、新途径和新方法。

（四）《征信管理条例》将对银行客户信息管理提出更高要求

近年来，随着社会发展和经济建设的需要，收集、整理、保存个人和法人组织的信用信息，并对外提供信用报告、信用评分、信用评级等相关业务不断扩大，征信活动及其制度建设日益受到社会广泛关注，但我国的征信立法工作长期滞后，制度规定局限于部门规章，效力层级较低，缺乏全面规范征信活动的综合性法律规范。此外，征信业在发展过程中暴露出的独立性不足、内控机制不健全、服务行为不规范、信息披露不充分、利益冲突严重、征信机构缺乏竞争力、监管缺位等问题，严重制约了行业的健康有序发展，对市场经济的正常运行产生了不利影响。加快征信立法进程，强化征信业管理，已成为我国征信行业及市场经济快速健康发展亟待解决的问题。同时，面对现阶段我国社会环境信用的严重缺失，征信行业立法规范的不断健全与完善，也将有助于推进市场制度和信用体系建设。为此，2009 年 10 月公布的《征信管理条例（征求意见稿）》经修改完善后，有望于 2010 年正式出台。将要出台的《征信管理条例》除明确机构设立、业务规则、信用评级外，还会突出对信息主体权益的保护，强化征信机构与金融机构客户信息收集、使用及管理义务。商业银行应注意分析相关规定对业务经营活动可能产生的影响，依法合规提供、使用客户信用信息，妥善保管信用信息，防止因不当使用或泄露信息而承担相应法律责任，切实防范法律风险。

（五）保守国家秘密法律规范应当予以关注和重视

随着我国经济社会的快速发展，尤其是信息化发展和电子政务的建设与应用，国家秘密的存在形态和运行方式发生了巨大变化，涉密载体由纸介质发展到声、光、电、磁等多种形式，亟须对现代通信和计算机网络条件下存储、处理和传输国家秘密的制度进行补充完善。同时，窃密、泄密违法行为的日益复杂多样，保密工作对象、领域和环境的变化，以及信息公开与信息安全之间的相互矛盾，使得现行相关保密法规难以满足保密工作的实际需要。为了满足新形势下保密工作需要，维护国家安全和利益，立法部门对《保守国家秘密法》进行了适时修订，并有望在 2010 年出台。修订后的《保守国家秘密法》增加了针对涉密信息系统的保密措施，加强了对涉密机关、单位和涉密人员的保密管理，完善了国家秘密的确定、变更和解除制度，明确了保密行政管理部门的行政管理职能，并强化了保密法律责任。商业银行特别是国有商业银行在经营管理活动中不可避免地会接触到大量国家秘密信息，为此，商业银行应当认真贯彻落实相关保密工作法律法规要求，完善保密工作程序，强化保密义务责任，健全内部保密管理机制，确保国家秘密安全，切实维护国家利益。

（执笔人：张　炜、刘湘玲、刘传会、董建军、
黄晓华、朱　亚、白　峰、王　宇、
肖亮亮、宋　乐、王　林）

第二章

银行业监管规章述评

一、银行业监管规章概览

2009年是全世界金融监管机构面临严峻考验的一年。面对危害深重的国际金融危机，中国银行业的表现可谓独树一帜，令人刮目相看。概括起来，2009年有关监管部门出台的银行业监管政策和规章主要有以下几个方面的特点：

（一）应对危机保增长

2008年末，为应对国际金融危机对我国经济发展的冲击和影响，党中央、国务院适时提出了进一步扩大内需、促进经济增长的十项措施和金融促进经济发展的若干意见，打响了“保增长、扩内需、调结构”的攻坚战。为贯彻落实党中央、国务院的要求，银监会在对现行信贷监管规章、政策和指引进行认真梳理的基础上，于2009年1月10日印发对商业银行信贷政策产生重大影响的《关于调整部分信贷监管政策促进经济稳健发展的通知》。该通知从十个方面对有关信贷监管规定和要求作出适当调整，鼓励银行业金融机构按“保增长，防风险”的原则，在切实防范风险的前提下，加大对经济发展的信贷支持力度，加强和改进信贷服务，促进国民经济平稳较快发展。

适度宽松的货币政策促使商业银行信贷总量快速增长，如何引导商业银行在信贷增长的同时做好信贷结构调整工作，成为信贷监管政策调整后面临的重要问题。2009 年 3 月 18 日，人民银行和银监会共同印发《关于进一步加强信贷结构调整促进国民经济平稳较快发展的指导意见》，对中央投资项目、涉农信贷投放、中小企业金融服务、民生信贷政策、消费信贷与房地产信贷导向等多个问题提出指导意见，为商业银行落实“区别对待、有保有压”的方针提供了政策引导。此外，银监会和科技部于 2009 年 5 月 5 日共同发布了《关于进一步加大对科技型中小企业信贷支持的指导意见》，要求银行业金融机构加大对作为我国科技创新重要载体的科技型中小企业的信贷支持力度，实现金融资源与科技资源的有机结合，解决制约科技型中小企业自主研发与成果转化的资金瓶颈问题。

（二）审时度势控风险

引导与督促商业银行建立全面风险管理体系，是银监会着力推进的一项重要工作。2009 年银监会先后印发《商业银行信息科技风险管理指引》、《商业银行声誉风险管理指引》和《商业银行流动性风险管理指引》。至此，涵盖信用风险、市场风险、操作风险、信息科技风险、声誉风险、流动性风险和利率风险的全面风险管理体系在监管政策层面得以确立，为银行业金融机构全面风险管理提供了重要指引。银监会的上述举措表明，对商业银行风险的监控已经从传统的风险类型向新型隐蔽性风险拓展，《商业银行流动性风险管理指引》更是应对金融危机进行制度完善的具体表现。

在督促商业银行构建系统全面的风险管理机制的同时，有关监管部门也充分认识到巨额经济刺激计划下信贷高增长带来的潜在风险，并适时结合经济形势的最新变化，出台了有关风险管理政策文件，如财政部、银监会 2009 年 5 月 26 日发布的《关于当前应对金融危机加强银行业金融机构财务和风险管理的意见》、银监会 2009 年 6 月 19 日发布的《关于进一步加强按揭贷款风险管理的通知》和2009年9月9日发布的《银行业金融机构建立存款风险滚动式检查制度的指导意见》等。这些文件结合经济形势与银行业务发展的最新状况，针对性地指出商业银行应予注意的风险问题，并提出应对措施与自查自纠建议，指导商业银行做好复杂环境下的风险防控工作。

（三）强化贷款全流程精细管理要求

在“保增长、扩内需、调结构”的背景下，固定资产贷款与项目融资成为商业银行授信业务的重中之重，如何引导银行业金融机构科学合理地配置信贷资源，保障信贷资金流向实体经济和重要的国计民生项目是监管者必须考虑的问题。在借鉴国际上对固定资产贷款与项目融资的先进管理经验，并结合中国信贷实际的基础上，银监会于2009年7月先后发布了《项目融资业务指引》与《固定资产贷款管理暂行办法》，强化了贷款的全流程精细化管理要求，以实贷实付为突破口加强贷款用途的管理，推行贷款发放与支付管理变革，确立了固定资产贷款管理中的全流程管理原则、诚信申贷原则、协议承诺原则、实贷实付原则、贷放分控原则、贷后管理原则及罚则约束原则。这两项授信业务管理文件的出台，有利于银行业金融机构进一步提升风险管理水平，提高信贷管理质量，防范贷款快速增长形势下的信贷风险，防范银行体系的系统性风险。

（四）跨境贸易人民币结算取得突破

金融危机中，国际贸易结算主要货币——美元的流动性紧缩与贬值压力加剧了全球金融市场的动荡与贸易量的萎缩。同时，随着中国与东盟国家及内地与港澳地区间贸易、投资及各类经济活动的迅速发展，以人民币作为支付手段与结算货币的需求越来越高。在上述背景下，人民币国际化问题成为监管者关注与思考的重要战略课题。在充分调研论证的基础上，2009年7月2日，中国人民银行、财政部、商务部、海关总署、国家税务总局、银监会六部委联合共同公布《跨境贸易人民币结算试点管理办法》(以下简称《试点管理办法》)，对人民币跨境贸易结算有关问题作出了明确规定，人民币跨境贸易结算业务正式启动。该《试点管理办法》明确提出跨境贸易人民币清算并行采取“中银模式”和“代理行模式”，并从十个方面明确了商业银行的权利与责任。《试点管理办法》的出台标志着人民币区域化战略已经从政策制定层面发展到实际操作层面，迈出实质性突破步伐，对人民币的国际化进程具有里程碑意义。2009 年 7 月 3 日，人民银行发布《跨境贸易人民币结算试点管理办法实施细则》(以下简称《实施细则》)，详细规定了试点地区境内代理和结算银行、境外参加银行、试点企业在办理人民币跨境贸易结算时应履行的义务和责任。该《实施细则》是对《试点管理办法》的进一步细化，为各方参与者提供了明确的行为规范与指引。人民币区域化进程的不断推进给银行业金融机构的中间业务、负债业务与资产业务带来了新的发展机遇，抢占市场先机、拓展国际化服务网络、挖掘试点企业客户需求已成为各中资商业银行在人民币区域化进程中争取优势地位的关键环节，而由此带来的风险暴露也将对商业银行的风险管理水平提出更高要求。

(五) 严控金融衍生产品风险

金融衍生产品在此次金融危机中推波助澜的负面作用，使监管者充分认识到场外金融衍生产品交易的市场风险，以及由市场风险引发的信用风险、法律风险、流动性风险等系列性风险的危害性与杀伤力。对场外金融衍生产品进行必要而充分的监管，已成为危机后各国监管机构的共识。中国的场外金融衍生品市场目前尚处于发展初期，市场参与者信用度较高，产品相对简单。但随着利率与汇率市场化改革的深入推进，市场参与者运用衍生产品管理风险的需求将日益旺盛，场外金融衍生产品市场的纵深发展已成为必然趋势。未雨绸缪，监管者前瞻性地看到了未来中国场外衍生产品市场的巨大潜能与相关风险，2009 年 3 月 11 日，人民银行和国家外汇管理局批复同意中国银行间市场交易商协会发布《中国银行间市场金融衍生产品交易主协议》，该主协议正式成为银行间市场金融衍生产品交易各方当事人管理金融衍生交易法律风险的纲领性文件，并确立了中国场外衍生产品领域的单一协议原则与终止净额原则，为中国场外衍生产品的法律风险防控提供了有益探索。

金融危机中，部分中国央企的衍生产品交易巨亏进一步暴露了某些金融衍生产品结构复杂、风险隐蔽与权责不平等问题。而其中部分金融衍生产品是外资银行通过中资银行以“背对背”交易形式向国内客户销售的。此外，在非境内注册机构营销人员的推动下，机构客户与银行业金融机构交易衍生产品过程中也出现了一些高杠杆、过于复杂化、缺乏透明度的衍生产品，有的甚至严重脱离了机构客户的真实经营需求。为保护国内机构客户衍生产品交易下的合法权益，规范中资银行的产品营销行为，杜绝外资银行不规范销售行为的再度发生，银监会于2009年7月31日发布《关于进一步加强银行业金融机构与机构客户交易衍生产品风险管理的通知》（以下简称《通知》），对银行业金融机构与机构客户叙做衍生产品交易提出适合度评估和真实需求背景的要求，并进一步对银行业金融机构的信息披露与销售行为提出规范要求。该《通知》第一次将面向机构客户的衍生产品交易纳入监管范围，再次强调了机构客户衍生产品交易的真实需求背景，为防范机构客户的投机套利行为增加了一道防线。鉴于中国目前的机构客户尚不完全具备全面识别与评估衍生产品交易风险的能力与经验，该《通知》将普遍适用于个人理财产品的适合度评估机制应用于机构客户，并要求银行业金融机构本着“卖者有责”的态度与责任心对投资者进行充分的风险揭示。

（六）规范理财投资和银行卡管理

随着居民收入的提高与投资理财意识的增强，商业银行的理财产品已渐渐成为个人客户的投资目标，而依托于信托这一金融创新良好平台的理财产品更是备受青睐。银信合作理财产品实现了银行的网络、客户资源与信托制度财产独立、风险隔离特征的优势互补，满足了企业和个人多元化的理财需求，开辟了新的投资渠道。鉴于实践中银信合作模式较多，结构较为复杂，为厘清各类银信合作业务下各方参与者的权利与义务，促进银信合作规范发展，银监会于2008年12月22日发布《银行与信托公司业务合作指引》，并于2009年12月14日发布《关于进一步规范银信合作有关事项的通知》（银监发〔2009〕111号），对银信合作业务有关事项进一步予以规范。另外，在此次金融危机中，由于部分境内理财产品挂钩境外复杂指数等因素，个别理财产品出现了零收益、负收益的情况，导致客户投诉攀升，银行声誉受损。为进一步规范商业银行对理财产品的投资管理行为，维护金融消费者合法权益，吸取境外投机型理财产品的损失教训，银监会于2009年7月6日发布了《关于进一步规范商业银行个人理财业务投资管理有关问题的通知》，对商业银行个人理财业务投资管理提出多项具体要求，并明确禁止将理财资金投资于可能造成本金重大损失的高风险金融产品，以及结构过于复杂的金融产品，也不得将理财资金投资于境内二级市场公开交易的股票或与其相关的证券投资基金及未上市企业股权和上市公司非公开发行或交易的股份。

另外，在银行卡产业高速发展的同时，银行卡犯罪案件频发，银行卡争议标的金额也不断攀升，引起了监管者的关注。2009年4月27日，人民银行与银监会等发布《关于加强银行卡安全管理预防和打击银行卡犯罪的通知》，对规范银行卡营销行为、加强银行卡交易监测和使用管理、改进银行卡受理机具等风险管控环节提出了明确的要求。2009年6月23日，银监会再次发出《关于进一步规范信用卡业务的通知》，督促银行业金融机构进一步加强信用卡各业务环节的操作规范和风险管理，不断提升信用卡业务的服务质量，维护消费者合法权益。

（七）债券监管出新规

为落实国务院《关于当前金融促进经济发展的若干意见》中关于“推进上市商业银行进行交易所债券交易试点”的要求，积极发展债券市场、促进企业融资，2009 年 1 月 19 日，证监会和银监会共同发布《关于开展上市商业银行在证券交易所参与债券交易试点有关问题的通知》。2009 年 6 月，银监会印发《关于上市商业银行在证券交易所参与债券交易试点有关事宜的通知》，启动了商业银行在交易所进行债券交易试点的申请和实施工作。2009 年 10 月，中国工商银行、中国建设银行、交通银行成为首批获准在交易所参与债券交易试点的上市商业银行，试点期间商业银行可以在证券交易所固定收益平台，从事国债、企业债、公司债等债券品种的现券交易。上市银行参与场内市场的债券交易，有利于丰富商业银行的投资交易品种，拓展商业银行债券投资与交易业务的发展空间，打破两个市场的分割状态，促进交易所债券市场与银行间债券市场的互联互通，推动我国债券市场的发展。

为进一步加强商业银行债券投资管理，防范经济金融形势变化和市场波动带来的潜在风险，2009 年 3 月 26 日，银监会办公厅发布了《关于加强商业银行债券投资风险管理的通知》，该通知从八个方面提示商业银行债券投资应当注意的风险，具体提出制定投资指引、防范风险管理疏漏、重点关注高风险投资、将债券资产纳入统一风险管理体系、确保估值及时合理、关注投资变现能力完善压力测试程序、提高预警及应急能力等多项风险管理要求，指导商业银行构建债券投资的全面风险管理体系。

除上述两项关于债券交易与风险管理的监管文件外，2009 年 3 月人民银行发布的《全国银行间债券市场金融债券发行管理操作规程》和《银行间债券市场债券登记托管结算管理办法》，分别对金融债券的发行和所有银行间债券的登记托管结算进行了规范，明确了金融债券发行环节各方当事人的责任，细化了债券登记托管结算流程中的操作问题。此外，人民银行和银监会还于2009年8月18日发布《关于金融租赁公司和汽车金融公司发行金融债券有关事宜的公告》，明确汽车金融公司和金融租赁公司的发债条件，拓宽了两类机构的融资渠道，规范了两类机构的发债行为。

（八）加强金融机构与从业人员管理

在机构规制方面，银监会于2009年6月9日发布《小额贷款公司改制设立村镇银行暂行规定》，7月22日发布《消费金融公司试点管理办法》，8月11日发布《加强外资转制法人银行公司治理指导意见》。上述文件对相关金融机构的设立、治理机构建设等问题作出了规定，丰富了金融市场参与者的类别，强化了对市场参与者的准入管理与治理机制完善。

在从业人员管理方面，银监会2009年2月5日发布《银行业金融机构从业人员职业操守指引》，对包括正式合同工、派驻董事、派遣用工等直接从事金融业务的人员提出职业操守要求。该指引是我国银行业金融机构第一个统一的从业人员职业操守标准要求，对树立和弘扬中国银行业严格、规范、守法、诚信、创新的行业作风具有重要意义。此外，针对农村中小金融机构内控不严、案件频发的问题，银监会决定从2009年起，开展为期三年的农村中小金融机构案件防控治理活动，并制定了《农村中小金融机构案件责任追究指导意见》，明确了案件类型、涉案金额定义、责任人员范围及责任追究方式等问题，对农村中小金融机构的案件责任追究工作提出了明确要求，有助于遏制农村中小金融机构案件高发势头，维护农村金融安全。

二、重要监管规章述评

（一）宏观金融改革

为应对国际金融危机对我国实体经济的冲击，党中央、国务院提出了“保增长、扩内需、调结构”的经济工作总体要求，并先后出台进一步扩大内需、促进经济增长的十项措施和《关于当前金融促进经济发展的若干意见》（国办发〔2008〕126号，以下简称《意见》）。其中《意见》明确要求，要加强和改进贷款服务，加大对民生工程、“三农”、重大工程建设、灾后重建、节能减排等信贷支持，全面清理银行信贷政策、法规、办法和指引，根据特殊时期需要，对有关规定和要求作出适当调整。为贯彻落实《意见》精神，中国人民银行和银监会2009年初先后印发《中国银监会关于当前调整部分信贷监管政策促进经济稳健发展的通知》（银监发〔2009〕3号）和《中国人民银行、中国银行业监督管理委员会关于进一步加强信贷结构调整促进国民经济平稳较快发展的指导意见》（银发〔2009〕92号）。

1.《中国银监会关于当前调整部分信贷监管政策促进经济稳健发展的通知》

2009年1月10日，银监会印发《关于当前调整部分信贷监管政策促进经济稳健发展的通知》（以下简称《通知》），根据当时形势和市场需要，从十个方面对有关信贷监管规定和要求作出了适当调整，鼓励银行业金融机构按“保增长，防风险”的原则，在切实防范风险的前提下，加大对经济发展的信贷支持力度，促进我国经济稳健发展。《通知》的主要内容包括：

第一，支持发放并购贷款。《通知》支持符合条件的商业银行开展并购贷款业务，支持企业兼并重组，促进企业技术进步、产业结构调整和资源优化配置，同时强调商业银行开展并购贷款业务时应遵循依法合规、审慎经营、风险可控、商业可持续的原则，在构建并购贷款全面风险管理框架、有效控制贷款风险的基础上，及时支持合理的并购融资需求。

第二，加大对中小企业的信贷支持。《通知》督促各主要银行业金融机构（含政策性银行、国有商业银行、股份制商业银行）按要求设立小企业信贷专营服务机构，加大对小企业的金融支持力度；推动落实对中小企业融资担保、贴息等扶持政策和担保体系建设，创新面向科技型中小企业的信贷产品。

第三，加大涉农信贷投入力度。《通知》要求银行业金融机构对涉农类贷款实行有区别的信贷管理和考核政策，健全完善支农信贷投放机制；结合农户生产经营特点和农业生产实际情况，加大涉农信贷投入力度；完善农村融资、结算、信息网络和金融服务功能，切实提高农村金融服务水平。

第四，鼓励实施贷款重组。《通知》鼓励银行业金融机构在风险可控的前提下，对部分符合条件的受全球金融危机影响而暂时出现经营或财务困难的企业予以信贷支持。对符合下列条件的贷款，鼓励银企双方友好协商，实施贷款重组；投向符合国家产业政策要求和重点扶持的行业；借款人客户评级优良，且未发生实质性的、不可逆转的不利于贷款偿还的变化；借款人以往三年以上或注册经营以来一直有稳定经营性现金流或危机过后预期收入仍可恢复至或超过正常水平，足以作为还款来源等。

第五，拓宽项目贷款范围。对符合国家产业政策导向，已列入国家发展和改革委员会制定的发展规划，政府相关部门已同意开展项目前期工作的项目，银行业金融机构可在一定额度内向非生产性项目发起人或股东发放搭桥贷款，促使投资项目尽快投产、投资资金尽快到位。

第六，支持信贷资产转让。《通知》鼓励银行业金融机构通过贷款买卖调整资产结构，合理配置信贷资产，并强调银行业金融机构应在风险可控前提下按市场原则真实地转让、购买信贷资产，开展信贷资产转让业务应当严格自律，规范转让流程，促进业务健康可持续发展。

第七，允许有条件适当突破存贷比。《通知》明确表示，允许资本充足、拨备覆盖率良好、存贷比较高的中小银行业金融机构适当突破存贷比，具体容忍度可由银行业金融机构提出申请，报经属地监管局同意后报银监会备案。

第八，支持创新担保融资方式和消费信贷保险保障机制。

《通知》支持银行业金融机构与符合相关条件的担保机构开展合作，允许对担保机构审慎授信，鼓励创新农业担保融资方式，积极解决农村“担保难”问题；同时，要求银行业金融机构根据消费信贷的具体特点，建立科学的保险保障机制，加大对消费信贷支持，促进拉动内需。

第九，科学实施贷款责任追究。《通知》强调，要坚持科学界定贷款管理责任，注重防范道德风险，要求银行业金融机构在继续抓好不良贷款比率下降的同时，从紧控制不良贷款余额，并对不同情形下相关人员的责任追究作了相应规定，确保有关政策落实到位。

第十，支持信托公司和财务公司业务创新发展。《通知》支持对符合一定监管评级要求的信托公司集合信托贷款比例由30%放宽至50%，同时调整了有关房地产金融业务的规定，可根据信托公司的风险管理能力，适度放宽房地产开发商资质、资金比例等方面的要求，引导信托公司增加贷款融资业务；鼓励进一步扩大发行金融债券的财务公司范围和发债规模，支持财务公司开展业务创新，繁荣金融市场。

2.《中国人民银行、银监会关于进一步加强信贷结构调整促进国民经济平稳较快发展的指导意见》

2009年3月18日，中国人民银行和银监会联合发布《关于进一步加强信贷结构调整促进国民经济平稳较快发展的指导意见》（以下简称《指导意见》），要求各商业银行和政策性银行认真执行适度宽松的货币政策，在保持货币信贷总量合理增长的基础上，进一步加强信贷结构调整，促进国民经济平稳较快发展。《指导意见》的主要内容为：

第一，保证中央投资项目贷款落实到位。《指导意见》指出，要保证符合条件的中央投资项目所需配套贷款及时落实到位，鼓励地方政府通过增加地方财政贴息、完善信贷奖补机制、设立合规的政府投融资平台等多种方式，吸引银行业金融机构加大对中央投资项目的信贷支持力度，支持有条件的地方政府组建投融资平台，发行企业债、中期票据等融资工具，拓宽这些项目配套资金的融资渠道。针对钢铁、汽车、轻工、纺织、装备制造、电子信息、船舶、有色金属、石化和物流等国家重点产业调整振兴规划已明确支持方向的专项项目，以及符合条件的技术改造项目，《指导意见》还提出银行业金融机构要根据产业规划的要求和项目需求特点，加大必要的融资支持力度。

第二，加大涉农、改善民生类信贷支持。《指导意见》要求各银行业金融机构都要进一步加大对符合信贷原则的涉农信贷资金投放力度，增加农村有效信贷供给；大力发展新型农村金融机构和农村微型金融机构，扩大农村小额贷款的覆盖面；稳步推进农村融资性担保体系的建立和发展；在银行间债券市场扩大发行涉农企业短期融资券、小企业集合债券和涉农信贷资产支持证券等融资工具，拓宽涉农金融机构的资金来源和涉农企业的融资渠道。《指导意见》还指出，要发挥小额担保贷款政策的积极作用，做好对零就业家庭、就业困难人员、高校毕业生、残疾人、返乡农民工等重点就业人群的小额担保贷款发放和金融支持帮扶工作。

第三，拓宽中小企业融资渠道。《指导意见》指出，对中小企业的金融服务要精细化。各银行业金融机构对已经出台支持中小企业发展的各项信贷政策措施，要抓细、抓实，积极探索建立、健全中小企业融资量化考核制度；鼓励各银行业金融机构自主创新中小企业金融服务模式和业务流程，提高中小企业贷款审批效率和服务质量。考虑到小企业信贷在信用环境及风险管理制度方面的现状，《指导意见》从制度建设着手，对中小企业信贷的风险分担和风险补偿机制作了如下规定：要求加快推进企业信用体系建设，加强企业信用自律管理；支持地方政府建立中小企业贷款风险补偿基金，完善中小企业信贷风险分担机制。在具体渠道上，《指导意见》鼓励银行业金融机构积极探索创新适合不同地域和不同发展阶段中小企业特点的融资产品和服务方式，利用授信开证、押汇、保理、融资租赁等多种融资手段，同时通过扩大中小企业短期融资券试点规模，在银行间市场加快推出高收益债券和中小企业集合债券。

第四，做大做好消费信贷市场。《指导意见》提出，银行业金融机构要积极研究、制定和落实有利于扩大消费的信贷政策措施，有针对性地培育和巩固消费信贷增长点，集中推进汽车、住房、家电、教育、旅游等与民生密切相关产业的信贷消费。引导银行业金融机构加大消费信贷产品创新力度，改进消费信贷业务管理方式。支持有条件的地方试点设立消费金融公司。鼓励加强银商合作，在有效防范风险的基础上，推广银行卡使用，提高刷卡效率，促进扩大银行卡消费。支持符合条件的汽车金融公司发行金融债券，扩大汽车贷款证券化规模，拓宽汽车金融公司融资渠道。

第五，落实好房地产信贷政策。《指导意见》对信贷政策支持房地产市场的范围进行了明确界定：要积极支持符合贷款条件的廉租住房、经济适用住房等保障性住房建设项目；进一步加大对中低价位、中小套型普通商品住房建设，特别是在建项目的信贷支持力度；做好对有实力、有信誉的房地产开发企业兼并重组有关企业或项目的融资支持和配套金融服务；支持资信条件较好的房地产企业发行企业债券和开展房地产投资信托基金试点，拓宽房地产企业融资渠道；加大对自住型和改善型住房消费的信贷支持力度，鼓励普通商品住房消费。

第六，加大对产业转移、区域协调发展的融资支持。《指导意见》提出，银行业金融机构应不断加大金融创新力度，满足企业多元化的金融需求，包括：开展出口信贷业务，促进加工贸易转型升级和梯度转移；拓宽融资渠道，加大对企业参与境外基础设施建设、农业综合开发、农产品加工基地和营销网络建设、外派劳务基地建设的支持力度；强调银行业金融机构的信贷投放应该与国家的产业政策结合，选择有良好前景的行业和企业，如支持国内有实力的企业开展高新技术领域的跨国并购、优势企业兼并重组、特色产业区域和优势产业集群发展、外贸出口等，以实现信贷资源在更大范围的优化配置。《指导意见》还指出，银行业金融机构要进一步细化金融服务西部开发、振兴东北、中部崛起等国家重大区域经济发展战略的信贷政策支持措施；加大金融支持和创新力度，建立长期稳定的资金开发渠道；进一步加强和改进适合区域特点的金融服务，建立健全区域经济社会加快发展的可持续机制。

《指导意见》提醒银行业金融机构在加强信贷结构调整的同时，要特别注意防止贷长、贷大、贷集中和严重存贷期限错配产生新的系统性金融风险；建立和完善信贷结构定期监测分析评估制度，加强对国内外经济走势和各经济领域发展状况的前瞻性判断和预测。

3. 商业银行应注意的问题

中国人民银行和银监会发布《通知》和《指导意见》，是根据当时经济形势下国家宏观调控和产业政策要求，推出的一系列旨在优化信贷结构的政策，体现了监管部门防风险和保增长并重的思路，即一方面通过对银行业金融机构信贷总量和投向实施引导和调控，增加银行业信贷向相关产业的投放，确保足够的流动性，以拉动内需、促进消费；另一方面，通过更加科学的监管，提高银行业金融机构在当时经济金融环境下自我识别风险和管理风险的能力，切实防范金融风险，确保银行业金融机构信贷安全。对于银行业金融机构而言，应按照上述指导性要求，积极创新融资方式，拓宽融资渠道，满足合理资金需求，进一步加大对重大基础设施、“三农”、中小企业、创新性产业、贷款重组等项目的信贷支持力度，进一步优化信贷结构；与此同时，应坚持风险为本的理念，提高识别风险和管理风险的能力，切实贯彻“区别对待、有保有压”的原则，构建和培育良好的依法合规机制，确保经济稳健发展。

（二）风险管理

1.《商业银行信息科技风险管理指引》

随着银行业信息化的发展，信息科技在银行业务发展中的作用日益凸显。信息科技与银行业务日益融合的趋势，使得信息科技不再仅仅扮演银行业务和日常办公辅助支持的角色，而是成为银行安全、持续、稳健运行和推动业务创新发展不可或缺的重要支柱。面对新的发展变化，银监会于2006年发布的《银行业金融机构信息系统风险管理指引》（银监发〔2006〕63号，以下简称原《指引》）已远远不能满足对现代银行业信息科技风险进行监管的需要。为适应新形势对银行信息科技风险进行有效监管，银监会于2009年6月1日发布《商业银行信息科技风险管理指引》（以下简称《管理指引》）。

（1）《管理指引》主要内容

《管理指引》共十一章七十六条，分为总则、信息科技治理、信息科技风险管理、信息安全、信息系统开发测试和维护、信息科技运行、业务连续性管理、外包、内部审计、外部审计和附则等十一个部分。与原《指引》相比，《管理指引》主要有以下几个新特点：

第一，涵盖全部银行业信息科技活动，适用范围更加全面。《管理指引》明确规定其适用于在中华人民共和国境内依法设立的具备法人资格的商业银行，对于政策性银行、农村合作银行、城市信用社、农村信用社、村镇银行、贷款公司、金融资产管理公司、信托公司、财务公司、金融租赁公司、汽车金融公司、货币经纪公司等银行或非银行业金融机构，则参照执行，改变了原《指引》仅仅适用于银行业金融机构的规定，适用范围更加广泛。

第二，加强信息安全工作，信息科技风险管理得到充分重视。《管理指引》规定，商业银行法定代表人是其所在机构信息科技风险管理的第一责任人，商业银行董事会应当在良好的公司治理基础上加强信息科技治理，并及时披露信息科技风险状况。商业银行应当建立持续的信息科技风险管理和监测机制，制定明确的信息科技风险管理策略，并进行风险评估。另外，商业银行应设立首席信息官，直接向行长汇报，加强对信息科技的专业管理并参与决策。

第三，明晰信息科技风险管理和内外部审计关系。《管理指引》规定，商业银行内部审计部门应当根据业务的性质、规模和复杂程度，对相关系统及其控制的充分性、适当性和有效性进行检测，并提出监控整改意见。商业银行应至少每三年进行一次全面内部审计。对于外部审计，商业银行可委托具备相应资质的外部审计机构进行信息科技外部审计。银监会及其派出机构必要时可指定具备相应资质的外部审计机构对商业银行进行信息科技审计或相关检查，外部审计机构依据授权出具的审计报告，经银监会及其派出机构审阅批准后具有同银监会及其派出机构出具的检查报告同等的效力。

第四，规范外包管理，保障信息科技安全。《管理指引》规定，商业银行不得将其信息科技管理责任外包，应合理谨慎监督外包职能的履行，并应确保商业银行客户资料等敏感信息的安全。商业银行实施重要外包（如数据中心和信息科技基础设施等）应格外谨慎，在准备实施重要外包时应以书面材料正式报告银监会或其派出机构。另外，在《管理指引》中，对商业银行在签署外包协议或对外包协议进行重大变更之前应当做好的准备工作、与外包商合同谈判和服务水平协议过程中应当进行考量的因素都作出了具体要求。

（2）商业银行应注意的问题

《管理指引》从总体上提升了信息科技风险管理在整个银行风险管理中的地位，适应了新形势下银行业信息科技风险监管的要求，将对银行业信息科技风险的有效、合规监管起到积极作用，并将进一步推动我国银行业信息科技风险管理向更高水平迈进，从而更加充分地发挥信息科技对现代银行业务开展和创新的重要保障作用，实现银行信息科技系统的安全、持续、稳健运行。商业银行需要依据《管理指引》从以下几个方面着手，全面提高自身科技风险管理水平：一是要进一步明确董事会和高级管理层在信息科技风险管理中应当承担的责任，确保相关风险管理岗位职责明晰、人员配备到位，切实构建信息科技管理、信息科技风险管理、信息科技风险审计这三道信息科技风险管理防线；二是要根据《管理指引》中对商业银行在具体操作层面所提出来的一系列管理要求，进一步完善相关风险防控制度和业务操作流程，建立一套具备实际可操作性的信息科技风险防控工作体系；三是要注重加强对银行敏感信息、重要信息的科技保护，特别是应结合《管理指引》中关于外包服务环节信息保护的工作要求，进一步加强对客户信息的安全保护，为银行客户提供更加安全的金融服务。

2.《商业银行声誉风险管理指引》

声誉风险是商业银行全面风险管理的必要组成部分，是风险为本监管的重要指标之一。将声誉风险纳入商业银行全面风险管理框架，是商业银行适应新时期市场变化和督促商业银行提供更优质的金融服务的需要。自银监会于2006年将声誉风险监管要求和评估方法写入《银监会非现场监管指引（试行）》（以下简称《原指引》）之日起，声誉风险即成为银监会日常监管的要素之一。针对商业银行声誉风险管理方面存在的不足和缺陷，特别是国际金融危机以来商业银行不断暴露出的声誉风险管理问题，为督促商业银行有效管理声誉风险、引导完善全面风险管理体系，银监会借鉴国际银行监管的实践经验，结合我国商业银行实际制定了《商业银行声誉风险管理指引》（以下简称《管理指引》），于2009年9月8日正式颁布实施。

（1）《管理指引》的主要内容

《管理指引》全文共十三条，主要包括以下六个方面内容：

第一，首次明确声誉风险和声誉事件的定义。《管理指引》

指出：声誉风险是指由商业银行经营、管理及其他行为或外部事件导致利益相关方对商业银行负面评价的风险；声誉事件是指引发商业银行声誉风险的相关行为或事件。

第二，明确要求商业银行应将声誉风险管理纳入公司治理及全面风险管理体系。《管理指引》要求商业银行应将声誉风险管理纳入公司治理及全面风险管理体系，建立和制定声誉风险管理机制、办法、制度并提出明确的工作要求，主动、有效地防范声誉风险和应对声誉事件，最大程度地减少声誉损失和负面影响。

第三，突出强调董事会的核心作用和职责。《管理指引》明确由董事会承担声誉风险管理的最终责任，并从授权及监督高级管理人员履行管理职责、设置专门管理部门或岗位、监控各部门执行情况和建立声誉风险管理文化等四个方面进行规范。《管理指引》指出，商业银行董事会应制定与本行战略目标一致且适用于全行的声誉风险管理政策，建立全行声誉风险管理体系，监控全行声誉风险管理的总体状况和有效性，承担声誉风险管理的最终责任。

第四，对商业银行建立声誉风险管理制度提出规范性要求。具体包括：建立声誉风险排查机制、声誉事件分类分级管理和应急处理机制，提高对声誉风险的发现和声誉事件的应对能力；建立投诉处理监督评估机制、信息发布和新闻工作归口管理制度和舆情信息研判机制，解决声誉风险管理部门和业务部门相脱离的问题；建立声誉风险内部培训和激励机制、声誉风险信息管理制度和后评价机制，形成良好的声誉风险管理文化等。

第五，明确有效处置重大声誉事件的原则和方法。商业银行不仅要对已发生的重大声誉事件启动应急预案，还要对可能引发重大声誉事件的行为和事件适时启动应急预案。同时，对重大声誉风险处置整个过程中的团队建设、信息发布、舆情分析、报告路径和后续评价等，也提出了相应的原则性要求。

第六，对声誉风险提出监管要求。《管理指引》要求将商业银行声誉风险监管纳入持续监管框架，对商业银行声誉风险管理的有效性进行监督检查，将商业银行声誉风险状况和管理水平作为市场准入的考虑因素，由银监会及其派出机构的相应职能部门或岗位进行监测和评估。对于存在声誉风险问题或在重大声誉事件处置过程中存在严重过失的商业银行，可依法采取相应的监管措施。

（2）商业银行应注意的问题

《管理指引》的颁布实施，对完善商业银行风险管理体系和加强声誉风险管理将起到一定的积极作用，有利于商业银行更好地防范声誉风险，防止各类声誉事件对其正常经营管理造成负面影响，进一步推动金融业服务水平的提升。商业银行应按照《管理指引》相关规定，着重从以下几方面入手，加强声誉风险管理：

一是要按照《管理指引》的规定，加强对全行员工的培训，推动银行从业人员执业素质、业务技能、服务水平的不断提升，自觉维护银行良好声誉；二是要建立客户投诉处理监督评估机制，从维护客户关系、履行告知义务、解决客户问题、确保客户合法权益、提升客户满意度等方面实施监督和评估，更好地倾听客户的呼声、关注客户的诉求，有效保障客户的合法权益；三是及时准确地向公众发布金融服务相关资讯，主动接受舆论监督，使社会公众尽可能多地了解与其自身利益相关的金融信息，真正做到以客户为中心，全面提升服务质量和水平，避免声誉事件的发生。

3.《商业银行流动性风险管理指引》

在国际金融危机浪潮中，因流动性缺口过大引发的流动性危机比比皆是，甚至最终导致金融企业的生存危机，这使世界各国的金融监管机构进一步认识到流动性风险管理的重要性和必要性。为引导商业银行充分重视自身流动性风险管理，确保我国银行业安全稳健运行，银监会在借鉴和吸收国际先进经验并兼顾我国银行业发展现状的基础上，于2009年9月28日发布《商业银行流动性风险管理指引》（以下简称《指引》），从流动性风险管理的目的、流动性风险管理体系的建立、流动性风险管理的方法和技术、流动性风险监督管理等方面提出规范性意见。

（1）《指引》的主要内容

《指引》共五章八十六条，分总则、流动性风险管理体系、流动性风险管理方法和技术、流动性风险监督管理和附则五个部分。主要内容如下：

第一，明确流动性风险的定义。根据《指引》第三条规定，流动性风险是指商业银行虽然有清偿能力，但无法及时获得充足资金或无法以合理成本及时获得充足资金以应对资产增长或支付到期债务的风险。这一定义将流动性风险与清偿性风险、市场风险、信用风险、操作风险、法律风险、声誉风险等商业银行在经营管理过程中所需考虑的其他风险类型区别开来，强调了流动性风险所具有的资金获取时效性障碍这一特殊性质。流动性风险又可分为融资流动性风险和市场流动性风险。其中，融资流动性风险是指商业银行在不影响日常经营或财务状况的情况下，无法及时有效满足资金需求的风险；市场流动性风险是指由于市场深度不足或市场动荡，商业银行无法以合理的市场价格出售资产以获得资金的风险。

第二，提出商业银行流动性风险管理体系的具体要求。《指引》从流动性风险管理的治理结构、管理政策和程序、内部控制体系、管理信息系统、信息披露等五个方面对商业银行的流动性风险管理体系提出了具体要求。一是要求商业银行建立完善的流动性风险管理治理结构，按照政策的制定、执行和监督职能相分离的原则，由董事会、监事会、高级管理层及流动性风险管理专门委员会和商业银行内部有关部门各司其职，分工协作，对商业银行流动性风险予以有效管理。二是要求商业银行根据自身经营战略、业务特点和风险偏好测定自身流动性风险承受能力，并以此为基础制定自己的流动性风险管理的策略、政策和程序。三是要求商业银行制定适当的内部评价考核、内部评估、内部审计等内部控制制度，以确保流动性风险管理程序的完整和有效。四是要求商业银行建立完善的管理信息系统，以确保董事会、高级管理层及流动性风险相关部门能适时了解到有关流动性风险管理的各种事项。五是要求商业银行定期披露有关流动性风险管理的情况，并在出现流动性危机时，适时披露情况说明等资料以提高交易对手、客户及公众的信息。

第三，提供商业银行流动性风险管理可以采用的方法和技术。一方面，商业银行在进行资产负债管理时，应按照分散性、审慎性原则，建立集中度限额管理制度，在确定资产负债额度、结构和期限时，充分考虑流动性风险管理，加强资产的流动性和融资性来源的稳定性。另一方面，商业银行应通过计量、监测、控制现金流量和期限错配情况，发现融资缺口和防止过度依赖短期流动性供给，从而提高对流动性风险识别、计量和监测的准确性。为了充分考虑并预防在市场发生剧烈波动时所可能引发的流动性危机，《指引》要求商业银行至少每季度进行一次流动性风险的常规压力测试，通过压力测试分析银行承受压力事件的能力，以提高在流动性压力情况下继续履行银行有关支付义务的能力。同时，《指引》还要求商业银行按照正常市场条件和压力条件分别制订可以涵盖临时性和长期性流动性危机的应急计划，以便在发生流动性临时性中断、流动性长期变化或市场大幅震荡流动性枯竭等不同情形下，及时通过优化融资渠道、出售资产等方式减少融资所需要的时间和成本。

第四，明确银监会在流动性风险管理中的监督管理职责。根据《指引》规定，银监会将采取以风险为本的监管模式，通过非现场监测和现场检查等方式，在并表基础上按本外币分别对商业银行的整体流动性风险进行检查和考核。对于流动性风险管理体系存在严重缺陷，流动性管理政策、制度执行不力，流动性报告或报表存在严重问题，且未能及时实施有效整改措施的商业银行，银监会还将采取多种监管措施，督促商业银行尽快改善流动性风险管理方面的缺陷。对于流动性指标持续达不到预警指标要求的商业银行，银监会还有可能采取提高流动性比率和资本充足率要求、限制部分业务发展等方法，督促其尽快改善。鉴于《指引》的适用对象中包括境内商业银行在境外设立的分支机构、子公司，以及外商独资银行和中外合资银行，银监会在对这些机构进行流动性风险监管时，还将与东道国或母国的监管当局密切合作，充分考虑东道国或母国监管当局对流动性风险管理的要求。

（2）商业银行应注意的问题

虽然目前我国商业银行总体流动性水平较高，但为了防范市场剧烈波动所可能造成的流动性风险，确保行业持续、健康发展，商业银行应按照《指引》要求，完善流动性风险管理的治理结构，制定流动性风险管理的政策和程序，建立有效的内部控制体系和管理信息系统，通过资产负债管理、现金流量管理、周期性压力测试等手段，提升流动性风险管理能力。根据《指引》有关规定，商业银行最迟应于 2010 年底前达到《指引》所提出的要求，按时向监管部门报备流动性风险管理的策略、重要政策、程序和限额及其修订情况、压力测试情况，以及应急计划及其更新和演习情况。

需要指出的是，《指引》虽然明确了商业银行流动性风险管理所遵循的原则、管理体系、管理方法和技术以及实施中的审慎性要求，但并没有改变现行流动性风险监管指标。因此，在银监会出台新的监管指标之前，商业银行仍应严格遵守并执行现行法律法规和行政规章中与流动性风险相关的各项监管指标。

4.《商业银行银行账户利率风险管理指引》

银行账户利率风险是指利率水平、期限结构等要素发生不利变动导致银行账户整体收益和经济价值遭受损失的风险，是银行账户中最为常见的市场风险。巴塞尔银行监管委员会曾于 2004 年 7 月发布《利率风险管理与监管原则》，提出了 15 条管理利率风险的原则。银监会也于 2004 年 12 月印发《商业银行市场风险管理指引》，确立了对我国银行业机构利率风险、汇率风险、股票风险和商品价格风险的风险管理和监管原则。为促进商业银行提升银行账户利率风险管理意识，进一步提升银行账户利率风险管理水平，推动我国商业银行全面风险管理体系的建立和新资本协议的实施，银监会于2009年11月25日印发《商业银行银行账户利率风险管理指引》（银监发〔2009〕106号）（以下简称《指引》）。该《指引》是商业银行市场风险管理系列规章制度的重要组成部分，也是中国银行业实施新资本协议第二支柱指引框架的一个重要组成部分。《指引》将有助于增强我国商业银行银行账户利率风险的管理意识，促进我国商业银行利率风险管理水平的提升，加快新资本协议在我国银行业全面实施的步伐，使商业银行能够不断适应利率市场化对管理水平提出的新要求，更加有效地应对各类不利的外部环境冲击，促进银行业健康稳定发展。

（1）《指引》的主要内容

《指引》共分为五章三十七条，对适用范围、商业银行银行账户利率风险管理体系建设要求、银行账户利率风险管理技术和方法、监管部门的监督检查等内容进行了详细规定。

第一，适用范围。《指引》既适用于《中国银行业实施新资本协议指导意见》确定实施和自愿实施新资本协议的商业银行，也适用于暂不实施新资本协议的其他商业银行。除法律法规另有规定外，农村合作银行、外国银行分行和城市信用社、农村信用社等其他银行业金融机构也需参照《指引》执行。在具有普遍适用性的同时，《指引》也考虑到各商业银行银行账户利率风险暴露特征的不同，在部分具体条款中体现了区别对待和灵活性原则。

第二，商业银行银行账户利率风险管理体系建设要求。《指引》要求商业银行应建立与总体发展战略相统一，与本行业务规模、性质和复杂程度相适应的银行账户利率风险管理体系，将其纳入全面风险管理体系，并贯穿相关业务活动。《指引》还对商业银行银行账户利率风险管理体系建设提出多项具体要求，包括治理架构、管理政策和流程、限额管理、报告、审计、绩效管理、管理信息系统和内部控制等方面。

第三，银行账户利率风险管理技术和方法。《指引》要求商业银行根据本行的业务性质、规模和复杂程度，结合对利率未来走势的判断，识别并采用包括缺口分析、久期分析、敏感性分析、情景模拟及压力测试等方法在内等多种方法，考虑包括重新定价风险、基准风险、收益率曲线风险和期权性风险在内的重要风险的影响，以及开展主要币种业务时所面临的利率风险。《指引》强调商业银行需从整体收益或经济价值两个角度计量并分析银行账户利率风险，商业银行银行账户利率风险计量应与银行的风险管理过程紧密结合，计量结果应被充分应用到银行的管理决策中。

第四，监管部门的监督检查。《指引》明确了监管部门的监督检查职责、监管方式、监督检查内容以及可采取的监管手段。监管部门将商业银行银行账户利率风险管理情况纳入持续监管框架，并将其作为现场检查和非现场监管的重要考虑因素。可能采用的检查方式包括要求商业银行提交相关信息、对商业银行的银行账户利率风险管理体系进行审查和评估等。如在监管中发现商业银行银行账户利率风险管理中存在问题，监管机构将要求商业银行限期提交整改方案并采取整改措施。对于逾期未整改的商业银行，监管机构有权采用与商业银行高级管理层、董事会召开审慎性会谈、增加现场检查频率、要求商业银行进行更为有效的压力测试、提高资本充足率要求等监管手段。

（2）商业银行应注意的问题

第一，由于我国人民币存贷款基准利率一直处于央行管制下，商业银行的利差在一段时间内相对稳定，很多商业银行并不重视银行账户利率风险的管理，也未建立起与国际惯例接轨的利率风险管理机制。对此，商业银行应当注意按照本《指引》及《商业银行市场风险管理指引》，及时建立对银行账户利率风险的风险管理体系，并贯穿到业务实践中，切实管理好近年来人民币长期固定利率贷款规模的增加可能引发的资产负债的利率重定价期限结构错配风险。

第二，通过利率移动情况下收益的变化来估算银行账户利率风险的“收益法”不能完全体现利率变化对银行在中长期的影响，存在一定的局限性。而“经济价值法”更能体现利率移动所带来的风险，也是国际大型银行所普遍采用的方法。因此，仍采用“收益法”对银行账户利率风险进行管理的商业银行，应注意按照《指引》尽快实现从单纯采用“收益法”向“收益法”与“经济价值法”并行的转变，以与银行账户利率风险方面的国际良好标准保持一致，更好地促进新资本协议的实施。

5.《关于当前应对金融危机加强银行业金融机构财务和风险管理的意见》

为进一步加大金融对经济发展的支持力度，提升银行业金融机构自身防范和化解金融风险的能力，推动国民经济平稳健康发展，财政部和银监会于2009年5月26日联合下发《关于当前应对金融危机加强银行业金融机构财务和风险管理的意见》（以下简称《意见》），就银行业金融机构加强经营管理和风险防控提出指导意见。《意见》全文共八条，主要包括以下两个方面的内容：

第一，银行业金融机构应加强内部经营管理，提升金融服务质量，服务国民经济发展。《意见》要求银行业金融机构按照党中央、国务院关于进一步扩大内需、促进经济增长的十项措施以及《国务院办公厅关于当前金融促进经济发展的若干意见》精神，切实加大金融支持经济发展的力度，更好地贯彻落实国家“保增长、扩内需、调结构”的政策要求，促进经济平稳较快发展。银行业金融机构要高度关注借款企业财务管理，确保贷款质量稳定，防止信贷风险积聚。在开展并购贷款业务时，要按照《商业银行并购贷款风险管理指引》相关规定，认真分析和评估并购贷款风险，避免因企业盲目扩张造成银行信贷资金损失。要根据国家关于呆账核销、贷款重组和减免的相关政策，加大不良贷款清收、盘活和核销等处置力度，及时化解不良资产，提高资产质量。银行业金融机构要自觉自律地加强支出管理，合理控制费用支出规模，优化费用支出结构，避免各项费用刚性增长。要坚持以股东利益最大化为核心，切实维护出资人权益，妥善处理好国家、企业、个人之间的利益关系。要按《公司法》要求，在股东大会、董事会、监事会、高级管理层之间建立清晰的职责边界和有效制衡的运作机制。

第二，银行业金融机构应强化内部风险控制，防范市场风险和操作风险，提高战略决策能力。《意见》要求银行业金融机构全面加强风险管理，加强内控和合规文化建设。要合理配置资产，做好流动性监测和风险预警；要有效防范汇率风险并积极适应国内利率政策的调整，提升利率变化应对能力；要全面加强信息化建设，提升信息系统风险管理功能；要进一步完善操作风险管理系统建设，抓好各类案件防控工作，有效防控各类案件特别是大案要案的发生。银行业金融机构应在立足境内市场的基础上，审慎实施境外投资并购；要根据银行业金融机构发展战略、财务状况和风险承受能力，分析研究投资并购的必要性和可行性，避免因盲目扩张造成不必要的损失；要加强委托代理业务管理，努力降低表外风险；要针对在资本市场高点发行的理财产品陆续到期的情况，早做预判、早定预案，切实维护市场声誉和形象，维护金融和社会稳定。银行业金融机构应准确把握宏观经济形势和市场发展变化，高度关注宏观经济运行信息及重要指标，合理确定各项财务指标和目标任务，科学预判未来财务活动和财务成果，提高战略决策能力。

《意见》对于进一步加强银行业金融机构财务和风险管理，在力保经济增长、加大贷款投放的条件下增强银行业金融机构的抗风险能力，有效避免呆坏账的增加具有积极的指导意义。

6.《关于进一步加强按揭贷款风险管理的通知》

针对商业银行房地产贷款业务中存在的“假按揭”、“假首付”、“假房价”、“二套房房贷标准放宽”等问题，银监会于

2009年6月19日发布《关于进一步加强按揭贷款风险管理的通知》（银监发〔2009〕59号，以下简称《通知》），要求银行业金融机构严格执行《国务院办公厅关于促进房地产市场健康发展的若干意见》（国办发〔2008〕131号）、《中国人民银行、中国银行业监督管理委员会关于加强商业性房地产信贷管理的通知》（银发〔2007〕359号）和《中国银监会关于进一步加强房地产行业授信风险管理的通知》（银监发〔2008〕42号）所确定的政策要求，并从加强房地产行业形势研判、严格贷前检查和按揭贷款发放标准、完善按揭贷款风险防控制度、加强按揭贷款风险状况动态防控、加大监督力度和对违法违规行为查处力度等几个方面提出了具体的监管要求。主要内容如下：

第一，各银行业金融机构要进一步加强对宏观经济运行、相关行业产业状况、相关政策面的分析研究，密切关注房地产市场走势、行业运作特征，密切关注经济周期、市场波动、资金链松紧、居民预期变化等可能给按揭贷款业务带来的风险，加强风险管理，严格贷前检查和按揭贷款发放标准。坚持贷款风险审慎指标控制，严格借款人资格审查，注重从源头上防范贷款风险，采取切实有效措施防范“假按揭”、“假首付”现象的发生。

第二，各银行业金融机构应坚持重点支持借款人购买首套自住房的贷款需求，严格遵守二套房房贷相关政策。坚持贷款标准，严格借款人资格审查，审慎评估借款人风险，不得自行解释“二套房”认定标准，不得以任何手段变相降低首付款的比例成数。对于违反“二套房贷”规定发放的住房按揭贷款，即使贷款已分类为正常类或关注类，各银行业金融机构也要重新对其分类，同时要严格追究相关违规责任人员的责任，并及时将拨备补提情况和责任人追究查处情况上报相应监管部门。

第三，各银行业金融机构要进一步完善按揭贷款风险防控制度，按照审慎经营原则细化有关操作要求和业务流程，做好客户群识别与区分工作，进一步优化业绩考核体系，从制度上引导分支机构重视内控机制建设和风险管理。

第四，银行业协会要充分发挥协调作用和维权职能，进一步加强行业信息共享机制，加强风险防控合作机制建设，健全完善“黑名单”制度，必要时要组织采取协调一致的风险处置措施，加大监督力度和对违法违规行为的查处力度。

7.《银行业金融机构建立存款风险滚动式检查制度的指导意见》

为督促银行业金融机构完善内控制度体系，加强存款风险管理，防范欺诈、盗窃和挪用客户存款案件，银监会于 2009 年 9 月 9 日发布《银行业金融机构建立存款风险滚动式检查制度的指导意见》（银监发〔2009〕85 号，以下简称《意见》）。《意见》对存款风险滚动式检查制度的设立、检查对象、检查方法、检查原则以及监管机构检查抽查等事项进行了具体规定，主要内容如下：

第一，明确存款风险滚动式检查制度的检查对象，要求建立相关检查制度。《意见》首次确定银行业金融机构存款风险滚动式检查制度的检查对象是在对公结算账户中核算的本、外币存款，要求银行业金融机构必须建立适应风险管理的存款风险滚动式检查制度，并将其作为银行业金融机构内控制度体系的重要组成部分。存款风险滚动式检查制度应与开销户制度、对账制度、后督制度等其他制度相衔接。

第二，提出存款风险滚动式检查制度应实现全面覆盖、保证真实和确有实效的工作要求。存款检查应由被检查机构的直接上级机构派人独立实施，或在该上级机构组织下，统一抽调异地人员实施。存款检查应以 3 至 6 个月为一个周期采取接续滚动的方法进行，本周期未受到检查的存款，应在下一个周期接续滚动检查。具体周期由银行业金融机构自行确定，但一年不得少于两个周期，以实现全面覆盖的要求。

第三，存款风险滚动式检查制度应遵循存款检查“三优先”原则。

（1）大额存款优先检查的原则：即在检查周期内，对所有对公结算账户中单笔最大额存款优先检查，并由大到小依次检查。

（2）存款异常变动优先检查的原则：即在检查周期内，对对公结算账户中违反常态变动的存款优先检查。

（3）重点账户存款变动优先检查的原则：即在检查周期内，对认为应重点关注的对公结算账户的存款变动优先检查。

第四，银行业金融机构应依据自定的检查周期，按期向银监会或法人属地监管机构报告存款检查情况，但一年不得少于两次，遇有重大情况应随时报告。银行业金融分支机构在逐级向上级机构报告存款检查情况的同时，应报送当地银行业监管机构。银行业监管机构应对银行业金融机构实施存款风险滚动式检查制度的情况予以指导和抽查，对抽查中发现的问题，应及时发出监管提示和整改要求，并实施跟踪检查，监督整改。

《意见》的颁布和实施，对银行业金融机构加强存款风险管理，保护客户资金安全具有积极的推动作用。

（三）授信业务和中小企业融资

1.《固定资产贷款管理暂行办法》

为规范银行业金融机构固定资产贷款业务经营行为，提高固定资产贷款管理的精细化水平，2009 年 7 月 23 日，中国银监会发布《固定资产贷款管理暂行办法》（中国银行业监督管理委员会令 2009 年第 2 号，以下简称《办法》），并于发布之日起三个月施行。《办法》共分八章四十三条，包括总则、受理与调查、风险评价与审批、合同签订、发放与支付、贷后管理、法律责任、附则等几个部分，主要从贷款业务流程规范的角度提出有关监管要求，是对现行贷款类监管规章的系统性完善。

（1）《办法》的主要内容

第一，加强固定资产贷款全流程管理。《办法》要求贷款人内部应将固定资产贷款流程中的各个环节进行分解，建立明确的问责机制。固定资产贷款流程通常包括以下几个环节：受理与调查、风险评价与审批、合同签订、发放与支付、贷后管理等。《办法》对每个环节都进行了相应规范，提出了明确要求，例如在“受理与调查”环节，对固定资产贷款申请应具备的条件、贷款人尽职调查职责、贷款人部门和岗位设置等作出了明确规定；在风险评价与审批环节，对固定资产贷款风险评价制度、审批流程提出要求；在合同签订环节对条款设置、条款内容、合同文本体系等加以规范；在贷后管理环节，要求加强贷后风险控制和预警机制，强调采取动态监测、担保品价值重估制度以及对贷款账户的管理等多种措施。

第二，加强贷款资金发放和支付管理，确保贷款资金的真实用途。《办法》要求贷款人依法加强贷款用途管理，通过加强贷款发放和支付审核，增加贷款人受托支付等手段，减少或避免贷款挪用的风险。其中，贷款人受托支付是《办法》的核心内容和亮点之一，对符合《办法》规定条件的贷款资金支付，必须采用贷款人受托支付方式。贷款人受托支付，是指贷款人根据借款人的提款申请和支付委托，将贷款资金支付给符合合同约定用途的借款人交易对手。《办法》加强贷款用途管理的措施，主要体现在以下方面：一是要求贷款人事先与借款人约定明确、合法的贷款用途，约定贷款发放条件、支付方式、接受监督以及违约责任等事项。二是要求贷款人设立独立的责任部门或岗位，负责贷款发放和支付审核，确保借款人的支付符合借款合同中约定的用途。三是将贷款资金支付分为“贷款人受托支付”和“借款人自主支付”两类，明确单笔金额超过项目总投资的5%或超过500万元的，应采用贷款人受托支付方式，由贷款人将贷款资金通过借款人账户支付给借款人交易对手，并应做好有关细节的认定记录。对采用借款人自主支付的，贷款人应要求借款人定期汇总报告贷款资金支付情况，并通过账户分析、凭证查验、现场调查等方式核查贷款支付是否符合约定用途。四是要求贷款人在借款人不按约定的方式、用途使用贷款时，采取更严格的发放和支付条件，或停止贷款发放和支付。

第三，加强贷款合同管理。根据《办法》要求，贷款人应与借款人及其他相关当事人签订书面借款合同、担保合同等相关合同。合同中应详细规定各方当事人的权利、义务及违约责任，避免对重要事项未约定、约定不明或约定无效。贷款人应在合同中与借款人就以下事项作出具体约定：贷款金额、期限、利率、用途、支付、还贷保障及风险处置等要素和有关细节；提款条件以及贷款资金支付接受贷款人管理和控制等与贷款使用相关的条款，提款条件应包括与贷款同比例的资本金已足额到位、项目实际进度与已投资额相匹配等要求；对借款人相关账户实施监控，必要时可约定专门的贷款发放账户和还款准备金账户；要求借款人在合同中对与贷款相关的重要内容作出承诺，承诺内容应包括贷款项目及其借款事项符合法律法规的要求；及时向贷款人提供完整、真实、有效的材料；配合贷款人对贷款的相关检查；发生影响其偿债能力的重大不利事项及时通知贷款人；进行合并、分立、股权转让、对外投资、实质性增加债务融资等重大事项前征得贷款人同意等；借款人出现未按约定用途使用贷款、未按约定方式支用贷款资金、未遵守承诺事项、申贷文件信息失真、突破约定的财务指标约束等情形时借款人应承担的违约责任和贷款人可采取的措施。

第四，强化贷后管理要求。《办法》根据固定资产贷款业务的特点，进一步强化和细化了贷后管理要求。一是要求贷款人建立贷款质量监控制度和贷款风险预警体系，定期对借款人和项目发起人的履约情况及信用状况、项目的建设和运营情况、宏观经济变化和市场波动情况、贷款担保的变动情况等内容进行检查与分析。当出现可能影响贷款安全的不利情形时，贷款人应对贷款风险进行重新评价并采取针对性措施。二是要求贷款人建立动态监测评估制度，对抵（质）押物的价值和担保人的担保能力进行贷后动态监测和重估，对固定资产投资项目的收入现金流以及借款人的整体现金流进行动态监测，对异常情况及时查明原因并采取相应措施。三是建立完善借款人违约处理机制，借款人出现违反合同约定情形的，贷款人应及时采取有效措施，必要时应依法追究借款人的违约责任；形成不良贷款的，贷款人应对其进行专门管理，并及时制定清收或盘活措施；对借款人确因暂时经营困难不能按期归还贷款本息的，贷款人可与借款人协商进行贷款重组；对确实无法收回的固定资产不良贷款，贷款人按照相关规定对贷款进行核销后，应继续向债务人追索或进行市场化处置。

第五，明确相关法律责任，督促贷款人落实相关管理要求。《办法》规定，对贷款人违反规定经营固定资产贷款业务的行为，银行业监督管理机构应当责令其限期改正。贷款人存在固定资产贷款业务流程有缺陷、未将贷款管理各环节的责任落实到具体部门和岗位，以及贷款调查、风险评价未尽职的，未对借款人和项目的经营情况进行持续有效监控、对借款人违反合同约定的行为未及时采取有效措施等情形的，或贷款人受理不符合条件的固定资产贷款申请并发放贷款、与借款人串通违法违规发放固定资产贷款、超越权限审批贷款、未按照规定进行贷款资金支付管理与控制等行为的，监管机构可根据《银行业监督管理法》的规定采取相应监管措施，或给予罚款、取消高管人员任职资格等行政处罚措施。相关法律责任的设定，有助于督促银行业金融机构落实《办法》规定，完善固定资产贷款全流程管理机制。

（2）《办法》存在的局限性分析

《办法》的出台，有利于规范固定资产贷款业务流程，提高信贷管理质量，提升风险管理水平。但《办法》也存在一些缺陷和不足，需要在实践中不断加以完善。

第一，“受托支付”操作环节有待进一步完善。《办法》对商业银行贷款发放和支付方式进行了较大调整，新增加了贷款人受托支付方式。对于这一新的支付方式，相关规定尚不甚明确，有必要从以下几方面加以完善：

一是进一步明确受托支付流程，即对于贷款人将资金从借款人账户支付给借款人交易对手的程序予以明确。当贷款资金进入借款人账户后，是立即支付给其交易对手，还是在对贷款资金进行有效监管及满足借款人交易需求的前提下，允许贷款人和借款人根据实际情况协商确定从借款人账户对外划款的时间，《办法》未予明确。而根据监管部门对《办法》的解释说明，在受托支付方式下，贷款发放和支付属于不间断、连续完成的动作，贷款资金在划入借款人账户后，应直接支付给其交易对手。由于受托支付的主要目的是加强贷款用途监管，防止贷款被挪作他用，因此，在贷款人能够通过专户方式对贷款资金进行监控，并且满足实际交易需求的情况下，应允许借贷双方自行协商确定贷款资金支付时间，而不必硬性强调“不间断”、“连续性”要求，以使制度设计能够更好地适应现实交易需求。

二是进一步完善受托支付适用条件。《办法》第二十五条规定了应采取贷款人受托支付的条件，即单笔金额超过项目总投资的5%或超过500万元人民币。这一标准没有考虑不同借款人的生产经营规模和资信情况，也没有区分不同投资项目的大小，虽然便于执行，但这种单一标准的设定，不利于在满足监管资金用途的前提下，灵活满足现实交易需要。由于固定资产贷款额度一般都比较大，“超过项目总投资的5%或超过500万元人民币的贷款资金”适用标准，可能使大量贷款采用受托支付方式，既增加了贷款发放环节，也增加了贷款人的经营成本，并在一定程度上影响借款人资金使用效率。因此，受托支付条件和原则应具有适当的灵活性，并且允许贷款人根据实际情况确定具体的受托支付标准，以达到既监控贷款实际用途，又适当节省交易成本的目的。

第二，受托支付的法律责任有待合理区分。《办法》第二十六条规定，采用贷款人受托支付的，贷款人应在贷款资金发放前审核借款人相关资料是否符合合同约定条件。第三十九条规定，贷款人未按规定进行贷款资金支付管理与控制的，应承担相应的法律责任。上述规定明确了贷款人在受托支付项下应承担的法律责任。但是在业务实践中，如果借款人采取化整为零或虚构交易对手和交易资料等方式逃避贷款人对贷款资金的监管，由于贷款人既无条件也无能力对借款人提供的交易资料真实性进行逐一核实，只能从形式上对相关资料进行审核，如果要求贷款人对借款人的过错或欺诈行为承担法律责任，显然有失公允。为此，建议考虑上述因素对贷款人在受托支付项下的法律责任作进一步明确，即贷款人只负责对借款人提供的交易资料进行形式审查，从形式上审核确认借款人贷款资金用途是否符合贷款合同的约定，在贷款人尽到合理审慎职责的情况下，因借款人欺诈行为导致贷款资金被挪用的，贷款人不承担相关法律责任。

（3）商业银行应注意的问题

《办法》对固定资产贷款管理提出了全新的要求，商业银行应当对固定资产贷款相关的制度、流程和合同等各个方面进行全面梳理，以贯彻落实《办法》要求，有效防控信贷风险。

第一，健全完善全流程贷款管理机制。商业银行应根据《办法》要求，对固定资产贷款涉及的各个环节进行全面梳理和完善，对固定资产贷款受理与调查、风险评价与审批、合同签订、发放与支付、贷后管理等各个环节进行重新评估，完善全流程贷款管理机制。在贷前审查环节，进一步明确固定资产贷款申请应具备的条件，落实具体的责任部门和岗位；在风险评价与审批环节，建立固定资产贷款风险评价制度，完善审批流程；在合同签订环节，完善合同条款设置和内容，明确各方权利义务和违约责任；在贷后管理环节，加强贷后风险控制和预警机制，采取动态监测、担保品价值重估以及对贷款账户的管理等多种措施防控贷款风险。

第二，加强贷款发放和支付管理，防止贷款挪用风险。商业银行应事先与借款人约定明确、合法的贷款用途，约定贷款发放条件、支付方式、接受监督以及违约责任等事项。设立专门的部门或岗位负责贷款发放和支付审核，以便确保借款人的支付符合借款合同中约定的用途；对于借款人不按约定的方式、用途使用贷款的，商业银行应及时采取更严格的发放和支付条件，或停止贷款发放和支付并追究借款人相应的违约责任。

第三，完善合同文本，防范法律风险。商业银行应形成一套相互关联、匹配的固定资产贷款合同文本体系，从整体上防范相关法律风险。例如，通过《固定资产贷款合同》，明确借贷双方的权利义务；通过专门的《委托支付协议》，对贷款资金受托支付作出明确、具体和细致的安排，特别是对商业银行在受托支付项下的责任进行恰当合理的约定；通过《账户监管协议》，对账户监管相关事项作出约定，加强对借款人资金的监管。同时，为落实有关监管要求和防范法律风险，对贷款合同这一重要法律文件应进行细化和完善，以有效维护贷款人合法权益。根据《办法》要求，商业银行应在合同文本中设置以下条款：贷款基本情况，如贷款金额、期限、利率、用途等；提款前提条件，包括与贷款同比例资本金到位、项目实际进度与投资额匹配等；借款人承诺条款，如及时向贷款人提供完整、真实、有效材料，进行合并、分立、股权转让等重大事项前征得贷款人同意等；违约责任条款，如明确约定当借款人出现未按约定用途使用贷款、未按约定方式支用贷款资金、未遵守承诺事项、申贷文件信息失真、突破约定的财务指标约束等情形时借款人应承担的违约责任和贷款人可采取的措施。

第四，加强贷后管理，确保贷款质量。根据《办法》要求，商业银行应当建立贷款质量监控制度和贷款风险预警体系，定期对借款人和项目发起人的履约情况及信用状况、项目的建设和运营情况、宏观经济变化和市场波动情况、贷款担保的变动情况等内容进行检查与分析，当出现可能影响贷款安全的不利情形时，应及时对贷款风险进行重新评价并采取针对性措施；建立动态监测评估制度，对抵（质）押物的价值和担保人的担保能力进行贷后动态监测和重估，对固定资产投资项目的收入现金流以及借款人的整体现金流进行动态监测，对异常情况及时查明原因并采取相应措施；建立完善借款人违约处理机制，借款人出现违反合同约定情形的，贷款人应及时采取有效措施，依法追究借款人的违约责任。

2.《项目融资业务指引》

为促进银行业金融机构项目融资业务健康发展，有效管理项目融资风险，2009 年 7 月 18 日，银监会发布《项目融资业务指引》(以下简称《指引》)，自发布之日起三个月开始实施。

(1)《指引》的出台背景

国际上对于投资大、回收期长的大型能源开发、资源开发和基础设施建设类项目，以及风险高的文化创意和新技术开发项目，通常都采取项目融资的方式筹措资金。改革开放以来，项目融资这一融资模式在促进我国产业发展和经济建设方面发挥了重要作用。我国银行业金融机构也逐渐熟悉这一融资方式，并在项目管理和风险控制等方面积累了一些较为成熟的经验和做法。为了更好地发挥项目融资在经济建设方面的支持作用，不断提高银行业金融机构对项目融资的风险管理能力，银监会制定了《指引》。《指引》通过把我国银行业金融机构在项目融资业务实践中积累的经验做法与国际上的先进经验和良好做法加以结合，并以监管法规的形式将其制度化，可以更好地防控项目融资业务风险，促进项目融资业务健康发展，促进经济平稳较快发展。

采用项目融资方式的项目通常都属于固定资产投资项目，所发放的贷款属于固定资产贷款，但项目融资又具有不同于一般固定资产投资项目的风险特征，如贷款偿还主要依赖于项目未来的现金流或者项目自身资产价值；通常，融资比例较高、金额较大、期限较长、成本较高和参与者较多，导致风险较大，往往需要多家银行业金融机构参与，并通过复杂的融资和担保结构以分散和降低风险等。这些风险特征使得项目融资不同于一般的固定资产贷款，需要采取一些有针对性的措施对其风险加以控制和防范。这也是监管部门在制定《固定资产贷款管理暂行办法》的同时，专门制定《指引》的一个重要原因。

（2）《指引》的主要内容

第一，借鉴国际经验，合理界定项目融资。在吸收借鉴新资本协议对项目融资定义的基础上，结合我国银行业金融机构开展项目融资业务的实际情况，明确界定项目融资是符合以下特征的贷款：一是贷款用途通常是用于建造一个或一组大型生产装置、基础设施、房地产项目或其他项目，包括对在建或已建项目的再融资；二是借款人通常是为建设、经营该项目或为该项目融资而专门组建的企事业法人，包括主要从事该项目建设、经营或融资的既有企事业法人；三是还款资金来源主要依赖该项目产生的销售收入、补贴收入或其他收入，一般不具备其他还款来源。与《固定资产贷款管理暂行办法》中对固定资产贷款的界定相似，《指引》对于项目融资的界定也是从贷款用途、借款人和还款资金来源三个方面进行，与固定资产贷款的区别主要体现在：一是贷款用途与项目密切联系，二是借款人可以是项目公司，三是还款资金来源依赖于项目的收入。

第二，明确界定风险类别，逐类细化贷款人风险防控措施。一是《指引》将项目融资中的各类风险按照项目建设期和经营期两类风险加以明确，并对贷款人应当采取相应措施有效降低、分散项目建设期和经营期风险提出了具体要求。二是《指引》对建设期风险和经营期风险作出界定，即政策风险、筹资风险、完工风险、产品市场风险、超支风险、原材料风险、营运风险、汇率风险、环保风险和其他相关风险都属于建设期风险和经营期风险。三是《指引》明确降低和分散建设期风险和经营期风险可以采取的措施。在建设期，贷款人应当与借款人或项目相关方签订总承包合同、投保商业保险、建立完工保证金、提供完工担保、提供履约保函。在经营期，贷款人可以要求借款人签订长期供销合同、使用金融衍生工具、发起人提供资金缺口担保等方式。四是除关注上述建设期和经营期风险外，《指引》还要求银行业金融机构关注项目融资中的其他风险，如《指引》规定贷款人可通过提供财务顾问服务、参与项目综合金融方案设计等方式，分散风险。

第三，设置风险分担机制，有效保障贷款人合法权益。为保证贷款人在项目贷款担保、所投商业保险等方面的权益，《指引》规定贷款人应当将符合抵（质）押条件的项目资产和/或项目预期收益等权利为贷款设定担保，并根据需要，将项目发起人持有的项目公司股权为贷款设定质押担保。同时，贷款人还应成为项目所投商业保险的第一顺位保险金请求权人，或采取其他措施有效控制保险赔款权益。此外，在贷款资金支付方面，除要求按照《办法》规定进行“贷款人受托支付”外，进一步提出在采用贷款人受托支付方式下，贷款人可以要求借款人、独立中介机构和承包商等共同检查设备建造或工程建设进度，并根据上述各方共同出具的、符合约定条件的共同签证单进行贷款支付。因此，贷款人在项目融资中可以通过“共同签证单”，在一定程度上控制信贷风险。

第四，加强项目账户管理，动态监测资产流动。《指引》提出了账户安排要求，即贷款人应与借款人约定专门的项目收入账户，确保所有项目收入进入约定账户并按照约定的条件和方式对外支付。同时，《指引》还要求贷款人对项目收入账户进行动态监测，在账户资金流动出现异常时，应当及时查明原因并采取相应措施。

第五，明确业务处理和办法适用原则，防控信贷风险。一是针对项目融资金额较大、期限较长、风险较大的特点，为有效分散风险，《指引》明确在多家银行业金融机构参与同一项目融资的情况下，原则上应当采取银团贷款方式。二是考虑到文化创意、新技术开发等项目的特点，《指引》规定，对文化创意、新技术开发等项目发放贷款的，如符合项目融资特征，可以参照适用《指引》。三是在项目融资中，贷款人应当按照《办法》的有关规定，设计账户管理、贷款资金支付、借款人承诺、财务指标控制等合同条款，对贷款资金的支付实施管理和控制。

（3）《指引》对商业银行的影响

《指引》为商业银行防控项目融资风险提供了方向和监管依

据。如果说《指引》出台前，贷款人要求借款人或项目相关方签订总承包合同、投保商业保险、建立完工保证金、提供完工担保、提供履约保函等方式防控风险还是一种“自发”行为的话，在《指引》出台后，贷款人采取相关的风险控制措施将不仅仅是出于对自身利益的考虑，而具有更充分的监管依据。例如，《指引》规定的“共同签证单”制度，不仅有助于信贷资金在与项目进度等相适应的前提下流入确有所需的领域，也有助于贷款人分散由于其对项目建设等情况不能掌握而可能产生的相关风险，商业银行在办理项目融资时应充分利用这一制度分散风险。

需要注意的是，采用项目融资方式的项目通常都属于固定资产投资项目，所发放的贷款属于固定资产贷款，因此，商业银行在遵守《指引》规定的同时，还要执行《固定资产贷款管理暂行办法》中关于贷款全流程管理、贷款资金支付管理等规定。

3.《关于进一步加大对科技型中小企业信贷支持的指导意见》

为配合国家科学发展规划，发挥金融促进科技发展的作用，银监会会同科技部于2009年5月5日发布了《关于进一步加大对科技型中小企业信贷支持的指导意见》（银监发〔2009〕37号，以下简称《指导意见》）。

（1）《指导意见》的出台背景

为贯彻“科教兴国”战略，我国颁布了《国家中长期科学和技术发展规划纲要（2006—2020年）》及其一系列配套政策。同时，为抵御金融危机对我国经济的冲击，国务院办公厅又下发了《关于当前金融促进经济发展的指导意见》（国办发〔2008〕126号），要求金融行业积极发挥促进经济的作用。在此背景下，为加强科技资源和金融资源的结合，进一步加大对科技型中小企业信贷支持，缓解科技型中小企业融资困难，促进科技产业的全面可持续发展，银监会会同科技部发布《指导意见》。

（2）《指导意见》的主要内容

第一，对于科技型中小企业，商业银行应进一步加大信贷支持和金融服务力度。各级科技部门、国家高新区也应支持银行发放科技型中小企业贷款，定期推荐科技贷款项目，并提出科技专业咨询意见，协助银行加强对科技贷款项目的贷后管理；对入驻科技企业孵化器的银行给予孵化企业待遇；通过交流、挂职等方式推荐科技副行长，协调开发地方科技资源；鼓励银行加强与科技创业投资机构合作，通过贷投结合，拓宽科技型中小企业融资渠道。

第二，建立和完善科技型企业融资担保体系。对于专门的科技担保公司，在风险可控的前提下，各银行可以在国家规定的范围内提高其担保放大倍数，为科技型中小企业融资提供最大便利。

第三，完善银行对科技型中小企业信贷支持的有关政策。银行可在科技型中小企业密集地区、国家高新区的分支机构设立科技专家顾问委员会，提供科技专业咨询服务；在审贷委员会中吸收有表决权的科技专家，并建立相应的考核约束机制；适当下放贷款审批权限；建立适合科技型中小企业特点的风险评估、授信和奖惩制度；适当提高对科技型中小企业不良贷款的风险容忍度；开发适合科技型中小企业特点的金融服务产品，创新还款方式，提高对科技型中小企业的增值服务。

第四，创新科技金融合作模式。科技部门和银行可选择部分银行分支机构作为科技金融合作模式创新试点单位进行共建，开展科技资源与金融资源结合的具体实践，探索加大对科技型中小企业信贷支持和提高对科技型中小企业金融服务水平的有效途径。

第五，建立银行业支持科技型中小企业的长效机制。各银行要积极加强部门合作和政策协调，加大相互开展科技与金融知识培训力度，认真做好有关试点工作，及时总结经验教训，不断创新和完善部门合作、资源结合、风险分担、信息共享等多方面的科技金融合作模式。

（3）商业银行应注意的问题

对于商业银行而言，应按照《指导意见》的有关要求，一方面结合实际研究制订支持科技型中小企业发展的配套方案和具体措施，针对不同类型的科技型中小企业执行适当的信贷优惠等支持力度；另一方面应注重建立长效机制，通过担保、产品创新、人员配置等方面，进一步拓宽对科技型中小企业的服务渠道。同时，商业银行也应注意根据科技型中小企业的风险特点采取相关防控措施，以最终通过科技金融合作实现共赢发展的良好局面。

4.《廉租住房建设贷款管理办法》

为贯彻落实中央关于扩大内需促进经济平稳较快增长的重大举措和《国务院关于解决城市低收入家庭住房困难的若干意见》（国发〔2007〕24号）精神，支持廉租住房开发建设，保障民生，人民银行、银监会联合于2008年12月3日发布了《廉租住房建设贷款管理办法》（银发〔2008〕355号，以下简称《管理办法》），并自颁布之日起30日后施行。

（1）《管理办法》的出台背景

住房问题是重要的民生问题，2007年国务院颁布了《国务院关于解决城市低收入家庭住房困难的若干意见》，明确了解决城市低收入家庭住房困难的一系列政策措施，其中重要一点就是要求进一步建立健全城市廉租住房制度，包括多渠道增加廉租住房房源、确保廉租住房保障资金来源等。为大力支持廉租住房建设，避免资金无效配置，规范廉租住房建设融资行为，防控信贷风险，人民银行、银监会制定了《管理办法》。

（2）《管理办法》的主要内容

第一，界定廉租住房建设贷款及当事人。根据《管理办法》的规定，廉租住房建设贷款是指用于支持廉租住房新建、改建的贷款。贷款人是指中华人民共和国境内依法设立的、经中国银行业监督管理委员会及其派驻机构批准的银行业金融机构；借款人是指依法设立的，具有房地产开发资质的，从事廉租住房建设的房地产开发企业。

第二，明确申请廉租住房建设贷款应具备的条件。一是廉租住房项目应已纳入政府年度廉租住房建设计划，并按规定取得政府有关部门的批准文件。二是借款人已与政府签订廉租住房回购协议。三是借款人在贷款银行开立专用存款账户。四是借款人提供贷款人认可的有效担保。五是新建廉租住房项目已取得所需的《国有土地使用证》、《建设用地规划许可证》、《建设工程规划许可证》和《建设工程施工许可证》；改建廉租住房已取得有关部门颁发的许可文件。六是新建廉租住房项目资本金不低于项目总投资20%的比例；改建廉租住房项目资本金不低于项目总投资30%的比例。七是借款人信用状况良好，无不良记录。八是贷款人规定的其他条件。此外，借款人还应按要求向贷款人提供有关资料。

第三，明确贷款发放相关要求。《管理办法》规定，贷款申请金额不得高于回购协议确定的回购价款，期限最长不超过5年，利率则按中国人民银行公布的同期同档次贷款基准利率下浮10%执行。在贷款方式上，一个廉租住房建设项目的贷款业务原则上由一家银行主办，对规模较大的项目，可以由主办银行组织银团贷款。值得注意的是，《管理办法》还明确要求廉租住房建设贷款应为担保贷款。对于借款人不能提供足额抵（质）押的，应由贷款人认可的第三方提供承担连带责任的保证。此外，经借贷双方协商，借款人可以提前归还贷款，贷款人可以不收取提前还款违约金。

第四，加强贷款管理。《管理办法》要求贷款人应对廉租住房建设贷款单独管理，设立单独的会计科目进行核算，并进行单项统计。同时，为保证廉租住房建设贷款的封闭管理，借贷双方应另行签订封闭管理协议，以保证贷款做到：专款专用，不得挤占挪用；先使用项目资本金，后使用贷款；按项目进度用款。贷款人应通过专用存款账户对资金的流入和流出等进行有效监控管理，并建立单独台账，对每笔贷款发生的时间、流向、用途、收款单位、金额、审核人等进行详细记录。借款人应按期通报贷款使用情况、廉租住房建设进展情况以及财务状况。如借款人挪用贷款，贷款人可以停发贷款，并收回已发放贷款。借款人不按合同约定使用贷款或归还贷款本息的，贷款人可以按合同约定计收罚息。另外，《管理办法》还要求开办廉租住房建设贷款业务的银行业金融机构应制定廉租住房建设贷款操作细则。

（3）商业银行应注意的问题

第一，制定廉租住房建设贷款操作细则。由于廉租住房建设属于固定资产投资，按照2009年7月23日银监会《固定资产贷款管理暂行办法》的要求，对于单笔金额超过项目总投资的5%或超过500万元人民币的贷款资金支付，应采用贷款人受托支付方式。因此，商业银行在操作廉租住房建设贷款时，应注意根据《管理办法》和《固定资产贷款管理暂行办法》等相关监管文件制定操作细则，切实做到廉租住房建设贷款封闭管理、专款专用。

第二，注意审查廉租住房建设贷款应具备的条件。商业银行应严格按照《管理办法》的规定，要求借款人提供以下资料：廉租住房项目已纳入政府年度廉租住房建设计划的证明及按规定应取得的政府有关部门批准文件；借款人与政府签订的廉租住房回购协议；项目为新建廉租住房的，应提供《国有土地使用证》、《建设用地规划许可证》、《建设工程规划许可证》和《建设工程施工许可证》；项目为改建廉租住房的，应提供有关部门颁发的许可文件。同时，商业银行应注意审查确定借款人信用状况良好，无不良记录。在满足上述前提下，贷款人应通过融资文件（包括但不限于贷款协议、担保合同）约定如下事项：借款人应当在贷款人处开立专用存款账户，并提供贷款人认可的有效担保。项目为新建廉租住房的，项目资本金不低于项目总投资的20%；项目为改建廉租住房的，项目资本金不低于项目总投资的30%，并应于贷款发放前到位。此外，贷款人还可以根据项目及借款人的具体情况约定其他贷款条件。

第三，注重贷款安全，严格贷款管理。商业银行应通过签订《借款合同》、《封闭管理协议》、《受托支付协议》等合同明确当事人的权利义务。同时，根据《管理办法》的规定，在发放贷款前，应要求借款人项目资本金按比例到位，并提供贷款银行认可的有效担保，如足额抵（质）押或由贷款人认可的第三方提供的连带责任保证。贷款发放后，银行应及时建立单独账户，对资金流入和流出进行监控管理，并根据贷款具体情况采取相应的管理措施，防控信贷风险。

（四）跨境贸易人民币结算试点

1.《跨境贸易人民币结算试点管理办法》

2009 年 7 月 1 日，中国人民银行、财政部、商务部、海关总署、国家税务总局和银监会六部委联合发布《跨境贸易人民币结算试点管理办法》（以下简称《管理办法》）。受国际金融危机影响，美元、欧元等主要国际结算货币汇率大幅波动，我国及周边国家和地区的企业在使用第三国货币进行贸易结算时面临较大的汇率波动风险。同时，随着我国与东盟国家及内地与港澳地区的贸易、投资和人员往来关系迅速发展，以人民币作为支付手段的需求越来越高。为顺应国内外市场和企业的要求，保持我国与周边国家和地区的贸易正常发展，为企业提供更多便利，在总结上海市和广东省广州、深圳、珠海、东莞先行开展跨境贸易人民币结算试点工作经验的基础上，六部委共同制定了《管理办法》。《管理办法》的指导思想是在保证风险可控的前提下，尽可能按照国际惯例，减少制度障碍，适当提供便利，严格贸易真实性审核，实行总量控制，稳步推进跨境贸易人民币结算试点。

（1）《管理办法》的主要内容

第一，试点地区与试点企业的选取与确定。《管理办法》适用于国务院批准的跨境贸易人民币结算试点地区，试点地区的省级人民政府负责协调当地有关部门推荐跨境贸易人民币结算试点企业，然后由人民银行会同其他五部委进行审核，选择国际结算业务经验丰富，遵守财税、商务、海关和外汇管理各项规定，资信良好的企业参加试点。试点企业须如实注册、真实出资并在所在省市具有实际的营业场所，遵守跨境贸易人民币结算的各项具体规定。

第二，参与跨境贸易人民币结算业务的银行及服务范围。参与跨境贸易人民币结算业务的银行主要有港澳人民币清算行、境外参加行、境内清算行和境内代理行等。港澳人民币清算行为经中国人民银行和香港金融管理局、澳门金融管理局认可、已加入中国人民银行大额支付系统并进行港澳人民币清算业务的商业银行。境内结算银行是指具有国际结算能力、为试点企业开户的境内商业银行。根据《管理办法》规定，境内结算银行为试点企业提供如下服务：对交易单证的真实性及其与人民币收支的一致性进行合理审查，履行反洗钱和反恐融资的义务；对于人民币跨境贸易结算项下涉及的国际收支交易，按照有关规定办理国际收支统计申报；按人民银行相关要求接入人民币跨境收付信息管理系统并报送人民币跨境收付信息。境内代理银行是指为境外商业银行（即境外参加银行）开立人民币同业往来账户的境内商业银行。境内代理银行可以同时作为境内结算银行，为试点企业办理人民币结算业务。境内代理银行可以与境外参加银行签订人民币代理结算协议，为其开立人民币同业往来账户，代理境外参加银行进行跨境贸易人民币支付；可以对境外参加银行开立的账户设定铺底资金要求，并可为境外参加银行提供铺底资金兑换服务；可以依境外参加银行的要求在限额内购售人民币；可以为在其开有人民币同业往来账户的境外参加银行提供人民币账户融资，用于满足账户头寸临时性需求。境内代理银行同样需遵守反洗钱和反恐融资的义务，并按人民银行的要求进行国际收支统计申报，接入人民币跨境收付信息管理系统并报送相关数据。

第三，国际收支和国际贸易管理。适用人民币结算的出口贸易，按照有关规定享受出口货物退（免）税政策。试点企业的跨境贸易人民币结算不纳入外汇核销管理，但对结算项下涉及的国际收支交易应按照有关规定办理国际收支统计申报。跨境贸易项下涉及的居民对非居民的人民币负债，暂按外债统计监测的有关规定办理登记。为满足企业实际要求，试点企业可以将出口人民币收入存放境外，但应通过境内结算银行向人民银行当地分支机构备案。

（2）商业银行应注意的问题

第一，审查跨境贸易背景的真实性。《管理办法》明确规定人民币跨境收支应当具有真实、合法的交易基础，并要求境内结算银行对交易单证的真实性及其与人民币收支的一致性进行审查。商业银行作为境内结算银行时，应该按照《管理办法》和中国人民银行的其他相关规定，合理审查客户提交的交易单证的真实性，并对单证内容与人民币收支的一致性进行核对，防范发生虚构贸易背景和在跨境人民币结算环节进行欺诈的情况。

第二，履行反洗钱和反恐融资义务。境内结算银行和境内代理银行在受理跨境贸易人民币结算业务或代理结算业务时，有义务采取有效措施了解客户及其交易目的和交易性质，了解实际控制客户的自然人和交易的实际受益人，妥善保存客户身份资料和交易记录。对于大额交易、可疑交易，依据反洗钱法有关规定履行反洗钱报告义务。

第三，切实履行相关信息报告义务。《管理办法》规定了商业银行三类报告义务。一是向人民币跨境收付信息管理系统报送数据。境内结算银行和境内代理银行应按照中国人民银行要求接入人民币跨境收付信息管理系统，并报送人民币跨境收付信息。试点企业将人民币收入存放境外的，境内承担主报告义务的银行还应将存放境外的人民币资金金额、开户银行、账户、用途及对应报关单等信息报送该系统。境内结算银行与境内代理银行在与客户签署结算或代理协议时，应明确银行在信息报送方面的义务，特别是承担主报告义务方面。二是办理国际收支统计申报，这与跨境贸易外汇结算的申报程序相同。三是税务申报，跨境贸易人民币结算不纳入外汇核销管理，境内结算银行与境内代理银行有义务按照税务机关的要求，依法向税务机关提供相关数据和资料。

2.《跨境贸易人民币结算试点管理办法实施细则》

为贯彻落实《跨境贸易人民币结算试点管理办法》，中国人民银行制定了《跨境贸易人民币结算试点管理办法实施细则》（银发〔2009〕212 号，以下简称《实施细则》），并于 2009 年 7 月 3 日公布实施。

（1）《实施细则》的主要内容

《实施细则》共三十条，是对《管理办法》的进一步细化，详细规定了试点地区境内代理和结算银行、境外参加银行、试点企业在办理人民币跨境贸易结算时应履行的义务和相关责任。

第一，明确境内代理银行办理代理结算服务的主要义务。《实施细则》规定境内代理银行应与境外参加银行签订代理结算协议，约定双方的权利义务、人民币同业往来账户的开立、变更及撤销的处理手续、信息报送授权等内容。《实施细则》还详细列明了境内代理银行应审核的开户证明文件种类，并要求境内代理银行在账户开立、变更或注销后向中国人民银行报送相关信息。境内代理银行与境外参加银行之间人民币购售业务实行年度人民币购售日终累计净额双向规模管理。境内代理银行账户融资总余额不得超过其人民币各项存款上年末余额的 1%，融资期限不得超过 1 个月。

第二，港澳人民币清算行可以向中国人民银行上海总部申请加入全国银行间同业拆借市场。港澳人民币清算行通过全国银行间同业拆借市场拆入和拆出资金的余额均不得超过该清算银行所吸收人民币存款上年末余额的 8%，期限不得超过 3 个月。全国银行间同业拆借中心应做好港澳人民币清算行联网、询价交易、交易监测、统计和查询等工作。

第三，明确境内结算银行办理结算服务的主要义务。根据《实施细则》规定，境内结算银行应对办理的每一笔跨境人民币资金收付进行相应的贸易单证真实性、一致性审核，并将人民币跨境收支信息、进出口日期或报关单号和人民币贸易融资等信息最迟于每日日终报送人民币跨境收付信息管理系统。对于试点企业预收、预付人民币资金，境内结算银行应将相关信息报送人民币跨境收付信息管理系统，对超过一定比例的预收、预付，境内结算银行还应审核试点企业提供的材料，如贸易合同等。境内结算银行可以向境外企业提供人民币贸易融资，融资金额以试点企业与境外企业之间的贸易合同金额为限。

第四，进一步明确境内代理银行与境内结算银行在反洗钱、国际收支申报、外债统计等方面的义务。《实施细则》对境内商业银行在反洗钱、国际收支申报和外债统计方面的义务作了具体规定。

（2）商业银行应注意的问题

第一，完善业务协议。境内代理银行应根据《实施细则》要求与境外参加银行签署人民币代理结算协议，境内结算银行应与试点企业签署人民币结算协议。商业银行首先应完善业务协议，将《实施细则》规定的重要内容，如账户开立条件、信息报送授权、承担主报送职责等内容在业务协议中加以进一步明确，以避免在业务开展过程中出现纠纷。

第二，注意控制融资风险。商业银行可以根据《实施细则》规定大力拓展跨境贸易人民币结算相关融资业务，一是境内代理银行向境外参加银行提供的人民币账户融资业务，二是境内结算银行向试点企业提供的人民币贸易融资，但商业银行应注意按照《实施细则》规定的比例进行融资，控制融资风险。

第三，严格履行有关审核义务。根据《实施细则》有关规定，境内代理银行在为境外参加银行开立人民币同业往来账户时应严格审查开户证明文件的真实性、完整性及合规性；境内结算银行应对办理的每一笔跨境人民币资金收付进行相应的贸易单证真实性、一致性审核，要求试点企业提交规定的材料；境内银行要依据反洗钱和反恐融资相关规定，严格核查试点企业的法定代表人或实际受益人的身份。

第四，切实履行跨境贸易人民币结算报告和统计义务。《实施细则》对境内代理银行与境内结算银行应履行的报告义务，以及报告的信息、格式、系统与报送时间等内容有明确而详细的规定，商业银行在办理跨境贸易人民币结算业务时应注意严格遵守，对纳入国际收支统计申报与外债统计系统的数据进行及时统计、报送。

（五）衍生产品交易

1.《中国银行间市场金融衍生产品交易主协议》

自美国次贷危机引爆全球性金融危机以来，金融衍生产品尤其是场外金融衍生产品创新一度成为国内国际市场上褒贬不一的争论焦点，但是金融衍生产品在金融体系运行中所起到的作用不应忽视。它不仅是金融市场参与者管理风险、获取收益的重要金融工具，同时也是金融市场风险再分配的重要途径和维护金融系统稳定的有效手段之一。为了继续推动中国场外衍生金融品市场的发展，中国银行间市场交易商协会在人民银行的领导下，成立了由30多名来自监管机构、中介机构、交易商和律师事务所的业务专家和法律专家组成的工作小组，对2007年发布的两份衍生交易主协议，即《全国银行间外汇市场人民币外汇衍生产品主协议》（以下简称2007年版CFETS《主协议》）和《中国银行间市场金融衍生产品交易主协议》（以下简称2007年版NAFMII《主协议》）进行了整合，并于2009年3月16日发布了全新的《中国银行间市场金融衍生产品交易主协议》（以下简称2009年版NAFMII《主协议》），为我国场外衍生品交易市场法律文本的完善奠定了坚实的基础。

（1）2009年版NAFMII《主协议》及其配套文件的主要内容

2009年版NAFMII《主协议》及其配套文件整体采用“文件群”形式，整套文本由《主协议》、《补充协议》、《转让式履约保障文件》、《质押式履约保障文件》及《定义文件》组成。根据

《主协议》约定，《主协议》、《补充协议》以及交易有效约定共同构成交易双方之间单一和完整的协议，确立了“单一协议”原则，该原则的确立为终止净额结算制度的实施提供了重要基础。现对“文件群”中各文件的主要内容介绍如下。

第一，《主协议》。《主协议》是“文件群”中的核心文件，该文件共二十五条，主要分为三个部分：第一条至第五条是基础性条款，分别明确了《主协议》文件群的构成与各文件间的效力等级以及单一协议原则、《主协议》的适用范围、交易双方需要作出的声明与保证、交易正常履约情况下交易双方的支付或交付义务以及交易双方可能采用的履约保障机制等；第六条至第十一条是核心条款，分别就违约事件和终止事件的类型、对某一事件可能同时具备违约事件和终止事件构成要素的情况下的事件等级、发生违约事件和终止事件后的处理、各种未能正常履约情形下的利息计算与支付安排等作出约定；第十二条至第二十五条是辅助性条款，分别对《主协议》项下的合同货币与终止货币、抵销机制、转让机制、权利保有、电话录音、保密与信息披露、争议解决、通知方式与生效、费用、标题、累积补救、协议的修改、协议的签署和定义等一般性问题进行了约定。

第二，《补充协议》。《补充协议》是供交易双方对《主协议》进行修改或补充时的示范文件，该文件共十六条，分别对《主协议》中需双方另行约定的多笔交易支付净额、履约保障、特定实体、特定交易违约、交叉违约、公允市场价值计算方法等条款预置了选项或提示。在不违反有关法律法规和《主协议》有关约定的情况下，交易双方可在补充协议中对《主协议》中不适用自己的条款进行修改，也可以对没有约定的条款进行补充约定。

第三，履约保障文件。履约保障文件分为《质押式履约保障文件》和《转让式履约保障文件》，均是为保障《主协议》下交易履行而签署的支持性文件。从法律关系上说，《转让式履约保障文件》是《主协议》的补充，是一种交易有效约定，为单一协议的一部分，参与终止净额结算；而《质押式履约保障文件》与

《主协议》属于主合同与从合同关系，不参与终止净额结算。两份文件均分为标准条款和补充条款两部分，其中《质押式履约保障文件》标准条款共十三条、补充条款共十五条，《转让式履约保障文件》标准条款共十一条、补充条款共十四条。两份文件的标准条款均对各自履约保障形式下的释义与效力等级、交付金额与返还金额、计算与估值、保障品替换、计算与估值争议处理、利息金额以及定义等进行了约定；根据履约保障形式的不同特点，《质押式履约保障文件》对履约保障品的担保范围、无须履行义务情况、质权设立与解除方式、出质方和质权方享有的救济权利等进行了约定。《转让式履约保障文件》对履约保障品的转让和提前终止处置等进行了约定。同时，两个文本的补充条款分别对标准条款可选项提供了补充、修改提示，增加了文件的灵活性。

第四，《定义文件》。《定义文件》为一份独立的参考文件，供交易双方在交易有效约定中引用，以降低交易双方因对相关术语理解不一致而产生的纠纷或法律风险，提高交易效率。《定义文件》是对金融衍生产品交易中所使用的交易术语进行界定的文件，分为一般定义、利率衍生产品、债券衍生产品、汇率衍生产品和信用衍生产品等5部分共145个定义。金融衍生产品市场参与者在进行交易时，可在交易有效约定中直接引用这些要素。

（2）2009年版NAFMII《主协议》与2007年版NAFMII《主协议》及2007年版CFETS《主协议》的区别

第一，2009年版NAFMII《主协议》统一了我国境内衍生交易协议内容，避免了境内金融机构之间同时存在多份衍生交易主协议的情况。此前，我国场外衍生品交易存在两个《主协议》，即外汇管理局和人民银行先后推出的2007年版NAFMII《主协议》及2007年版CFETS《主协议》。从事衍生品交易的机构必须分别签署上述两大《主协议》。2007年版NAFMII《主协议》适用范围为所有场外金融衍生产品交易，包括但不限于利率衍生产品交易、债券衍生产品交易、汇率衍生产品交易和信用衍生产品交易，CFETS《主协议》适用于人民币外汇远期交易、人民币外汇掉期交易和人民币外汇货币掉期交易，而两个《主协议》存在一定程度上的重叠管辖，也存在不少明显差异，这使得交易商在适用协议上无所适从。由于两个《主协议》并存，交易双方一旦发生纠纷提起诉讼或申请仲裁，究竟以哪个协议为准、如何适用，一直没有明确。在2009年版NAFMII《主协议》签署后，交易双方此后叙做的衍生交易均纳入新《主协议》的范畴，且原《主协议》或其他协议项下的衍生品交易也可在双方同意的前提下纳入新《主协议》。

第二，2009年版NAFMII《主协议》不再采用“单边签署模式”，即任一《主协议》用户在向交易商协会提交签署文本后即与其他已经签署《主协议》的用户之间可以在《主协议》项下叙做交易。单边签署模式虽然降低了各方的谈判难度，但是不利于交易一方当事人控制交易对手的风险，同时将大量的法律条款放到了正式确认书中，增大了合同谈判的难度，放大了信用风险和法律风险。因此，2009年版NAFMII《主协议》采用了交易双方两两谈判签署的模式，促进了《补充协议》以及简式确认书的使用，在一定程度上解决了此前各家交易主体间缺少个性化的补充协议安排的缺陷，有助于交易主体适当地管理其面临的风险。

第三，2009年版NAFMII《主协议》在文本架构的设计思路上承袭了2007年版NAFMII《主协议》的文件群形式，但对具体文件群构成和文件间关系均进行了调整和完善。2009年版NAFMII《主协议》以“履约保障文件”（包括质押式履约保障、转让式履约保障、担保等各种履约保障方式）这一大概念在《主协议》条款中作为履约保障制度安排加以明确，并为市场中应用较广泛、机制较成熟的履约保障方式准备了标准文本。鉴于质押式履约保障和转让式履约保障的法律属性有较大差异，2009年版NAFMII《主协议》文本将2007年版NAFMII《主协议》文本中的《履约保障品文件》修订为《转让式履约保障文件》和《质押式履约保障文件》两部分。同时，在文件关系上，两个履约保障文件也不再如2007年版NAFMII《主协议》文本一样安排为

2007年版NAFMII《主协议》的附件，而是两个独立的文件，并分别以主从合同关系和一份交易有效约定的安排与2009年版NAFMII《主协议》关联。与原结构相比，调整后的文件群结构更加合理，各文件的应用更加灵活，法律关系也更加清晰。

第四，2009年版NAFMII《主协议》文本本着“立足当前，着眼长远，注重实用性，兼顾前瞻性”的原则，更为合理地安排协议条款。鉴于目前银行间市场主要使用记账式债券和现金作为履约保障品，《转让式履约保障文件》和《质押式履约保障文件》均以这两类履约保障品为履约标的设计相关条款，对于其他履约标的及保障机制（例如信用证、保证）的设立，由交易双方另行约定。同时，根据实际需要，在2009年版NAFMII《主协议》文件中增加了抵消、保密与信息披露、费用、标题及累积补救等条款，并根据文本篇幅将定义条款的位置从2007年版NAFMII《主协议》的第一条调整到文件最后一条。新的条款安排使得各文件的内容更加丰富，条款间逻辑结构更加合理，也更方便市场成员使用。

第五，2009年版NAFMII《主协议》在继承2007年版CFETS《主协议》条款内容细致、准确的基础上，对条款内容进行了进一步的明晰和细化，引入了“特定实体”等概念，并根据实际需要细化了违约事件和终止事件的处理以及利息计算与支付安排等约定内容。

（3）2009年版NAFMII《主协议》的分析

虽然2009年版NAFMII《主协议》已经尽力将国际场外衍生交易文本中成熟的原则纳入中国法律框架中，但是整体而言，由于国内的场外衍生交易市场仍在起步发展阶段，与之配套的法律制度框架并不成熟，也缺少足够的市场实践和案例，仍然存在一些法律上的不确定性。由于目前国内的衍生交易市场并未经受过真正的考验，金融衍生交易文本中各主要条款在中国法律环境中的有效性也没有经过司法机关的确认，因此，目前在没有相关司法解释或权威案例确认金融衍生交易关键制度安排有效性的情况下，各市场交易主体尚难以完全识别并有效防控金融衍生交易中隐藏的法律风险。其中，最为突出的是终止净额结算制度在中国法下的有效性以及履约保障文件的适用等两个问题。

第一，关于终止净额结算制度在中国法下的法律效力不确定。

只有当终止净额结算制度适用的三个基本前提——“单一协议”原则、未违约方提前终止权（或是自动提前终止）以及终止净额结算得到国内法律及司法裁判机关明确认可时，金融机构才能真正利用终止净额结算制度管理交易对手的信用风险。

如果不承认终止净额结算制度，则对衍生交易当事人双方都可能产生不利影响。在交易对手破产时，另一方启动终止净额结算制度虽然可能对其他普通债权人造成不利影响，与破产法所体现的全体普通债务人公平受偿原则表面上有一定冲突，但是金融衍生产品交易价格随市场波动较快，如不及时采取有效措施保证启动终止净额制度尽快锁定风险，而是等待破产管理人决定相关协议是否继续履行，那么在等待过程中交易双方都将面临巨大的市场风险，这对双方当事人来讲都是不利的，同时也可能由于价格大幅波动最终对其他债权人利益造成损害。不承认终止净额计算制度，还将使我国银行业金融机构无法完全享受《巴塞尔新资本协议》中有关净额结算作为风险缓释手段而可能给银行带来的好处，无法利用这一有利制度安排提升资金使用效率。不承认终止净额结算制度，还可能在金融机构破产时引发一系列系统性风险。这一点也得到了巴塞尔银行监管委员会认可与支持。巴塞尔银行监管委员会在2009年9月17日公布了《巴塞尔跨国银行议题小组报告及建议》征求意见稿。该征求意见稿中提出了十项建议，希望能推动跨国银行以更为有序的解决方案来减少系统性风险和帮助解决规模过于庞大企业的破产问题，其中建议推广使用风险缓释措施（包括但不限于采用净额结算、担保品安排等）并加强相关法律制度的建设。巴塞尔跨国银行议题小组还特别指出希望各新兴市场能在终止净额结算制度的法律框架建设方面取得进展。因此，为了维护金融系统稳定，我国有必要尽快确认终止净额结算制度的有效性并重视建立相应法律框架。

基于上述原因，我们建议监管部门能尽快与全国人大或最高人民法院沟通，明确终止净额结算制度的法律效力问题，降低各金融机构参与衍生品交易市场所面临的不确定性，降低因金融机构破产时可能引发系统性风险发生的可能性；或者监管部门能通过与最高人民法院的沟通，促成企业破产法司法解释尽早出台，在考虑金融衍生产品交易特殊性的前提下，确认金融衍生产品交易主协议项下单一协议、终止净额结算、自动提前终止等条款安排的法律效力，同时，通过引入“合格机构”和“合格交易”的概念防止终止净额结算制度范围在司法实践中被过度扩大，将终止净额结算制度对企业破产法的适用例外影响限制在最小范围内。

第二，履约保障制度过于超前，暂时无法为国内金融机构所接受。

对于场外衍生交易而言，对交易对手信用风险管理是各交易主体最为重视的一项内容。2009 年版 NAFMII《主协议》群提供的两份履约保障文件就是为防控交易对手信用风险，保障《主协议》下交易履行而签署的支持性文件，但是目前国内没有任何金融机构签署履约保障文件，履约保障机制目前尚未在中国场外衍生交易市场得到广泛推行。原因如下：

一是目前我国金融市场交易主体的资质相对较高，金融机构间通常可以通过授信或保函的方式管理信用风险敞口。在对终端客户的代客衍生交易中，各商业银行也已经建立了一套有中国特色的客户信用风险管理体系，如通过专项授信、保证金等制度进行管理，并且目前尚未将衍生交易《主协议》推广适用于与终端客户的衍生交易中，因此，目前各市场主体尚无迫切需求采用 NAFMII 提供的履约保障机制。此外，履约保障文件谈判是一个复杂的过程，需要根据交易对手的信用情况、交易量情况合理确定起点金额以及最低交付金额等基本条款，目前大多数市场参与者尚缺乏进行相关测算数据的经验。

二是转让式履约保障文件模式本身对于交付保障品的一方当事人较为不利。一方面，交付方实际上将未来需履行的义务提前履行，而受让方由于获取了完全的、不受限制的所有权，可以自由处分已转让的履约保障品，未来其需要返还的也只是合格保障等同品，这就使得受让方在这一模式中处于一定的优势地位。这对于交易机构来说显然是一柄“双刃剑”，当市场价格向不利方向变化的时候，交易机构将不得不拿出金钱或债券交付对方，而市场反转时能否从对方拿回应予返还的金钱或债券则将完全依赖于对方的信用。另一方面，未来双方间风险敞口发生变化，受让方需向交付方返还的情况下，如果出现受让方破产的情形，由于交付方在该部分资产上没有担保权益，进行净额结算后的剩余部分只能作为普通债权人参与破产清偿程序，这无疑对交付一方非常不利。当然，对于那些国内法支持让与担保的当事人而言，他们可以明确约定双方间的法律关系属于让与担保。而对那些信托制度发达的国家而言，当事人之间也可以约定受让人属于信托关系中的受托人，转移资产的一方对出让的资产具有受益所有权（Beneficial Title）。这些安排如果得到适用法律的支持，则在担保品受让方破产的情况下，转让方可以根据信托法或物权法有关规定行使取回权或别除权。但是在中国法框架下，此等约定被承认的可能性很小。因此，在一方当事人信用资质明显强于另一方的情况下，信用资质较高的一方当事人不愿意选择此种安排，以免出现交付履约保障品后对方无法返还的风险。

三是如果选择转让式履约保障安排，由于交付及返还行为本身是无偿的，且在性质上来看也具有提前清偿、个别清偿的特点，这与我国企业破产法有关规定存在冲突；由于转让式履约保障安排的每一次交付都构成一项交易，是否对该交易征收营业税或所得税的问题目前也不明确，存在纳税风险。

四是质押式履约保障安排虽然在一定程度上解决了转让式履约保障中交付方缺少担保权益的问题，在接受方破产时降低了交付方受损的可能性，但由于质押式履约保障也有交付质押品的行为，在一定情况下同样可能被认定为违反企业破产法关于“对没有财产担保的债务提供财产担保”的规定，仍然存在较大的不确定性。质押式履约保障还缺乏完善的制度保障，如在金钱质押情况下，保证金账户对抗第三人的效力仍有待立法进一步明确。为实现盯市效果，保证金账户内的金额必将不断变化，这与金钱质押所要求的“特定化”法律要求是否存在冲突也有待司法部门进一步明确。

基于上述原因，我们认为，履约保障机制被国内金融衍生市场参与者接纳并推行将是一个渐进的过程。随着我国金融衍生交易市场的迅速发展，场内交易主体和产品多元化，我们必将逐渐建立具有中国特色的履约保障机制。因此，建议监管部门不断推动履约保障机制法律环境的建设，为金融机构建立完善的衍生交易信用风险管理体系奠定坚实的法律基础。

（4）商业银行应注意的问题

商业银行在签署适用2009年版NAFMII《主协议》时，应当注意以下问题：

第一，深入研究2009年版NAFMII《主协议》，充分理解《主协议》中交叉违约、特定交易项下违约、自动提前终止等带有“双刃剑”性质的条款可能造成的法律风险，并主动及时地对相关风险进行管理。

第二，根据客户资质及自身风险控制机制，合理地选择信用风险缓释措施。

第三，在衍生交易开展过程中应尽量简化交易确认书的条款，将法律性条款尽量纳入双方签署的补充协议中进行约定，以便加快交易进度。

第四，关注国内衍生交易法律环境变化，并及时评估可能对现存和未来衍生交易的影响，制订应急预案防控交易对方信用风险。

2.《关于进一步加强银行业金融机构与机构客户交易衍生产品风险管理的通知》

为了进一步加强银行业金融机构与机构客户交易衍生产品风

险管理，促进衍生产品业务健康有序发展，2009 年 7 月 31 日，银监会印发《关于进一步加强银行业金融机构与机构客户交易衍生产品风险管理的通知》（以下简称《通知》），要求银行业金融机构高度重视与机构客户交易衍生产品的风险管理工作，认真评估衍生产品交易业务每个环节的风险点，对机构客户适合度及真实需求背景、销售管理及信息披露、风险控制及考核激励机制、后评价及法律文本、管理信息系统等方面提出了管理要求。

（1）《通知》的主要内容

第一，《通知》的适用范围。《通知》所称的机构客户是指除个人客户和金融机构以外的客户。除了《通知》下发后各方新叙做的交易外，银行业金融机构与机构客户对已交易的衍生产品进行重组交易也适用本《通知》。

第二，机构客户适合度评估。银行业金融机构应制定或完善机构客户适合度评估制度，在综合考虑衍生产品分类和机构客户分类基础上，对每笔衍生产品交易进行充分的适合度评估，包括：评估与机构客户交易的衍生产品的风险及复杂程度，据此对衍生产品进行分类，并至少每年复核一次衍生产品分类的合理性，进行相应的动态管理；根据机构客户的业务经营性质、衍生产品交易经验等评估其成熟度，据此对机构客户进行分类，并至少每年复核一次机构客户分类的合理性，进行相应动态管理。

第三，交易背景核查。银行业金融机构应根据机构客户适合度评估结果，与有真实需求背景的机构客户叙做与其风险承受能力相适应的衍生产品交易，并获取由机构客户提供的声明、确认函等能够证明其真实需求背景的书面材料，内容包括但不限于与衍生产品交易直接相关的基础资产或基础负债的真实性、机构客户进行衍生产品交易的目的或目标，以及是否存在与基础资产或基础负债相关的尚未结清的衍生产品交易敞口。银行业金融机构与机构客户交易的衍生产品的主要风险特征应与作为真实需求背景的基础资产或基础负债的主要风险特征具有合理的相关度，不得将机构客户的人民币债务作为叙做挂钩非人民币市场指标的衍生产品的交易需求背景。

第四，销售管理。取得衍生产品交易资格的银行业金融机构在营销与交易时，应首先选择基础的、简单的、自身具备定价估值能力的衍生产品。银行业金融机构应制定或完善衍生产品销售人员内部培训、资格认定及授权管理制度，加强对销售人员持续专业培训和职业操守教育，及时跟进针对新产品新业务的培训和资格认定，并建立严格的问责制度。通过资格认定并具备有效授权的销售人员方可向机构客户介绍、营销衍生产品。在向机构客户介绍衍生产品时，销售人员应以适当方式向机构客户明示其已通过内部资格认定并具备有效授权。与机构客户达成衍生产品交易之前，银行业金融机构应获取由机构客户提供的声明、确认函等形式的书面材料，内容包括但不限于：机构客户进行该笔衍生产品交易的合规性；衍生产品交易合同、交易指令等协议文本的签署人员是否具备有效授权；机构客户是否已经完全理解该笔衍生产品交易条款、相关风险，以及该笔交易是否符合客户的交易目的或目标；机构客户对于该笔衍生产品交易的最差可能情况是否具备足够的承受能力以及需要由机构客户声明或确认的其他事项。在衍生产品销售过程中，银行业金融机构应客观公允地陈述所售衍生产品的收益与风险，不得误导机构客户对市场的看法，不得夸大产品的优点或缩小产品的风险，不得以任何方式向机构客户承诺收益。银行业金融机构应充分尊重机构客户的独立自主决策，不得将交易衍生产品作为与机构客户叙做其他业务或产品的附加条件。银行业金融机构应自主营销，不得以任何方式与非境内注册的机构雇佣的销售人员共同向机构客户进行衍生产品销售或变相共同销售，不得接受机构客户直接指定非境内注册的机构作为“背对背”平盘交易对手的衍生产品交易。

第五，信息披露。银行业金融机构应以清晰易懂、简明扼要的文字表述向机构客户提供衍生产品介绍和风险揭示的书面资料，内容包括但不限于：产品结构及基本交易条款的完整介绍和该产品的完整法律文本；与产品挂钩的指数、收益率或其他参数的说明；与交易相关的主要风险披露；产品现金流分析、压力测试、在一定假设和置信度之下最差可能情况的模拟情景分析与最大现金流亏损，以及该假设和置信度的合理性分析和应向机构客户充分揭示的其他信息。银行业金融机构应及时向机构客户提供已交易的衍生产品市场信息，至少每个月对与机构客户交易的衍生产品进行市值重估，将市值重估结果以评估报告、风险提示函等形式通过信件、电子邮件、传真等可记录的方式向机构客户书面提供，并确保相关材料及时送达机构客户。当市场出现较大波动时，应适当提高市值重估频率，并及时向机构客户书面提供市值重估结果。银行业金融机构应至少每半年对上述市值重估频率和质量进行评估。银行业金融机构应逐步提高自主创新能力、交易管理能力和风险管理水平，应谨慎涉足自身不具备定价能力的衍生产品交易。对于自身不具备定价估值能力的衍生产品交易，应向报价方获取关键的估值参数及相关信息，并通过信件、电子邮件、传真等可记录的方式向机构客户书面提供此类信息，以提高衍生产品市值重估的透明度。

第六，分支机构权限管理。银行业金融机构应加强对分支机构衍生产品交易业务的授权与管理。对于衍生产品经营能力较弱、风险防范及管理水平较低的分支机构，应适当上收其衍生产品交易权限。对于发生重大衍生产品交易风险的分支机构，应及时取消其衍生产品的交易权限。

第七，风险控制。银行业金融机构应结合机构客户的信用评级、财务状况、盈利能力、净资产水平、现金流量等因素，确定相关的授信及信用风险缓释措施，谨慎采用不附带其他信用风险缓释措施的授信方式与机构客户叙做衍生产品交易，并对一定信用评级以下的机构客户限制与其叙做衍生产品交易。银行业金融机构应制定或完善相关衍生产品交易信用风险管理制度，明确当与机构客户交易的衍生产品处于不同程度的市值亏损或现金流亏损时，银行业金融机构将采取的要求机构客户追加保证金或抵（质）押品、提供合格担保等信用风险缓释措施的具体方式及金额比例，并以适当方式向机构客户明示相关的信用风险缓释措施可能对机构客户产生的影响。银行业金融机构应关注“背对背”交易中的各项风险，重点关注机构客户与境外交易对手双方的信用风险、所交易的衍生产品市值变化对信用风险的影响、境内外交易适用不同法律的风险以及声誉风险等。

第八，考核激励机制。银行业金融机构应针对与机构客户交易衍生产品业务确定科学合理的利润目标，并制定科学合理的考核评价与长效激励约束机制，引导相关部门和人员诚实守信、合规操作，不得过度追求盈利，不得将与机构客户交易衍生产品的相关收益与员工薪酬及其所在部门的利润目标及考核激励机制简单挂钩。

第九，交易后评价。银行业金融机构应制定或完善针对与机构客户交易衍生产品业务的定期后评价制度，包括对合规销售、风险控制、考核激励机制等内部管理制度的定期后评价。此外，银行业金融机构应通过实地访问、电子邮件、传真、电话录音等可记录的方式建立或完善对机构客户定期回访制度，针对合规销售与风险揭示等内容认真听取机构客户的意见，并及时反馈。

第十，法律文本的评估和管理制度。银行业金融机构应制定或完善针对衍生产品交易总协议等相关法律文本的评估及管理制度，至少每半年根据机构客户及交易对手的情况，对涉及的衍生产品交易协议、合同文本及其效力、效果进行评估，有效防范相关法律风险。

第十一，管理信息系统。银行业金融机构应建立或完善衍生产品交易管理信息系统，确保按产品、按交易对手等方面进行分类管理信息的完整性与有效性。

（2）《通知》的局限性分析

第一，《通知》将所有机构客户一视同仁，未区分大型机构客户与小型机构客户，也未考虑部分进入银行间市场进行衍生交易的保险公司、证券公司等机构客户交易的特殊性。目前，部分大型机构客户已经或是有意愿与银行签订《银行间市场金融衍生交易主协议》（以下简称 NAFMII《主协议》），该 NAFMII《主协议》中的单一协议约定、净额结算制度、终止净额结算制度、交叉违约及特定交易项下违约、瑕疵资产原则以及履约保障制度等安排有利于保护交易双方的权益，降低衍生交易市场的信用风险。但是 NAFMII《主协议》中有关“自负风险”以及“不依赖”等陈述和保证条款与《通知》中要求金融机构确保机构客户了解全部风险的精神存在冲突。这导致银行业金融机构无法与大型机构客户签署 NAFMII《主协议》，不利于 NAFMII《主协议》在中国衍生交易市场的推广，也为银行管理与大型机构客户间的交易增加了难度。对于小型机构客户而言，由于其人员素质、交易经验等多方面的原因，对银行方规定较为严格的销售要求很有必要，但是对于某些大型机构客户而言，其处于与银行平等的交易地位，而对银行方课以严格的交易要求可能并不符合客户需要。因此，建议监管部门在将来可以考虑到大型机构客户以及商业银行业务需要，降低销售记录良好、衍生产品声誉不存在问题的银行业金融机构对大型机构客户的风险披露要求。

第二，《通知》要求银行对法律文本定期评估，给银行增加了衍生交易管理成本。对于大型银行业金融机构而言，与各机构客户叙做的衍生交易文本可能多达上万份，且具有高度格式化的特点。要求银行对如此多的法律文本按照客户的分类进行每半年一次的定期评估，无疑加大了银行的合同管理负担。

（3）商业银行应注意的问题

第一，及时制定完善机构客户衍生交易法律文本。商业银行应按照《通知》规定，制定客户评估文件、风险提示函、总协议、交易委托书、客户确认书、市值评估报告等衍生交易文本，并注意按照交易性质及复杂程度分别完善适用于简单衍生交易的文本以及适用于复杂衍生交易的文本。

第二，建立客户资质评估机制。对现有的及新营销的客户进行全面评估，并注意定期进行复查，确保对客户的风险偏好及风险承受能力有全面的了解。

第三，在设计衍生产品时，商业银行应根据衍生产品的复杂程度及风险大小将其划分为若干个风险等级，并与客户的风险偏好及风险承受能力等级进行对应销售，以避免将不适合的产品销售给机构客户。在对客户营销过程中，应注意向客户进行全面的风险披露，并确保保存书面记录，避免纠纷发生。对已发起的衍生产品交易，应及时向客户提供已交易的衍生产品市场信息，并确保有关信息及时送达客户。

（六）银行卡与理财业务

1.《关于加强银行卡安全管理预防和打击银行卡犯罪的通知》

随着我国银行卡产业近年来快速发展，银行卡已成为居民使用最为频繁的非现金支付工具。与此同时，银行卡也成为一些犯罪分子的攻击目标，信用卡套现、伪卡欺诈、ATM 诈骗、短信和电话转账诈骗等案件日益增加，犯罪手段不断向高科技、集团化、专业化、规模化发展，不仅对银行和持卡人的资金安全造成威胁，甚至威胁到金融市场整体运行秩序。2009 年 4 月，人民银行会同银监会、公安部、国家工商总局四部门联合召开会议，并邀请工、农、中、建四大国有商业银行及中国银联等单位参加会议，研究加强银行卡风险管理、预防和打击银行卡犯罪的政策措施，并在会后印发了《关于加强银行卡安全管理预防和打击银行卡犯罪的通知》（银发〔2009〕142 号，以下简称《通知》）。

（1）《通知》的主要内容

第一，规范银行卡发卡行为。首先，落实银行卡账户实名制。发卡机构要充分利用联网核查公民身份信息系统，验证客户身份信息。未履行责任导致匿名、假名账户开立的，要按反洗钱法予以处罚，造成客户资金损失的，要依法承担责任。对于联网核查公民身份信息系统运行前开立的银行卡存量账户要逐步进行联网核查，未经核实的，发卡机构要专门标识，采取更严格的风险控制措施。无正当理由，不允许个人代理多人办卡。其次，控制信用卡发卡风险。对申领首张信用卡的客户，发卡机构要对客户亲访亲签，不得采取全程自助发卡方式。发卡机构不得将信用卡发卡营销业务外包，不得擅自对信用卡透支利率、计息方式、免息期计算方式等进行调整。禁止单位代办信用卡，但法律法规另有规定的除外。

第二，加强银行卡交易监测和使用管理。一是突出保护持卡人信息安全，发卡机构应建立有效的信息安全防护系统，保护持卡人信息安全；发卡机构向持卡人提供对账单及其他服务凭证时，应对卡号进行部分屏蔽（办理柜台业务打印的凭证除外）；发卡机构要为持卡人提供安全可靠的密码设置和修改服务；对于银行卡信息可能发生泄露的，发卡机构应联系持卡人，提示持卡人尽快换卡或修改密码，不能联系到持卡人且情况紧急的，可采取措施临时锁定持卡人账户。二是加强大额、可疑交易信息监测和报送，对同一持卡人大量办卡、频繁开户销户、短期内资金分散汇入集中转出等异常情况，要及时向反洗钱机关报送。对有疑似套现、欺诈行为的持卡人，发卡机构可采取临时锁定交易等措施，并及时向公安机关报案。对确认存在套现、欺诈行为的持卡人，发卡机构应采取止付卡片、追索欠款等措施。《通知》还要求，发卡机构要将相关银行卡风险信息及时报送人民银行征信系统，并积极报送中国银联银行卡风险信息共享系统，充分利用共享机制进行风险防控。三是严格自助转账业务的处理。未经持卡人主动申请并书面确认，发卡机构不得为持卡人开通电话转账、ATM 转账、网上银行转账等自助转账类业务；为持卡人开通自助转账业务时，要向持卡人充分提示开通有关业务的风险，并要对持卡人进行更为严格的真实身份核查，确保实名开户。未履行职责，产生资金风险的，要依法承担责任；持卡人开通电话、ATM 转账的，每日每卡转出金额不得超过 5 万元人民币；持卡人开通网上银行转账的，应采用数字证书、电子签名等安全认证方式，否则单笔转账金额不应超过 1 000 元人民币，每日累计转账金额不得超过 5 000 元人民币。

第三，进一步强化对受理市场的风险监管。《通知》强调对特约商户、外包服务机构和收单市场等银行卡受理市场的监督管理：收单机构要严把特约商户准入关，落实特约商户实名制，充分利用相关信息系统核实商户法定代表人等人员身份，了解商户经营背景；收单机构要建立健全对特约商户的现场检查和非现场监控制度，建立商户交易数据库和监控系统，发现有关商户涉嫌违规受理银行卡行为要及时调查核实，并可暂停其银行卡交易；收单机构要完善收单协议和商户档案管理，通过与商户签订书面协议明确各方的权利、义务和责任，同时建立完备的商户档案，保存商户准入证明等文件资料；要严格对收单外包服务机构的管理，不得将POS机密钥管理、下载、程序灌装工作委托给外包服务机构；要遵守收单市场秩序，严格遵守商户类别代码和扣率的有关规定，禁止套用、变造与真实商户类型不相符的商户编码以及多家商户共用一个商户编码和多台终端机具共用一个终端编号；收单机构原则上不得为经营场所地不在收单机构注册地的特约商户提供银行卡收单服务。

第四，改进银行卡受理终端的管理。《通知》要求，发卡机构要加强ATM巡检、监控，加大傍晚、夜间等案件高发时段ATM的巡查和监控力度，完善技术措施，创造条件实现ATM的实时监控；落实POS机安全技术标准，改善POS机密钥和参数的安全管理，确保不同的POS机使用不同的终端主密钥并定期更换（即“一机一密”）；控制移动POS机的安装，除航空、交通罚款、上门收费、移动售货、物流配送等确有使用移动POS机需求的行业商户，其他类型商户原则上不得安装移动POS机；原则上不允许移动POS机跨地区使用。

（2）商业银行应注意的问题

人民银行等监管部门此次联合印发《通知》，主要目的在于预防和打击银行卡犯罪，规范银行卡市场秩序，维护持卡人权益和社会公众对银行卡支付的信心，更好地发挥银行卡促进经济增长的作用。需要注意的是，《通知》在重申原有银行卡业务监管规定的基础上，提出了一些新的监管要求。因此，如何遵循这些新要求（特别是涉及保护持卡人权益的监管要求），尽快改进和完善相关业务操作，成为商业银行应当重点关注和解决的问题。

第一，认真履行持卡人身份识别义务。在银行卡业务中涉及的身份证件审查问题上，过去一直存在较大争议，商业银行通常依据《中国人民银行关于储蓄存单、存折密码更换手续有关问题的批复》（银复〔1999〕44号）关于“储蓄机构对储户提供的身份证明只进行形式审查，即审查身份证明所用材料和记载的内容在表面上是否符合身份证明管理部门的规定。储蓄机构不负有鉴别身份证明真伪的责任”的规定审查身份证件。《通知》明确规定了发卡机构应切实履行对客户身份的识别义务，今后如发生利用虚假资料开立银行卡账户、进行自助转账并导致客户资金损失的案件，商业银行基于身份识别的举证和抗辩空间将变得非常有限。因此，商业银行在对客户申请资料进行审核过程中，应当按规定利用联网核查公民身份信息系统、人民银行个人征信系统和中国银联银行卡风险信息共享系统核实客户身份和相关开户资料，并尽快安排联网核查公民身份信息系统运行前开立的银行卡存量账户，同时注意保存相关查询记录，避免不法分子匿名或使用假名开立账户从事非法活动。

第二，审慎接受代理办卡业务。在激烈的信用卡市场竞争中，一些商业银行由于经营网点和人力资源的限制，往往采取资源占用较少、成本较低、效率较高的发卡方式，其中个人为亲属、同事、朋友等多人代办信用卡，或者单位统一为员工代办信用卡的情况并不少见。这种银行与持卡人不见面的操作方式不仅存在客户身份识别的盲点，容易滋生欺诈风险，而且代办卡过程中也往往由于各种原因不严格掌握发卡标准，容易导致发卡质量不高（例如领卡后长期不用的“睡眠卡”增多），同时还存在道德风险隐患。为此，商业银行应理性对待数量营销和账户质量、风险管理的辩证关系，适当调整相关业务规定和业务营销策略，严格执行《通知》关于“对申领首张信用卡的客户，发卡机构要对客户亲访亲签”的规定，审慎开办代理办卡业务。

第三，依法保护持卡人信息和资金安全。针对近年来因持卡人信息被窃取而导致资金损失的案件逐渐增多的情况，《通知》规定了商业银行应当采取的风险防范措施，同时也赋予其在紧急情况下为保证客户资金安全或防止不法分子转移非法所得可以采取的手段。例如，除柜台业务打印的凭证外，商业银行向持卡人提供对账单及其他服务凭证时应对卡号进行部分屏蔽，但实践中一些商业银行目前尚未完全达到这一监管要求，值得引起注意。又如，商业银行可以在银行卡信息可能发生泄露且不能联系到持卡人及时修改密码时采取措施临时锁定持卡人账户，并可以对有疑似套现、欺诈行为的持卡人采取临时锁定交易等措施，这可理解为监管部门赋予商业银行特定情形下的紧急救济权，但商业银行在采取前述措施时应保持审慎态度，在确信相关措施具有必要性和合理性的基础上，做到既有效保护持卡人账户资金安全，又不影响到持卡人正常用卡。

第四，严格按规定设置自助转账开通方式和转账限额。对于持卡人开通电话转账、ATM 转账、网上银行转账等自助转账方式以及转账的限额，《通知》作出较为严格的规定。实践中，有些商业银行虽然在操作上要求持卡人书面提出申请后方可开通网上银行、电话银行自助转账功能，但在 ATM 转账功能开通上则未作此规定；而且，目前一些银行业务系统默认银行卡具有通过 ATM 自助转账的功能，但暂时不支持有选择地打开或关闭该项功能。商业银行应注意结合自身管理实际情况，及时修改系统设置，调整相应操作流程，严格按照监管规定设置自助转账开通方式和转账限额，避免违规风险。

2.《关于进一步规范信用卡业务的通知》

随着金融危机对实体经济的影响逐步加深，以及失业率上升导致持卡人偿债能力下降，信用卡业务面临较为严峻的风险防控形势。国际货币基金组织 2009 年 7 月的评估结果显示，美国总额

1.914万亿美元的消费者债务中，约有14%将成为坏账；花旗集团、美国银行、摩根大通、富国银行、美国运通等银行机构的信用卡资产组合已遭受数十亿美元的亏损；欧洲2.467万亿美元的消费者债务中，预计也将有7%无法收回。在国内，前几年一些发卡机构忽视申请人资信审查，片面追求发卡数量的不良后果开始显现，违约透支情况持续增加；信用卡收费不规范、服务不到位等问题客户反映比较突出；涉及信用卡的犯罪活动日益增多，交易安全问题不可忽视。为进一步规范信用卡经营行为，改进银行卡服务，防范相关业务风险，2009年7月，银监会发布《关于进一步规范信用卡业务的通知》（银监发〔2009〕60号，以下简称《通知》）。

（1）《通知》的主要内容

《通知》重点从信用卡的发卡营销管理、收单业务与特约商户管理、催收外包管理以及客户投诉等四个方面提出了规范要求。

第一，规范发卡营销管理。《通知》要求银行业金融机构应实行科学、合理、均衡的信用卡营销激励机制，禁止营销人员实施单一以发卡数量作为考核指标的激励机制；银行业金融机构应建立发卡行为规范机制，强化信息披露，对信用卡申请人履行必要的收费和风险告知义务；明确银行业金融机构对客户个人信息负有保护信息安全的义务，妥善保管客户信息和相关文档；积极维护良好、公平的市场竞争机制，禁止强制或诱导客户注销他行信用卡。同时，《通知》对信用卡发卡的适用对象作出进一步明确，信用卡申请人应拥有固定工作，或稳定的收入来源，或提供可靠的还款保障。银行业金融机构不得向未满18周岁的学生发卡（附属卡除外），对于不符合条件但确有必要发卡的特殊情况，必须落实第二还款来源。此外，《通知》对信用卡收费行为进行了规范，未经持卡人授权，银行业金融机构在信用卡激活前，不得扣收任何费用。

第二，加强收单业务和特约商户管理。《通知》强调银行业金融机构应落实特约商户管理，切实强化信用卡欺诈、套现等风险的防范责任，采取必要的监督管理和纠正措施。对于银行业金融机构与非银行机构合作的特约商户，明确由提供清算和结算服务的银行业金融机构承担管理主体责任。针对涉嫌信用卡违规行为，鼓励银行业金融机构实行负面名单制度，并由中国银行业协会积极推行信息共享。同时，《通知》还规定对特约商户的管理主体因管理不力或违规提供清算和结算服务造成相关后果的，监管部门将采取相关行政处罚措施。

第三，建立完善催收外包管理制度。《通知》要求银行业金融机构应建立针对催收外包机构的业务管理制度和选用标准，并进行持续的监督管理。选用催收外包机构须经境内总部高级管理层批准。对因催收外包管理不力，造成催收外包机构损害欠款人或其他相关人合法权益的，银行业金融机构承担相应的外包风险管理责任。

第四，重视客户投诉处理工作。《通知》要求银行业金融机构应高度重视并切实做好信用卡客户投诉处理工作，对于独立运行、独立管理的信用卡中心，强调理顺信用卡中心与银行其他部门的内部机制，落实投诉管理责任，以提高投诉处理效率，维护投诉客户的正当权益。因银行业金融机构管理不当导致当地投诉处理缺位、延误，客户正当权益受损，甚至引发不良社会影响的，监管部门将视情况追究相关银行业金融机构和人员责任。

（2）商业银行应注意的问题

总体来看，《通知》既重申了以往有关的监管要求，又新增了一些监管要求，对规范银行业金融机构信用卡业务经营行为、促进市场公平竞争、防范信用卡欺诈和套现等业务风险、更好地维护持卡人的正当权益具有积极意义，有利于我国银行业金融机构信用卡业务稳定、健康和可持续发展。对商业银行而言，对《通知》中新增加的监管要求及其相关法律责任应当予以充分关注：

第一，注意遵守相关禁止性规定。《通知》新增加了不少商业银行在开展信用卡业务过程中的禁止性规定，如“不得以赠送礼品、换取积分、提高授信额度等为条件强制或诱导客户注销他行信用卡”；“持卡人激活信用卡前，银行业金融机构不得扣收任何费用”；“不得向未满18周岁的学生发放信用卡（附属卡除外）”等。商业银行应注意遵守监管机关的禁止性规定，及时对本行内部制度进行修改完善，确保信用卡业务开展依法合规。

第二，切实采取有效措施加强对特约商户管理。特约商户和银行过去更多体现为合作伙伴关系，双方权利义务主要通过合同进行约定。《通知》明确规定了银行对特约商户的监督、管理义务以及违反该义务可能导致的法律责任。商业银行今后应注意严格按照监管规定履行对特约商户的管理责任，将信用卡风险防控关口前移，有效防范相关风险。

第三，进一步规范信用卡催收外包工作。由于人力物力的限制，不少商业银行将对持卡人进行催收的工作外包给第三方机构办理。但在具体实践中，一些外包机构在资质、人员素质、管理水平等方面参差不齐，出现了一些损害银行利益或持卡人合法权益的情况。《通知》对催收外包行为作出了全新的规定，商业银行必须转变单纯看重催收效果的管理理念，建立健全相关的准入、培训、监督和退出机制，审慎确定合作机构，在依法清收透支款项的同时，维护持卡人合法权益。

第四，高度重视客户投诉处理工作。妥善处理客户投诉不仅有利于有效防控法律风险和声誉风险，也有利于商业银行及时发现金融产品和业务流程的瑕疵，促使商业银行不断加强和改进服务。《通知》规定了对客户投诉处理不当的责任追究机制，商业银行在建立健全客户投诉管理制度的过程中，对可能造成群体性、社会性，或处于敏感时期、敏感地域，或可能引起媒体关注的客户投诉事件，应提前建立应急预案，妥善处理客户投诉，防止处理客户投诉不当导致多重法律责任并引发声誉风险。

3.《关于进一步规范商业银行个人理财业务投资管理有关问题的通知》

为进一步规范商业银行个人理财业务投资管理活动，促进理财业务健康有序发展，2009年7月6日，银监会发布《关于进一步规范商业银行个人理财业务投资管理有关问题的通知》（银监发〔2009〕65号，以下简称《通知》），对银行理财业务中的投资管理原则、方式以及投资方向等作了具体规定。

（1）《通知》的出台背景

近年来，我国商业银行理财业务发展迅速，并呈现出以下特点：一是理财产品发售规模大幅增长，截至2009年5月末，各中外资商业银行存续的理财产品超过4 100只，理财业务市场规模达到7 000亿元；二是理财产品投资方式逐步拓展，投资对象从传统的信贷类和票据类产品向股票、基金、PE等高风险产品发展，投资领域从境内市场、债券及信贷市场向境外市场、证券市场延伸；三是理财产品管理模式不断创新，从单纯依靠银行自主管理，向以连结投资方式实现跨市场间多主体共同管理转变。但是，在银行理财业务快速发展的过程中，也产生了一些问题，例如：自有资产与理财资产不独立，风险隔离机制不健全；内部投资运作缺乏适当监督，业务管理体制不完备；产品发售对象缺乏明确划分，客户分类管理体系不合理；部分银行投资管理能力有限，过度依赖合作机构；创新活动不规范，缺乏有效监管等。特别是金融危机爆发以来，高杠杆、结构复杂型理财产品给投资者造成重大损失的事件屡屡发生。在此背景下，《通知》的出台对于加强商业银行理财业务监管，建立一个投资运作规范、行业风险可控、道德风险降低、客户资金安全的理财产品市场，实现银行理财业务的健康快速发展无疑具有重要意义。

（2）《通知》的主要内容

《通知》共二十二条，对银行理财产品的投资管理、投资范围、投资比例、资产托管、信息披露、会计处理等作了明确规定，突出了实现产品特征与客户风险承担能力相匹配、维护资产运营安全的主旨。具体包括以下内容：

第一，确定理财资金投资管理基本原则。一是审慎与稳健原则。商业银行不得将理财资金投资于可能造成本金重大损失的高风险金融产品以及结构过于复杂的金融产品。二是客户区分原则。商业银行应将理财客户划分为有投资经验客户和无投资经验客户，并在理财产品销售文件中标明所适合的客户类别。仅适合有投资经验客户的理财产品的起点金额不得低于10万元人民币（或等值外币），且不得向无投资经验客户销售。三是及时履行信息披露义务原则。对于理财资金的投资方向、投资品种、投资比例以及对投资者权益或者投资收益产生重大影响的突发事件等，商业银行应及时向客户披露。

第二，明确理财资金投资管理方式。首先，对理财资金委托投资提出相关要求。《通知》指出，商业银行可以委托经过有关监管机构批准或认可的其他金融机构对理财资金进行投资管理，但须对受托机构的资质和信用状况等作出尽职调查，并经高级管理层核准。其次，对理财产品会计核算和资金托管提出相关要求。《通知》要求商业银行应按照企业会计准则（2006）第23号“金融资产转移”及其他规定，对理财资金所投资的资产逐项进行认定，将不符合转移标准的理财资金所投资的资产纳入表内核算，并按照自有核算制度进行管理，计提必要的风险拨备。此外，商业银行应委托具有证券投资基金托管业务资格的商业银行托管理财资金及其所投资的资产。

第三，进一步规范理财资金投资方向。《通知》针对理财产品不同的资金投向进行了分类规范。其中，理财资金用于投资固定收益类金融产品的，投资标的市场公开评级应在投资级以上；投资于银行信贷资产的，所投资的银行信贷资产应为正常类，且商业银行应独立或委托其他商业银行担任所投资银行信贷资产管理人，并确保不低于管理人自营同类资产的管理标准；用于发放信托贷款的，除应遵守国家相关法律法规和产业政策的要求外，还应对投资的项目进行尽职调查，比照自营贷款业务的管理标准对信托贷款项目作出评审；投资公开或非公开市场交易资产组合的，商业银行应具有明确的投资标的、投资比例及募集资金规模计划，并对资产组合及其项下各项资产进行独立的尽职调查与风险评估，并在经高级管理层核准评估后，在理财产品发行文件中披露；投资于金融衍生品或结构性产品的，商业银行或其委托的境内投资管理人应具备金融机构衍生品交易资格，以及相适应的风险管理能力；投资于集合资金信托计划的，其目标客户的选择应参照银监会《信托公司集合资金信托计划管理办法》对于合格投资者的规定执行；理财资金参与新股申购，应符合国家法律法规和监管规定。此外，《通知》对于理财资金投资于单一借款人及其关联企业银行贷款，或者用于向单一借款人及其关联企业发放信托贷款的，要求其总额不得超过发售银行资本净额的10%。

第四，设置理财资金投向的禁止性规定。为充分保护一般投资者权益，规范理财资金投放运作，《通知》禁止商业银行将理财资金投资于二级市场股票或与其相关的证券投资基金以及未上市企业股权和上市公司非公开发行或交易的股份；禁止将理财资金用于投资高风险或结构过于复杂的金融产品；禁止利用代客境外理财业务变相代理销售在境内不具备开展相关金融业务资格的境外金融机构所发行的金融产品以及变相代理不具备开展相关金融业务资格的境外金融机构在境内拓展客户或从事相关类似活动。

第五，明确相关法律责任。商业银行违反《通知》规定，造成客户重大经济损失，监管部门可追究发售银行高级管理层、理财业务管理部门以及风险管理部门、内部审计部门负责人的相关责任，并且暂停该银行发售新的理财产品。

（3）商业银行应注意的问题

第一，坚持产品创新与风险防范并重的业务发展方针。在加快理财产品创新，满足客户理财需求和适应资本市场发展的同时，商业银行应当重视投资风险的识别、管理和控制。在产品设计、资金运作、对外发售等环节，要全面体现《通知》所确立的审慎、稳健原则，不应为追求理财产品高收益而投资可能使理财本金产生重大损失的高风险、结构复杂型金融产品。

第二，建立多元化的理财客户发展策略。根据客户投资经验、资产状况及风险偏好，商业银行要加快产品序列的研究与开发，建立和完善理财客户群分类管理体系，为不同类别的客户提供与其风险承担能力相匹配的理财产品，切实保障客户资金安全。同时，加强对理财产品销售的监督和管理，确保发售对象适当，销售行为合法合规。

第三，探索加快理财业务发展创新步伐。《通知》虽禁止银行理财投资股票、基金及 PE 等高风险产品，但允许通过私人银行渠道向合格投资者（具有相关投资经验且风险承受能力较强的高资产净值的客户）发售此类产品。《通知》在防范投资风险的同时，也为银行理财业务创新预留了空间。商业银行一方面应大力发展稳健型理财产品，满足中小投资者的投资需要，另一方面则应加快理财业务创新步伐，积极开发新产品、开拓新领域、探索新模式，在风险可控的前提下，加强对结构化、高杠杆、衍生类产品的研究，不断提高银行核心竞争力，适应国际金融市场发展的需要。

4.《关于进一步规范银信合作有关事项的通知》

为进一步规范商业银行与信托公司业务合作行为，促进银信合作健康、有序发展，引导信托公司发展自主管理类信托业务，实现内涵式增长，银监会于 2009 年 12 月 14 日发布《关于进一步规范银信合作有关事项的通知》（银监发〔2009〕111 号，以下简称《通知》），就有关银信合作业务予以进一步规范。

（1）《通知》的出台背景

2009 年，随着国家经济刺激计划的实施和大规模贷款的投放，在资本约束、动态拨备等监管指标压力下，各银行间信贷资产通过银信合作理财产品在表内表外的进出较为频繁。理财产品投资存量信贷资产的操作模式一般是银行将募集的理财资金通过信托公司设立的信托计划，购买本行或他行存量信贷资产，相应信贷资产由资产负债表内转到表外。同时，由于信托公司自主管理信贷资产的能力较为薄弱，在上述模式中信托公司通常会委托信贷资产转出银行作为贷款管理人继续对转出的信贷资产进行管理。由于当前货币信贷统计数据中的信贷余额仅是银行表内的部分，并未统计表外理财产品承接的信贷资产，为加强对上述表外信贷资产的监管，进一步提升信托公司资产管理能力，打造自主管理类信托业务，银监会有关部门在征求各方面意见的基础上制定《通知》，进一步规范银信合作有关问题。

（2）《通知》的主要内容

第一，确立银信合作中信托公司自主管理原则。《通知》要求，信托公司作为受托人，在信托资产管理中应拥有主导地位，承担产品设计、项目筛选、投资决策及实施等实质管理和决策职责，提高核心资产管理能力，打造专属产品品牌。

第二，进一步规范银信合作理财产品的投资范围并明确相关要求。《通知》规定，银信合作理财产品不得投资于理财产品发行银行自身的信贷资产或票据资产。银信合作产品投资于权益类金融产品或具备权益类特征的金融产品，且聘请第三方投资顾问的，应提前十个工作日向监管部门事先报告。对于银信合作业务中存在两个（含）以上信托产品间发生交易的复杂结构产品，信托公司应按照银监会《信托公司管理办法》有关规定向监管部门事前报告。对于银信合作产品投资于政府项目的，信托公司应全面了解地方财政收支状况、对外负债及或有负债情况，建立并完善地方财力评估、授信制度，科学评判地方财政综合还款能力；禁止同出资不实、无实际经营业务和存在不良记录的公司开展投融资业务。

第三，对银信合作中作为受托人的信托公司运作管理提出明确要求。《通知》要求信托公司作为银信合作业务中的受托人，不得将尽职调查职责委托给其他机构；在受让银行信贷资产、票据资产以及发放信托贷款等融资类业务中，不得将资产管理职能委托给资产出让方或理财产品发行银行，委托给其他第三方机构的，应提前十个工作日向监管部门事前报告。

（3）《通知》的局限性分析

第一，《通知》关于银行发行的理财产品不得承接本行存量信贷资产的规定有待商榷。不可否认，部分银行发行信贷类理财产品可能会有解决信贷规模约束、实现资本充足率达标的考虑，但在业务实践中，银行发行理财产品受让本行转出的存量信贷资产，有其合理性。首先，银行转出的存量信贷资产为无瑕疵、无逾期，经过本行严格的贷前调查、贷中审查、贷后检查程序的质量良好的正常类自营贷款，因此银行理财产品面临的信用风险较小。其次，信托公司在受让相关贷款债权后委托原资产转出行对受让资产继续进行管理，有利于发挥银行自身的管理能力，有利于保持对债务人偿债能力的持续监控和相关保障措施的实施，更有利于节省信托公司管理成本，实现成本与收益的优化和合理匹配。最后，由银行发行理财产品通过信托计划受让本行信贷资产这一业务模式，具有操作相对简单、信息相对透明、流程相对成熟、管理相对完善等特点，客户理财本金和收益能够得到较为可靠的保障，从而实现对客户相关权益的切实保护。综上，上述业务操作模式，在风险可控的基础上，银行可实现资产管理业务的快速发展，增加中间收入；信托公司在管理成本最小化的基础上可以实现业务量和业务收入的双增；客户则可以实现稳定的预期收益，从而实现银行、信托公司和客户之间的共赢。《通知》不加区分地禁止银信合作理财产品投资发行银行自身信贷资产的规定，显然未全面考察这一业务模式的合理性和可行性，值得商榷。

第二，《通知》对于信托公司提高自主管理能力的要求的可执行性尚存疑问。《通知》重点强调，在银信合作中信托公司要主动承担各项管理职责，立足自身管理能力的提高，把握信托项目的尽职调查、产品设计、项目决策和后期管理等关键环节，而不能简单充当银行转让信贷资产的“渠道”和“桥梁”。但是从目前我国信托公司发展的现状来看，大多数信托公司尚不具备落实上述要求的客观条件，对相关规定的执行难度较大。因此，

《通知》可能在一定程度上限制“信托”这一金融创新工具的使用，影响商业银行通过“信托”平台实现金融创新和经营管理模式转变。

第三，《通知》与银监会此前有关理财业务的监管规定如何协调尚不清晰，部分规定不够明确，在适用上存在一定难度。近两年，银监会在已制定《商业银行个人理财业务管理暂行办法》、《商业银行个人理财业务风险管理指引》和《商业银行开办代客境外理财业务管理暂行办法》等监管规定的基础上，又陆续出台了《银行与信托公司合作指引》、《关于进一步规范商业银行个人理财业务有关问题的通知》、《关于进一步规范商业银行个人理财业务投资管理有关问题的通知》等新的规定。但《通知》在某些方面加大了银行开展理财业务时把握相关监管规定的难度。例如，《通知》规定“银信合作理财产品不得投资于理财产品发行银行自身的信贷资产或票据资产”，那么，如果银行发行的理财产品不通过信托公司而直接投资本行信贷资产该如何把握和操作，有待进一步明确。

（4）商业银行应注意的问题

第一，银行发行的银信合作理财产品不得投资于本行存量信贷资产或票据资产，同时应在向信托公司出售信贷资产、票据资产等资产后的15个工作日内，将上述资产的全套原始权利证明文件或者加盖银行有效印章的上述文件复印件移交给信托公司，并在此基础上办理抵押品权属的重新确认和让渡。如移交复印件的，银行须确保上述资产全套原始权利证明文件的真实和完整，如遇信托公司确须提供原始权利证明文件的，银行有义务及时提供。

第二，银行应在向信托公司出售信贷资产、票据资产等资产后的10个工作日内，书面通知债务人资产转让事宜，保证信托公司真实持有上述资产。

第三，如果银信合作产品投资于权益类金融产品或具备权益类特征的金融产品的，银行应按照银监会《信托公司集合资金信托计划管理办法》第六条确定的合格投资者标准确定理财产品目标客户。

第四，随着银监会陆续出台多部涉及银信合作、银行理财业务的监管规范性文件，合规管理难度有所增加，银行在研发新的理财产品（含银信合作理财产品）时，应全面掌握所有涉及理财业务的监管规定，认真审查产品方案及相关法律文件，以保证产品设计、发行、运作依法合规。

（七）债券市场管理

1.《关于开展上市商业银行在证券交易所参与债券交易试点有关问题的通知》

为落实国务院有关金融促进经济发展相关政策措施的要求，积极发展债券市场，促进企业融资，2009 年 1 月 19 日，证监会和银监会联合发布《关于开展上市商业银行在证券交易所参与债券交易试点有关问题的通知》（证监发〔2009〕12 号，以下简称《通知一》），允许已在证券交易所上市的商业银行，经银监会核准后，可向证券交易所申请从事债券交易。2009 年 6 月 18 日，银监会又发布《关于上市商业银行在证券交易所参与债券交易试点有关事宜的通知》（银监发〔2009〕62 号，以下简称《通知二》），对上市商业银行申请在证券交易所参与债券交易试点应具备的条件、风险管理及材料报送等作出具体规定。

（1）《通知一》、《通知二》的出台背景

1997 年前，我国允许商业银行在交易所市场从事债券回购和现券交易，各类投资者通过债券回购交易方式融入银行资金并投向股市，造成股市过热。为避免因银行信贷资金借道交易所债券市场违规进入股市造成系统性风险，1997 年，人民银行发布《关于各商业银行停止在证券交易所证券回购及现券交易的通知》，商业银行退出交易所市场，成立银行间债券市场，形成了我国债券市场两市分立的状况。近年来，由于投资机构较为单一、机构投资者匮乏，加之投资主体规模与交易总量小、交易品种少、流动性差，交易所债券市场发展陷入停滞。为加快债券市场发展、扩大债券融资规模、满足企业融资需求，2008 年 12 月 13 日，国务院办公厅发布《关于当前金融促进经济发展的若干意见》，明确提出“推进上市商业银行进入交易所债券市场试点”。证监会和银监会随后发布上述通知，就商业银行回归交易所债券市场作出规定。

上市商业银行重返交易所债券市场，将改变交易所债券市场投资机构单一、交易品种少、流动性差的局面，有助于扩大债券发行规模和交易量、增强融资能力、提高市场活跃度。同时，上市商业银行进入交易所债券市场有利于拓宽直接融资渠道、扩大债券融资规模、促进债券市场的发展和企业融资。此外，商业银行的回归将打破国内交易所债券市场和银行间债券市场相互分割的状态，连通市场交易主体和部分交易品种，为形成全国统一的债券市场奠定基础。

（2）《通知一》、《通知二》的主要内容

《通知一》主要对上市商业银行在证券交易所参与债券交易作出原则性规定，《通知二》则对上市商业银行参与交易的具体条件、申请材料的基本要求、交易品种及范围等方面对前述通知作进一步细化。具体包括以下内容：

第一，参与债券交易应具备的条件。《通知一》规定上市商业银行拟在证券交易所开展债券交易的，应经银监会核准，并向证券交易所提出申请。《通知二》则对相应资质作了进一步明确，除规定上市商业银行公司治理须结构完善、管理框架完备、内控制度和操作规程完善、风险管理机制健全、资本充足率达到监管要求外，还要求其具备与开展债券交易相适应的条件，如有较强的债券市场研究和分析能力；设立了科学合理、权责明晰的债券投资业务岗位和激励考核机制；配备具有相应债券投资经验的合格管理人员及从业人员；提交申请前三年在银行间债券市场无违规违约行为，相关业务方面也未受过监管部门重大处罚等。

第二，可交易债券的领域及交易方式。为防范上市商业银行资金借道债券交易违规流入股市，维护银行资金安全，《通知一》规定上市商业银行可以在证券交易所固定收益平台从事国债、企业债、公司债等债券品种的现券交易，以及经批准的其他品种交易，但不包括债券回购交易。《通知二》则明确禁止在证券交易所参与债券交易的上市商业银行从事股票类证券交易，以及因市场因素变化可能转为股票类证券产品（如可转债）的交易。

第三，债券交易规则及风险管理。为规范商业银行债券交易行为，确保其依法合规开展相关业务，有效维护市场交易秩序。《通知一》规定，上市商业银行在证券交易所参与债券交易，必须遵守相关监管规定及交易所、证券登记结算机构制定的业务规则，只能在证券交易所为其提供的债券专用席位内，使用自身账户从事债券交易，并按要求报送相关报表等资料。同时，《通知》明确提出，由银监会和证监会建立联席监管制度，共同对商业银行在证券交易所的债券交易进行监管。另外，为防范因债券市场波动带来的潜在风险、加强上市商业银行债券投资管理、提高银行市场风险管理水平，《通知》要求上市商业银行的交易所债券交易风险管理应严格遵循《中国银监会关于建立银行业金融机构市场风险管理计量参考基准的通知》（银监发〔2007〕48 号）和《中国银行业监督管理委员会办公厅关于加强商业银行债券投资风险管理的通知》（银监办发〔2009〕129 号）相关规定。对于不具备参与证券交易所债券交易业务能力或债券投资业务有较大风险的，监管部门有权责令停止交易资格，或采取审慎监管措施。

（3）商业银行应注意的问题

上市商业银行参与交易所债券交易既有利于促进债券市场健康快速发展，也有助于商业银行不断丰富投资品种和探索新业务领域，通过加强与证券公司等投资主体交流合作，构建债券业务投资发展平台，推动综合化经营发展。同时，为有效防范业务开展可能带来的投资风险，商业银行应按照监管要求，制定科学合理的债券投资指引，明晰投资经营与风险管理部门的权责，避免出现风险管理疏漏，通过加强对人民币债券收益率曲线的研究和应用，强化风险分类管理，提高信用风险、市场风险及流动性风险管理水平，逐步完善压力测试程序，提高预警及应急能力，构建完备有效的债券投资风险管理体系，保障交易所债券交易业务的顺利开展。

2.《中国银行业监督管理委员会办公厅关于加强商业银行债券投资风险管理的通知》

为进一步加强商业银行债券投资管理，防范经济金融形势变化和市场波动带来的潜在风险，银监会于2009年3月26日下发《中国银行业监督管理委员会办公厅关于加强商业银行债券投资风险管理的通知》（银监办发〔2009〕129号，以下简称《通知》）。

（1）《通知》的主要内容

第一，制定债券投资指引，明确职能部门责任。《通知》要求商业银行在整体风险管理政策和程序框架内，按照自身业务特点、规模、复杂程度和风险水平，结合总体业务发展战略、管理能力、资本实力和能够承担的风险水平，合理制定债券投资指引，明确可以开展的业务、可以交易或投资的债券类型、可以采取的投资、保值及风险缓释策略和方法等，同时明确债券投资管理的组织结构、权限结构和问责机制，并根据市场变动情况适时对相关指引进行修订。在此基础上，《通知》进一步规定，商业银行应明确风险管理部门、投资经营部门及其他相关部门在债券投资风险管理中的作用，并形成书面规定，同时在各职能部门间建立有效的协调和信息共享机制，以防止风险管理上的疏漏、缺失或重复。

第二，实行风险分类管理，明确各类风险的管理要求。《通知》指出，商业银行应按照风险程度对债券投资组合进行分类管理，重点关注高风险债券。而所谓的"高风险债券"，根据《通知》规定，应包括但不限于那些信用评级在投资级别以下、债券结构复杂或杠杆率较高、发行人经营杠杆率过高、有关发行人的经营状况和财务状况等信息披露不够充分、完整、及时的债券。在债券投资业务风险分类管理的框架下，《通知》对商业银行加强债券投资业务所涉及的信用风险、市场风险、流动性风险的管理作出了进一步要求：一是针对债券投资业务的信用风险，商业银行要充分评估债券发行人、交易对手的资信状况，将债券资产纳入全行统一信用风险管理体系，包括实行统一授信管理；应将债券投资信用评级纳入信用风险内部评级管理体系或者建立独立的债券投资评级管理体系，建立健全信用评级管理制度；参照贷款贷后管理模式，定期对债券发行人资金运用、信用状况、经营状况及外部经济环境等进行跟踪评估并根据评估结果及时调整发行人信用级别及投资额度，采取适当的风险管控措施。二是针对债券投资业务的市场风险，商业银行应对交易账户债券头寸进行每日估值；对银行账户债券头寸应在每年至少进行一次估值的基础上，根据券种风险程度和市场波动情况适当提高估值频率，采取必要的手段保证估值结果的公允合理。三是针对债券投资业务的流动性风险，商业银行应在债券投资发行人、币种、期限、利率类型等方面进行合理配置，尤其要充分重视债券投资在极端情形下可能无法变现的风险。

第三，提高预警及应急能力。《通知》要求商业银行建立全面、严密的信用风险、市场风险和流动性风险压力测试程序，定期对突发事件可能造成的潜在损失进行模拟和估算，以评估本行在极端不利情况下的亏损承受能力，根据压力测试结果对债券投资管理策略、政策和限额进行调整，并制订应急处理预案。商业银行董事会和高级管理层应当定期对压力测试的设计和结果进行审查，不断完善压力测试程序。

第四，落实相关会计处理规定及资本要求。《通知》要求商业银行债券投资按照《企业会计准则》等有关规定进行会计处理，对债券投资按照金融资产分类要求进行准确分类和计量；对按照摊余成本计量的债券投资计提充足的减值准备。交易账户头寸高于表内外资产总额的10%或者超过85亿元人民币的商业银行必须计提市场风险资本。商业银行还须按照审慎原则计算债券投资业务风险权重，保证资本充足率适当有效。

（2）商业银行应注意的问题

在长期分业监管环境下，债券投资几乎是我国商业银行除信贷资产营运之外唯一的资产管理手段，并越来越成为商业银行利润的核心组成部分。面对当前债券市场筹融资功能不断强化、金融创新不断涌现的迅猛发展态势，传统债券资产管理架构正在面临着严峻考验。商业银行应根据《通知》有关规定注意做好以下几方面工作：一是尽快按照《通知》的要求，并结合自身业务特点、规模以及风险管理水平，制定适合本行的债券投资指引，该指引将实质上成为本行进行债券投资的"总章程"。同时，应对本行风险管理部门、投资经营部门的职能进行重新梳理，明确上述部门在债券风险管理中的职能，完善银行债券投资风险管理的组织架构。二是要将债券资产纳入统一风险管理体系，建立健全债券投资有关的各类风险的管理和监控机制，建立全面而严密的信用风险、市场风险和流动性风险压力测试程序，制订应急预案，提高预警和应急处理能力。三是对有关交易账户头寸高于表内外资产总额的10%或者超过85亿元人民币的商业银行必须计提市场风险资本，从总量和规模上对债券投资进行刚性控制。

3.《关于金融租赁公司和汽车金融公司发行金融债券有关事宜的公告》

为规范金融租赁公司和汽车金融公司发行金融债券行为，保护投资者合法权益，人民银行与银监会于2009年9月1日联合发布《关于金融租赁公司和汽车金融公司发行金融债券有关事宜的公告》（公告〔2009〕第14号，以下简称《公告》）。

（1）《公告》的主要内容

第一，阐释金融租赁公司和汽车金融公司的定义。《公告》

界定金融租赁公司是指经银监会批准设立，以经营融资租赁业务为主的非银行金融机构；汽车金融公司是指经银监会批准设立，为中国境内的汽车购买者及销售者提供金融服务的非银行金融机构。

第二，明确金融债券发行的监管主体。《公告》指出，人民银行和银监会依法对金融租赁公司和汽车金融公司金融债券的发行进行监督管理。根据职能分工，人民银行对金融租赁公司和汽车金融公司在银行间债券市场发行和交易金融债券进行监督管理；银监会对金融租赁公司和汽车金融公司发行金融债券的资格进行审查。

第三，确定金融债券发行申请的审查、批准主体。按照监管层级的不同，《公告》规定，银监会直接监管的金融租赁公司发行金融债券，由银监会受理、审查并决定。各地银监局监管的金融租赁公司发行金融债券，各地银监局受理、初审后，报银监会审查并批准。汽车金融公司发行金融债券，应向其所在地银监局提交申请，由所在地银监局受理、初审后，报银监会审查批准。

第四，设定金融债券发行的条件。《公告》规定，发行金融债券的金融租赁公司和汽车金融公司应满足以下条件：发债资金用途必须符合国家产业政策和相关政策规定，不得从事与自身主业无关的风险性投资；注册资本金不低于 5 亿元人民币或等值的自由兑换货币，汽车金融公司注册资本金不低于 8 亿元人民币或等值的自由兑换货币；最近 3 年连续盈利且平均可分配利润足以支付所发行金融债券 1 年的利息；最近 1 年的利润率不低于行业平均水平；最近 1 年的不良资产率不低于行业平均水平；无到期不能支付债务；风险监管指标达到监管要求；最近 3 年没有重大违法、违规行为等。

第五，确立金融债券发行申请文件"双报送"制度。《报告》要求，金融租赁公司和汽车金融公司发行金融债券时，需向银监会报送以下文件：金融债券发行申请报告、发行人公司章程或章程性文件规定的权力机构的书面同意文件，发行人近三年经审计的财务报告、审计报告、募集说明书，信用评级机构出具的金融债券信用评级报告和有关持续跟踪评级安排的说明、承销协议、发行人律师出具的法律意见书，发行人关于本期偿债计划及保障措施的专项报告等文件。此外，对于采用担保方式发行金融债券的金融租赁公司和汽车金融公司，还应提供担保协议及担保人资信情况说明。值得注意的是，《公告》要求金融租赁公司和汽车金融公司发行金融债券申请获得银监会批准后，应向人民银行报送以上文件以及银监会的批准文件。

第六，明确金融债券发行的审批时限。《公告》明确规定，银监会应当自受理申请之日起三个月内，对发行金融债券进行资格审查，并作出批准或不批准的书面决定。

（2）商业银行应注意的问题

银监会和人民银行允许符合《公告》规定条件的金融租赁公司发债，有利于拓宽其资金来源渠道，促进融资租赁业务开展，并增强其支持中小企业发展的能力。另外，允许符合条件的汽车金融公司发债，也有利于推动汽车消费信贷业务开展，促进扩大国内汽车消费需求，支持汽车产业振兴。需要特别指出的是，根据《公告》第五条的规定，申请发行金融债券的金融租赁公司和汽车金融公司应成立三年以上，但由商业银行设立的成立不满三年的金融租赁公司，可在提供担保的前提下向银监会提出发行金融债券申请。

4.《全国银行间债券市场金融债券发行管理操作规程》

2009 年 3 月 25 日，中国人民银行发布《全国银行间债券市场金融债券发行管理操作规程》（以下简称《操作规程》）。该《操作规程》在央行 2005 年颁布的《全国银行间债券市场金融债券发行管理办法》（以下简称《管理办法》）的基础上，对金融债券发行的承销方式、主承销商的职责以及信息披露要求等问题作了进一步的明确，有利于进一步推进我国金融债券发行工作的程序化、规范化和制度化，提高金融债券发行效率。

（1）《操作规程》的主要内容

第一，统一本币和外币金融债券的发行操作流程。针对实践中外币金融债券发行程序不明确的情况，《操作规程》第二条规定，在全国银行间债券市场发行的人民币金融债券和外币金融债券都适用《操作规程》中规定的各项发行程序和要求，将外币金融债券的发行纳入《管理办法》和《操作规程》管理。

第二，进一步规范金融债券的承销方式及簿记建档要求。依据《操作规程》，金融债券的承销可以采用招标承销或者协议承销等方式。以招标承销方式发行金融债券的，发行人应与承销团成员签订承销主协议。以协议承销方式发行金融债券的，发行人应聘请主承销商，由发行人与主承销商协商安排有关发行工作，再由主承销商与承销团成员签订承销团协议。与此同时，对于通过定向形式发行金融债券的，《操作规程》主张其优先选择协议承销的方式，并规定如果发行对象不超过两家的，可不聘请主承销商，由发行人与认购机构直接签订协议安排发行。

针对承销过程中存在争议较多的簿记建档程序，《操作规程》亦进行了明确。《操作规程》规定，采用簿记建档方式发行的金融债券，发行人应选定簿记管理人；在簿记建档前，簿记管理人应向承销团成员公布簿记标的、中标确定方式等簿记建档规则；在簿记建档过程中，簿记管理人应确保簿记建档过程的公平、公正和有序，并对簿记建档所涉及的有关文件予以妥善保存。

第三，进一步明确主承销商职责，包括以行业公认的业务标准和道德规范，对金融债券发行人进行全面尽职调查，充分了解发行人的经营情况及其面临的风险和问题；为发行人提供必要的专业服务，确保发行人充分了解有关法律制度、市场管理政策以及所应承担的法律责任；会同律师事务所、会计师事务所核查发行人申请材料，督促其按照有关要求进行信息披露，并负责核查相关资料的真实性、准确性和完整性；负责做好金融债券推介和销售工作，主承销商应具备对所承销金融债券做市的能力；金融债券发行结束后十个工作日内，应向中国人民银行书面报告当期债券承销情况等。

第四，进一步明确发行人的信息披露义务，并授权全国银行间同业拆借中心和中央国债登记结算有限公司制定金融债券的信息披露规则。目前，全国银行间同业拆借中心与中央国债登记结算有限公司已于2009年10月联合发布了《全国银行间债券市场金融债券信息披露操作细则》，对发行人发行金融债券履行信息披露义务的时间、方式及其内容进行了明确的规定。

(2)《操作规程》的局限性分析

尽管《操作规程》在《管理办法》的基础上对金融债券的发行程序及要求作了细化和明确，对于规范金融债券发行管理具有积极的意义，但也存在一定的局限性，特别是未将商业银行混合资本债券的发行纳入《操作规程》管理，使混合资本债券的发行程序和要求仍处于不尽明确的境地。一般而言，混合资本债券属于金融债券的一种，人民银行2006年发布第11号公告，允许商业银行发行混合资本债券。同时，该公告也明确规定商业银行发行混合资本债券适用《管理办法》。但是，《操作规程》在适用范围问题上仅规定其适用于政策性银行金融债券、商业银行次级债券以及其他一般金融债券，对混合资本债券的发行是否适用却语焉不详。全国银行间同业拆借中心及中央国债登记结算公司依据《操作规程》授权颁布的《全国银行间债券市场金融债券信息披露操作细则》却又将混合资本债券的信息披露要求一并予以规定。此种混乱的立法状况应引起监管部门关注并予以解决。

(3) 商业银行应注意的问题

商业银行作为金融债券的主要发行主体，在发行金融债券时需依据《操作规程》履行相关手续，尤其应注意以下问题：

第一，严格按照《操作规程》规定，履行金融债券发行核准及备案程序。注意在发行申请经人民银行核准之后，在实际发行前将相关资料报人民银行备案，如果在该时间段内发行人的相关情况发生变更，还需及时向人民银行报告并取得人民银行的同意。

第二，在向人民银行报送相关发行材料，包括向全国银行间同业拆借中心及中央国债登记结算有限公司报送相关发行及持续信息披露材料时，应当确保相关材料的真实、准确、完整，报送及时，不得有虚假记载、误导性陈述或者重大遗漏。

此外，取得银行间债券市场承销商资格的商业银行在开展金融债券承销业务时，应当依据《操作规程》的规定，勤勉尽职地履行主承销商职责。需要特别强调的是，《操作规程》第十五条规定，金融债券承销商“应当按照本行业公认的业务标准和道德规范，对提供服务所涉及的文件进行认真审阅，确认其不存在虚假记载、误导性陈述或重大遗漏，并出具有关专业报告或意见”，同时，还应当就其承销项目出具承诺函。因此，如果金融债券存在虚假记载、误导性陈述或者重大遗漏的，商业银行需要依据其出具的承诺函向投资者承担连带的赔偿责任，需要商业银行对此予以特别关注。

5.《银行间债券市场债券登记托管结算管理办法》

2009 年 3 月，人民银行发布《银行间债券市场债券登记托管结算管理办法》（以下简称《管理办法》）。《管理办法》是继人民银行 2000 年颁布《全国银行间债券市场债券交易管理办法》（以下简称《交易办法》）之后，适用于银行间债券市场所有交易券种的又一基础性监管规定，是银行间债券市场管理制度体系中不可或缺的重要组成部分。

（1）《管理办法》的出台背景

关于银行间债券市场的登记、托管及结算制度，《交易办法》曾用八个条文作了原则性规定，内容涉及托管账户的开立、结算方式的选择以及债券与资金的交割兑付要求等内容。此后，人民银行针对各类债券品种发布了专门监管规定，如《银行间债券市场金融债券发行管理办法》、《商业银行次级债券发行管理办法》、《银行间债券市场非金融企业债务融资工具管理办法》等，在涉及相关债券品种的登记、托管及兑付问题时，只是简单规定相关券种的登记、托管及结算工作由中央国债登记结算有限责任公司（以下简称中登公司）负责，导致我国银行间债券市场登记结算基本监管制度长期处于缺失状态。随着银行间债券市场快速发展，新产品和新交易方式不断创新，业务运作日益复杂化、精细化，市场成员对债券登记、托管、结算环节的风险防范越来越重视，对相关制度建设也提出了更高的要求。因此，《管理办法》的出台对我国银行间债券市场制度建设具有里程碑意义，对促进我国债券市场的健康、规范发展将具有深远意义。

（2）《管理办法》的主要内容

第一，确立了银行间债券市场债券登记结算的三项基本原则。

一是明确了电子簿记的法律效力。在电子化环境下，由于有价证券不是以实物券的形式存在，仅仅有电子簿记，因而实物券意义上的托管就不存在了，但对“券”的管理功能还在，这时的托管或管理就演变为对证券持有人账户的电子记录的维护和管理。一直以来，由于缺乏明确的法律规定，电子簿记的法律效力在理论与实务中一直存在较大争议。《管理办法》第十九条规定“债券账户是指在债券登记托管结算机构开立的用于记载债券持有人所持有债券的品种、数量及其变动等情况的电子簿记账户”，承认了债券账户是一个“电子簿记账户”，也就承认了电子簿记的法律效力。

二是确立了债券登记托管结算机构自身财产与托管资产之间隔离的原则。《管理办法》第三十五条第一款规定，“债券登记托管结算机构对所托管的债券不享有任何性质的所有权”；该条第二款进一步明确“债券登记托管结算机构出现破产、解散、分立、合并及撤销等情况时，债券持有人在该机构所托管的债券和其他资产不参与资产清算”。据此，银行间债券市场托管债券的权属得到了监管层面确认，中登公司自有财产与托管财产相分离的原则得到了监管规范性文件承认。

三是确立结算财产履约优先的原则。结算财产履约优先原则是证券登记结算领域的一项基本原则，是权衡个别信用风险与结算系统性风险的处理方式，其主要内容为结算参与人即使宣布破产清算，其对结算体系的交收义务也必须优先履行，不受破产清算程序影响。《证券法》修订后，肯定了证券登记结算的结算财产履约优先原则，该法第一百六十八条规定：证券登记结算机构按照业务规则收取的各类结算资金和证券，必须存放于专门的清算交收账户，只能按业务规则用于已成交的证券交易的清算交收，不得被强制执行。但《证券法》该条规定是否适用于银行间债券市场的登记结算业务，亦即银行间债券市场的登记结算业务是否适用“结算财产履约优先原则”，在我国理论与实务中存在较大的争议。《管理办法》第四十三条规定第一次对银行间债券市场“结算财产履约优先”原则作了明确确认，对于银行间市场结算系统性风险的防控具有重大意义。

第二，明确中登公司的职责及人民银行的监管权限。

依据《管理办法》，中登公司负责银行间债券市场相关债券的中央登记、一级托管以及结算工作，具体包括设立和管理债券账户、债券登记、债券托管、债券结算、代理拨付债券兑付本息和相关收益资金、跨市场交易流通债券的总托管、提供债券等质押物的管理服务、代理债券持有人向债券发行人行使债券权利、提供债券信息查询咨询服务以及监督柜台交易承办银行的二级托管业务等。

为防控系统性结算风险，《管理办法》明确了人民银行对中登公司的监管权限，规定中登公司制定修改章程、进行合并分立、制定修改基本管理制度、变更基本业务运作模式、与境外机构开展业务合作等事项需报人民银行批准。涉及中长期发展规划的制定和修改以及高级管理人员的变动等事项需报人民银行备案。

第三，明确债券债户开立、登记基本要求。

依据《管理办法》第二十四条、第二十五条规定，银行间债券市场的债券账户包括自营账户和代理总账户。债券投资者，包括证券投资基金、信托计划以及资产管理计划等可以开立自营账户；柜台交易承办银行和其他交易场所证券登记托管结算机构等可以在债券登记托管结算机构开立代理总账户，用于记载其二级托管的全部债券余额。同时，《管理办法》明确了中登公司登记错误的赔偿责任，规定债券持有人对债券账户记载内容有异议的，中登公司应当及时复查并予以答复；因中登公司工作失误造成数据差错并给债券持有人带来损失的，应当承担相应法律责任，较好地保护了债券投资者的合法权益。

此外，《管理办法》对债券账户因交易结算、非交易过户、选择权行使、债券派生以及债券质押等原因引起的账户变动处理作了明确的规定。

第四，明确债券及资金结算的基本类型及结算风险的承担。

依据《管理办法》第四十二条规定，银行间债券市场的债券结算和资金结算可采用券款对付、见券付款、见款付券和纯券过户等结算方式。其中，券款对付是指结算双方同步办理债券过户和资金支付并互为条件的结算方式；见券付款是指收券方以付券方应付债券足额为资金支付条件的结算方式；见款付券是指付券方以收到收券方支付的足额资金为债券过户条件的结算方式；纯券过户是指结算双方的债券过户与资金支付相互独立的结算方式。同时，对于结算双方当事人结算风险的承担问题，《管理办法》第四十二条还规定，债券结算和资金结算的风险由结算双方自行承担，中登公司不承担客户结算的相关风险。

（3）《管理办法》的局限性分析

尽管《管理办法》在很大程度上弥补了中国银行间债券市场登记、托管、结算法律制度的空白，对于我国银行间债券市场的发展具有积极的意义。但是，《管理办法》也存在一定的局限性，主要表现在对“净额结算”的问题上没有作出应有的突破。《管理办法》第四十一条规定：“银行间债券市场债券结算机制包括全额和净额两种。净额业务有关规定由中国人民银行另行规定。”至今，人民银行仍未就银行间债券市场的净额结算问题颁布专门的规定，使我国银行间债券市场的结算方式依旧停留在逐笔全额结算的水平。所谓全额结算，是指交易双方在成交后，需要按照成交金额向对方全额划付资金，并按照成交数量向对方全额划付债券。即使某市场成员对另一市场成员同时有应收应付的资金或债券，也不可以轧差后处理。净额结算一般包括双边净额结算和多边净额结算两种方式，双边净额结算（Bilateral Netting）是指结算机构对交易双方之间达成的全部交易余额进行轧差，交易双方按照轧差得到的净额进行交收的结算方式；而多边净额结算（Multilateral Netting）是指证券登记结算机构介入证券交易双方的交易关系中，成为“所有买方的卖方”和“所有卖方的买方”（即所谓“中央结算方”，Central Counterparty），然后以结算参与人为单位对其达成的所有交易的应收应付证券和资金予以冲抵轧差，每个结算参与人根据轧差所得净额与证券登记结算机构一并交收对手进行交收的结算方式。我国银行间债券市场自成立以来，一直采用逐笔全额结算方式。该方式债权债务明晰，流程简单，对市场的正常运行发挥了重要作用。但随着交易结算规模的迅速扩大，全额结算的弊端逐渐显现。在现行逐笔全额结算方式下，大量的手工操作以及全额的交易资金和债券划转降低了市场效率，增加了市场参与者的流动性成本，且蕴含着较大的操作风险和流动性风险，而净额结算涉及的券款可能只是全额结算的几十分之一甚至更少，因此可以大大降低结算风险，提高结算效率。特别是人民银行 2008 年第 12 号公告发布以来，券款对付（Delive Vesus Payment，DVP）的结算方式在银行间市场得到推广，从目前实时、逐笔、全额的 DVP 结算模式来看，其前提仍是买卖双方必须预先备付足够的债券和资金。而在实际操作中，尤其是未在支付系统开立清算账户的参与者其债券或资金头寸一时不足的情况很多，使得在目前全额结算模式下推进券款对付存在较多困难，因此，建立净额结算制度的需要更为迫切。

我们认为，监管部门有必要从我国银行间债券市场发展的实际出发，借鉴国际市场的先进经验和操作管理，适时推进银行间债券市场净额结算制度建设，不断促进银行间债券市场规范、健康发展。

（八）机构管理与从业人员操守

1.《小额贷款公司改制设立村镇银行暂行规定》

为解决我国农村地区银行业金融机构网点覆盖率低、金融供给不足、竞争不充分等问题，改进和加强农村金融服务，银监会于2006年12月20日发布了《关于调整放宽农村地区银行业金融机构准入政策更好支持社会主义新农村建设的若干意见》（银监发〔2006〕90号）。根据上述意见，银监会于2007年1月22日发布了《关于印发〈村镇银行管理暂行规定〉的通知》（银监发〔2007〕5号）和《关于印发〈村镇银行组建审批工作指引〉的通知》（银监发〔2007〕8号）两个规范性文件，具体落实村镇银行准入政策的试点工作。随着农村金融机构试点工作的顺利开展，村镇银行、贷款公司、农村资金互助社、小额贷款公司等“四类机构”相继在农村设立。对此，中国人民银行和银监会于2008年4月24日和2008年5月4日分别联合发布了《关于村镇银行、贷款公司、农村资金互助社、小额贷款公司有关政策的通知》（银发〔2008〕137号）和《关于小额贷款公司试点的指导意见》（银监发〔2008〕23号，以下简称《指导意见》）两个文件，从存款准备金、存贷款利率、支付清算、现金管理和风险管理等方面进行了较为详细的规定，对引导资金流向农村和欠发达地区、改善农村金融服务、促进“三农”发展而设立的“四类机构”提出了指导意见。

为了引导小额贷款公司健康发展，及时解决小额贷款公司在发展过程中存在的一些问题，银监会于2009年6月9日发布了《小额贷款公司改制设立村镇银行暂行规定》（银监发〔2009〕48号，以下简称《暂行规定》），明确了小额贷款公司改制为村镇银行的准入条件、改制工作的程序和要求、监督管理要求等。

（1）《暂行规定》的主要内容

第一，明确小额贷款公司改制的基本条件。由于村镇银行和小额贷款公司在机构性质、监管部门、出资人以及业务范围等方面不同，为了规范小额贷款公司经营，《暂行规定》要求改制成为村镇银行的小额贷款公司必须满足“银行业金融机构作为主发起人”的基本条件。该条件的提出考虑了县域及农村信用体系的现状、保护存款人利益的需要和确保村镇银行可持续发展等诸多因素，有利于小额贷款公司改制后持续健康发展。同时，改制的小额贷款公司还应在法人治理、内部控制、经营管理及支农服务等方面符合一定要求，包括：公司治理机制完善、内部控制健全；经营能力和持续发展符合《指导意见》的规定；流动性风险和抵债资产减值风险符合“抵债资产余额不得超过总资产的10%”的监管要求；满足防范和控制风险的要求，资产风险分类准确，不良贷款率低于2%，已足额计提呆账准备，其中贷款损失准备充足率130%以上；符合支农和服务当地的要求，例如“最近四个季度末涉农贷款余额占全部贷款余额的比例均不低于60%”等。

第二，规定小额贷款公司改制程序和要求。小额贷款公司改制村镇银行首先应设立由主发起人、小额贷款公司等有关单位组成的筹建工作小组，负责相关改制工作。筹建工作小组须聘请具备资质的中介机构对拟改制小额贷款公司进行清产核资，对其管理状况进行专项审计。同时，严格按照《中国银行业监督管理委员会农村中小金融机构行政许可事项实施办法》、《村镇银行管理暂行规定》、《村镇银行组建审批工作指引》等有关规定落实筹建、开业阶段的相关工作，向银行业监督管理机构提交改制设立村镇银行的筹建和开业等行政许可申请材料。在收到核准开业的批复文件后，还应及时按法定程序解散小额贷款公司并注销营业执照，凭银行业监督管理机构颁发的金融许可证办理工商登记。

第三，强调对小额贷款公司改制为村镇银行后的监督管理。由于小额贷款公司改制为村镇银行涉及小额贷款公司的退出和村镇银行的设立，因此，在改制阶段《暂行规定》还要求省级政府主管部门出具推荐意见及对其公司治理、内部控制、经营情况等方面的评价意见。同时，银行业监督管理机构也要严格按照《村镇银行管理暂行规定》、《中国银监会关于加强村镇银行监管的意见》等有关文件要求，加强对改制后村镇银行的持续监管，确保其稳健发展。

（2）商业银行应注意的问题

第一，《暂行规定》要求小额贷款公司改制为村镇银行时，必须有符合条件的银行业金融机构作为村镇银行的主发起人和最大股东。因此，商业银行作为主发起人，应明确其在小额贷款公司改制为村镇银行时应当承担的职责。

第二，商业银行在相关改制工作中应发挥应有的作用。例如，应按照银行业监督管理机构要求，做好改制设立村镇银行筹建前期的各项准备工作，并按照《村镇银行管理暂行规定》、《村镇银行组建审批工作指引》等有关规定落实筹建、开业阶段的相关工作。

第三，在向银行业监督管理机构提交改制设立村镇银行的筹建和开业等行政许可申请材料时，商业银行拟作为主发起人还需要提交相应的书面声明。

2.《消费金融公司试点管理办法》

银监会于 2009 年 7 月 22 日发布了《消费金融公司试点管理办法》（银监会 2009 年第 3 号令，以下简称《管理办法》），从消费金融公司的定义、出资人条件、注册资本、业务范围以及消费者权益保护等方面对消费金融公司进行了详细规定。

（1）《管理办法》的主要内容

第一，界定消费金融公司的概念和设立条件。根据《管理办法》规定，消费金融公司是经银监会批准，在中华人民共和国境内设立的，不吸收公众存款，以小额、分散为原则，为中国境内居民个人提供以消费为目的的贷款的非银行金融机构。设立消费金融公司还需要符合《公司法》和银监会规定的公司章程，有合格的出资人，最低注册资本为3亿元人民币或等值的可自由兑换货币，有相应的管理人员和营业场所。此外，健全的公司治理、内部控制、业务操作、风险管理等制度也必不可少。

第二，明确主要出资人条件。《管理办法》要求主要出资人必须为境内外金融机构及银监会认可的其他出资人。主要出资人应具有5年以上消费金融领域的从业经验，最近1年末资产总额不低于600亿元人民币，连续2个会计年度盈利，承诺3年内不转让出资，具有良好的公司治理结构、内部控制机制和健全的风险管理制度；对于境外金融机构，还必须符合在中国境内设立代表处2年以上，或已设有分支机构，且所在国家或地区金融监管当局已经与银监会建立良好的跨境监管合作机制等条件。此外，作为出资人的金融机构还应具备注册资本不低于3亿元人民币或等值的可自由兑换货币的条件，非金融机构还应具备净资产率不低于30%的条件。

第三，规定消费金融公司的业务范围及经营规则。按照《管理办法》规定，消费金融公司的业务主要包括个人耐用消费品贷款、一般用途个人消费贷款、信贷资产转让、境内同业拆借、向境内金融机构借款、经批准发行金融债券、与消费金融相关的咨询和代理业务、代理销售与消费贷款相关的保险产品、固定收益类证券投资业务以及银监会批准的其他业务。同时，为防止一般用途个人消费贷款被挪作他用，《管理办法》规定只有已取得过个人耐用消费品贷款的信誉良好的老客户才可得到此项贷款，向个人发放消费贷款的余额不得超过借款人月收入的5倍等。

第四，强调对消费金融公司的监管。《管理办法》规定银监会及其派出机构依法对消费金融公司及其业务活动实施监督管理。同时，要求消费金融公司按照银监会有关规定，建立、健全公司治理架构和内部控制制度，制定业务经营规则，建立全面有效的风险管理体系、风险定价机制和信息披露制度。消费金融公司名称中应标明“消费金融”字样。未经银监会批准，任何单位不得在机构名称中使用“消费金融”字样。考虑到消费金融公司不吸收存款，因此对其流动性要求相对较低，同时由于其贷款是无担保、无抵押的贷款，风险相对较高，因此对其资本充足率要求较高。《管理办法》规定消费金融公司的资本充足率标准不低于10%，另外还规定资产损失准备充足率不低于100%，以及同业拆入资金比例不高于资本总额的100%。

（2）《管理办法》的局限性分析

一是消费金融公司的业务范围限制严格导致融资难。消费金融公司和商业银行在目标客户、分销渠道、提供的产品以及风险管理模式等方面存在诸多差异，并且具有单笔授信额度小、审批速度快、无须抵押担保、服务方式灵活等独特优势，但是由于消费金融公司不能吸收公众存款，设立初期的资金来源主要为资本金，融资渠道较为有限，难以同实力雄厚的商业银行在相关业务领域开展竞争。而《管理办法》并未就如何解决消费金融公司自身风险大、融资难问题给出一个明确的答案。

二是消费金融公司的具体业务规程亟待明确。《管理办法》虽然规定消费金融公司可以办理个人耐用消费品贷款和一般用途个人消费贷款，但对贷款利率和税收政策并未进行明确规定。同时，《管理办法》还规定消费金融公司须向曾从本公司申请过耐用消费品贷款且还款记录良好的借款人发放一般用途个人消费贷款。由于借款人的资产情况处于随时变动之中，该规定可能对消费金融公司贷款自主审批权产生重要影响，不利于消费金融公司独立自主作出商业判断。

3.《加强外资转制法人银行公司治理指导意见》

在金融全球化的浪潮下，越来越多的外国银行在我国设立分支机构。为进一步明确对外资转制法人银行公司治理的监管要求，促进其提高公司治理水平，在遵循《外资银行法人机构公司治理指引》和参考国际良好做法的基础上，银监会于2009年8月11日发布了《加强外资转制法人银行公司治理指导意见》（银监办发〔2009〕276号，以下简称《指导意见》)，对外资转制法人银行的公司治理、高级管理人员履职、子行与母行的权责划分等方面提出了指导意见。《指导意见》的主要内容如下：

第一，完善外资转制法人银行的公司治理机制。《指导意见》要求处理好转制法人银行自主经营和母行并表管理的关系，审慎管理境内境外各类风险，协调平衡境内境外各种利益。同时，还要求清晰界定三会与高级管理人员的职责边界，在保持相对稳定的基础上确定董事会的合理规模和人员构成。董事会应积极参与银行的风险管理事务，切实承担风险管理的最终责任，至少设立审计委员会、风险管理委员会和关联交易控制委员会等专门委员会，做好薪酬制度、关联交易和利益冲突等的管理工作。

第二，规范外资转制法人银行高级管理人员的履职工作。《指导意见》强调董事对银行应负有勤勉尽责义务，做好回避制度、利益冲突管理等相关制度建设。同时，《指导意见》还特别对独立董事进行了较为详尽的规定，要求独立董事必须独立于管理层、母行和其他任何关联机构，还应为独立董事配备必要的履职资源，确保其正常、有效履职。监事应依照法律法规、规章及银行章程有关规定，忠实履行监督职责。对于高级管理层成员，《指导意见》要求他们尽诚信、谨慎、勤勉义务，不得为个人利益损害银行利益，不得在可能发生利益冲突的机构兼职。对于离任的董事和高级管理层成员，外资转制法人银行还需向所在地银行业监管机构进行书面报告。

第三，明确子行与母行的权责划分。《指导意见》要求外资转制法人银行以公司章程或其他书面形式清晰界定其与股东（母行）的权责划分，确保银行具备持续、稳健经营所需的必要权利。同时，在遵守本地法律法规和监管要求的前提下，接受母行的并表管理。《指导意见》还要求股东（母行）承担支持银行持续发展的义务，当银行资本充足率不足时，应暂缓或减少分红，并通过增加核心资本等方式支持银行补充资本。

第四，强化对外资转制法人银行的监督管理。除了要求定期对银行的公司治理状况进行评价，将评价结果纳入对银行整体风险评估和监管评级，并作为持续、审慎监管的依据外，《指导意见》还要求银行业监管机构对董事和高级管理层成员的任职资格和履职情况等进行评价和问责。对于可能影响银行在华稳健经营的外部事件、集团决策、母行监管当局的重大举措，银行及时向银行业监管机构报告。

4.《银行业金融机构从业人员职业操守指引》

为了适应金融国际化发展，全面提升我国银行业竞争力，培养具有诚信、尽职、廉洁等职业操守的从业人员，促进银行业安全高效稳健运行，维护银行业信誉，保护广大存款人和其他金融消费者合法权益，银监会于2009年2月5日发布了《银行业金融机构从业人员职业操守指引》（银监发〔2009〕12号，以下简称《指引》）。《指引》的主要内容如下：

第一，明确调整对象和调整范围。《指引》调整范围包括银行业金融机构（含外资银行业金融机构从业人员）在中华人民共和国境内的从业人员和银行业金融机构委派到国（境）外分支机构、附属公司的从业人员。《指引》的调整对象包括：按照《劳动合同法》规定，与银行业金融机构签订劳动合同的在岗人员；由行政机关、有关部门任命（推荐任命、聘用）的银行业金融机构董（理）事、监事及高级管理人员；银行业金融机构聘用或与劳务代理机构签订协议直接从事金融业务的其他人员等。

第二，规范银行业从业人员在五大关系处理中的职业操守要求。《指引》要求银行业从业人员正确处理与国家、单位、同业、客户、社会的五大关系，并遵守相应的职业操守要求。从业人员在知法守法、维护国家利益和金融安全的基础上，应规范操作和认真执行上级指令，规避利益冲突，抵制欺诈、非法集资、商业贿赂、内幕交易和黄赌毒等不良行为及违法犯罪行为，遵守买卖股票的限制性要求；对于客户，应做到客户至上，诚实守信，优质服务。

第三，强调银行业金融机构董（理）事、监事和高级管理人员的职业操守。《指引》对银行业金融机构董（理）事、监事和高级管理人员的职业操守提出了六项高于普通从业人员的要求，主要包括：认真执行国家方针政策和恪守职业道德，履行社会责任；忠实履行受托人责任和经营管理职责，远离职务犯罪；组织本机构从业人员遵守本《指引》；不得利用职务上的便利谋取或输送非法利益；明确本机构关键岗位特殊职业操守并组织关键岗位从业人员遵守等。

5.《农村中小金融机构案件责任追究指导意见》

为进一步增强农村中小金融机构案件风险责任意识，规范案件责任追究工作机制，有效遏制各类案件发生，银监会决定从2009年起，开展为期三年的农村中小金融机构案件防控治理活动，并制定了《农村中小金融机构案件责任追究指导意见》（以下简称《指导意见》）。

（1）《指导意见》的主要内容

第一，确立调整对象和调整范围。根据《指导意见》规定，农村中小金融机构应对案件责任人员追究相应的法律责任。具体而言，农村中小金融机构包括农村中小法人金融机构和农村中小非法人金融机构。其中，农村中小法人金融机构又包括农村信用社、农村合作银行、农村商业银行和新型农村金融机构（村镇银行、贷款公司、农村资金互助社）以及它们的分支机构。由于这些金融机构从业人员实施或因未正确履行岗位职责所引发的，以农村中小金融机构或其客户的资金、财产、权益为侵犯对象发生侵占、挪用、诈骗、盗窃、抢劫等而应移送司法机关或经公安、司法机关立案侦查的案件均属于《指导意见》调整范围。对于发生上述案件的，有关直接、间接责任人均应承担相应的责任。

第二，明确责任追究原则和程序。对于农村中小金融机构案件责任追究，《指导意见》要求应遵循“事实清楚、证据确凿、责任明确、处理适当、手续完备、程序合法、权责对等、逐级追究”的原则，根据案件性质、涉案金额、风险损失、社会影响程度等情况，在核实相关人员责任基础上追究相关责任人的责任。同时，《指导意见》明确了相关的责任追究程序。例如，对省级联社等高级管理人员的责任追究，由理（董）事会按照章程和有关内部管理规定进行责任认定，并将处理意见征求属地银监局意见、报省级人民政府同意后，按组织程序予以责任追究；对于其他责任人员，由有权部门按照相关规定及程序进行责任追究。一般要在案发之日起三个月内作出处理决定，并在决定后十个工作日内，将有关情况报告当地银行业监管部门。如有关责任人员对处罚不服，可申请复议和仲裁。

第三，规定案件责任追究方式。《指导意见》将农村中小金融机构案件责任追究方式归纳为纪律处分、经济处罚和其他处罚三大类。其中，纪律处分包括警告、记过、记大过、降级（职)、撤职、留用察看、开除；经济处罚包括扣减绩效收入、赔偿经济损失等；其他处罚包括批评教育、组织处理和变更劳动关系。其中批评教育包括：责令限期改正、责令书面检查、诫勉谈话、通报批评；组织处理包括：调离、停职、免职、责令辞职等。变更劳动关系即与案件责任人依法解除劳动合同。上述三种责任追究方式可以并用。

第四，区别不同情形下的责任追究。《指导意见》区别故意、过失或不尽职、自查发现和被动发现、内部和外部侵害等不同情形下的责任，并且在具体追究责任时，还考虑涉案金额、案件的性质和影响、造成风险与损失的程度等相关因素。对于农村中小金融机构违反法律、法规和审慎经营原则，发生案件、危害金融秩序、损害存款人和公众利益的，则由银行业监管部门按照《银行业监督管理法》对机构和高级管理人员进行处罚。

(2)《指导意见》的局限性分析

第一，案件界定的范围值得商榷。《指导意见》将“农村中小金融机构案件”界定为“应移送司法机关或经公安、司法机关立案侦查的案件”，由于上述案件并未经过人民法院终审裁判，而仅仅被移送公安、司法机关立案侦查或者起诉，这样直接导致的结果是将未经人民法院终审裁判的案件作为本《指导意见》的责任追究依据。这样的责任追究依据由于未获得最终裁判效力而很容易出现采信力不足等问题，可能导致被处罚人员对处罚结果不服。

第二，责任追究程序存在问题。按照《指导意见》规定，对省级联社（农村商业银行、农村合作银行，以下简称农村银行）高级管理人员的责任追究，由理（董）事会按照章程和有关内部管理规定进行责任认定，并将处理意见征求属地银监局意见、报省级人民政府同意后，按组织程序予以责任追究。但是，《指导意见》并未对除高级管理人员以外人员的责任追究程序作出明确规定。同时，对于高级管理人员的处理，需征求属地银监局意见和报省级人民政府同意，该等处理行为和结果属于行政行为还是一般的企业行为，界定不清。

（九）其他相关规章

1.《关于进一步加强人民币收付业务管理的通知》

2009 年 1 月 20 日，针对境内人民币流通过程中出现的阶段性问题，为了进一步加强人民币流通管理、提高流通中人民币整洁度、有效防范假币，人民银行联合银监会发布了《关于进一步加强人民币收付业务管理的通知》（银发〔2009〕18 号，以下简称《通知》），对商业银行整点残缺、污损人民币，有效防范假币提出了具体要求。

《通知》的主要内容如下：

第一，各商业银行应当严格按照《人民币管理条例》以及《残缺污损人民币兑换办法》，无偿为公众办理人民币券别调剂业务，无偿为公众兑换残缺、污损的人民币。同时，各金融机构在从柜面收到不宜流通的人民币后，应当严格按照人民银行《不宜流通人民币挑剔标准》进行整点并将不宜流通的人民币交存人民银行。

第二，各商业银行应采取各种形式加大反假币宣传力度，不断增强公众爱护人民币、防反假币的意识；同时，各商业银行还应当加强临柜人员货币知识与技能培训，增强柜面假币堵截能力。

商业银行在开展业务的过程中应认真贯彻《通知》精神，当客户在柜面申请人民币券别调剂，残缺、污损人民币兑换时，应当尽可能满足客户需求，为其无偿办理调剂、兑换，避免不必要的客户投诉风险。

2.《关于金融支持服务外包产业发展的若干意见》

2009 年 9 月 9 日，中国人民银行、商务部、银监会、证监会、保监会、外汇局联合发布了《关于金融支持服务外包产业发展的若干意见》（银发〔2009〕284 号，以下简称《意见》）。该文件旨在贯彻落实《国务院办公厅关于当前金融促进经济发展的若干意见》（国办发〔2008〕126 号）和《国务院办公厅关于促进服务外包产业发展问题的复函》（国办函〔2009〕9 号），针对我国服务外包产业当前发展形势，引导金融业加大对服务外包产业的支持力度，以促进产业转移与产业升级。

（1）《意见》的出台背景

近年来，我国服务外包产业迅速发展，涉及服务外包业务的企业数量和从业人员均呈现快速增长态势。国务院于 2009 年 1 月确定了 20 个城市作为我国服务外包示范城市，示范城市分布广泛，以北京、上海、广州、南京、杭州等沿海经济发达地区城市为主，同时涵盖武汉、合肥、成都、重庆等中西部城市。国务院通过《国务院办公厅关于促进服务外包产业发展问题的复函》（国办函〔2009〕9 号）形式，决定在上述 20 个服务外包示范城市深入开展承接国际服务外包业务、建立服务外包产业试点，并明确实施六项鼓励措施，以支持服务外包产业快速发展。具体措施主要有：服务外包企业可享受税收优惠；可执行特殊劳动用工制度；可获得中央财政给予技术培训支持；可享受财政资金支持；引导相关产业扩大外包服务需求；推出适合的信贷、保险产品等。尽管我国服务外包产业已获得上述政策支持，但其发展现状仍存在一些制约因素，例如，服务外包企业多为中小企业、平均规模比较小、企业资本金偏少、负债能力不强、融资渠道狭窄、我国服务外包市场需求尚待扩展等。

（2）《意见》的主要内容

《意见》共分六大项内容，主要包括全方位提升银行业支持服务外包产业发展的水平；多渠道拓展服务外包企业直接融资途径；完善创新适应服务外包企业需求特点的保险产品；改进外汇管理，便利服务外包企业外汇收支等具体政策指导。其中，涉及银行业支持服务业外包的指导意见主要有以下内容：

第一，鼓励商业银行积极推动信贷业务创新，发展符合服务外包产业需求特点的信贷产品。在现有保理、福费廷、票据贴现等贸易融资工具的基础上，通过动态监测、循环授信、封闭管理等具体方式，开发应收账款质押贷款、订单贷款等基于产业链的融资创新产品。研究推动包括专有知识技术、许可专利及版权在内的无形资产质押贷款业务。

第二，服务外包产业可获得多种信用增级形式。通过发挥政府、行业自律机构及服务外包企业等多方面的积极作用，充分运用行业协会（管委会）牵头、服务外包信用共同体和企业间联保互保等多层次的外部信用增级手段，促使服务外包企业可从多途径获得担保。

第三，引导商业银行深化延伸对服务外包产业配套服务的信贷支持。积极支持示范城市基础设施、投资环境、相关公共技术服务平台、公共信息网络平台的建设及运营，支持示范城市各类服务外包企业集中区域开发建设。配合财政贴息政策，支持中西部地区国家级经济技术开发区内服务外包基础设施建设项目的建设开发。

第四，鼓励商业银行在符合商业原则的基础上，从20个示范城市中选取有一定基础的城市开展金融产品和服务创新试点，通过创新信贷产品和服务方式等途径切实加大对服务外包企业的信贷支持力度。

第五，支持服务外包企业直接融资。鼓励符合条件的服务外包企业充分运用短期融资券、中期票据和公司债、可转换债券等直接融资工具满足企业经营发展的资金需求。探索发行服务外包中小企业集合债券，鼓励各类担保机构联合提供担保服务，提高集合债券信用等级。

(3)《意见》对商业银行的影响

第一，促进商业银行将更多非核心业务外包。《意见》明确指出，金融机构要在符合监管要求的前提下，积极探索将非核心后台业务如呼叫中心、客户服务、簿记核算、凭证打印等，发包给有实力、有资质的服务外包企业，进一步提高金融服务的质量和效率。目前，我国商业银行服务外包业务具有较大的潜在市场需求。首先，商业银行业务范围不断扩大，服务外包既可降低成本，又能发挥外包企业专业优势，进而提升金融服务水平，如商业银行可借助金融服务外包方式扩大信用卡业务发行数量等；其次，除大型商业银行外，国内其他商业银行在信息科技、数据处理等领域尚未具备雄厚的资金与技术实力，通过外包服务可以在相对短的时间内建成数据中心、灾备中心等机构，满足相关业务需求。

第二，对信贷产品创新具有外部推动作用。《意见》提出商业银行可基于产业链扩充贸易融资产品种类，如发展应收账款质押贷款、订单贷款等新型业务。例如，服务外包企业都能够通过提供劳务、咨询、设计开发等服务取得相应债权，商业银行可完善配套风险防控措施，在风险可控的基础上接受该项应收账款作为质押担保向服务外包企业提供贷款。

第三，推进无形资产质押贷款业务大力发展。服务外包企业总资产中无形资产占比较高，因此，其可用做质押担保的有形资产相对较少，在很大程度上制约了企业的借款能力。目前，我国商业银行对无形资产质押贷款业务多处于研究阶段，一方面在于专有知识技术、许可专利、著作权等无形资产自身价值容易波动，很难在贷前准确评估其未来实际价值，通常不易被视为有效担保；另一方面，尽管《物权法》规定了可以转让的注册商标专用权、专利权、著作权等知识产权中的财产权可以出质，但我国对于无形资产质押的评估、担保物权的实现等实务尚缺乏具体的、操作性强的法律文件加以规范。《意见》明确提及无形资产质押贷款业务，可在一定程度上推动该项业务发展并逐步加以规范和完善。

第四，大力延伸配套服务的信贷支持。城市基础设施、投资环境、相关公共技术服务平台、公共信息网络平台的建设、运营与改善等是服务外包产业发展的外部影响因素。各商业银行可按照《意见》精神对示范城市的上述配套项目加大信贷支持力度。

第五，为商业银行中间业务增长提供新需求。《意见》鼓励服务外包企业充分运用短期融资券、中期票据和公司债、可转换债券等直接融资工具，并探索发行服务外包中小企业集合债券。对此，商业银行可通过提供承销短期融资券、中期票据等业务服务改善业务结构，进一步增加中间业务收入比重。

3.《开放式证券投资基金销售费用管理规定》

2009 年 12 月 17 日，证监会发布《开放式证券投资基金销售费用管理规定》（以下简称《管理规定》），自 2010 年 3 月 15 日起施行。《管理规定》对基金销售费用结构、费率水平、基金销售费用规范、销售机构盈利模式等作出具体规定，旨在规范基金销售市场秩序、保护开放式证券投资基金投资人的合法权益、促进基金行业健康发展。

（1）《管理规定》的出台背景

随着我国证券投资基金业务的迅速发展，相关法律制度逐渐完善。2003 年发布的《证券投资基金法》对证券投资基金交易作出了系统规定，2004 年发布的《证券投资基金销售管理办法》通过专门章节对基金销售费用加以规定。近年来，证券投资基金销售市场不断扩大，为适应当前开放式基金费用结构、费率水平及销售机构经营等方面的发展，关于基金销售费用管理的原有法律规定需要细化和补充。例如，开放式证券投资基金费用结构和费率水平影响投资人策略选择。针对投资人频繁申购、赎回基金，机构投资者利用短期交易套利等行为，进一步规范基金销售费用结构和费率水平将有助于引导基金投资者进行长期投资，避免妨碍基金管理人正常投资运作；基金管理人根据基金交易量向基金销售机构支付佣金奖励的做法，容易导致基金销售人员为追求自身利益而诱导投资人频繁交易基金，不利于基金市场稳定运行；基金管理公司向基金销售机构支付的客户维护费、基金销售机构对自助交易投资人给予前端申购费用优惠等缺乏明确法律规定。

（2）《管理规定》的主要内容

《管理规定》分为四章共二十条规定，除总则与附则外，对基金销售费用结构、费率水平和基金销售费用规范作出了专门规定。

第一，规定销售费用包括基金申购费（认购费）和赎回费，对于货币市场基金等不收取上述费用的基金可从基金财产中持续计提一定比例的销售服务费。《管理规定》关于费用结构的规定与原有法律规范保持一致。

第二，规定认购费、申购费及赎回费的收取模式，对认购费率、申购费率、赎回费率设定最高比例，并规定赎回费归入基金财产的最低比例。上述规定与《证券投资基金销售管理办法》并无差别。

第三，设置了短期交易收费标准，规定针对短期交易的收费比率。这是《管理规定》对原有基金法律规范的主要补充。依照《管理规定》，基金管理人不得对持有期低于 3 年的投资人，免收其后端申购（认购）费用；对于投资于计提销售服务费的债券基金的投资人，持有期少于30 日的，基金管理人可以约定收取一定比例的赎回费；《管理规定》同时对短期交易投资人按持续持有期少于7日和持续持有期少于30日分别设定了赎回费最低收取比例，并要求此类赎回费全额计入基金财产。

第四，明确基金销售机构经与基金管理人协商一致，可以对自助交易前端申购费用实行一定优惠。

第五，对基金份额持有人在同一基金管理人所管理的不同基金间进行转换的相关费用收取和计算方式作出具体规定，并要求基金管理人开通基金转换业务的，应对有关收费事宜予以公告和举例说明。

第六，对基金销售机构约定有关基金费用规定相应义务。主要包括：未经招募说明书载明并公告，基金销售机构不得对不同投资人适用不同费率；基金销售机构与基金管理人应在基金销售协议中明确销售费用的结算方式和支付方式，不得就客户维护费外的其他销售费用签订补充协议；基金管理人与销售机构应通过协议约定销售费用的分成比例，并据此就各自实际取得的销售费用确认基金销售收入；基金销售机构在销售基金产品前，应由总部与该基金管理人签订销售协议，约定支付报酬的比例和方式等。

第七，对基金销售机构的佣金、奖励作出严格规范。《管理规定》禁止基金管理人向销售机构支付非以销售基金的保有量为基础的客户维护费，并禁止在基金销售协议之外支付或变相支付销售佣金或报酬奖励。但基金销售机构可依销售协议，根据销售基金保有量提取一定比例的客户维护费，用于客户服务及销售活动中产生的相关费用，该费用从基金管理费中列支。

第八，列举基金销售机构在基金销售活动中的禁止行为。这些行为包括：商业贿赂、非正当的压低基金收费水平、擅自变更收费项目或收费标准、变相降低收费标准、采取抽奖、回扣或者送实物、保险、基金份额等方式销售基金、募集期间对认购费用打折等。

第九，规定基金管理人关于基金销售费用的披露义务，即基金管理人应在招募说明书、基金份额发售公告、基金半年度报告和基金年度报告等文件中披露基金销售费用的相关信息。

(3)《管理规定》对商业银行的影响

一是商业银行已成为当前最为重要的基金销售机构，其网点众多、服务便捷，加之近年来网上银行等电子交易模式日渐普及，使之在销售渠道方面具有明显优势。《管理规定》施行后，以基金销售量为计提基础的销售佣金等报酬奖励将被禁止，商业银行需适时调整基金代销业务的激励模式，以基金销售保有量为基础设计销售激励机制。

二是商业银行及其他基金销售机构在市场竞争中，应注意严格依照《管理规定》要求，避免出现销售违规行为。商业银行在签订基金代销文件和开展基金销售实务时，应注意准确把握《管理规定》具体列举的商业贿赂等五种禁止行为，避免因不正当竞争导致法律、合规风险。

三是《管理规定》关于短期交易费用与后端收费的规定旨在引导投资人进行长期投资，避免过于频繁的基金申赎交易对基金销售市场造成负面影响。商业银行作为主要的销售渠道，其网点及网上银行就有关费率信息具有全面、准确披露的义务，对此，商业银行应充分做好客户告知事宜，并注意规范基金代销人员的营销行为，避免因销售瑕疵造成客户投诉乃至纠纷。

4.《商业银行资本充足率信息披露指引》

为规范商业银行资本充足率信息披露，促进商业银行审慎经营，2009 年 11 月 7 日，银监会发布《商业银行资本充足率信息披露指引》（银监发〔2009〕97 号，以下简称《指引》），将于 2011 年 1 月 1 日起施行。

(1)《指引》的出台背景

随着银行改革的深入和商业银行的发展，商业银行信息披露越来越受到监管部门的重视。2007 年，银监会印发《商业银行信息披露办法》（以下简称《办法》），该《办法》比较全面地规定了商业银行信息披露的原则、主要内容和披露要求，对于规范商业银行信息披露范围起到了积极作用。在资本充足率信息披露方面，《办法》第十六条规定“商业银行应在会计报表附注中披露资本充足状况，包括风险资产总额、资本净额的数量和结构、核心资本充足率、资本充足率”。但由于我国银行业信息披露状况在不同地区、不同机构间存在较大的差异，部分银行虽然制定了信息披露政策，初步建立了信息披露的管理制度，但整体上仍不够规范，而且《办法》规定比较原则，商业银行在执行资本充足状况披露方面存在差异。因此，银监会认为有必要进一步规范商业银行资本充足率信息披露行为。

信息披露是《巴塞尔新资本协议》的三大支柱之一，《指引》对于推动《巴塞尔新资本协议》的执行具有重要意义。《指引》是银监会发布的第一批五个有关《巴塞尔新资本协议》相关指引之一，要求商业银行在实施其他指引过程中，对资产分类、风险识别、内部评级、资本计量、内部资本充足率评估等重要信息进行公开披露，有利于进一步完善商业银行信息披露行为、提高银行业透明度、强化商业银行的外部治理、奠定有效市场约束的基础。因此，《指引》是对新资本协议其他各指引中有关信息披露工作和披露内容的提炼和进一步具体，是构建实施新协议体系的重要一环。

（2）《指引》的主要内容

《指引》共五章四十九条，包括总则、并表范围、资本及资本充足率、风险暴露和评估及附则。主要内容包括以下几个方面：

第一，明确《指引》适用的商业银行及信息披露的基本要求。《指引》适用于《中国银行业实施新资本协议指导意见》确定的新资本协议银行和自愿实施新资本协议的其他商业银行。商业银行董事会负责本指引所规定的信息披露，并保证披露信息的真实、准确和完整，同时负责制定信息披露政策，包括信息披露内容、过程及其他相关政策等。商业银行应披露资本及资本充足率、风险暴露和评估等重要信息，对于商业银行的专有信息或保密信息可不披露具体的项目，但必须对要求披露的信息进行一般性披露，并解释某些项目未对外披露的事实和原因。

第二，规定了信息披露的频率。《指引》规定的信息披露频率分为临时、季度、半年及年度披露。明确要求商业银行应分别按照以下频率披露相关信息：一是实收资本或普通股及其他资本工具的变化情况应及时披露。二是核心资本总额、附属资本总额、资本充足率、核心资本充足率等重要信息应每季度披露。三是资本充足率并表范围、资本及资本充足率、信用风险暴露总额、逾期及不良贷款总额、贷款减值计提准备及变动情况、信用风险资产组合缓释后风险暴露余额、资产证券化的各类风险暴露余额、市场风险的资本要求及期末风险价值和平均风险价值、操作风险情况、股权投资额及其公允价值和出售与清算已实现的收益或损失、银行账户利率风险情况等相关重要信息应每半年披露。

第三，规定了并表披露的要求。商业银行应披露计算资本充足率的并表范围，并按照被投资机构的类型逐类披露计算并表资本充足率时采用的处理方法。被投资机构的类型包括：商业银行、证券公司和保险公司、其他金融机构、工商企业以及特例处理情况。对纳入并表范围的被投资机构，商业银行应根据股权投资余额排名，披露前十大被投资机构的基本情况，包括被投资机构名称、投资余额、持股比例、注册地，并披露其他并表被投资机构的投资余额合计数；对采用扣除处理的被投资机构，商业银行应根据股权投资余额排名，披露前十大被投资机构的基本情况，包括被投资机构名称、投资余额、持股比例、注册地，并披露其他扣除处理的被投资机构的投资余额合计数。此外，商业银行还应当披露集团内资本转移的限制。

第四，明确了资本充足率披露的具体项目和要求。商业银行应逐项披露资本构成，包括核心资本期末数、附属资本期末数、资本期末数、资本扣除项、核心资本扣除项，以及长期次级债务的期限、条件及偿还次序和报告期内增加或减少实收资本、分立、合并事项及重大资本投资行为等。商业银行还应当披露信用风险资本计算方法及资本要求、市场风险资本计量方法、总体资本要求、采用内部模型法的资本要求、采用标准法的资本要求、操作风险资本计量方法、总体资本要求等。

第五，规定了风险暴露和评估的要求。商业银行应至少披露信用风险、市场风险、操作风险及其他重要风险的管理目标、政策、策略和程序，组织架构和管理职能，风险缓释政策和工具，风险报告或计量系统的范围或性质，风险暴露和评估等定性信息。在信用风险、市场风险、操作风险、资产证券化及其他风险暴露和评估方面还应当按照要求披露定量信息。

（3）商业银行应注意的问题

一是及时调整商业银行内部相关定量数据测算口径。《指引》将于2011年1月1日起实施，为商业银行按照《指引》要求进行相关准备留有一定时间，商业银行应当有计划地按照《指引》规定的各项披露数据和披露要求调整内部系统，以便于按照监管要求进行信息披露。

二是资本充足率有关信息披露应当符合披露频度的要求。《商业银行信息披露办法》主要就商业银行年报披露内容进行了规定，而《指引》关于资本充足状况的披露频度要求较细，就不同信息规定了季度、半年度及年度以及及时披露的要求，商业银行应当遵照执行。

三是商业银行有关披露应当既包括定性信息又包括定量信息。《指引》明确规定了定性信息的披露内容，主要包括有关风险的管理目标、政策、策略、程序、组织架构和管理职能等。在定量信息方面，商业银行应当按照具体披露项目，详细披露有关数据。同时，银监会还制定了资本充足率信息披露模板，商业银行在披露时可以遵照使用。

5.《商业银行资本计量高级方法验证指引》

自银监会2007年印发《中国银行业实施新资本协议指导意

见》以来，国内首批实施新资本协议的银行和自愿实施新资本协议的银行已基本完成主要计量模型的开发工作，风险管理技术发生重大改变，模型结果已广泛应用于授信审批、贷款定价、准备金计提、监管资本计量等方面，但在模型验证方面还存在差距，亟须监管部门就验证工作的范围、要求、职责和内容予以规范，指导商业银行建立较为完善的验证体系，增强高级计量方法的稳健性和可靠性，改进高级计量方法的风险预测能力。为此，银监会于2009年11月23日发布《商业银行资本计量高级方法验证指引》（以下简称《指引》），以稳步推进新资本协议在我国的实施，推动商业银行增强风险管理能力，提升资本监管有效性。

（1）《指引》的主要内容

《指引》以巴塞尔新资本协议相关要求为基础，明确并细化了商业银行建立验证体系所要达到的标准，为商业银行建立有效的验证体系提供了明确的标杆，有助于确保资本计量充分反映风险。

《指引》共分为七章一百五十三条，对信用风险内部评级体系、市场风险内部模型、操作风险高级计量体系等指标的验证，以及验证监督检查等各方面进行了详细的规定。

第一，《指引》适用范围。作为银监会发布的中国银行业实施新资本协议系列指引之一，《指引》适用于《中国银行业实施新资本协议指导意见》确定的新资本协议银行和自愿实施新资本协议的其他商业银行。但《指引》也鼓励参照银监会有关新资本协议实施监管指引建立风险计量体系的其他商业银行参照本指引建立验证体系，提高风险计量体系的稳定性和可靠性。

第二，验证工作总体要求。《指引》明确了验证目标和范围、不同验证阶段的验证重点，要求商业银行建立完善的验证治理结构和验证政策，明确验证主体、模型设计开发主体、政策制定主体、模型应用主体和审计部门在验证中的职责，完善验证流程和方法、建立有效的验证支持体系。

第三，信用风险内部评级体系验证。《指引》对信用风险内部评级体系验证不同阶段的关注重点作出了详细规定，并提出对数据、评级模型、违约概率、违约损失率、违约风险暴露、IT系统、政策和流程的验证要求。

第四，市场风险内部模型验证。《指引》详细规定了对内部模型输入数据、假设和参数，内部模型计算处理过程以及内部模型输出及报告的验证要求。

第五，操作风险高级计量体系验证。《指引》强调不同阶段验证重点不同，明确了验证的程序步骤等，规定了对高级计量体系政策和流程、数据、模型的验证要求。

此外，《指引》还规定，监管部门可以对商业银行验证工作进行监督检查，如果发现商业银行验证工作不充分、存在缺陷或未能达到监管要求，监管部门可对商业银行资本高级计量方法进行独立验证，或指定第三方对商业银行进行独立验证或是要求限期整改，逾期仍未达标的，监管部门还有权取消商业银行运用高级方法的资格。

（2）商业银行应注意的问题

第一，商业银行应按照《指引》要求尽快建立起验证体系。董事会及其授权委员会应对本行资本计量高级方法的体系框架和特点有概括性了解并确保有足够资源独立、有效地开展验证工作。高级管理层应深入了解本行资本计量高级方法的体系框架和特点，了解影响计量模型的主要风险因素；组织制定验证相关政策并开展相关工作；清楚了解现有资本计量高级方法存在的问题及对日常运行的影响；负责审批重大修改或重新开发建议，向董事会及其专门委员会汇报资本计量高级方法的修改情况。其他验证主体应切实履行职责，尽快建立起完善的验证体系，以增强高级计量方法的稳健性和可靠性，并建立纠正机制，改进高级计量方法的风险预测能力，促进方法和体系的持续改进。

第二，商业银行应严格按照《指引》第二十四条的规定，确保验证主体的高度独立性，避免出现验证不客观公正的情形。商业银行应注意保证投产前全面验证工作的执行主体应与模型设计开发主体保持独立，定期持续监控的执行主体应与政策制定主体、模型应用主体保持独立，并确保投产后全面验证的独立性要求，注意保持验证主体与模型设计开发主体、政策制定主体和模型应用主体均保持独立。

第三，在实施本《指引》的过程中，商业银行还应重视监管部门印发的其他新资本协议相关指引的要求，在银行内部自上而下建立统一的新资本协议实施机制，加强各相关部门之间的配合协调，全面推进新资本协议在银行的实施工作。

三、2010年展望

在西方各金融监管机构困中求变、纷纷出台监管措施改革方案的同时，中国银行业监管机构正继续为构建全面审慎监管框架进行不懈努力。未雨绸缪、居安思危，在金融风暴荡涤西方金融业的时刻，从旁观者的角度冷静地反思监管政策与监管措施的适当性与充分性，将对进一步完善中国的银行业监管架构有所裨益。展望2010年，以下几个方面的问题值得监管机构予以关注：

（一）继续为经济发展保驾护航

在党中央、国务院的正确领导下，2009年中国经济实现了“保八”目标，在复杂与严峻的国际经贸形势下，取得如此骄人的成绩应是一个了不起的胜利。2010年，中国经济仍面临许多复杂的问题，例如，如何应对巨额信贷投放后的通胀预期、如何通过政策导向缓解产能过剩压力、如何解决消费不足给经济增长带来的影响、如何实现经济可持续稳健发展等。这些问题的应对与解决都离不开正确的货币政策与金融政策的支持。银行业监管机构怎样在新形势下发挥为经济发展保驾护航的作用，通过有保有压的信贷导向促进经济结构调整，进一步增强监管工作的预见性、针对性和灵活性，有效保障银行业稳定健康发展，这些问题都将成为2010年监管机构的关注重点。

（二）切实防控信贷风险

2009年信贷规模的快速增长将对商业银行的资产质量提出严峻挑战，防范和化解信贷风险的必要性与迫切性凸显。商业银行在2010年将面临多方面的压力，如国内经济不均衡对银行资产质量稳定形成的压力、大规模信贷投放对贷款信用风险管理带来的压力、盈利空间缩小对持续良好财务表现形成的压力等。这些压力都对商业银行的风险防控能力提出了更高要求，如何对银行业信贷风险进行监管将是监管机构关注的重要问题。目前，地方政府融资平台信用风险问题、“产能过剩、重复建设”等经济结构性问题已引起监管部门的密切关注。如何在继续做好金融支持经济发展工作的同时，把好风险防控关口和保持不良贷款双降的良好态势，成为监管部门在2010年必须做好的工作。据悉，银监会计划继续提高商业银行的拨备覆盖率，增强商业银行的抗风险能力。这仅仅是应对风险的财务准备，而有效识别、计量、防控风险还需要不断优化监管措施，根据风险的变化形势采取针对性、预警性、前瞻性的风险防控举措。

（三）构建金融消费者教育与权益保护的系统性制度体系

随着经济发展和居民收入水平不断提高，个人对金融产品的需求越来越强烈，金融领域的个人消费者群体正在迅速壮大。与此同时，在金融创新与跨领域合作机制的推动下，各种类型的金融产品层出不穷，信托型理财产品、嵌入衍生交易的投资品种、递延交割式黄金现货交易等复杂的金融产品在为金融消费者提供多样化选择的同时，也增加了金融消费者的风险暴露。如何有效进行金融消费者教育与权益保护，成为各国监管当局、行业协会、金融机构乃至全社会广泛关注的重要课题。金融产品具有高度专业化与复杂化的特点，由此导致金融机构与消费者之间形成信息不对称，严重时将导致两者间风险与收益的严重错配，引发系统性风险，这也正是此次全球金融危机爆发的原因之一。香港金融管理局与新加坡金融管理局对雷曼迷你债券事件的处理，充分显示了金融消费者教育与权益保护对于维护金融体系稳定的重要性。数量庞大的金融消费者是金融体系的重要组成部分之一，如果不具备健全、充分的金融知识和风险意识，金融消费者的风险也会发展成为金融领域的系统性风险，因此，普及与推进金融消费者教育，切实维护金融消费者权益，对于保持金融市场有效性、维护金融稳定具有重要意义。

2006 年 12 月，银监会颁布实施的《商业银行金融创新指引》中首次以专章篇幅规定“客户利益保护”规则，提出“以客户为中心”是现代银行的基本经营原则。上述内容反映了监管机构对金融消费者权利的关注与保护。此外，在近几年发布的个人理财产品、银行卡、衍生产品交易等涉及金融消费者利益的监管文件中，监管机构都对消费者的知情权与金融机构的信息披露义务进行了规定。但不容忽视的是，监管机构目前尚未对金融消费者的教育与权益保护制定全面、系统的规范性文件，尽快构建金融消费者教育与权益保护的系统性制度体系是十分必要的。

（四）积极参与国际监管规则制定

作为银行监管国际标准的制定机构，巴塞尔银行监管委员会自成立以来发布的一系列关于银行监管、风险管理的原则与指引已得到国际社会的普遍认可，为中国和世界其他主要经济体改进银行监管提供了重要标杆和参考。2009 年，中国正式成为巴塞尔银行监管委员会的一员，实现了从规则“接受者”到“制定者”的重大角色转变。这一重要变化拓宽了中国银行业监管者了解国际先进监管经验的渠道和途径，有助于中国监管机构准确理解与充分掌握国际监管规则，从而更有效地维护中国银行业及新兴经济体的切身利益。中国银行业监管机构应充分利用巴塞尔银行监管委员会这一平台，发挥大国作用，积极参与银行业监管规则的制定与修订，将中国银行业发展过程中遇到的问题和要求及时反映到监管规则的制定中去，与其他成员国开展金融监管领域的广泛合作，建立畅通的信息沟通与交流机制，努力构建防范跨国性金融风险的基本框架。

（五）推进全覆盖型金融监管体系建立

国际金融危机的教训表明，清晰的监管边界和监管范围的全覆盖至关重要。危机爆发的原因之一就是投资银行、对冲基金、商业银行以及一些没有任何监管的金融中介机构通过结构性投资工具和衍生产品，逃避监管，最终造成了系统性危害。以防范系统性风险为目标、以整个金融体系为监管对象的宏观审慎监管机制，是一个健全稳定的金融体系的重要基石。近年来，国内金融市场改革步伐不断加快，商业银行综合化经营已经渐渐进入推进实施阶段，部分大型商业银行通过新设或兼并手段，向基金业、保险业、证券业、融资租赁业等业务领域拓展。在这样一种新的市场形势下，商业银行与投资银行、保险公司、私募基金等各类金融机构之间的业务关联度不断加深，金融体系内部的风险传染性不断增强。因此，建立全覆盖型的金融监管体系已十分必要与迫切。监管部门应考虑尽快建立覆盖所有金融机构、金融产品的金融监管体系，将私募基金、对冲基金、信用评级机构纳入监管范畴，并考虑建立不同金融监管机构之间的信息共享机制，尽量消除金融市场监管真空，降低因监管盲点引发系统性全局风险的可能性。

（六）逐步完善突发事件与危机应对机制

在目前经济形势下，世界经济回暖的基础尚不牢固，中国经济发展仍处于企稳回升的关键时期，加强金融宏观调控和维护金融稳定的任务非常艰巨。随着各项金融业务的迅速发展，金融产品的复杂性与金融市场的关联性使风险的传导性大大增加，因突发事件处理不当引发系统性风险的可能性现实存在。经过几年的努力，目前中国银行系统应急管理工作的框架已初步成型，建立了以“一案三制”——应急预案、应急管理体制、机制和法制为核心的应急处理机制。2010 年，在经济发展趋势尚未完全明朗的情况下，保持金融稳定安全运行的责任和任务更为紧迫，如何加强应急管理工作建设，完善危机应对机制是值得监管机构思考的重要问题。除要求银行业金融机构维护重要业务的安全运行并强化灾备系统的建设与管理外，如何把突发公共事件处置与危机应对举措制度化、程序化也是需要重视的问题。

（执笔人：张　炜、刘湘玲、刘泽华、何正启、
董建军、刘传会、宋　博、梅明华、
黄晓华、陈　良、朱　亚、白　峰、
翟彦杰、王　宇、刘　勇、周　波、
韩晓莹、许　纯、王　林、杨春景）

第三章

与银行业有关的司法解释与典型案例述评

一、最高人民法院司法解释述评

2009 年，最高人民法院先后发布多项司法解释和审判政策文件，内容涉及民事、商事、刑事、行政、知识产权、法院内部组织管理等方面。其中，与银行业经营管理相关的司法解释和司法文件有 13 件。概括来看，这些相关司法解释和审判政策文件具有以下几个方面的特点：

第一，加强驰名商标司法认定的审核监督，完善驰名商标司法保护制度。最高人民法院发布的《关于涉及驰名商标认定的民事纠纷案件管辖问题的通知》和《关于审理涉及驰名商标保护的民事纠纷案件应用法律若干问题的解释》，调整了涉及驰名商标认定案件的级别管辖，明确界定了需要认定驰名商标的案件和司法认定驰名商标的证据法要求，并对商标法的有关条款内容进行释义，对于防止虚构诉讼以谋求驰名商标的不正当认定和驰名商标的泛滥化，降低地方法院在认定驰名商标时的随意性，促使企业正确认识驰名商标的作用具有积极的引导和矫正作用。

第二，指导审理新的民商事合同纠纷案，维护市场正常交易秩序。针对国际金融危机爆发后，由宏观经济形势变化所引发的新的审判实务问题，最高人民法院发布了《关于适用〈中华人民共和国合同法〉若干问题的解释（二）》及《关于当前形势下审理民商事合同纠纷案件若干问题的指导意见》，对合同法相关条款进行了具体解释，并对如何适用情势变更原则、调整违约金数额和违约责任问题、可得利益损失如何认定等一系列问题提出了审判指导意见，对于维护市场正常交易秩序，保障经济健康有序发展具有积极意义。

第三，明确信用卡相关犯罪的定罪量刑标准。《最高人民法院 最高人民检察院关于办理妨害信用卡管理刑事案件具体应用法律若干问题的解释》明确了伪造信用卡、妨害信用卡管理罪的定罪量刑标准，规定了窃取、收买、非法提供信用卡信息罪的认定标准，界定了协助提供虚假资信证明材料行为的罪名适用，并进一步解释了信用卡诈骗罪的具体法律适用等问题，不仅为打击相关信用卡犯罪提供了明确具体的适用法律依据，还将对保障金融市场秩序和人民群众财产安全产生积极的影响。

第四，解决执行中债务利息计算和委托评估、拍卖、变卖工作有关问题。针对执行中经常遇到的如何计算债务利息和委托评估、拍卖和变卖债务人资产等问题，《最高人民法院关于在执行工作中如何计算迟延履行期间的债务利息等问题的批复》明确规定，以中国人民银行规定的同期贷款基准利率为标准计算迟延履行期间的债务利息，金钱债务与债务利息按比例清偿，并规定了迟延履行期间债务利息的具体计算方法；《人民法院委托评估、拍卖和变卖工作的若干规定》统一了法院委托评估、拍卖和流拍财产变卖工作的负责管理部门，细化了委托、评估机构名册制度等规定，进一步规范了人民法院对外委托拍卖、评估和变卖工作。

第五，完善民事申请再审案件的受理和审查程序。《最高人民法院关于受理审查民事申请再审案件的若干意见》从保障当事人申请再审的权利、申请再审所需材料的受理条件、引导当事人依法行使申请再审权利、完善人民法院受理审查工作程序等方面，对民事申请再审案件的受理审查工作作出具体规定。该若干意见具有加强权利保障、规范司法行为、完善审查程序三大特征，有利于切实保障包括商业银行在内的当事人申请再审权利，是人民法院进一步解决当事人申诉难问题的一项重要举措。

第六，强调依法受理企业破产案件，建立企业法人规范退出市场的良性运行机制。为应对国际金融危机冲击，保障经济平稳较快发展，最高人民法院出台《关于正确审理企业破产案件为维护市场经济秩序提供司法保障若干问题的意见》，从依法受理破产清算申请、明确法院强制批准重整计划尺度、保障职工和劳动者的利益、确定管理人等方面提出了具体的指导性意见。该意见的出台对充分发挥人民法院商事审判的职能作用、正确审理企业破产案件、防范和化解企业债务风险、挽救危困企业、规范市场主体退出机制、维护市场运行秩序具有重要意义。

第七，建立健全诉讼与非诉讼相衔接的矛盾纠纷解决机制。《最高人民法院关于建立健全诉讼与非诉讼相衔接的矛盾纠纷解决机制的若干意见》对促进非诉讼纠纷解决机制的发展、完善诉讼活动中多方参与的调解机制、规范和完善司法确认程序等方面的工作提出了明确要求，并对非诉讼调解机制、诉讼调解机制、司法确认及建立健全工作机制等方面作出了较为系统、详尽的规定，对充分发挥各方面力量、促进各种纠纷解决方式相互配合、相互协调和全面发展，推进调解制度进一步完善具有积极意义。

第八，加强金融不良债权转让过程中国有资产司法保护力度。最高人民法院印发的《关于审理涉及金融不良债权转让案件工作座谈会纪要》，梳理了该院以往发布的相关司法解释和司法文件，进一步明确了金融不良债权转让纠纷案件审理的原则、债权转让生效条件的法律适用、优先购买权、国有企业的诉权及相关诉讼程序、不良债权转让合同无效和可撤销事由的认定、不良债权转让无效合同的处理等问题，为各级法院妥善做好相关审判工作提供了司法政策导向，对保障国家经济金融安全、维护企业和社会稳定、防止国有资产流失具有重要意义。

（一）《最高人民法院关于涉及驰名商标认定的民事纠纷案件管辖问题的通知》（法〔2009〕1号）和《最高人民法院关于审理涉及驰名商标保护的民事纠纷案件应用法律若干问题的解释》（法释〔2009〕3号）

1. 出台背景

驰名商标是指“在中国相关公众中广为知晓并享有较高声誉的商标”①。如果企业的某一商标被认定为驰名商标后，该商标在行政和司法方面都可以获得特殊的保护。例如，未注册的驰名商标可以阻止他人在相同或类似商品上申请注册相同或近似的商标；已注册的驰名商标可以阻止他人在不相同或不类似的商品上申请注册相同或近似的商标；驰名商标所有人对于他人恶意抢注行为提起异议不受五年的时间限制等。

我国对驰名商标的认定分为行政认定和司法认定两种途径。2003年国家工商行政管理总局颁布的《驰名商标认定和保护规定》确立了驰名商标的行政认定制度：当事人可以向国家商标局直接提出驰名商标认定申请或者在商标异议、商标侵权认定时提出申请，也可以在发生商标争议时向国家商标局商标评审委员会提出申请。

2001年7月，针对很多驰名商标被他人恶意抢注为域名的情况，最高人民法院出台了《关于审理涉及计算机网络域名民事纠纷案件适用法律若干问题的解释》，建立了法院在民事诉讼中认定驰名商标的制度。同年12月，最高人民法院出台《关于审理商标民事纠纷案件适用法律若干问题的解释》，再次确立司法认定驰名商标的途径。

上述两个司法解释均明确了驰名商标司法认定必须遵循“被动保护、个案认定”的原则，即只有在具体案件中当事人提出请

① 国家工商行政管理总局：《驰名商标认定和保护规定》，2003年4月17日。

求，根据具体案情需要认定驰名商标时，法院才作出认定，而且，法院的认定也仅在该单个案件中有效力。但是，由于驰名商标司法认定与行政认定相比，具有效率上更快捷、效力上更确定等优势，企业更青睐于选择通过这一途径来认定驰名商标。实际情况表明，司法认定驰名商标方式可以有效地保护商标权人的合法权益，取得了良好的社会效果，但同时也出现了认定数量过多、认定质量欠佳、认定增量过大的情形，甚至出现了像“汕头康王案”那样虚构诉讼以谋求驰名商标的不正当认定的案例。这种现象严重背离了驰名商标保护的初衷，也造成了驰名商标的泛滥化和可信度下降。

为加强驰名商标司法认定的审核监督，完善驰名商标司法保护制度，确保司法保护的权威性和公信力，最高人民法院于2009年1月5日发布《最高人民法院关于涉及驰名商标认定的民事纠纷案件管辖问题的通知》（法〔2009〕1号，以下简称《法1号》），又于2009年4月23日发布《最高人民法院关于审理涉及驰名商标保护的民事纠纷案件应用法律若干问题的解释》（法释〔2009〕3号，以下简称《法释3号》）。

2. 主要内容

（1）调整涉及驰名商标认定案件的级别管辖

根据《最高人民法院关于审理商标案件有关管辖和法律适用范围问题的解释》（法释〔2002〕1号）规定，商标民事纠纷第一审案件，由中级以上人民法院管辖；各高级人民法院根据本辖区的实际情况，经最高人民法院批准，可在较大城市确定1～2个基层人民法院受理第一审民事纠纷案件。涉及驰名商标认定的民事纠纷案件相对于普通的商标民事纠纷案件来说，审理难度较大，所作判决对其他相关案件及行政机关有关的行政决定都有一定的影响，而在司法实践中个别法院特别是相对偏远的法院也认定了一些名不副实甚至弄虚作假的驰名商标。因此，《法1号》将涉及驰名商标认定的民事纠纷案件，限定为省、自治区人民政府所在地的市、计划单列市中级人民法院，以及直辖市辖区的中级人民法院管辖。其他中级人民法院管辖此类民事纠纷案件，需报经最高人民法院批准。《法1号》调整涉及驰名商标认定案件的级别管辖，实际上提高了涉及驰名商标认定的民事纠纷案件的审级，减少了认定驰名商标的法院数量，在一定程度上可以集中规范驰名商标的司法认定。

（2）明确界定需要认定驰名商标的案件

在《法释3号》出台之前，各地法院对于哪些商标民事纠纷案件需要认定驰名商标、哪些不需认定驰名商标，没有一个统一明确的审判标准，导致出现了一些本来不需认定但判决认定了驰名商标的司法案例，在一定程度上造成了驰名商标认定数量过多过滥的现象。

《法释3号》将需要认定驰名商标的案件限定为：以违反《商标法》第十三条的规定为由，提起的侵犯商标权诉讼；以企业名称与其驰名商标相同或近似为由，提起的侵犯商标权或者不正当竞争诉讼；原告以被诉商标的使用侵犯其注册商标专用权为由提起民事诉讼；被告以原告的注册商标复制、摹仿或者翻译其在先未注册驰名商标为由提出抗辩或者提起反诉的诉讼。

《法释3号》还明确规定，对于被诉侵犯商标权、不正当竞争行为的成立不以商标驰名为事实根据的民事纠纷案件，或者原告以被告注册、使用的域名与注册商标相同或近似，并通过该域名进行相关商品交易的电子商务，足以造成相关公众以误认为由，提起的侵权诉讼、被诉侵犯商标权或者不正当竞争行为因不具备法律规定的其他要件而不成立的案件，法院对所涉商标是否驰名不予审查。

（3）提出司法认定驰名商标的证据法要求

《法释3号》要求法院认定驰名商标应综合考虑《商标法》第十四条所规定的各项因素，但根据案件的具体情况，可不考虑该条所规定的全部因素，即足以认定商标驰名的情形除外。

《法释3号》规定，司法认定驰名商标案件中当事人须证明商标驰名的证据、使用商标的商品市场份额、销售区域、利税等；商标的持续使用时间；商标的宣传或促销活动的方式、持续时间、程度、资金投入和地域范围；作为驰名商标受保护的记录；享有的市场声誉及其他证明商标已属驰名的事实等。

《法释3号》解决了驰名商标认定过程中的举证责任问题。原告以被诉商标的使用侵犯其注册商标专用权为由提起民事诉讼，被告以原告的注册商标复制、摹仿或者翻译其在先未注册驰名商标为由提出抗诉或者反诉的，应当对其在先未注册商标驰名的事实负举证责任；对于侵权行为发生之前已经司法或行政程序认定驰名，但被告提出异议的商标，原告仍应对该商标驰名的事实负举证责任。

值得注意的是，《法释3号》规定，除本解释另有规定外，法院对商标驰名的事实不适用民事诉讼证据的自认规则。根据《最高人民法院关于民事诉讼证据的若干规定》，诉讼过程中除了涉及身份关系的案件，一方当事人对另一方当事人陈述的案件事实明确表示承认的，另一方当事人无须举证。但在驰名商标认定司法实践中，这一自认规则被部分当事人利用，通过"虚构诉讼"或串通被告，达到在没有充分的证据证明商标驰名的情况下认定驰名商标的目的。但是，在《法释3号》施行之后，可以适用自认规则的情形将仅限于侵权行为发生前原告商标已被认定驰名，以及在我国境内为社会公众广为知晓且原告已提供证明驰名的基本证据的商标。

（4）明确解释商标法有关条款内容

《商标法》第十三条规定，就相同或者类似商品申请注册的商标是复制、摹仿或者翻译他人未在中国注册的驰名商标，容易导致混淆的，不予注册并禁止使用；就不相同或者不相类似商品申请注册的商标是复制、摹仿或者翻译他人已经在中国注册的驰名商标，误导公众，致使该驰名商标注册人的利益可能受到损害的，不予注册并禁止使用。根据该条规定，如果法院认定争议商标与驰名商标之间存在"容易导致混淆"或"误导公众，致使该驰名商标注册人的利益可能受到损害”的情形，就可以裁决有关商标不予注册并禁止使用。

但是，对于该条规定中的“容易导致混淆”和“误导公众，致使该驰名商标注册人的利益可能受到损害”的两个要件，各地法院在案件审理过程中存在着不同标准，自由裁量的空间过大。为了明晰商标法中的这两个要件，规范各地法院的审理标准，《法释3号》明确了“容易导致混淆”的判定标准为足以使相关公众对使用驰名商标和被诉商标的商品来源产生误认，或者足以使相关公众认为使用驰名商标和被诉商标的经营者之间具有许可使用、关联企业关系等特定联系；“误导公众，致使该驰名商标注册人的利益可能受到损害”的判定标准为足以使相关公众认为被诉商标与驰名商标具有相当程度的联系，而减弱驰名商标的显著性、贬损驰名商标的市场声誉，或者不正当利用驰名商标的市场声誉。

（5）限制驰名商标在相关法律文书中的表述

《法释3号》规定，法院对商标驰名的认定，仅作为案件事实和判决理由，不写入判决主文；以调解方式审结的，在调解书中对商标驰名的事实不予认定。

巴黎公约建立驰名商标制度的初衷，是在商标保护的“注册优先”和“使用优先”间建立一定的平衡，通过给予驰名商标比普通商标更为宽泛的保护范围，避免因与驰名商标构成混淆的其他商标损害商标权人的利益和社会公众的利益。驰名商标认定仅仅是解决商标侵权或商标争议的手段和程序，纯粹是一个法律概念。但是目前在一些企业的认知里，驰名商标已不再是一个法律概念，而成为一种荣誉象征和营销工具。企业的这种认识及对驰名商标的宣传使用，实质上已偏离了驰名商标的立法本意，造成了驰名商标的异化现象。如果在司法文书中明确地将认定某商标为驰名商标的内容写入判决主文，则可能会进一步加剧驰名商标的异化现象。因此，《法释3号》试图通过限制驰名商标在相关法律文书中的表述，在一定程度上澄清法院在驰名商标认定中的角色，避免给人留下法院判决或裁定授予驰名商标的印象，尽量避免发生驰名商标异化现象。

3. 商业银行需要注意的问题

（1）最高人民法院出台的两个关于驰名商标的司法解释，均是对驰名商标司法认定的一种限制，但从商标法律制度本身来看，应该视为驰名商标法律本质的一种回归。司法解释通过一系列针对性的制度设计，试图从认定路径上将目前实践中被异化了的驰名商标认知纠正和回归到普通法律概念的层面上来。因此，商业银行应正确认识驰名商标的法律本质，避免将驰名商标理解为一种企业荣誉象征或营销工具，并避免通过不正当手段谋求驰名商标的认定。

（2）在商标侵权纠纷中，商业银行确需进行司法认定驰名商标的，应按《法1号》的规定向有管辖权的法院提起诉讼，并按司法解释的要求充分准备有关证据材料。

（3）对于他人通过不正当手段取得司法认定，并对商业银行自身商标可能构成危害的驰名商标，商业银行应及时通过审判监督等司法程序，维护自身合法权益。

（二）《最高人民法院关于适用〈中华人民共和国合同法〉若干问题的解释（二）》（法释〔2009〕5号）

1. 出台背景

受国际金融危机的冲击与影响，我国经济保持平稳较快发展面临严峻的挑战，经济运行中出现的问题和合同履行困难已经或者可能转化为诉讼案件进入司法领域，各类合同纠纷总体上呈现数量多、增速快、类型多、法律关系复杂、处理难度大等特点，有的还具有突发性、群体性、极端性的特点，给审判工作带来巨大压力和挑战。面对这种情况，最高人民法院对《合同法》实施十年来特别是国际金融危机以来合同审判实践中出现的问题、遇到的难题进行了一次集中梳理和研究，于2009年5月12日发布《中华人民共和国合同法若干问题的解释（二）》（法释〔2009〕5号，以下简称《司法解释（二）》）。该司法解释总结了人民法院审理合同纠纷案件的经验，吸收了以往行之有效的成果，具有较强的针对性和可操作性，是应对国际金融危机、为保障经济平稳较快发展提供司法服务的重大举措。

2. 主要内容

（1）从宽认定合同的必备条款

根据对合同成立影响力的大小，合同条款可以分为必备条款和非必备条款。如果合同欠缺了必备条款，就会影响合同的成立；而当合同欠缺非必备条款时，并不影响合同的成立，当事人可以就未约定或约定不明的事项采取相应的补救措施。《司法解释（二）》对合同的必备条款从宽认定，规定当事人对合同是否成立存在争议，人民法院对能够确定当事人名称或者姓名、标的和数量的，一般应当认定合同成立，但法律另有规定或者当事人另有约定的除外。

（2）明确合同“其他形式”含义

我国《合同法》规定的合同形式为书面形式、口头形式和其他形式，书面形式和口头形式采用的意思表示方式为明示，其他形式为默示。书面形式包括合同书、信件和数据电文等，数据电文又包括电报、电传、传真、电子数据交换和电子邮件。但是，在实践中如何理解“其他形式”容易引发争议。《司法解释（二）》规定，当事人未以书面形式或者口头形式订立合同，但从双方从事的民事行为能够推定双方有订立合同意愿的，人民法院可以认定是以《合同法》第十条第一款中的“其他形式”订立的合同，但法律另有规定的除外。

（3）确定摁手印与签字盖章法律效力相同

《司法解释（二）》规定，当事人采用合同书形式订立合同的，应当签字或者盖章。当事人在合同书上摁手印的，人民法院应当认定其具有与签字或者盖章同等的法律效力。应当注意的是，当事人摁的手印具有与签字或者盖章同等的法律效力，并不是要解决合同的效力问题，也不意味着合同就一定是有效的。也就是说，即使当事人摁的手印、签的名、盖的章都是真实有效的，而合同本身如果具有《合同法》第五十二条所规定的情形之一，仍然是无效的。合同的成立与否，取决于当事人意思表示是否一致，当事人摁的手印、签的名、盖的章真实有效是当事人意思表示真实有效的前提条件。

《司法解释（二）》还规定，采用书面形式订立合同，合同约定的签订地与实际签字或者盖章地点不符的，人民法院应当认定约定的签订地为合同签订地；合同没有约定签订地，双方当事人签字或者盖章不在同一地点的，人民法院应当认定最后签字或者盖章的地点为合同签订地。

（4）界定缔约过失责任范围

根据我国法律规定，有些合同应当办理审批或者登记手续才生效。有义务办理批准或登记手续的一方当事人未按照法律规定或者合同约定办理申请批准或者未申请登记的应承担何种法律责任，在司法实践中看法不一。《司法解释（二）》明确规定：依照法律、行政法规的规定经批准或者登记才能生效的合同成立后，有义务办理批准或者登记手续的一方当事人未按照法律规定或者合同约定办理申请批准或者未申请登记的，属于《合同法》第四十二条第三项规定的“其他违背诚实信用原则的行为”，人民法院可以根据案件的具体情况和相对人的请求，判决相对人自己办理有关手续，对方当事人对由此产生的费用和给相对人造成的实际损失，应当承担损害赔偿责任。在这种情况下，由于合同尚未生效，不能按照合同要求违约方承担违约责任，只能按照缔约过失的规定，要求其承担缔约过失责任。

（5）明确格式条款提示方式

《合同法》第三十九条规定，采用格式条款订立合同的，提供格式条款的一方应当采取合理的方式提请对方注意免除或者限制其责任的条款。《司法解释（二）》对采取“合理的方式”进行了界定：提供格式条款的一方对格式条款中免除或者限制其责任的内容，在合同订立时采用足以引起对方注意的文字、符号、字体等特别标识，并按照对方的要求对该格式条款予以说明的，人民法院应当认定符合《合同法》第三十九条所称“采取合理的方式”。提供格式条款一方对已尽合理提示及说明义务承担举证责任。格式条款中需要以合理的方式作出特别提示或者说明的，仅限于免责条款和限责条款，其他格式条款无须特别提示或说明的，该提示或说明必须是在合同订立时作出，且采取的特别标识必须足以引起对方注意。

（6）解决效力待定合同经追认后何时生效问题

根据《合同法》第四十七条、第四十八条的规定，限制民事行为能力人订立的合同，以及行为人没有代理权、超越代理权或者代理权终止后以被代理人名义订立的合同，均属于效力待定合同，须经权利人追认方能生效。但效力待定合同经追认后，其自始生效还是自追认时生效，一直存在争议。根据《司法解释（二）》规定，追认的意思表示自到达相对人时生效，合同自订立时起生效，即效力待定合同一经追认，合同便溯及既往地发生效力。无权代理人以被代理人的名义订立合同，被代理人已经开始履行合同义务的，视为对合同的追认，被代理人依照《合同法》第四十九条的规定承担有效代理行为所产生的责任后，可以向无权代理人追偿因代理行为而遭受的损失。

（7）缩小解释“强制性规定”含义

一直以来，对于法律、行政法规的“强制性规定”存在诸多争议。根据“强制性规定”对合同效力影响的不同，可以分为管理性强制性规定和效力性强制性规定（又称取缔性规定）。由于对“强制性规定”理解不同，各地人民法院在司法实践中以违反“强制性规定”为由认定合同无效的尺度不一，有的人民法院认定为有效，有的人民法院认定为无效。为统一理解“强制性规定”的含义，《司法解释（二）》对“强制性规定”作出缩小解释，即《合同法》第五十二条第五项规定的“强制性规定”，是指效力性强制性规定，只有违反效力性强制性规定的合同才无效。

（8）扩大解释撤销权有关规定

《司法解释（二）》对《合同法》第七十四条规定的“无偿行为”类型进行扩张性解释，除了《合同法》规定的两种无偿行为之外，又增加了三种类型，均在可撤销之列：一是债务人放弃其未到期的债权，与放弃到期债权法律效果相同；二是放弃债权担保，这同样可能导致债务人责任财产减少，损害债权人利益；三是恶意延长到期债权的履行期，这实质上是债务人通过侵害债权人利益而损及其债权，甚至使债权人的债权事实上落空。

《司法解释（二）》还对《合同法》第七十四条规定的“有偿行为”进行扩张性解释，对“明显不合理的低价”进行了说明。关于“明显不合理的低价”的判断，时间基准为“交易当时”，即实施交易行为时；空间基准为“交易当地”，即实施交易的行为地；主体基准为“一般经营者”；“明显不合理的低价”的参考标准为转让价格达不到交易时交易地的指导价或者市场交易价70%的，一般可以视为明显不合理的低价。除了“以明显不合理的低价转让财产”这一行为类型，还补充规定了“以明显不合理的高价收购他人财产”，危及债权人利益的，债权人也可针对该行为行使撤销权。

（9）对债务清偿抵充顺序作出明确规定

司法实践中，经常存在这样的现象：债务人对同一债权人负有的数笔债务中，有的已届履行期限，有的还未到期；有的附设了担保，有的未附设担保；有的附有利息，有的没附利息。当债务人对债权人的给付不足以清偿全部债务时，如何认定已经给付的到底是清偿哪项债务呢？对此，《司法解释（二）》对当债务人的给付不足以清偿其对同一债权人所负的数笔相同种类的全部债务时债的清偿抵充顺序作出了规定：债务人的给付不足以清偿其对同一债权人所负的数笔相同种类的全部债务，应当优先抵充已到期的债务；几项债务均到期的，优先抵充对债权人缺乏担保或者担保数额最少的债务；担保数额相同的，优先抵充债务负担较重的债务；负担相同的，按照债务到期的先后顺序抵充；到期时间相同的，按比例抵充。但是，债权人与债务人对清偿的债务或者清偿抵充顺序有约定的除外。

此外，《司法解释（二）》还规定，债务人除主债务之外还应当支付利息和费用，当其给付不足以清偿全部债务时，并且当事人没有约定的，人民法院应当按照实现债权的有关费用、利息和主债务的顺序进行抵充。

（10）进一步明确后合同义务、抵销权及解除权有关内容

《合同法》第九十二条规定：合同权利义务终止后，当事人应当遵循诚实信用原则，根据交易习惯履行通知、协助、保密等义务。此即理论上所称的“后合同义务”。根据《司法解释（二）》规定，当事人违反后合同义务应承担的法律责任，属于一种独立的民事责任，并非补充性的民事责任。责任形式主要有停止侵害、强制履行、赔偿损失等，赔偿的范围应仅限于实际损失。

《合同法》第九十九条第一款规定：当事人互负到期债务，该债务的标的物种类、品质相同的，任何一方可以将自己的债务与对方的债务抵销，但依照法律规定或者按照合同性质不得抵销的除外。前述规定只明确了“依照法律规定或者合同性质不得抵销的除外”，未涉及当事人双方约定排除抵销的情形。考虑到合同法规定抵销制度的目的是为了给当事人带来制度上的便利，如果当事人自愿放弃，应尊重其意思表示。对于当事人约定对符合法定抵销条件的到期债权不得予以抵销的，《司法解释（二）》予以肯定，明确规定人民法院可以认定该约定有效。《司法解释（二）》还进一步规定，当事人对《合同法》第九十六条、第九十九条规定的合同解除或者债务抵销虽有异议，但在约定的异议期限届满后才提出异议并向人民法院起诉的，人民法院不予支持；当事人没有约定异议期间，在解除合同或者债务抵销通知到达之

日起三个月以后才向人民法院起诉的，人民法院不予支持。

合同解除权是形成权，一旦解除通知到达相对人，合同即行解除，无须征得对方同意。为了防止合同解除权的滥用，《合同法》还同时赋予了相对方异议权，但未规定异议权的行使期限即异议期间。《司法解释（二）》明确规定，对于合同解除权及抵销权的行使，当事人可以约定异议期间，未约定的从法定异议期间即解除合同通知或抵销通知到达之日起三个月内。异议期间届满，相对方未提出异议的，异议权消灭。

（11）强调审慎适用情势变更原则

因情势变更而造成合同履行的障碍问题，一直困扰着司法部门。金融危机验证了当代社会的复杂多变性与不可预见性，引入情势变更原则的价值在于，当合同原有的利益平衡因经济的激烈动荡而导致不公正结果时，应施以法律的救济。《司法解释（二）》规定：合同成立以后客观情况发生了当事人在订立合同时无法预见的、非不可抗力造成的不属于商业风险的重大变化，继续履行合同对于一方当事人明显不公平或者不能实现合同目的，当事人请求人民法院变更或者解除合同的，人民法院应当根据公平原则，并结合案件的实际情况确定是否变更或者解除。《司法解释（二）》明确了“情势变更”原则，主要解决了合同订立后显失公平的问题。合同订立的时候是公平的，在合同生效后由于客观环境发生重大变化，使一方当事人遭受重大的损害，造成一方当事人显失公平，按照实际情况不能实现合同目的，在符合《司法解释（二）》规定的情形下，可以适用情势变更原则。但是，《司法解释（二）》要求严格区分变更的情势与正常的市场风险之间的区别，强调应审慎适用情势变更原则。对必须适用情势变更原则进行裁判的个案，要呈报高级人民法院审查批准，最大限度地避免对交易安全和市场秩序造成冲击。

（12）规范违约金高低标准

《合同法》第一百一十四条第二款规定：约定违约金低于造成的损失的，当事人可以请求人民法院或者仲裁机构予以增加；

约定的违约金过分高于造成的损失的，当事人可以请求人民法院或者仲裁机构予以适当减少。《司法解释（二）》明确规定，当事人根据上述规定请求适当减少或增加违约金数额时，既可以通过反诉的请求方式，也可以通过抗辩的主张方式。因违约解除合同的，合同关系归于消灭，但合同中的违约金条款在性质上属于“合同中结算和清理条款”，不因合同解除而影响其效力。

我国《合同法》上的违约金兼具补偿性和惩罚性的双重性质，且以补偿性为主、惩罚性为辅。当违约金低于损失，则属于赔偿性质；当违约金高于损失，违约金兼有赔偿与惩罚的双重功能，违约金与损失的相等部分为赔偿性质，超过损失的部分为惩罚性质。对于司法实践中认定违约金过高的举证责任如何分配的问题，最高人民法院的倾向性意见为，违约方需提供足以让法官对违约金约定公平性产生怀疑的初步证据，然后法官可将证明违约金约定合理的举证责任分配给守约方。

根据《司法解释（二）》规定，违约金是否过高需要考量多种因素，如当事人的过错程度、实际损失、预期利益、合同履行情况等。对于违约金超过造成损失的30%的，一般可以认定为过高。人民法院未经当事人请求不得依职权调整违约金的数额，但对明显过高或过低的违约金约定应当向当事人行使释明权。

3. 商业银行需要注意的问题

《司法解释（二）》内容丰富，针对性和可操作性较强，它的发布和实施对规范市场行为和人民法院的审判工作具有指导作用，也对商业银行正确理解与适用《合同法》及相关法律法规具有很大启示。

（1）对免责条款或限责条款应以合理方式提示客户

由于商业银行面对众多客户，服务具有重复性，商业银行分支机构使用的合同文本基本上都是总行统一下发的，合同中包含大量的格式条款。例如，银行卡领用合约、借款合同及保证合同等，此类合同中经常出现免责条款或限制自身责任条款。商业银行在开展业务过程中，应在合同订立时采用足以引起客户注意的文字、符号、字体等特别标识，以合理方式对相关格式条款予以提示和说明，避免客户日后以“霸王条款”、“行业垄断”为理由提出异议而引发纠纷。

（2）依法履行后合同义务

合同权利义务终止后，当事人应当遵循诚实信用原则，根据交易习惯履行通知、协助、保密等义务。商业银行在实际业务中会签署大量合同，应注意在合同中与对方约定后合同义务。例如，商业银行在外聘律师代理合同中应与对方约定根据交易习惯履行保密等义务，防止商业秘密泄露而导致银行合法权益被侵害。同时，在合同终止后，商业银行也应遵循交易惯例承担相应的义务，不能认为合同履行完毕就万事大吉。这里的交易惯例既包括银行业务操作的一般习惯（银行业惯例），诸如还贷清户后银行仍要保守客户秘密等，还包括银行与特定客户在长期交往中形成的仅对双方有约束力的惯例等。

（3）依法正确行使抵销权

实践中，客户往往在商业银行内既有存款账户，又有贷款账户。如果客户一旦不能正常还款，银行可能会依合同约定直接扣划客户账上的款项以抵销客户因借款合同发生的债务。根据《司法解释（二）》规定，如果客户希望限制商业银行的抵销权，保证其自身经营活动的稳定性，客户可以与商业银行协商在借款合同中明确约定该债权不得与其他账户资金抵销，这种约定优于法定抵销。商业银行在这种情况下，就不能直接扣划客户存款以抵销其债务，否则将承担相应的法律责任。

（4）依法追究债务人缔约过失责任

例如，债务人以物抵贷房产在拍卖前没有依法或依合同约定向商业银行办理过户手续，商业银行以拍卖等方式处置抵贷房产后，债务人即原房产所有权人往往以各种理由拖延或拒绝协助办理房产过户手续，竞买人也往往会以商业银行为被告提起诉讼。如果人民法院判决由商业银行办理有关手续，商业银行应依法追究原房产所有权人的缔约过失责任，要求原房产所有权人支付由此产生的费用和给竞买方造成的实际损失，承担相应的损害赔偿责任。

（5）注意债务人债务清偿抵充顺序

在商业银行信贷业务实践中，同一个债务人对债权银行往往负有数笔同种类债务，或者同一债务人对债权银行负有的数笔债务中，有的已届履行期限、有的还未到期，有的附设了担保、有的未附设担保，有的附有利息、有的没附利息。如果遇到上述情况，尤其是当债务人偿还金额不足以清偿全部债务时，商业银行应注意债务人债务的清偿抵充顺序，注意依照《司法解释（二）》规定的清偿顺序确认债务人已经给付的款项到底清偿哪项债务，并正确计算债务利息。

（三）《最高人民法院关于在执行工作中如何计算迟延履行期间的债务利息等问题的批复》（法释〔2009〕6号）

1. 出台背景

根据《民事诉讼法》第二百二十九条规定，被执行人未按判决、裁定和其他法律文书指定的期间履行给付金钱义务的，应当加倍支付迟延履行期间的债务利息。被执行人未按判决、裁定和其他法律文书指定的期间履行其他义务的，应当支付迟延履行金。但在司法实践中，不同地区的法院，甚至同一个法院不同的执行法官对被执行人逾期履行应如何计算双倍债务利息的理解均不相同，往往造成同类执行案件处理结果相去甚远，导致当事人对利息计算产生异议，甚至对执行法院或执行人员的公正性产生怀疑。为此，最高人民法院于2009年5月17日发布《最高人民法院关于在执行工作中如何计算迟延履行期间的债务利息等问题的批复》（法释〔2009〕6号，以下简称《批复》），对在执行工作中如何计算迟延履行期间的债务利息等问题予以明确。

2. 主要内容

（1）明确以中国人民银行规定的同期贷款基准利率为标准计

算迟延履行期间的债务利息

最高人民法院于1992年颁布的《关于适用〈中华人民共和国民事诉讼法〉若干问题的意见》第二百九十四条规定："加倍支付迟延履行期间的债务利息，是指在按银行同期贷款最高利率计付的债务利息上增加一倍"，该利息按照"银行同期贷款最高利率计付"。但由于目前各商业银行的利率标准相差比较大，很难统一，上述规定在实际执行中难以操作。针对这一问题，《批复》明确规定，人民法院根据《民事诉讼法》第二百二十九条计算迟延履行期间的债务利息时，应当按照中国人民银行规定的同期贷款基准利率计算。这既能体现公平，亦能维持这项制度的惩戒本义。

（2）根据并还原则按比例清偿金钱债务与债务利息

司法实践中，在执行款不足以偿付全部债务时，一般都是优先偿付利息，即先把作为惩罚的需双倍支付的利息扣除，再用剩余款项归还债务。但这种做法会导致债务本身偿还率过低，不利于维护债务偿还的公平性。因此，《批复》规定，执行款不足以偿付全部债务的，应当根据并还原则按比例清偿法律文书确定的金钱债务与迟延履行期间的债务利息，但当事人在执行和解中对清偿顺序另有约定的除外。债务和产生的利息一起按比例偿还，这有利于确保债务偿还的公平性，并平衡执行案件中双方当事人之间的利益。同时还规定，"当事人在执行和解中对清偿顺序另有约定，可以优先适用约定"，体现了民事诉讼中当事人的意思自治原则，充分尊重了当事人的个人意思表达。

《批复》还进一步明确迟延履行期间债务利息的具体计算方法：执行款＝清偿的法律文书确定的金钱债务＋清偿的迟延履行期间的债务利息；清偿的迟延履行期间的债务利息＝清偿的法律文书确定的金钱债务×同期贷款基准利率×2×迟延履行期间。

3. 商业银行需要注意的问题

商业银行在胜诉案件执行过程中，特别是依法清收不良资产过程中，经常遇到债务人迟延履行债务及利息的情形。商业银行应根据《批复》有关规定，积极申请人民法院在判决书中明确说明迟延履行执行款中债务利息的计算方法和偿付金额，督促债务人尽快履行生效法律文书确定的义务，确保银行债权尽早足额收回。同时，商业银行在日常经营活动中因债务纠纷等被诉并被判决支付相关债务费用，则应按照法院判决、裁定和其他法律文书指定的期间及时履行相关的金钱给付义务，避免因拖欠给付导致加倍支付迟延履行期间的债务利息，造成败诉损失进一步扩大。

（四）《最高人民法院、最高人民检察院关于执行〈中华人民共和国刑法〉确定罪名的补充规定（四）》（法释〔2009〕13号）

1. 出台背景

近年来，公民个人信息遭到不当收集、恶意使用和篡改的现象日益增多。一些组织或者个人，违反职业道德和保密义务，将公民个人信息资料出售或者泄露给他人，获取非法利益，不仅侵犯公民的人身权利，而且也威胁到公民个人财产安全甚至公共安全。为保护公民个人信息，打击侵犯公民个人信息的不法行为，全国人民代表大会常务委员会2009年2月28日通过了《刑法修正案（七）》，将出售、非法提供和非法获取公民个人信息行为立法为犯罪。2009年9月21日，最高人民法院、最高人民检察院联合出台《关于执行〈中华人民共和国刑法〉确定罪名的补充规定（四）》（法释〔2009〕13号，以下简称《罪名补充规定（四）》），对出售、非法提供和非法获取公民个人信息犯罪规定了明确的罪名，即“出售、非法提供公民个人信息罪”和“非法获取公民个人信息罪”。

2. 主要内容

（1）《罪名补充规定（四）》涉及的罪名

《刑法修正案（七）》共涉及14个刑法原条文，从内容上具体分为两大类：一是新增加9个条（款），对增加的9个条（款）相应增加9个罪名。二是修改9个条（款）。修改的9个条（款）中改变罪名的有4个，可以继续适用原罪名的有5个，分别是：内幕交易、泄露内幕信息罪，非法经营罪，绑架罪，掩饰、隐瞒犯罪所得、犯罪所得收益罪，巨额财产来源不明罪。与之相对应，《罪名补充规定（四）》共确定了13个罪名，其中9个为新罪名，分别是：利用未公开信息交易罪，组织、领导传销活动罪，出售、非法提供公民个人信息罪，非法获取公民个人信息罪，组织未成年人进行违反治安管理活动罪，非法获取计算机信息系统数据、非法控制计算机信息系统罪，提供侵入、非法控制计算机信息系统程序、工具罪，伪造、盗窃、买卖、非法提供、非法使用武装部队专用标志罪和利用影响力受贿罪；4个为修改罪名，分别是：走私国家禁止进出口的货物、物品罪，逃税罪，妨害动植物防疫、检疫罪，非法生产、买卖武装部队制式服装罪。《罪名补充规定（四）》确定的13个罪名中，与个人信息有关的罪名为出售、非法提供公民个人信息罪和非法获取公民个人信息罪。

（2）出售、非法提供公民个人信息罪

《刑法修正案（七）》第七条第一款（即2009年修正版《刑法》第二百五十三条第二款）对出售、非法提供公民个人信息罪进行了规定：国家机关或者金融、电信、交通、教育、医疗等单位的工作人员，违反国家规定，将本单位在履行职责或者提供服务过程中获得的公民个人信息，出售或者非法提供给他人，情节严重的，处三年以下有期徒刑或者拘役，并处或者单处罚金。单位犯前罪的，对单位判处罚金，并对其直接负责的主管人员和其他直接责任人员，依照该款的规定处罚。该罪犯罪要件如下：

一是特定的犯罪主体。该罪的犯罪主体是国家机关或者金融、电信、交通、教育、医疗等单位及其工作人员。其中，金融单位从广义上，包括一切从事资金融通的、提供金融服务和金融产品的机构或社团组织，主要包括银行、保险、证券、财务公司、金融租赁公司、信托公司等各种形式金融媒介。

二是特殊的犯罪客体。该罪的犯罪客体不是一般的物质财产或人格权利，而是公民本身或与公民密切相关的个人信息。所谓“个人信息”，是指以任何形式存在的、与公民个人存在关联并可以识别特定个人的信息，其外延十分广泛，几乎有关个人的一切信息、数据或者情况都可以被认定为个人信息。具体内容包括：姓名、职业、职务、年龄、婚姻状况、学历、专业资格、工作经历、家庭住址、电话号码、信用卡号码、指纹、网上登录账号和密码等能够识别公民个人身份的信息，主要以电子数据、书面文件等方式作为载体存在。应注意的是，这个信息是单位在履行职责或提供服务过程中获得的信息，即利用公权力或提供公共服务过程中依法获得的信息。

三是定罪标准要达到情节严重。本罪客观行为表现为出售或非法提供公民个人信息。“出售”是指将自己掌握的公民信息卖给他人，自己从中牟利的行为。“非法提供”是指不应将自己掌握的公民信息提供给他人（包括单位和个人）而予以提供的行为。犯罪危害性应达到“情节严重”方构成该罪。对于“情节严重”的判断标准，当前法律没有作出明确界定，最高人民法院、最高人民检察院也未出台相应的司法解释。一般认为：“情节严重”是指出售公民个人信息获利较大，出售或者非法提供多人信息，多次出售或者非法提供公民个人信息，以及公民个人信息被非法提供、出售给他人后，给公民造成了经济上的损失，或者严重影响到公民个人的正常生活，或者被用于进行违法犯罪活动等情形。

（3）非法获取公民个人信息罪

《刑法修正案（七）》第七条第二款（即2009年修正版《刑法》第二百五十三条第三款）对非法获取公民个人信息罪进行了规定：窃取或者以其他方法非法获取公民个人信息，情节严重的，依照前款的规定处罚。单位犯前罪的，对单位判处罚金，并对其直接负责的主管人员和其他直接责任人员，依照该款的规定处罚。该罪犯罪要件如下：

一是犯罪主体不特定。该罪的犯罪主体不是特定的一般主体，即任何公民和单位都可以成为该罪的主体，商业银行也不例外。优质客户对于商业银行的经营发展具有非常重要的作用。为了将优质客户竞争到商业银行，商业银行在获取客户信息时如果采取不合法的手段，极有可能成为该罪的犯罪主体。

二是犯罪客观方面多样化。根据《刑法修正案（七）》规定："窃取或以其他方法"获取公民个人信息均可以构成该罪。由于实践中该罪的表现形式呈现多样化的态势，立法只是以"窃取或以其他方法"来表现该罪的客观行为。对于商业银行来讲，可能构成该罪的表现形式也是多种多样的。例如，商业银行在未获得客户授权的情况下，擅自通过个人征信系统查询客户的征信状况；在未得到客户允许的情况下，擅自与其他可能持有公民个人信息的单位（如证券公司、保险公司、通信公司、其他银行等）合作，获得公民的信息办理业务；在办理业务的过程中，擅自留存获取客户办理该业务以外的个人信息。

三是定罪标准要达到情节严重。窃取或以其他方法获取公民个人信息情节严重的，才构成犯罪。对于"情节严重"的判断标准，目前法律没有明确规定。一般认为，"情节严重"是指获取多名客户的个人信息，或多次获取公民个人信息，以及公民个人信息被非法获取后，给公民造成了经济上的损失，或者严重影响到公民个人的正常生活，或者被用于进行违法犯罪活动等情形。

3. 商业银行需要注意的问题

《罪名补充规定（四）》虽然只是明确了与公民个人信息有关的罪名，但该规定对商业银行而言不可忽视。随着商业银行个人金融业务的发展，个人客户数量迅速增加，如何使用好、保管好、维护好个人客户信息，杜绝个人客户信息泄露，事关商业银行的声誉和形象，影响客户对商业银行的忠诚度和满意度。商业银行经营管理的特殊性决定了业务操作流程、制度设计、人员配置等各方面都面临着客户个人信息泄露的风险，如不提高风险防范意识和健全相关内控机制，商业银行及其工作人员有可能构成此类犯罪。

（1）加强员工法制教育

商业银行应使员工明白泄露客户信息的危害性和严重性，提高员工的保密意识，高度重视客户信息管理工作。替客户保密，不仅是商业银行依法合规经营的需要，更是提高服务水平的重要表现。商业银行应通过开展法制宣传教育和培训，把依法保护客户信息的原则和理念内化到员工的工作中去，提高员工依法合规经营的自觉性和主动性。

（2）建立健全客户信息使用管理制度

商业银行应建立健全个人客户信息使用管理制度，设立个人客户信息档案或开发系统进行管理。将客户信息资料收入档案，列明客户信息使用人员、使用方式、复核人（业务负责人）、使用用途、处理结果等内容，保证相关人员按照规定用途、规定方式使用客户信息，避免在客户信息使用管理上出现非法出售、提供、窃取公民个人信息行为。

（3）严格执行个人客户信息查询管理制度

商业银行内部人员除因办理业务需要外，不得违法违规查询客户信息。有权机构执法人员到银行网点要求协助查询个人存款账户信息时，银行工作人员应要求执法人员依法出示相关证件（如工作证、执行公务证）和相应的法律文书，如不能确认执法人员身份或法律手续不齐全，应及时与有权机构联系核实，待执法人员补齐相关手续后方可依法协助查询。

（4）依法保管客户信息资料

银行在办理业务过程中，对于因客户填写错误或银行工作人员操作失误产生载有客户信息的作废凭证或相关资料，必须统一集中销毁，严禁随意处理。银行应按规定负责保管好客户业务凭证和相关资料，经网点收集、整理，按日期编号并分类存档，在指定地点负责保管，避免客户信息泄露。

（五）《最高人民法院关于人民法院委托评估、拍卖和变卖工作的若干规定》（法释〔2009〕16号）

1. 出台背景

随着人民法院委托评估、拍卖和变卖案件逐年增多，对外委托评估、拍卖和变卖工作出现违法违纪问题时有发生，严重影响了司法公正和法院的形象。为了进一步规范人民法院委托评估、拍卖和变卖工作，及时指导各级人民法院正确处理委托评估、拍卖和变卖过程中遇到的问题，有效地监督对外委托评估、拍卖和变卖活动，切实依法维护当事人的合法权益，最高人民法院在反复征求全国各级人民法院、专家学者和评估、拍卖行业协会等社会各界意见的基础上，于2009年11月20日出台《关于人民法院委托评估、拍卖和变卖工作的若干规定》（法释〔2009〕16号，以下简称《若干规定》）。

2. 主要内容

（1）明确司法技术管理部门统一负责委托评估、拍卖和变卖工作

《若干规定》明确人民法院司法技术管理部门负责本院的委托评估、拍卖和流拍财产的变卖工作，依法对委托评估、拍卖机构的评估、拍卖活动进行监督。该规定旨在对全国各级人民法院的委托评估、拍卖和变卖工作统一由本院的司法技术管理部门负责，对财产的评估、拍卖和变卖活动进行监督，使法院委托评估、拍卖和变卖工作与审判、执行部门分离，减少社会不良因素对执行工作干扰。为防止地方干预或其他因素影响当地法院委托评估、拍卖和变卖工作的公开性、公正性，《若干规定》还允许下级人民法院根据工作需要，将委托评估、拍卖和变卖工作报请上级人民法院办理。

（2）完善委托评估、拍卖机构名册制度

委托评估、拍卖机构名册的编制是个重要而敏感的问题，容易出现“暗箱操作”及滋生腐败。2007 年最高人民法院发布的《最高人民法院对外委托鉴定、评估、拍卖等工作管理规定》，建立了法院对外委托鉴定、评估、拍卖工作实行名册制度。《若干规定》对委托评估、拍卖机构名册的编制原则、程序、编制后管理等内容进一步予以细化。

根据《若干规定》，人民法院按照公开、公平、择优的原则编制委托评估、拍卖机构名册，而且编制名册应当先期公告，明确入册机构的条件和评审程序等事项；人民法院在编制委托评估、拍卖机构名册时，应由司法技术管理部门、审判部门、执行部门组成评审委员会，必要时可邀请评估、拍卖行业的专家参加评审。评审委员会应当从资质等级、职业信誉、经营业绩、执业人员情况等方面进行审查、打分，按分数高低经过初审、公示、复审后确定进入名册的机构，并对名册进行动态管理。如果在评估、拍卖活动中徇私舞弊或不遵守法律法规的相关规定，或无正当理由不按时完成委托事项的，评审委员会可以将有关评估、拍卖机构从名册内剔除并增加新的机构，通过动态管理名册的方式对机构的评估、拍卖活动进行监督。

（3）确立随机方式选择评估、拍卖机构

《若干规定》采取随机方式确定评估、拍卖机构，取消了当事人协商选择评估、拍卖机构方式。2004 年《最高人民法院关于人民法院民事执行中拍卖、变卖财产的规定》（法释〔2004〕16 号）对评估、拍卖机构的选择规定了三种方式：一是由当事人双方协商一致后经人民法院审查确定的方式，以体现对市场主体意思自治的尊重。二是在当事人双方协商不成的情况下，由人民法院召集当事人双方采取抽签、摇珠等随机的方式确定评估、拍卖机构。三是在当事人双方提出申请的情况下，通过公开招标的方式确定评估、拍卖机构。采取这几种方式选择评估、拍卖机构的初衷是为了最大限度地保护当事人的合法权益。但是，各地法院在委托评估、拍卖实际工作中，发现由当事人协商选择机构的方式存在弊端，容易出现当事人串通损害第三方、侵害国有资产和上市公司利益的情形，也给中介机构和法院工作人员留下了“操作”空间，导致腐败滋生。因此，《若干规定》取消了当事人协商选定评估、拍卖机构的规定，采取统一进行随机方式选择机构。

（4）加强内部监督和外部监督

根据《若干规定》，人民法院选择评估、拍卖机构，应当通知审判、执行人员到场，视情况可邀请社会有关人员到场监督，对一些重大、敏感、社会关注度高的评估、拍卖案件，也可以邀请本院纪检监察和人大、政协以及媒体到场监督。

《若干规定》还强调，人民法院开展委托评估、拍卖和变卖工作选择机构时，应该提前通知当事人到场，当事人不到场的，人民法院可将选择机构的情况，以书面形式送达当事人。

（5）进一步规范拍卖保留价的确定方式

2004 年《最高人民法院关于人民法院民事执行中拍卖、变卖财产的规定》第八条第二款规定：“人民法院确定的保留价，第一次拍卖时，不得低于评估价或市价的百分之八十。”从近年来法院拍卖实践看，一些人民法院在制定保留价时，故意将保留价定在规定的下限，并与拍卖公司和一方当事人串通，使拍卖尽可能按保留价成交，然后接受一方当事人的“回扣”，滋生了一些腐败问题。为防止人民法院工作人员借确定保留价之机滋生腐败问题，《若干规定》对 2004 年《最高人民法院关于人民法院民事执行中拍卖、变卖财产的规定》中保留价的规定进行了修改，明确规定拍卖财产经过评估的，评估价即为第一次拍卖的保留价，未作评估的，保留价参照市价确定。

3. 商业银行需要注意的问题

（1）积极维护委托评估、拍卖和变卖过程中的合法权利

根据《若干规定》，各级人民法院司法技术管理部门是法院委托评估、拍卖和流拍财产变卖工作的负责部门，因此，商业银行作为债权人在胜诉案件执行中，应积极与司法技术管理部门建

立良好的沟通渠道，对法院委托评估、拍卖和变卖过程中损害商业银行利益的行为要及时向有关部门反映和报告；对地方干预或其他因素影响当地法院委托评估、拍卖和变卖工作的公开性、公正性时，应主动与当地法院司法技术管理部门沟通，建议将委托评估、拍卖和变卖工作报请上级法院办理。

（2）主动监督选择评估、拍卖机构

《若干规定》对评估、拍卖机构的名册编制和管理作了具体规定，并取消了当事人对评估、拍卖机构的选择权，因此，对评估、拍卖机构的名单编制和选择进行监督，成为商业银行债权实现的重要环节。商业银行应对已进入法院评估、拍卖机构名册的机构实行监督，对不符合资质等级的机构，应主动向法院提供相关证据资料，协助法院对公告名册进行动态管理。在执行过程中，如需随机选择评估、拍卖机构或者评估机构在评估工作中需要对现场进行勘验的，商业银行必须派员参加。对一些重大、敏感、社会关注度高且可能影响银行债权实现的评估、拍卖案件，银行应积极促请社会媒体等对其予以监督，以维护债权人的权益。

（3）防止评估、拍卖机构影响执行效率

为防止评估、拍卖机构拖延时间，影响执行工作进度，对评估、拍卖机构在接受人民法院的委托后，在规定期限内无正当理由不能完成委托事项的，商业银行可依照《若干规定》，及时向法院申请解除委托，重新选择机构，并对其暂停备选资格或从委托评估、拍卖机构名册内除名。

（六）《最高人民法院关于审理民事级别管辖异议案件若干问题的规定》（法释〔2009〕17号）

1. 出台背景

民事级别管辖异议案件的公正、快速审理，关系到当事人管辖利益的保障和级别管辖秩序的维护，关系到司法裁判的公信力。司法实践中产生的级别管辖问题，大多涉及诉讼标的额较大的案件和当事人跨地区的案件，例如，中级、基层法院违反级别管辖标准，越级受理本应由上级法院管辖的案件；中级、基层法院违反级别管辖标准先立案，然后报请上一级法院指令其管辖；中级法院将本应由高级法院管辖的案件，受理后再指令到基层法院管辖；中级、高级法院将本应由其审理的案件，不问案件的性质和类型指定下一级法院管辖等。《民事诉讼法》第三十八条规定了管辖权异议制度，但在审判实践中多被理解为只适用于地域管辖异议，而不适用于级别管辖异议。为改革现行民事案件级别管辖异议的行政化处理模式，为当事人级别管辖异议权提供诉讼程序保障，最高人民法院于2009年11月12日出台《最高人民法院关于审理民事级别管辖异议案件若干问题的规定》（法释〔2009〕17号，以下简称《规定》）。

2. 主要内容

（1）明确法院应受理审查级别管辖异议

针对《民事诉讼法》第三十八条是否适用于级别管辖异议，《规定》明确指出，被告在提交答辩状期间提出管辖权异议，认为受诉人民法院违反级别管辖规定，案件应当由上级人民法院或者下级人民法院管辖的，受诉人民法院应当审查，并在受理异议之日起十五日内作出裁定：异议不成立的，裁定驳回；异议成立的，裁定移送有管辖权的人民法院。《规定》还规定，在管辖权异议裁定作出前，原告申请撤回起诉，受诉人民法院作出准予撤回起诉裁定的，对管辖权异议不再审查，并在裁定书中一并写明。被告以受诉人民法院同时违反级别管辖和地域管辖规定为由提出管辖权异议的，受诉人民法院应当一并作出裁定。

（2）赋予当事人答辩期间届满级别管辖异议权

《民事诉讼法》规定，被告提出管辖权异议的期限为提交答辩状期间，同时规定原告有权增加诉讼请求。审判实践中，有的原告为了争取级别管辖权，于管辖异议期满后故意增加诉讼请求额，致使超过受诉法院级别管辖标准。鉴于此，《规定》指出，提交答辩状期间届满后，原告增加诉讼请求金额致使案件标的额超过受诉人民法院级别管辖标准，被告提出管辖权异议，请求由上级人民法院管辖的，人民法院应当按照本规定第一条审查并作出裁定。该规定意图在一定程度上保持原被告之间在管辖争议点上攻击防御的动态平衡，防止原告利用答辩期规避管辖异议制度。

（3）限制下级法院报请上级法院指令管辖

在审判实践中，一些法院明知其对某一案件无级别管辖权，但出于诉讼费收益、地方保护或者其他因素考虑，在案件受理前或者受理后报请上级法院指令其管辖和审理。根据《民事诉讼法》第三十九条第一款规定，上级法院可以主动决定将其管辖的第一审民事案件交下级人民法院审理，而不是根据下级法院的报请作出决定。而下级法院需要报请上级法院指令管辖的，只有《民事诉讼法》第三十九条第二款规定的一种情形，即下级人民法院对它所管辖的第一审民事案件，认为需要由上级人民法院审理的，可以报请上级人民法院审理。因此，下级法院对其无管辖权的案件主动报请上级法院将案件交其审理的做法，是没有法律依据的。因此，《规定》进一步重申，上级人民法院根据《民事诉讼法》第三十九条第一款的规定，将其管辖的第一审民事案件交由下级人民法院审理的，应当作出裁定。当事人对裁定不服提起上诉的，第二审人民法院应当依法审理并作出裁定。对于应由上级人民法院管辖的第一审民事案件，下级人民法院不得报请上级人民法院交其审理。

（4）解决级别管辖异议的有关问题

根据《规定》，当事人未依法提出管辖权异议，但受诉人民法院发现其没有级别管辖权的，应当将案件移送有管辖权的人民法院审理；对人民法院就级别管辖异议作出的裁定，当事人不服提起上诉的，第二审人民法院应当依法审理并作出裁定；对于将案件移送上级人民法院管辖的裁定，当事人未提出上诉，但受移送的上级人民法院认为确有错误的，可以依职权撤销裁定。

（5）明确经最高人民法院批准的第一审民事案件级别管辖标准的规定可作为审判依据

对于经最高人民法院批准的第一审民事案件级别管辖的规定能否作为审理民事级别管辖异议案件的依据，司法界一直有不同看法。有观点认为，最高人民法院所作的有关级别管辖规定，既非法律又非司法解释，在裁定书中不宜作为处理级别管辖异议案件的裁判依据。另一种观点认为，最高人民法院作出的有关级别管辖规定是经过最高人民法院批准并统一发布后施行的，人民法院和当事人都应当严格遵守，可以在裁判书裁判理由部分予以引用。为此，《规定》明确规定，经最高人民法院批准的第一审民事案件级别管辖标准的规定，应当作为审理民事级别管辖异议案件的依据。

3. 商业银行需要注意的问题

民事案件级别管辖的确定不仅涉及当事人程序利益，影响生效判决稳定性，而且对于商业银行来讲，无论是起诉还是被诉案件，可能直接关系到案件审理结果和执行效果。因此，商业银行应高度重视《规定》有关精神，正确认识确定级别管辖的重要性，按照《规定》准确确定民事案件管辖法院，或提出管辖权异议。例如，商业银行在依法清收不良贷款过程中，债务人有可能为了拖延履行时间或利用地方保护主义将案件留在当地基层法院审理，提出管辖权异议。对此，商业银行应积极与人民法院协调沟通，促使法院根据《规定》进行审查并依法作出裁定。如对人民法院就级别管辖作出的裁定不服，商业银行应及时提起上诉，由上级法院依法审理并作出裁定，防止债务人恶意逃债，维护自身合法权益。

（七）《最高人民法院　最高人民检察院关于办理妨害信用卡管理刑事案件具体应用法律若干问题的解释》（法释〔2009〕19号）

1. 出台背景

随着我国信用卡产业快速发展，涉及信用卡的违法犯罪行为近年来呈现上升态势，新的犯罪手段层出不穷。据相关媒体报道，2009年1~8月，全国公安机关针对信用卡诈骗共立案6 362起，涉案金额4.4亿元，分别是2008年同期的2倍和2.38倍。信用卡犯罪行为不仅扰乱了正常的金融管理秩序，而且严重侵害了银行和持卡人的财产权益。虽然现行《刑法》及其修正案有“信用卡诈骗罪”、“妨害信用卡管理罪”和“窃取、收买、非法提供信用卡信息罪”等规定，但由于信用卡犯罪手段不断翻新，在司法实践中难以充分、有效地防范和打击此类犯罪行为。为有效惩治信用卡虚假申请、信用卡诈骗、信用卡套现等犯罪活动，最高人民法院、最高人民检察院于2009年12月15日正式出台《关于办理妨害信用卡管理刑事案件具体应用法律若干问题的解释》（法释〔2009〕19号，以下简称《信用卡刑事案件解释》），进一步细化了相关信用卡犯罪的定罪量刑标准，不仅为打击相关信用卡犯罪提供了明确具体的适用法律依据，还将对保障金融市场秩序和人民群众财产安全产生积极的影响。

2. 主要内容

（1）明确“伪造信用卡”的认定标准

《信用卡刑事案件解释》规定，复制他人信用卡、将他人信用卡信息资料写入磁条介质、芯片或者以其他方法伪造信用卡1张以上的，或者伪造空白信用卡10张以上的，属于《刑法》伪造金融票证罪中“伪造信用卡”的犯罪行为，即伪造1张信用卡就可能构成犯罪。

（2）细化妨害信用卡管理罪的认定标准

《信用卡刑事案件解释》细化了妨害信用卡管理罪涉及的“数量较大”和“数量巨大”的认定标准；同时明确了“使用虚假的身份证明骗领信用卡”的具体内涵，即“违背他人意愿，使用其居民身份证、军官证、士兵证、港澳居民往来内地通行证、台湾居民来往大陆通行证、护照等身份证明申领信用卡的，或者使用伪造、变造的身份证明申领信用卡”。

(3)界定窃取、收买、非法提供信用卡信息罪的认定标准

《信用卡刑事案件解释》规定，窃取、收买、非法提供他人信用卡信息资料，只要足以伪造可进行交易的信用卡，或者足以使他人以信用卡持卡人名义进行交易，涉及信用卡1张以上的，即可以构成犯罪。

(4)区别提供虚假资信证明材料行为的罪名

《信用卡刑事案件解释》规定，为信用卡申请人制作、提供虚假的资信证明材料，涉及伪造、变造、买卖公文、证件、印章等犯罪行为的，分别以伪造、变造、买卖国家机关公文、证件、印章罪和伪造公司、企业、事业单位、人民团体印章罪定罪处罚；承担资产评估、验资、验证、会计、审计、法律服务等职责的中介组织或其人员，为信用卡申请人提供虚假的资信证明材料，以提供虚假证明文件罪和出具证明文件重大失实罪定罪处罚。

(5)确定信用卡诈骗罪的法律适用原则

《信用卡刑事案件解释》统一明确了使用伪造的信用卡、以虚假的身份证明骗领的信用卡、作废的信用卡或者冒用他人信用卡进行信用卡诈骗活动的起刑点（5 000元）；同时，进一步明确了实践中“冒用他人信用卡”的情形：拾得他人信用卡并使用；骗取他人信用卡并使用；窃取、收买、骗取或者以其他非法方式获取他人信用卡信息资料，并通过互联网、通讯终端等使用。

(6)规定信用卡恶意透支的判断标准

《信用卡刑事案件解释》规定，持卡人以非法占有为目的，超过规定限额或者规定期限透支，并且经发卡银行两次催收后超过3个月仍不归还的，应当认定为信用卡诈骗罪中的“恶意透支”（起刑点为1万元）。同时，针对实践中较难把握的“以非法占有为目的”的问题，详细列举了主要表现形式：明知没有还款能力而大量透支，无法归还的；肆意挥霍透支的资金，无法归还的；透支后逃匿、改变联系方式，逃避银行催收的；抽逃、转移资金，隐匿财产，逃避还款的；使用透支的资金进行违法犯罪活

动的；其他非法占有资金，拒不归还的行为。

（7）首次对信用卡套现犯罪行为作出界定

特约商户违规为持卡人套现是困扰信用卡行业已久的难题，不仅引发大量信用卡坏账，而且国家相关部门在打击此类不法行为时长期处于无法可依的尴尬境地。《信用卡刑事案件解释》开创性地解决了这一问题，明确规定“违反国家规定，使用销售点终端机具（POS 机）等方法，以虚构交易、虚开价格、现金退货等方式向信用卡持卡人直接支付现金，情节严重的，应当依据《刑法》第二百二十五条的规定，以非法经营罪定罪处罚”。

3. 商业银行需要注意的问题

虽然最高人民法院、最高人民检察院出台的《信用卡刑事案件解释》主要针对相关信用卡犯罪的定罪量刑问题，但对于商业银行而言，仍需准确理解和把握新司法解释的精神实质，并在实践中注意充分利用相关规定维护自身和持卡人的合法权益。

（1）合理把握两类信用卡犯罪的定罪标准，妥善保护持卡人账户资金安全

根据《信用卡刑事案件解释》规定，对于伪造信用卡型“伪造金融票证罪”，只要不法分子伪造他人 1 张信用卡，就可能构成犯罪；对于“以窃取、收买、非法提供信用卡信息罪”，只要不法分子窃取、收买、非法提供他人信用卡信息资料，足以伪造可进行交易的信用卡，或者足以使他人以信用卡持卡人名义进行交易，涉及 1 张信用卡的就可能构成犯罪。需要特别注意的是，《信用卡刑事案件解释》对后者的规定中使用了“足以”二字，即不以是否伪造了信用卡或以持卡人名义进行交易为犯罪构成要件，而是只要实施了窃取、收买、非法提供他人信用卡信息资料的行为，客观上已经可以伪造信用卡或者进行交易，即构成犯罪。一般来说，窃取、收买、非法提供他人信用卡信息资料，多是为了进行伪造信用卡的犯罪准备活动，但按照司法解释规定，这两个环节均可能构成犯罪。实践中，不法分子通过在自助银行

门禁安装读卡器获取持卡人信用卡磁条信息、在 ATM 机上安装针孔摄像头窃取持卡人密码，进而“克隆”信用卡的案件是这类犯罪的典型表现形式。因此，为有效保护持卡人账户资金安全，商业银行如果发现不法分子在自助银行机具上安装了读卡器和针孔摄像头等非法设备，或者客户可能通过互联网、电话等非信用卡物理接触方式泄露其信用卡信息，应尽可能及时通知持卡人修改密码、更换卡片，或者按照双方约定和《中国人民银行　中国银行业监督管理委员会　公安部　国家工商总局关于加强银行卡安全管理预防和打击银行卡犯罪的通知》（银发〔2009〕142 号）的有关规定，采取临时冻结信用卡等补救措施，并立即向公安机关报案。

（2）注意“冒用他人信用卡”表现形式，加强对持卡人安全用卡提示

《信用卡刑事案件解释》规定了信用卡诈骗罪中“冒用他人信用卡”的三种主要表现形式，其中“窃取、收买、骗取或者以其他非法方式获取他人信用卡信息资料，并通过互联网、通讯终端等使用”的情形值得商业银行关注。近年来，随着银行卡产业的发展与信息技术的进步，信用卡的使用渠道不断拓宽，信用卡诈骗犯罪手段也从在自动柜员机上使用他人信用卡，逐渐向销售点终端机具、网上支付、电话支付等渠道延伸；一些不法分子还利用消费网站提供的特殊消费模式（不通过发卡银行的网上银行验证，只需提供信用卡号、有效期和校验码就可进行交易），在不获取信用卡及其密码的情况下实施诈骗。针对这些新情况，《信用卡刑事案件解释》把上述犯罪手法列入“冒用他人信用卡”犯罪的表现形式，对于预防和打击此类犯罪行为具有重要的积极意义。从商业银行角度出发，应注意结合司法解释新规定，加强对持卡人的用卡安全教育和违法警示，在信用卡相关法律文件或使用手册中补充有关提示性条款，或者在卡片背面增加提示性内容，例如，“请妥善保管信用卡及相关信息资料”、“信用卡卡号、有效期和校验码均是您信用卡的重要信息，请勿告诉他人”、“未经持卡人或发卡银行授权使用信用卡，可能构成犯罪”等，以促

使持卡人养成良好的安全用卡习惯，并对可能冒用他人信用卡的不法行为形成威慑。

（3）充分利用“恶意透支”解释条款预防坏账风险

根据人民银行近期披露的数据，信用卡逾期半年未偿信贷总额持续增加，占期末应偿信贷总额比例持续上升（截至 2009 年第三季度末，信用卡逾期半年未偿信贷总额 74.25 亿元，与第二季度相比增加 16.52 亿元，增长 28.6%，同比增长 126.5%；信用卡逾期半年未偿信贷总额占期末应偿信贷总额的 3.4%，比第二季度增加 0.3 个百分点，占比同比增加 0.8 个百分点），对银行金融体系的安全运行已经构成威胁。实践证明，对于涉嫌刑事犯罪的信用卡透支行为，发卡银行通过公安机关介入调查并进行催收之后，很多具备还款能力但企图“赖账”的持卡人慑于刑事制裁的威力，往往能够及时向银行清偿透支欠款。但由于不可能完全寄希望于借助公安机关解决信用卡透支坏账问题，因此，发卡银行应当注意充分利用《信用卡刑事案件解释》关于“恶意透支”的新解释：一是重视发挥呆账催收中的风险提示作用，在向涉嫌恶意透支持卡人发送催收通知时，可结合实际情况适当提示有关“恶意透支”定罪量刑的法律规定，提醒和督促持卡人按约及时足额清偿透支债务。二是正确把握恶意透支犯罪构成的限制条件（以非法占有为目的、超过规定限额或者规定期限透支、经发卡银行两次催收且超过三个月仍不归还），特别注意避免出现未有效送达催收通知或者未妥善保管催收证据等情况。三是注意发现和收集司法解释规定的“以非法占有为目的”六种情形相关证据，以便在确认持卡人涉嫌恶意透支犯罪时协助公安机关及时破案。四是注意持卡人构成恶意透支犯罪的金额标准应为 1 万元，不包括复利、滞纳金、手续费等发卡银行收取的费用。五是对于恶意透支情节轻微、数额不大的持卡人，可从善意角度尽量说服其在公安机关立案前偿还全部透支款息，以争取免受或减轻刑事处罚。

（4）积极协助打击非法套现行为，规范商户 POS 机使用

2009 年，中国银联向各成员银行发出十几万个疑似套现案例

的风险提示，确认了近3万个套现案件，涉及套现金额达数十亿元。长期以来，由于缺乏明确的法律处罚依据，有关部门在打击信用卡套现行为时，通常只能对进行套现的商户作出收回POS机具和停止交易等软性处罚，难以从源头上有效遏制套现行为的蔓延。《信用卡刑事案件解释》首次将套现行为从“违规”层面上升到“违法犯罪”高度，无疑将大大加强对此类违法犯罪行为的打击力度。值得注意的是，《信用卡刑事案件解释》第七条并未将信用卡套现犯罪的途径局限于POS机［该条原文为“使用销售点终端机具（POS机）”］，因此，商户通过网上支付平台进行非法套现的（如虚构交易通过网上银行进行B2C套现），也可能构成非法经营罪。针对前述新规定，商业银行应当结合《关于加强银行卡安全管理预防和打击银行卡犯罪的通知》（银发〔2009〕142号）有关规定，有针对性地加强非法套现风险防控工作：一是加强特约商户营销的行业自律，自觉维持规范、有序的竞争环境，避免因过度竞争为特约商户套现留下空间。二是严把特约商户准入关，建立新商户实名审核和现场调查制度，充分利用相关信息核查系统核实商户资信状况。三是健全特约商户现场检查和非现场监控制度（特别是网上购物网站和第三方支付平台的监控），注意通过24小时交易监控系统开展实时监控，不断完善可疑交易监控和分析指标，及时识别套现交易。四是建立特约商户交易限额制度，随时根据交易情况动态调整其交易限额。五是加强特约商户的技能培训和风险教育工作，提示违法套现的严重法律后果，引导其主动避免各种恶意套现行为；发现特约商户涉嫌套现犯罪的，应及时报告公安机关并配合做好查处工作。

（八）《最高人民法院关于受理审查民事申请再审案件的若干意见》（法发〔2009〕26号）

1. 出台背景

2007年10月28日，十届全国人大常委会审议通过了《关于修改〈中华人民共和国民事诉讼法〉的决定》，修改后的民事诉讼法实施以来，人民法院受理审查申请再审案件工作取得了显著成效，但在具体工作中存在效率不够高、再审事由适用标准不够统一、审查程序不够明确等问题，亟须尽快加以解决。为依法保障当事人申请再审权利，进一步解决当事人申诉难问题，根据《中华人民共和国民事诉讼法》和《最高人民法院关于适用〈中华人民共和国民事诉讼法〉审判监督程序若干问题的解释》的有关规定，结合审判工作实际，最高人民法院于 2009 年 4 月 27 日出台《关于受理审查民事申请再审案件的若干意见》（法发〔2009〕26 号，以下简称《若干意见》）。

2. 主要内容

（1）细化民事申请再审案件的受理规定

为确保当事人递交材料有人接收、审查进程有人指引、陈述意见有人听取、裁定文书及时送达，《若干意见》对民事申请再审案件受理进行了详细规定：一是要求当事人或案外人申请再审，应当提交再审申请书等材料，并按照原审当事人人数提交再审申请书副本。二是明确人民法院对再审申请书的审查事项。包括是否载明双方当事人基本情况、原审法院名称、原生效裁判文书案号、申请再审的法定事由、具体的再审请求、受理再审申请的法院名称、申请再审人的签名或盖章等。三是规定申请再审人还应当同时提交的材料，包括相关身份证明、生效裁判文书、主要证据复印件和支持申请再审事由和再审诉讼请求的证据材料。四是要求对不符合要求的申请材料或者有人身攻击等内容的，人民法院应将材料退回申请人并告知补充或改正；对符合要求的申请书等材料人民法院应在材料清单上注明收到日期、加盖收件章并将其中一份清单返还申请再审人。

（2）明确民事申请再审案件受理条件

根据《若干意见》规定，民事申请再审的条件为：一是申请再审人是生效裁判文书列明的当事人，或者符合法律和司法解释规定的案外人。享有申请再审权的诉讼主体必须具备再审利益。例如，在原审中全部诉讼请求获得支持的当事人或者未被判决承担实体权利义务的当事人不具备再审利益，而部分诉讼请求获得支持的当事人对于未获支持的部分诉讼请求具备再审利益，实体权利受到生效裁判既判力约束，必须通过推翻原审裁判才能得以救济的案外人也享有再审利益。二是受理再审申请的法院是作出生效裁判法院的上一级法院。当事人向原审法院或者越级向上级法院申请再审的，均不构成申请再审案件。三是申请再审的裁判属于法律和司法解释允许申请再审的生效裁判。四是申请再审的事由属于《民事诉讼法》第一百七十九条规定的情形，即当事人主张的事由如属于法定事由的，即可视为符合受理审查的条件。《若干意见》还特别指出，再审申请不符合上述条件的，人民法院应当及时告知申请再审人。

（3）列举具体申请再审案件的审查方式

《若干意见》规定，人民法院审查申请再审案件，应当组成合议庭进行，审查应当围绕申请再审事由是否成立进行，申请再审人未主张的事由不予审查，并应当审查当事人诉讼主体资格的变化情况。《若干意见》明确了人民法院申请再审案件审查的四种方式：

一是审查当事人提交的再审申请书、对方当事人提交的书面意见等材料。对于当事人提交的书面材料足以确定申请再审事由不能成立的，可以径行裁定驳回再审申请；根据当事人提交的申请材料足以确定再审事由成立的案件，可以径行裁定再审。

二是审阅原审卷宗。审阅原审卷宗是审查再审申请的基本形式，对于人民法院决定调卷审查的，原审法院应当在收到调卷函后 15 日内按要求报送卷宗。调取原审卷宗的范围可根据审查工作需要决定。

三是询问当事人。询问当事人有利于当事人参与审查程序陈述意见，形式较为灵活，人民法院可根据审查工作需要询问一方或双方当事人。

四是组织当事人听证。对于下列事由，人民法院申请再审的案件法院可以组织当事人进行听证：有新的证据，足以推翻原判决、裁定的；原判决、裁定认定的基本事实缺乏证据证明的；原判决、裁定认定事实的主要证据是伪造的；原判决、裁定适用法律确有错误的。

（4）重申审理再审案件以提审为主、指令再审为补充的原则

《若干意见》重申了再审案件以提审为主、以指令再审为补充的原则，即人民法院经审查认为申请再审事由成立的，一般应由本院提审，最高人民法院、高级人民法院审查的一些案件，也可以指令原审法院再审，但只限于下列案件：依据《民事诉讼法》第一百七十九条第一款第（八）至第（十三）项事由提起再审的；因违反法定程序可能影响案件正确判决、裁定提起再审的；上一级法院认为其他应当指令原审法院再审的。

（5）规范再审裁定书内容

根据《若干意见》规定，提审和指令再审的裁定书应当包括申请再审人、被申请人及原审其他当事人基本情况；原审法院名称、申请再审的生效裁判文书名称、案号；裁定再审的法律依据；裁定结果等内容，该裁定书由院长署名，加盖人民法院印章。驳回再审申请的裁定书内容，主要包括申请再审人、被申请人及原审其他当事人基本情况；原审法院名称、申请再审的生效裁判文书名称、案号；申请再审人主张的再审事由、被申请人的意见；驳回再审申请的理由、法律依据和裁定结果。该裁定书需由审判人员、书记员署名并加盖人民法院印章。

（6）规定一事两诉不应作为申请再审案件受理

《若干意见》指出，再审申请被裁定驳回后，申请再审人以相同理由再次申请再审的，不应作为申请再审案件受理。申请再审人不服驳回其再审申请的裁定，向作出驳回裁定法院的上一级法院申请再审的，不作为申请再审案件审查处理。《若干意见》之所以作出上述规定，主要是为了避免司法资源浪费，但是如当事人发现新的事由，还可以依法申请再审。

3. 商业银行需要注意的问题

（1）作为申请再审人应注意依法维权

商业银行作为民事案件申请再审人时，应注意按照《若干意见》规定，根据法院受理再审申请的要求准备相关材料，向依法享有申请再审案件管辖权的法院即原审法院的上一级法院提出再审申请，确保法院依法审查通过并受理。同时也要注意，再审申请被裁定驳回后，如以相同理由再次申请再审的，不作为申请再审案件审查处理；如不服驳回其再审申请的裁定，向作出驳回裁定法院的上一级法院申请再审的，也不作为申请再审案件审查处理。

（2）作为再审被申请人要依法积极抗辩

商业银行作为被申请人时，应着重根据《若干意见》相关规定，分析对方当事人是否是依法享有申请再审权的当事人或者案外人、是否具备再审利益、申请再审的理由是否成立、人民法院审查申请再审案件时是否围绕申请再审人主张的事由进行、在受理和审查再审申请时是否存在违反法律规定的情形，周密制订再审应对方案，积极抗辩再审请求，保障自身合法权益。

（3）注意防止案外人提出再审申请

近年来，在商业银行胜诉案件执行过程中，案外人对生效裁决提出异议的情形不断增多，商业银行应注意加强对贷款抵押物和质押物的贷前审查和贷后管理，防止债务人违法设置其他权利影响担保权的实现。在胜诉案件执行过程中，要认真调查债务人或第三人用于清偿债务的财产权属情况，依法申请法院强制执行，防止因案外人提出再审申请影响银行贷款债权的及时受偿。

（九）《最高人民法院关于正确审理企业破产案件为维护市场经济秩序提供司法保障若干问题的意见》（法发〔2009〕36号）

1. 出台背景

受国际金融危机的冲击和影响，我国经济发展面临严峻考验，阻碍经济良性运行的负面因素和潜在风险明显增多，许多企业因资金链断裂引发的系统风险不断显现，严重影响了我国经济发展秩序良性运转和社会稳定。在当前形势下，为了充分发挥人民法院商事审判职能作用、防范和化解企业债务风险、挽救危困企业、规范市场主体退出、维护市场运行秩序，最高人民法院于 2009 年 6 月 12 日出台《关于正确审理企业破产案件为维护市场经济秩序提供司法保障若干问题的意见》（法发〔2009〕36 号，以下简称《若干意见》）。

2. 主要内容

（1）强调依法受理企业破产案件

《若干意见》规定，人民法院要正确认识企业破产法保障债权公平有序受偿、完善优胜劣汰的竞争机制、优化社会资源配置、调整社会产业结构、拯救危困企业的作用，依法受理审理企业破产清算、重整、和解案件。

根据《若干意见》规定，对于已经出现破产原因的企业，人民法院要依法受理符合条件的破产清算申请，通过破产清算程序使其从市场中有序退出；对于虽存在借破产逃废债务可能但符合破产法规定的受理条件的，也应将其纳入到法定的破产清算程序中来，通过撤销和否定其不当处置财产等行为，以及追究相关者责任等方式，使其借破产逃废债务的目的落空，剥夺其市场主体资格。对债权人申请债务人破产清算的，人民法院审查的重点是债务人是否不能清偿到期债务，而不能以债权人无法提交债务人财产状况等为由，不受理债权人的申请。

《若干意见》要求人民法院在依法受理企业破产案件中，对于虽然已经出现破产原因或者有明显丧失清偿能力可能，但符合国家产业结构调整政策、仍具发展前景的企业，要充分发挥破产重整和破产和解程序的作用，对其进行积极有效的挽救。

（2）做好企业破产案件中的维稳工作

破产清算所涉利益极多，不仅包括债权人、债务人、出资人的利益，还包括企业职工等众多当事人的利益，一旦具体处理不当，极易引发群体性、突发性事件，影响社会稳定。对此，《若干意见》提出要求：人民法院审理企业破产案件，要坚持在当地党委的领导下，努力配合政府做好企业破产案件中的维稳工作；对于职工欠薪和就业问题突出、债权人矛盾激化、债务人弃企逃债等敏感类破产案件，要及时向当地党委汇报，争取政府的支持；有条件的地方，可通过政府设立的维稳基金或鼓励第三方垫款等方式，优先解决破产企业职工的安置问题，政府或第三方就劳动债权的垫款，可以在破产程序中按照职工债权的受偿顺序优先获得清偿。

（3）运用破产重整与和解程序挽救危困企业

一是合理适用破产重整与和解程序。对于当事人同时申请债务人清算、重整、和解的，人民法院要根据债务人的实际情况和各方当事人的意愿，在组织各方当事人充分论证的基础上，对于有重整或者和解可能的，应当依法受理重整或者和解申请。当事人申请重整，但因企业经营规模较小、虽有挽救必要但重整成本明显高于重整收益的困难企业，有关权利人不同意重整的，人民法院可引导当事人通过和解方式挽救企业。

二是积极审慎适用强制批准裁量权。人民法院适用强制批准裁量权挽救危困企业时，要保证反对重整计划草案的债权人或者出资人在重整中至少可以获得在破产清算中本可获得的清偿。对于重整计划草案被提请批准时依照破产清算程序所能获得清偿比例的确定，应充分考虑其计算方法是否科学、客观、准确，是否充分保护了利害关系人的应有利益。人民法院要严格审查重整计划草案，综合考虑社会公共利益，积极审慎适用裁量权。对不符合强制批准条件的，不能借挽救企业之名违法审批。上级人民法院要肩负起监督职责，对利害关系人就重整程序中反映的问题要进行认真审查，问题属实的，要及时予以纠正。

（4）切实保护职工合法权益

依法优先保护劳动者权益，是破产法律制度的重要价值取向。《若干意见》要求，人民法院在审理企业破产案件中，要切实维护职工的合法权益，严格依法保护职工利益。

一是召开债权人会议要有债务人的职工和工会代表参加，保障职工对破产程序的参与权。职工对管理人确认的工资等债权有异议的，管理人要认真审查核对，发现错误要及时纠正；因管理人未予纠正，职工据此提起诉讼的，人民法院要严格依法审理，及时作出判决。

二是表决重整计划草案时，要充分尊重职工的意愿，并就债务人所欠职工工资等债权设定专门表决组进行表决；职工债权人表决组未通过重整计划草案的，人民法院强制批准必须以应当优先清偿的职工债权全额清偿为前提。企业继续保持原经营范围的，人民法院要引导债务人或管理人在制订企业重整计划草案时，尽可能保证企业原有职工的工作岗位。

三是人民法院要注重与国家社会保障部门、劳动部门、工商行政管理部门、人事组织部门等的协调和沟通，积极提出司法建议，推动建立和完善适合中国特色的社会保障体制。

（5）妥善指定适格管理人

《若干意见》规定，人民法院应采用适当方式指定适格管理人，对于重大、疑难案件，可以通过竞争的方式确定管理人。审理破产案件的审判庭，要根据案件实际情况决定采用哪类管理人及其产生方式。在决定通过随机方式或者竞争方式产生管理人或其成员时，应由司法技术辅助工作部门依照有关规定产生管理人或其成员。

在企业重整中，因涉及重大资产重组、经营模式选择、新出资人引入等商业运作内容，在我国目前管理人队伍尚未完全成熟的情况下，为保障重整的高效、顺利进行，《若干意见》要求人民法院应当注意吸收相关部门和人才，根据实际情况选择指定管理人的形式和方式，以便产生适格管理人，充分发挥管理人在挽救企业和净化市场中的积极作用。

（6）充分保护债权人合法权益

根据《若干意见》规定，人民法院在审理企业破产案件中要正确适用企业破产法的各项制度，切实保护债权人合法权益。

一是在审理企业破产案件中，要充分调动管理人的积极性，引导管理人发挥其应有的职能作用，利用法律手段，努力查找和追收债务人财产，使债权人利益获得最大化保护。

二是充分发挥债权人会议和债权人委员会的职能作用。就关涉债权人利益的重大事项，要切实保障债权人的参与权和话语权，在不违背法律强制性规定的前提下，尽可能尊重债权人的意志。

三是人民法院在审理债务人人员下落不明或财产状况不清的破产案件时，要从充分保障债权人合法利益的角度出发，在对债务人的法定代表人、财务管理人员、其他经营管理人员、出资人等进行释明，或者采取相应罚款、训诫、拘留等强制措施后，债务人仍不向人民法院提交有关材料或者不提交全部材料，影响清算顺利进行的，人民法院就现有财产对已知债权进行公平清偿并裁定终结清算程序后，应当告知债权人可以另行提起诉讼要求有责任的有限责任公司股东、股份有限公司董事、控股股东，以及实际控制人等清算义务人对债务人的债务承担清偿责任。

（7）确保破产程序和执行程序的有效衔接

一是人民法院要充分认识破产程序和执行程序的不同功能定位，充分发挥《企业破产法》公平保护全体债权人的作用。破产程序是对债务人全部财产进行的概括执行，注重对所有债权的公平受偿，具有对一般债务清偿程序的排他性。因此，人民法院受理破产申请后，对债务人财产所采取的所有保全措施和执行程序都应解除和中止，相关债务在破产清算程序中一并公平清偿。

二是人民法院要注重做好破产程序和执行程序的衔接工作，确保破产财产妥善处置。涉及人民法院内部破产程序和执行程序的操作的，应注意不同法院、不同审判部门、不同程序的协调与配合。涉及债务人财产被其他国家行政机关采取保全措施或执行程序的，人民法院应积极与上述机关进行协调和沟通，取得有关机关的配合，依法解除有关保全措施，中止有关执行程序。

三是人民法院受理破产申请后，在宣告债务人破产前裁定驳回申请人的破产申请，并终结破产程序的，应当在作出终结破产程序的裁定前，告知管理人通知原对债务人财产采取保全措施或执行程序的法院恢复原有的保全措施或执行程序，有轮候保全的，以原采取保全措施的时间确定轮候顺位。对恢复受理债务人为被执行人的执行案件，应当适用申请执行时效中断的有关规定。

3. 商业银行需要注意的问题

（1）督促法院依法受理企业破产案件，维护商业银行合法权益

根据《若干意见》规定，商业银行作为债权人向人民法院申请债务人破产清算的，人民法院不能以债权人无法提交债务人财产状况等为由，不受理债权银行的申请。因此，商业银行可以债务人无法清偿到期债务为由申请其破产，如果债务人不能证明其资产足以偿还全部债务或者不予证明的，可以要求人民法院推定债务人出现了破产原因，应依法裁定受理商业银行对债务人的破产清算申请。对借破产逃废债务但符合破产法规定的受理条件的，债权银行要监督法院将其纳入到法定的破产清算程序中来，通过撤销和否定其不正当处置财产等行为，使其借破产逃废债务的目的落空，维护债权人权益。

（2）正确适用企业破产法律制度，积极行使债权人各项权利

商业银行应通过债权人会议和债权人委员会就关系到自身利益的重大事项行使参与权和话语权，充分发挥债权人会议和债权人委员会的职能作用，防止地方保护主义干扰；要关注破产管理人的确定方式是否符合法律和《若干意见》的规定，是否能忠实地履行职务、勤勉尽责。银行作为债权人要注意充分掌握债务人相关信息，尽可能地向管理人提供有关资料，协助管理人追收财产；对于出资不实、抽逃出资的，要向法院申请依法追回；对于

不当处置公司财产的行为，可向法院申请依法撤销或者认定无效，并追回有关财产；对于违反法律、行政法规等规定，给债权银行造成损失的，应依法追究行为人的法律责任。

(3) 充分利用破产重整和解程序维护自身合法权益

根据《若干意见》规定，对于有希望进行挽救的企业，人民法院可以使用强制批准裁量权，合理适用破产重整与和解程序。在重整过程中，商业银行作为债权人如反对重整计划草案，要督促人民法院保证自身至少可以获得在破产清算中本可获得的清偿。同时，如果法院对不符合重整强制批准条件的企业行使裁量权，商业银行作为利害关系人可积极向其上级法院反映，促使法院审慎适用强制批准裁量权，不能借挽救企业之名违法审批，而应在依法保障债权人合法权益的前提下，实现对困境企业的挽救。

(4) 善于通过申请债务人破产以清收债务人人员下落不明或财产状况不清的企业不良贷款

根据《若干意见》规定，人民法院在审理债务人人员下落不明或财产状况不清的破产案件时，要从充分保障债权人合法利益的角度出发，在对债务人的法定代表人、财务管理人员、其他经营管理人员、出资人等进行释明，或者采取相应罚款、训诫、拘留等强制措施后，债务人仍不向人民法院提交有关材料或者不提交全部材料，影响清算顺利进行的，人民法院就现有财产对已知债权进行公平清偿并裁定终结清算程序后，应当告知债权人可以另行提起诉讼要求有责任的有限责任公司股东、股份有限公司董事、控股股东，以及实际控制人等清算义务人对债务人的债务承担清偿责任。因此，对于债务人人员下落不明或财产状况不清的企业，商业银行可先申请其破产，在法院依法认定清算无法顺利进行并裁定终结清算程序后，商业银行可以另行提起诉讼要求有责任的有限责任公司股东、股份有限公司董事、控股股东，以及实际控制人等清算义务人对债务人的债务承担清偿责任，以达到有效清收不良贷款的目的。

（十）《最高人民法院关于当前形势下审理民商事合同纠纷案件若干问题的指导意见》（法发〔2009〕40号）

1. 出台背景

鉴于全球金融危机蔓延所引发的矛盾和纠纷在司法领域已经出现明显反映，民商事案件尤其是与企业经营相关的民商事合同纠纷案件呈大幅增长的态势，同时出现了诸多由宏观经济形势变化所引发的新的审判实务问题，为解决民商事审判实务中与宏观经济形势变化密切相关的普遍性问题、重点问题，有效化解矛盾和纠纷，维护诚信的市场交易秩序，最高人民法院2009年7月7日印发《关于当前形势下审理民商事合同纠纷案件若干问题的指导意见》（法发〔2009〕40号，以下简称《指导意见》）。

2. 主要内容

（1）慎重适用情势变更原则，合理调整双方利益关系

在国际金融危机影响和冲击下，企业之间的产品交易、资金流转因原料价格剧烈波动、市场需求关系的变化、流动资金不足等诸多因素的影响而产生大量纠纷，对于部分当事人在诉讼中提出适用情势变更原则变更或者解除合同的请求，人民法院应当依据公平原则和情势变更原则严格审查。

一是严格审查“无法预见”的主张。适用情势变更原则的关键要件之一是，在合同成立之后出现了当事人缔约时“无法预见”的客观重大变化。需要注意的是，全球性金融危机和国内宏观经济形势变化并非完全是一个令所有市场主体猝不及防的突变过程，而是一个日益发展、逐步演变的过程。在该过程中，市场主体应当对于市场风险作出一定程度的预见和判断，人民法院应当依法把握情势变更原则的适用条件，严格审查“无法预见”的主张，对于涉及标的物是石油、焦炭、有色金属等市场属性活

泼、长期以来价格波动较大的大宗商品或者是股票、期货等风险投资型金融产品的合同，更要慎重适用情势变更原则。

二是合理区分情势变更与商业风险。情势变更与商业风险虽不易区分，但两者在风险的固有性、风险可预见性、风险的可归责性等方面并不相同。人民法院在衡量某种重大客观变化是否属于情势变更时，应注意考量风险类型是否属于社会一般观念上的预先无法预见、风险程度是否远远超出正常人的合理预期、风险是否可以防范和控制、交易性质是否属于通常的“高风险高收益”范围等因素，并结合市场具体情况，在个案中识别情势变更和商业风险。

三是遵循侧重于保护守约方的原则。如果当事人经过诚信地再交涉后仍然无法改订合同而请求人民法院变更或解除合同的，人民法院在利益衡量方面应当认识到，情势变更原则的适用并非单向地豁免债务人的义务而使债权人单方承受不利后果，而是要求人民法院应当充分注意利益均衡，公平合理地调整双方利益格局。在调整尺度的价值取向把握上，人民法院仍应遵循侧重于保护守约方的原则。

（2）依法合理调整违约金额，公平解决违约责任问题

一是正确领会违约金的性质和调整的立法精神。对于双方当事人在合同中约定的过分高于违约造成损失的违约金或极具惩罚性的违约金条款，人民法院在适用《合同法》第一百一十四条第二款、《最高人民法院关于适用〈中华人民共和国合同法〉若干问题的解释（二）》第二十九条等关于调整过高的违约金数额规定内容和精神时，应合理调节违约金数额，公平解决违约责任问题。坚持以补偿性为主、惩罚性为辅的违约金性质，合理调整裁量幅度，不能放任当事人以意思自治为由约定数额过高的违约金条款。

二是坚持综合衡量标准调整过高违约金。人民法院依法调整过高的违约金时，应当根据案件的具体情形，以违约造成的损失为基准，综合衡量合同履行程度、当事人的过错、预期利益、当

事人缔约地位强弱、是否适用格式合同或条款等多项因素，根据公平原则和诚实信用原则予以综合权衡，避免简单地采用固定比例等“一刀切”的做法，防止机械司法而可能造成的实质不公平。

三是依法行使法官释明权，正确确定举证责任。为减轻当事人诉累，妥善解决违约金纠纷，违约方以合同不成立、合同不生效、合同无效或者不构成违约进行免责抗辩而未提出违约金调整请求的情形，人民法院可以就当事人是否需要主张违约金过高的问题进行释明。人民法院要正确确定举证责任，违约方对于违约金约定过高的主张承担举证责任，非违约方主张违约金约定合理的，亦应提供相应的证据。合同解除后，当事人主张违约金条款继续有效的，人民法院可以根据《合同法》第九十八条的规定进行处理。

（3）区分可得利益损失类型，妥善认定可得利益损失

违约行为通常导致可得利益损失。但是，司法实践中如何认定可得利益损失难以把握。《指导意见》根据审判实践经验和调研成果，对可得利益损失类型、计算和认定、举证责任分配等提出了操作指导意见：

一是区分可得利益损失类型。根据交易的性质、合同的目的等因素，可得利益损失主要分为生产利润损失、经营利润损失和转售利润损失等三种类型。生产设备和原材料等买卖合同违约中，因出卖人违约而造成买受人的可得利益损失通常属于生产利润损失。承包经营、租赁经营合同以及提供服务或劳务的合同中，因一方违约造成的可得利益损失通常属于经营利润损失。先后系列买卖合同中，因原合同出卖方违约而造成其后的转售合同出售方的可得利益损失通常属于转售利润损失。

二是正确计算认定可得利益损失。人民法院在计算和认定可得利益损失时，应当综合运用《合同法》第一百一十三条第一款规定的可预见规则，以及《合同法》第一百一十九条规定的减损规则、损益相抵规则和过失相抵规则等，从非违约方的可得利益

赔偿总额中扣除违约方不可预见的损失、非违约方不当扩大的损失、非违约方因违约获得的利益、非违约方亦有过失所造成的损失以及必要的交易成本。但在以下三种情形中，不宜适用上述认定规则。第一，在《合同法》第一百一十三条第二款规定的欺诈经营情形，应当适用消费者权益保护法；第二，在《合同法》第一百一十四条第一款规定的当事人约定损害赔偿的计算方法情形中，应当按照当事人约定的计算方法认定；第三，因违约导致人身伤亡、精神损害等情形，应当适用侵权行为法则。

三是合理分配举证责任。为了保障可得利益损失认定规则的可操作性，人民法院在认定可得利益损失时应当合理分配举证责任，即违约方一般应当承担非违约方没有采取合理减损措施而导致损失扩大、非违约方因违约而获得利益以及非违约方亦有过失的举证责任；非违约方应当承担其遭受的可得利益损失总额、必要的交易成本的举证责任。对于可以预见的损失，既可以由非违约方举证，也可以由人民法院根据具体情况予以裁量。

（4）正确把握法律构成要件，稳妥认定表见代理行为

当前，国家重大项目和承包租赁行业等受到全球性金融危机冲击和国内宏观经济形势变化影响比较明显的行业领域，由于合同当事人采用转包、分包、转租方式，出现了大量以单位部门、项目经理乃至个人名义实际履行合同的情形，并因合同主体和效力认定问题引发表见代理纠纷案件。鉴于表见代理属于市场交易法则中极其例外的情形，为维护正常的市场交易秩序，《指导意见》要求人民法院应当正确适用《合同法》第四十九条关于表见代理制度的规定，严格认定表见代理行为。

一是正确理解“有理由相信”的含义。根据《合同法》第四十九条的规定，构成表见代理行为不仅要求代理人的无权代理行为在客观上形成具有代理权的表象，而且要求相对人在主观上有理由相信行为人有代理权。《指导意见》明确规定，“有理由相信”是指合同相对人善意且无过失地相信行为人有代理权。合同相对人主张构成表见代理的，应当承担举证责任，不仅应当举证

证明代理行为存在诸如合同书、公章、印鉴等有权代理的客观表象形式要素，而且应当证明其善意且无过失地相信行为人具有代理权。

二是综合认定表见代理。人民法院在判断合同相对人主观上是否属于善意且无过失时，应当结合合同缔结与履行过程中的各种因素综合判断合同相对人是否尽到合理注意义务，此外还要考虑合同的缔约时间、以谁的名义签字、是否盖有相关印章及印章真伪、标的物的交付方式与地点、购买的材料、租赁的器材、所借款项的用途、建筑单位是否知道项目经理的行为、是否参与合同履行等各种因素，作出综合分析判断。

（5）正确适用强制性规定，稳妥认定民商事合同效力

正确理解、识别和适用《合同法》第五十二条第（五）项中的“违反法律、行政法规的强制性规定”，关系到民商事合同的效力维护以及市场交易的安全和稳定。近年来，理论界和实务界对强制性规定的分类进行探讨，认为强制性规定区分为效力性强制规定和管理性强制规定，违反效力性强制规定，合同无效；违反管理性强制规定，合同未必无效。最高人民法院《合同法解释（二）》第十四条规定：“《合同法》第五十二条第（五）项规定的‘强制性规定’是指效力性强制规定。”为正确适用强制性规定，稳妥认定民商事合同效力，人民法院应当注意《合同法解释（二）》第十四条之规定，注意区分效力性强制规定和管理性强制规定。违反效力性强制规定，人民法院应当认定合同无效；违反管理性强制规定，人民法院应当根据具体情形认定其效力。

为防止因合同效力的不当认定而中断交易链条，人民法院应综合法律法规的意旨，权衡相互冲突的权益诸如权益的种类、交易安全以及其所规制的对象等综合认定强制性规定的类型。如果强制性规范规制的是合同行为本身即只要该合同行为发生绝对地损害国家利益或者社会公共利益的，应当认定合同无效。如果强制性规定规制的是当事人的“市场准入”资格而非某种类型的合

同行为，或者规制的是某种合同的履行行为而非某类合同行为，此类合同未必绝对无效。人民法院在把握不准时，应当征求相关立法部门的意见或者请示上级法院。

（6）合理适用不安抗辩权规则，维护权利人合法权益

为敦促诚信的合同一方当事人及时保全证据，有效保护权利人的正当合法权益，对于一方当事人已经履行全部交付义务，虽然约定的价款期限尚未到期，但其诉请付款方支付未到期价款的，如果有确切证据证明付款方明确表示不履行给付价款义务，或者付款方被吊销营业执照、被注销、被有关部门撤销、处于歇业状态，或者付款方转移财产、抽逃资金以逃避债务，或者付款方丧失商业信誉，或者付款方以自己的行为表明不履行给付价款义务的其他情形的，除非付款方已经提供适当的担保，人民法院可以根据《合同法》第六十八条第一款、第六十九条、第九十四条第（二）项、第一百零八条、第一百六十七条等规定精神，判令付款期限已到期或者加速到期。

3. 商业银行需要注意的问题

（1）防止债务人滥用情势变更原则

国际金融危机发生后，一些企业因自身经营管理不善而陷入困境，有的贷款企业可能会以情势变更原则为由主张变更或解除借款合同。商业银行应正确理解和把握《指导意见》精神，从合理区分情势变更与商业风险、侧重保护守约方、严格审查债务人提出的“无法预见”的主张等方面提出抗辩，防止债务人滥用情势变更原则，阻止债务人以此作为借口逃避债务，维护银行合法权益。

（2）稳妥认定表见代理行为

近年来，不法分子假冒银行工作人员名义进行诈骗、个别银行员工以高息为诱饵、盗用银行印章或凭证进行揽财作案时有发生，受骗客户往往以银行为被告提起诉讼，要求银行赔偿其经济损失。此类案件中，不法分子多借用银行场所交付存折、给付凭

证等，或身着银行员工服装，代客户办理开户、办理网上银行等业务，或使用私自加盖印章的理财协议书骗取客户存折和密码，法院多以客户有理由相信不法分子为表见代理，其款项已经交付给银行等为由判决银行承担赔偿责任。在处理此类案件时，商业银行应根据《指导意见》规定，要求合同相对人（客户）承担举证责任，证明不法分子的行为存在有权代理的客观表象形式要素，并证明其善良且无过失地相信行为人具有代理权。同时，商业银行应加强印章、印鉴和重要业务凭证管理，及时销毁作废业务凭证及印章，收回已辞职员工的印章、文件、工号牌和办公机具等物品，防止不法分子借机作案形成表见代理，给商业银行造成财产损失和声誉损失。

（3）依法及时行使不安抗辩权

不安抗辩权是法律赋予借款合同中贷款银行的权利，但不安抗辩权必须依法行使。商业银行行使不安抗辩权应注意根据《合同法》和《指导意见》的有关规定，一旦发现借款人明确表示不履行付款义务、或有丧失或可能丧失履行债务能力的情形，应及时行使不安抗辩权，最大限度地降低贷款风险。同时，要注意及时收集保全证据，如果没有确切证据证明对方财产状况恶化或转移财产、抽逃资金等情形而随意加速合同到期，有可能会承担违约责任。

（4）正确理解和适用“强制性规定”

目前，商业银行竞争日趋激烈，对银行业务创新要求越来越高。商业银行在开展业务创新时，应注意避免违反强制性规定。如违反效力性强制规定，则会导致业务非法开展或合同无效。如不符合“市场准入”资格要求，则属于违反管理性强制规定，商业银行应在取得监管机构的授权或批准后再行开展，以避免因违规导致业务被禁止或遭到监管机构处罚。如在业务开展中引发诉讼，商业银行应根据《指导意见》有关规定积极抗辩，防止合同相对人以银行违反效力性强制规定为由要求法院判决相关合同无效。

（十一）《最高人民法院关于建立健全诉讼与非诉讼相衔接的矛盾纠纷解决机制的若干意见》（法发〔2009〕45号）

1. 出台背景

法院调解在我国司法实践中占有主导地位，通过法院调解解决了大量的民事纠纷。一般情况下，当事人多选择通过法院调解解决纠纷，而通过行政机关、社会组织、企事业单位以及民间调解组织参与调解的民事纠纷案件较少，导致大量案件堆积在人民法院，降低了人民法院处理案件的效率。为充分发挥人民法院、行政机关、社会组织、企事业单位以及其他各方面的力量，促进各种纠纷解决方式相互配合、相互协调和全面发展，做好诉讼与非诉讼渠道的相互衔接，充分发挥审判权的规范、引导和监督作用，完善诉讼与仲裁、行政调处、人民调解、商事调解、行业调解以及其他非诉讼纠纷解决方式之间的衔接机制，促使非诉讼纠纷解决方式更加便捷、灵活、高效，2009年7月24日，最高人民法院印发《关于建立健全诉讼与非诉讼相衔接的矛盾纠纷解决机制的若干意见》（法发〔2009〕45号，以下简称《若干意见》）。

2. 主要内容

（1）促进仲裁纠纷解决机制的发展

一是认真贯彻执行《中华人民共和国仲裁法》和相关司法解释，在仲裁协议效力、证据规则、仲裁程序、裁决依据、撤销裁决审查标准、不予执行裁决审查标准等方面，尊重和体现仲裁制度的特有规律，最大程度地发挥仲裁制度在纠纷解决方面的作用。对于仲裁过程中申请证据保全、财产保全的，人民法院应当依法及时办理。

二是根据《中华人民共和国劳动争议调解仲裁法》和相关司法解释的规定，加强与劳动、人事争议等仲裁机构的沟通和协调，支持和鼓励仲裁机制发挥作用。对劳动、人事争议仲裁机构不予受理或者逾期未作出决定的劳动、人事争议事项，申请人向人民法院提起诉讼的，人民法院应当依法受理。

三是进一步加强与农村土地承包仲裁机构的沟通和协调，妥善处理农村土地承包纠纷。当事人对农村土地承包仲裁机构裁决不服而提起诉讼的，人民法院应当及时审理。当事人申请法院强制执行已经发生法律效力的裁决书和调解书的，人民法院应当依法及时执行。

（2）鼓励行政机关依法解决矛盾纠纷

为有效化解行政管理活动中发生的各类矛盾纠纷，人民法院应鼓励和支持行政机关依当事人申请或者依职权进行调解、裁决或者依法作出其他处理。调解、裁决或者依法作出的其他处理具有法律效力。当事人不服行政机关对平等主体之间民事争议所作的调解、裁决或者其他处理，以对方当事人为被告就原争议向人民法院起诉的，由人民法院作为民事案件受理。法律或司法解释明确规定作为行政案件受理的，人民法院在对行政行为进行审查时，可对其中的民事争议一并审理，并在作出行政判决的同时，依法对当事人之间的民事争议一并作出民事判决。

（3）赋予非诉调解协议以合同效力和执行效力

行政机关和国际商会调解中心、仲裁机构、行业协会等调解机构在调解处理商事纠纷时发挥了大量作用。为支持行政机关和调解机构开展民商事纠纷调解工作，《若干意见》明确规定以下调解协议具有民事合同性质：

一是行政机关依法对民事纠纷进行调处后达成的有民事权利义务内容的调解协议或者作出的其他不属于可诉具体行政行为的处理，经双方当事人签字或者盖章后，具有民事合同性质，法律另有规定的除外。

二是没有仲裁协议的当事人申请仲裁委员会对民事纠纷进行调解的，由该仲裁委员会专门设立的调解组织按照公平中立的调解规则进行调解后达成的有民事权利义务内容的调解协议，经双方当事人签字或者盖章后，具有民事合同性质。

三是经商事调解组织、行业调解组织或者其他具有调解职能的组织调解后达成的具有民事权利义务内容的调解协议，经双方当事人签字或者盖章后，具有民事合同性质。

四是经《中华人民共和国劳动争议调解仲裁法》规定的调解组织调解达成的劳动争议调解协议，由双方当事人签名或者盖章，经调解员签名并加盖调解组织印章后生效，对双方当事人具有合同约束力，当事人应当履行。双方当事人可以不经仲裁程序，根据《若干意见》关于司法确认的规定直接向人民法院申请确认调解协议效力。人民法院不予确认的，当事人可以向劳动争议仲裁委员会申请仲裁。

《若干意见》还指出，具有给付内容的调解协议，当事人可以申请公证机关依法赋予强制执行效力。债务人不履行或者不适当履行具有强制执行效力的公证文书的，债权人可以依法向有管辖权的人民法院申请执行；对于具有合同效力和给付内容的调解协议，债权人可以向有管辖权的基层人民法院申请支付令。因支付拖欠劳动报酬、工伤医疗费、经济补偿或者赔偿金事项达成调解协议，用人单位在协议约定期限内不履行的，劳动者可以持调解协议书依法向人民法院申请支付令。

（4）完善诉讼活动中多方参与的调解机制

《若干意见》规定，在诉前诉中行政机关和社会调解组织可以参与调解。在当事人起诉后、法院立案前以及法院正式立案后，法院可以依职权或者经当事人申请后，委派行政机关、人民调解组织、商事、行业调解组织等都可参与到调解中，受法院委托组织调解。当事人不同意调解或者在商定、指定时间内不能达成调解协议的，人民法院应当依法及时立案。

调解结束后，有关机关或者组织应当将调解结果告知人民法院。达成调解协议的，当事人可以申请撤诉、申请司法确认，或者由人民法院经过审查后制作调解书。调解不成的，人民法院应当及时审判。有关组织调解案件时，在不违反法律、行政法规强制性规定的前提下，可以参考行业惯例等行为规定，引导当事人达成调解协议。除非双方当事人要求或者同意公开调解，调解过程不公开，当事人为达成调解协议而作出的让步或者承诺、调解员或者当事人发表的任何意见或者建议等不能在审判程序中作为证据提出，但要注意例外情形：双方当事人均同意的；法律有明确规定的；为保护国家利益、社会公共利益、案外人合法权益，人民法院认为确有必要的。

(5）规范和完善司法确认程序

《若干意见》强调，经行政机关、人民调解组织、商事调解组织、行业调解组织或者其他具有调解职能的组织调解达成的具有民事合同性质的协议，经调解组织和调解员签字盖章后，当事人可以申请有管辖权的人民法院确认其效力。当事人请求履行调解协议、请求变更、撤销调解协议或者请求确认调解协议无效的，可以向人民法院提起诉讼。《若干意见》对此类诉讼有关事项进行了细化规定。

在法院管辖要求方面，当事人应向有管辖权的人民法院确认效力。当事人可以在书面调解协议中选择当事人住所地、调解协议履行地、调解协议签订地、标的物所在地基层人民法院管辖，但不得违反法律对专属管辖的规定。当事人没有约定的，除《中华人民共和国民事诉讼法》第三十四条规定的情形外，由当事人住所地或者调解协议履行地的基层人民法院管辖。经人民法院委派或委托有关机关或者组织调解达成调解协议的申请确认案件，由委派或委托人民法院管辖。当事人应当共同向有管辖权的人民法院以书面形式或者口头形式提出确认申请，并需签署承诺书。

从确认程序要求看，人民法院审理申请确认调解协议案件，可参照适用《民事诉讼法》有关简易程序的规定。案件由审判员一人独任审理，双方当事人应当同时到庭。人民法院应当面询问双方当事人是否理解所达成协议的内容，是否接受因此而产生的后果，是否愿意由人民法院通过司法确认程序赋予该协议强制执行的效力。

对法院确认的调解协议，确认调解协议效力的决定送达双方当事人后发生法律效力，一方当事人拒绝履行的，另一方当事人可以依法申请人民法院强制执行。

（6）建立健全相关工作机制

《若干意见》强调，人民法院在理顺诉讼与非诉讼相衔接过程中各种关系，推动各种非诉讼纠纷解决机制的建立和完善中要发挥主导作用。要求有条件的地方人民法院，可以按照一定标准建立调解组织名册和调解员名册，引导当事人选择合适的调解组织或者调解员调解纠纷。指定院内有关单位或者人员负责管理协调与调解组织、调解员的沟通联络、培训指导等工作。制定关于调解员条件、职业道德、调解费用、诉讼费用负担、调解管理、调解指导、衔接方式等规范，监督调解员应当遵守调解员职业道德准则。

3. 商业银行需要注意的问题

（1）利用非诉调解方式提高不良贷款依法清收效率

对于债权债务关系清晰明确、债务人虽有还款意愿但由于客观原因短时间筹资困难的，商业银行可以依照《若干意见》相关规定，依法通过行政机关、国际商会、调解中心、仲裁机构、行业协会等调解机构进行非诉调解，达成调解协议后，具有法律效力，银行可以向公证机关依法申请赋予强制执行力；对于债务人不履行或者不适当履行，商业银行应及时向有管辖权的人民法院申请支付令，以降低诉讼成本、减少等待法院排期开庭的诉累、缩短申请执行的期限、加快贷款债权的清收速度。

（2）借助行业调解组织解决专业纠纷案件

对于涉及创新型业务或复杂专业问题的被诉案件，商业银行在诉前诉中可以主动申请法院委托银行业协会或有关金融调解组织进行调解。一方面，该类调解组织对银行的行业惯例、业务操作理解更为准确、权威，可以避免地方法院因对银行业务缺乏了解、理解欠缺导致败诉风险；另一方面，该类调解组织能从维护金融安全与稳定、促进金融创新发展角度考虑问题，协助银行向对方当事人解释、沟通，使银行在调解中占据优势和主动。达成调解协议后，商业银行应尽可能申请司法确认或申请法院制作调解书，确保调解协议具有强制执行力。

（3）对久调不决的案件应及时申请法院依法审理

商业银行在调解中应准确把握进度，对调解无望的，应及时要求法院审判，并应注意两点：一是不得在审判程序中将调解过程中制作的笔录、当事人为达成调解协议而作出的让步或者承诺、调解员或者当事人发表的任何意见或者建议作为证据提出。二是根据《若干意见》规定，开庭前从事调解的法官原则上不参与同一案件的开庭审理，当事人同意的除外。因此，对调解中表现出对方当事人有倾向性意见的法官，银行可考虑向法院申请回避。

（十二）《最高人民法院关于审理涉及金融不良债权转让案件工作座谈会纪要》（法发〔2009〕19号）

1. 出台背景

为依法公正审理涉及金融不良债权转让案件，防止国有资产流失，保障金融不良债权处置工作的顺利进行，维护社会公共利益和相关当事人的合法权益，最高人民法院于2005年1月开始研究起草关于审理涉及金融不良债权转让案件的司法政策性文件。该文件的起草、论证、沟通、协调工作历时四年有余，不仅梳理了最高人民法院以往发布的相关司法解释和司法解释性文件，而且总结了各级法院的审判实践，吸纳了国家相关主管部门的意见。2008年10月，为贯彻落实中央确定的解决金融不良债权转让过程中国有资产流失问题精神，最高人民法院邀请全国人大常委会法制工作委员会、中共中央政法委员会、国务院法制办公室、财政部、国务院国有资产监督管理委员会、中国银行业监督管理委员会、中国人民银行和审计署等单位，在海南省海口市召开了全国法院审理金融不良债权转让案件工作座谈会。以前期起草的司法政策性文件为蓝本，结合与会代表就审理涉及金融不良债权转让案件主要问题所提出的有关意见，最高人民法院于2009年3月30日印发《关于审理涉及金融不良债权转让案件工作座谈会纪要》（法发〔2009〕19号，以下简称《纪要》）。

2. 主要内容

《纪要》共计十二部分，涵盖金融不良债权转让案件的审理原则、债权转让生效条件的法律适用和自行约定的效力、优先购买权、国有企业的诉权及相关诉讼程序、不良债权转让合同无效和可撤销事由的认定、不良债权转让无效合同的处理、举证责任分配和相关证据审查、受让人收取利息、诉讼或执行主体变更等有关问题。《纪要》内容既涉及金融资产管理公司和再次转让不良债权的买受人，也涉及国有商业银行和地方政府，内容十分丰富。

（1）明确受让人起诉国有商业银行的案件不予受理

在案件受理方面，原剥离不良债权的国有商业银行能否成为被告的问题，是司法实务中最具争议的问题之一。根据最高人民法院《关于人民法院是否受理金融资产管理公司与国有商业银行就政策性金融资产转让协议发生的纠纷问题的答复》（〔2004〕民二他字第25号）规定，金融资产管理公司接收国有商业银行的不良资产是国家根据有关政策实施的，具有政府指令划转国有资产的性质。金融资产管理公司与国有商业银行就政策性金融资产转让协议发生纠纷起诉到人民法院的，人民法院不予受理。但当这种行政划转行为侵害他人合法权利时，受害人能否对国有商业银行提起诉讼，便成为备受争议的问题，各地法院判法不一。从国家剥离国有商业银行不良贷款债权的目的和最高人民法院上述答复的原意来分析，如果人民法院受理受让人对国有商业银行的诉讼，则实践中就可能出现金融资产管理公司通过将有争议的债权以转让给受让人的方式间接获得对国有商业银行的诉权，这无疑和政策初衷是相悖的，也不符合合同相对性原则。因此，《纪要》规定受让人起诉国有商业银行的案件原则上不予受理。

《纪要》还列举了七种人民法院不予受理的案件类型，其中涉及国有商业银行的有三种：金融资产管理公司与国有银行就政策性金融资产转让协议发生纠纷起诉到人民法院的，人民法院不予受理；受让人自金融资产管理公司受让不良债权后，以不良债权存在瑕疵为由起诉原国有银行的，人民法院不予受理；受让人在对国有企业债务人的追索诉讼中，主张追加原国有银行为第三人的，人民法院不予支持。

需要引起注意的是，鉴于实践中存在国有商业银行剥离不良债权后又从债务人处获得债权清偿的情形，《纪要》也没有完全封闭相关权利人向国有商业银行主张权利的渠道。《纪要》规定了国有商业银行在获得不当得利时可以被起诉的两种例外情形：一是不良债权已经剥离至金融资产管理公司又被转让给受让人后，国有企业债务人知道或者应当知道不良债权已经转让而仍向原国有银行清偿的，国有企业债务人在对受让人清偿后可以向原国有银行提起返还不当得利之诉。二是国有企业债务人不知道不良债权已经转让而向原国有银行清偿并以此对抗受让人追索之诉的，受让人可以向国有银行提起返还不当得利之诉。

（2）规定债权转让中当事人自行约定的法律效力

实践中，金融资产管理公司在与受让人签订不良债权转让合同时，常常约定禁止向国有商业银行、各级人民政府或国家机构追偿等内容的条款。对于这类条款的效力，有的法院判决该约定无效，有的法院认为此种约定仅能约束金融资产管理公司与受让人，其他相关主体无权以此抗辩。最高人民法院认为，此类约定不仅符合金融不良债权剥离政策的目的，而且在法律性质上亦可被视为“利他合同”或“为第三人的合同”，上述限制追偿条款实际赋予了受让人针对特定主体的不作为义务，相关主体基于对不良债权转让合同的信赖，应当有权以此抗辩受让人对其追偿债务的请求权。因此，《纪要》明确规定人民法院应当认定此类限制条款有效，为人民法院有权审查受让人的权利范围确定了理论基础。

（3）解决不良债权转让合同无效和可撤销事由的认定及处理问题

第一，合同无效的事由及处理。根据《纪要》规定，人民法院在审理不良债权转让合同效力的诉讼中，应重点审查三点：一是不良债权的可转让性，即被转让的不良债权是否属于国家禁止或限制转让的债权。二是受让人的适格性，即受让人是否属于国家政策规定不准介入购买的组织或个人。三是转让程序的公正性和合法性，即转让过程中评估、公告、批准、登记、备案、拍卖等诸环节是否符合“公开、公平、公正、竞争、择优”原则。

《纪要》具体规定了十一种不良债权转让合同应认定为无效的情形：属于国家禁止或限制转让的债权，例如，债务人或担保人是国家机关的，涉及国防、军工等国家安全和敏感信息的等；属于违反转让程序的公正性和合法性问题，例如，实际转让的资产包与公告的资产包内容严重不符的，未经依法合规评估的，未依法合规采取公开招标或拍卖、或投标人少于三家的，未按规定办理报批或备案、登记手续的等；属于受让人主体的适格性问题，例如，受让人不得是国家公务员、金融监管机构人员、资产管理公司人员、政法干警、参与资产处置的律师、会计师、评估师等中介机构及关联人员等；其他损害国家利益或社会公共利益的转让情形。

根据《纪要》规定，债权转让合同被认定无效后，人民法院应当按照合同法的相关规定处理；受让人要求转让人赔偿损失，赔偿损失数额应以受让人实际支付的价金之利息损失为限。相关不良债权的诉讼时效自金融不良债权转让合同被认定无效之日起重新计算。人民法院裁判金融不良债权转让合同无效后当事人履行相互返还义务时，应从不良债权最终受让人开始逐一与前手相互返还，直至完成第一受让人与金融资产管理公司的相互返还。后手受让人直接对金融资产管理公司主张不良债权转让合同无效并请求赔偿的，人民法院不予支持。

第二，合同可撤销的事由及处理。司法实践中，国有商业银行剥离的不良贷款债权存在已经消灭或部分消灭的情形，对这类案件如何处理是比较棘手的一个问题。例如，有的国有商业银行在剥离之前接受债务人以相关资产抵偿了全部债务，但抵债资产变现处置后的金额与贷款债权金额之间往往存在一定的缺口，即变现处置的资产价值不足以覆盖全部贷款债权，而国有商业银行在剥离时又将该缺口部分（有的甚至是贷款全额）进行了剥离；有的国有商业银行在剥离之前与债务人就债务清偿达成协议，在获得部分清偿后承诺放弃其余债权，但又将未受清偿部分的贷款债权进行了剥离；还有的国有商业银行在剥离之前或剥离之后，从债务人处获得了债权的部分受偿，但在剥离时对贷款全额进行了剥离，已受偿部分没有在剥离时一并移交资产管理公司等。由于存在上述情况，受让人起诉债务人时，债务人以债权已经消灭或部分消灭为由进行抗辩，受让人转而对国有商业银行提起诉讼，要求承担赔偿责任。

针对司法实践中出现的这些问题，《纪要》规定，在金融资产管理公司转让不良债权后，国有企业债务人有证据证明不良债权根本不存在或者已经全部或部分归还而主张撤销不良债权转让合同的，人民法院应当撤销或者部分撤销不良债权转让合同。不良债权转让合同被撤销或者部分撤销后，受让人可以请求金融资产管理公司承担相应的缔约过失责任。

（4）限制既有规定的适用和《纪要》的适用范围

第一，关于既有规定的适用。实践中，受让人从金融资产管理公司受让不良债权后再次转让的，后手受让人是否可以适用最高人民法院针对金融资产管理公司处置不良债权的相关司法解释和司法政策，是较有争议的一个问题。对此，最高人民法院2000年以后陆续出台了多项规定，主要包括《关于审理金融资产管理公司收购、管理、处置国有银行不良贷款形成的资产的案件适用法律若干问题的规定》、《关于贯彻执行最高人民法院“十二条”司法解释有关问题的函的答复》、《关于金融资产管理公司收购、管理、处置银行不良资产有关问题的补充通知》和《关于国有金融资产管理公司处置国有商业银行不良资产案件交纳诉讼费用的通知》等，对金融资产管理公司在债权转让时对债务人的通知方式、诉讼费用收取等方面给予了特殊政策，司法实践中一些经过二手甚至多手转让后的受让人也要求适用这些特殊政策。

由于金融资产管理公司处置不良债权与为了商业利益而购买不良债权的普通受让人处置不良债权的性质有本质区别，《纪要》明确规定，受让人受让不良债权后再行转让的，不适用上述规定（即前述列举的四项司法解释和文件），但受让人为相关地方人民政府或者代表本级人民政府履行出资人职责的机构、部门或者持有国有企业债务人国有资本的集团公司除外。

第二，关于《纪要》的适用范围。《纪要》的内容和精神仅适用于在《纪要》发布之后尚在一审或者二审阶段的涉及最初转让方为国有银行、金融资产管理公司通过债权转让方式处置不良资产形成的相关案件。人民法院依照审判监督程序决定再审的案件，不适用《纪要》。

（5）阐明国有商业银行两次不良债权剥离性质

实践中，对国有商业银行先后两次剥离不良债权的性质一直存在不同的理解和认识。《纪要》认为，政策性不良债权是指1999年至2000年四家金融资产管理公司在国家有关部门统一安排下从中国银行、中国农业银行、中国建设银行、中国工商银行以及国家开发银行收购的不良债权；商业性不良债权是指2004年至2005年四家金融资产管理公司在政府主管部门主导下从中国银行、中国建设银行和中国工商银行等国有商业银行收购的不良债权。

但是，有关部门和机构对这一表述提出异议，认为国有商业银行两次剥离不良债权都是报经国务院批准并按照有关政策规定进行操作的，本质上均属于政策性金融资产转让行为。因此，《纪要》的有关表述值得商榷。

3. 商业银行需要注意的问题

（1）积极维护自身合法权益

一是注意掌握和运用《纪要》规定的人民法院不予受理的案件类型。《纪要》规定了七种人民法院不予受理的案件类型，其中，商业银行应注意“金融资产管理公司与国有银行就政策性金融资产转让协议发生纠纷起诉到人民法院的”情形，其适用范围是1999年至2000年国有银行剥离至金融资产管理公司的不良贷款债权；对于“受让人自金融资产管理公司受让不良债权后，以不良债权存在瑕疵为由起诉原国有银行的”情形，由于《纪要》没有对“瑕疵”的概念和范围进行界定，法院在审理过程中存在一定的自由裁量空间。

二是注意根据不良债权转让合同的效力，提出应对诉讼方案。例如，根据《纪要》规定，金融资产管理公司在不良债权转让合同中订有禁止转售、禁止向国有商业银行等追偿、禁止转让给特定第三人等要求受让人放弃部分权利的条款，这些约定应为有效。国有商业银行应以此为依据抗辩受让人诉讼请求。又如，根据《纪要》规定，不良债权转让合同存在无效或可撤销的情形，应判令合同无效或撤销。在应对有关诉讼案件时，国有商业银行要力争主张不良债权转让合同无效或属于可撤销情形，以避免承担相关法律责任。为此，国有商业银行应积极调取并认真审查国有商业银行与金融资产管理公司之间、金融资产管理公司与受让人之间的不良债权转让合同内容，尽可能核实不良债权转让的过程和相关手续；调取有困难的，应及时申请法院调取。对受让人不提供债权转让合同，国有商业银行应提请人民法院要求受让人向法庭披露不良债权转让合同；受让人不予提供的，人民法院应当责令其提供，拒不提供的，应当承担举证不能的法律后果。

三是注意《纪要》适用范围，对《纪要》发布前尚未审结的此类案件（不包含再审案件）进行梳理和分析，根据《纪要》有关规定，周密制订应诉方案，积极主动向法院提出抗辩理由，力争取得法院的理解和支持，最大限度地避免或减少损失。

（2）妥善处理不当得利被诉案

根据《纪要》规定，国有商业银行在金融不良债权转让过程中获得不当得利的，原企业债务人或受让人可以对国有商业银行提起诉讼并要求赔偿损失。因此，如果国有商业银行在剥离不良债权过程中存在不当得利问题，应结合现有证据进行认真分析论证，对案件的诉讼前景进行合理评估。对缺乏有效抗辩理由和证据、败诉风险很大的案件，可考虑主动与对方当事人进行调解或和解，尽可能减少纠纷损失。

（3）加强与金融资产管理公司沟通协调

根据《纪要》规定，人民法院裁判金融不良债权转让合同无效后当事人履行相互返还义务时，应从不良债权最终受让人开始逐一与前手相互返还，直至完成第一受让人与金融资产管理公司的相互返还；受让人要求转让人赔偿损失，赔偿损失数额应以受让人实际支付的价金之利息损失为限；不良债权转让合同被撤销或者部分撤销后，受让人可以请求金融资产管理公司承担相应的缔约过失责任。同时，对商业性不良债权纠纷案件，《纪要》并没有否认金融资产管理公司对国有商业银行的诉权，因此，对商业性不良债权引发的诉讼案件，如金融资产管理公司最终承担赔偿责任，有可能向国有商业银行主张权利。国有商业银行应注意加强与金融资产管理公司的沟通与协调，并结合案件具体情况灵活应对，积极稳妥解决纠纷。

（十三）《最高人民法院关于审理公司强制清算案件工作座谈会纪要》（法发〔2009〕52号）

1. 出台背景

受国际金融危机和世界经济衰退影响，企业经营困难引发的公司强制清算案件大幅度增加。《中华人民共和国公司法》和

《最高人民法院关于适用〈中华人民共和国公司法〉若干问题的规定（二）》(以下简称《公司法》司法解释（二）) 对于公司强制清算案件审理中的有关问题已作出规定，但鉴于该类案件非讼程序的特点和目前清算程序规范不完善，有必要进一步明确该类案件审理原则，细化有关程序和实体规定。为更好地规范公司退出市场行为，维护市场运行秩序，依法妥善审理公司强制清算案件，维护和促进经济社会和谐稳定，最高人民法院于2009年9月召开全国部分法院审理公司强制清算案件工作座谈会，就有关审理公司强制清算案件中涉及的主要问题达成共识。2009年11月4日，最高人民法院印发《关于审理公司强制清算案件工作座谈会纪要》(法发〔2009〕52号，以下简称《纪要》)。

2. 主要内容

(1) 明确审理公司强制清算案件的原则

公司作为市场经济主要主体，在参与市场竞争时，既要遵循市场准入规则，也要遵循市场退出规则，公司强制清算作为公司退出市场机制的重要途径之一，主要是一种程序制度，其所规范的是公司清算过程中各相关利害关系人之间的合理秩序，因此，公司强制清算需要程序的保障。《纪要》明确规定，人民法院审理此类案件应坚持以下原则：一是清算程序公正原则。严格依照法定程序审理案件，坚持在程序正义的基础上实现清算结果的公正。二是清算效率原则。依法及时有效地完成清算，保障债权人、股东等利害关系人的利益及时得到实现，避免因长期拖延清算给相关利害关系人造成不必要的损失，保障社会资源的有效利用。三是利益均衡保护原则。既要充分保护债权人利益，又要兼顾职工利益、股东利益和社会利益，妥善处理各方利益冲突，实现法律效果和社会效果的有机统一。

(2) 规定公司强制清算案件管辖、案号管理和审判组织

《纪要》对公司强制清算案件的管辖问题分别从地域管辖和级别管辖两个角度进行确定：地域管辖法院应为公司住所地的人

民法院，即公司主要办事机构所在地法院；公司主要办事机构所在地不明确、存在争议的，由公司注册登记地人民法院管辖。级别管辖应当按照公司登记机关的级别予以确定，即基层人民法院管辖县、县级市或者区的公司登记机关核准登记公司的公司强制清算案件；中级人民法院管辖地区、地级市以上的公司登记机关核准登记公司的公司强制清算案件。存在特殊原因的，也可参照适用《中华人民共和国企业破产法》第四条、《中华人民共和国民事诉讼法》第三十七条和第三十九条规定，确定公司强制清算案件的审理法院。

审理公司强制清算案件，人民法院原来是按照一般的民商事案件确立案号，这样无法体现公司强制清算案件的非讼特点，并导致适用诉讼程序不当等问题。对此，《纪要》参照审理企业破产案件案号的管理，将公司强制清算案件的案号确定为“清”字。人民法院立案庭收到申请人提交的对公司进行强制清算的申请后，应当及时以“（××××）××法×清（预）字第×号”立案。立案庭立案后，应当将申请人提交的申请等有关材料移交审理强制清算案件的审判庭审查，并由审判庭依法作出是否受理强制清算申请的裁定。审判庭裁定不予受理强制清算申请的，裁定生效后，公司强制清算案件应当以“（××××）××法×清（预）字第×号”结案。审判庭裁定受理强制清算申请的，立案庭应当以“（××××）××法×清（算）字第×号”立案。审判庭裁定受理强制清算申请后，在审理强制清算案件中制作的民事裁定书、决定书等，应当在“（××××）××法×清（算）字第×号”后依次编号，如“（××××）××法×清（算）字第×-1号民事裁定书”或者“（××××）××法×清（算）字第×-1号决定书”等。

因公司强制清算案件在性质上类似于企业破产案件，因此，《纪要》规定强制清算案件应当由负责审理企业破产案件的审判庭审理；有条件的人民法院，可由专门的审判庭或者指定专门的合议庭审理公司强制清算案件和企业破产案件；公司强制清算案件应当组成合议庭进行审理。

（3）规范公司强制清算案件受理审查程序

《纪要》对于强制清算的申请、审查、受理和撤回提出规范性意见。一是明确公司债权人或者股东向人民法院申请强制清算应当提交清算申请书。申请书应当载明申请人、被申请人的基本情况和申请的事实和理由。同时，申请人应当向人民法院提交被申请人已经发生解散事由以及申请人对被申请人享有债权或者股权的有关证据。公司解散后已经自行成立清算组进行清算，但债权人或者股东以其故意拖延清算，或者存在其他违法清算可能严重损害债权人或者股东利益为由，申请人民法院强制清算的，申请人还应当向人民法院提交公司故意拖延清算，或者存在其他违法清算行为可能严重损害其利益的相应证据材料。

二是规定人民法院审查受理强制清算申请的方式。人民法院审查受理强制清算申请时，一般应当召开听证会。人民法院决定召开听证会的，应当于听证会召开五日前通知申请人、被申请人，并送达相关申请材料。公司股东、实际控制人等利害关系人申请参加听证的，人民法院应予准许。听证会中，人民法院应当组织有关利害关系人对申请人是否具备申请资格、被申请人是否已经发生解散事由、强制清算申请是否符合法律规定等内容进行听证。人民法院决定不召开听证会的，应当及时通知申请人和被申请人，并向被申请人送达有关申请材料，同时告知被申请人若对申请人的申请有异议，应当自收到人民法院通知之日起七日内向人民法院书面提出。对于事实清楚、法律关系明确、证据确凿充分的案件，可以不召开听证会，采用书面方式审查，但必须通知申请人和被申请人，并向被申请人送达有关申请材料，被申请人享有异议权。

三是区别人民法院对强制清算受理与不予受理的情形。人民法院应当在听证会召开之日或者自异议期满之日起十日内，依法作出是否受理强制清算申请的裁定。被申请人就申请人对其是否享有债权或者股权，或者对被申请人是否发生解散事由提出异议的，人民法院对申请人提出的强制清算申请应不予受理。申请人可就有关争议单独提起诉讼或者仲裁予以确认后，另行向人民法院提起强制清算申请。但对上述异议事项已有生效法律文书予以确认，以及发生被吊销企业法人营业执照、责令关闭或者被撤销等解散事由有明确、充分证据的除外。

申请人提供被申请人自行清算中故意拖延清算，或者存在其他违法清算可能严重损害债权人或者股东利益的相应证据材料后，被申请人未能举出相反证据的，人民法院对申请人提出的强制清算申请应予受理。债权人申请强制清算，被申请人的主要财产、账册、重要文件等灭失，或者被申请人人员下落不明，导致无法清算的，人民法院不得以此为由不予受理。

人民法院受理强制清算申请后，经审查发现强制清算申请不符合法律规定的，可以裁定驳回强制清算申请。人民法院裁定不予受理或者驳回受理申请，申请人不服的，可以向上一级人民法院提起上诉。

四是明确强制清算申请的撤回情形。人民法院裁定受理公司强制清算申请前，申请人请求撤回其申请的，人民法院应予准许。公司因公司章程规定的营业期限届满或者公司章程规定的其他解散事由出现，或者股东会、股东大会决议自愿解散的，人民法院受理强制清算申请后，清算组对股东进行剩余财产分配前，申请人以公司修改章程，或者股东会、股东大会决议公司继续存续为由，请求撤回强制清算申请的，人民法院应予准许。公司因依法被吊销营业执照、责令关闭或者被撤销，或者被人民法院判决强制解散的，人民法院受理强制清算申请后，清算组对股东进行剩余财产分配前，申请人向人民法院申请撤回强制清算申请的，人民法院应不予准许。但申请人有证据证明相关行政决定被撤销，或者人民法院作出解散公司判决后当事人又达成公司存续和解协议的除外。

（4）细化强制清算组运行规程

在《公司法》和《公司法》司法解释（二）的基础上，《纪要》进一步细化了清算组规程，更具有操作性。一是规定强制清算组成员的指定。人民法院应优先指定公司股东、董事、监事、高级管理人员组成清算组；上述人员不能、不愿进行清算，或者由其负责清算不利于清算依法进行的，人民法院可以指定《人民法院中介机构管理人名册》和《人民法院个人管理人名册》中的中介机构或者个人组成清算组；人民法院也可根据实际需要，指定公司股东、董事、监事、高级管理人员，与管理人名册中的中介机构或者个人共同组成清算组。强制清算组成员的人数应当为单数。

二是区分清算组不同类别成员的报酬。公司股东、实际控制人或者股份有限公司的董事担任清算组成员的，不计付报酬；上述人员以外的有限责任公司的董事、监事、高级管理人员，股份有限公司的监事、高级管理人员担任清算组成员的，可以按照其上一年度的平均工资标准计付报酬；中介机构或者个人担任清算组成员的，其报酬由中介机构或者个人与公司协商确定，协商不成的，由人民法院参照《最高人民法院关于审理企业破产案件确定管理人报酬的规定》确定。

三是明确强制清算组的议事机制。公司强制清算中的清算组因清算事务发生争议的，应当参照《公司法》第一百一十二条的规定，经全体清算组成员过半数决议通过。与争议事项有直接利害关系的清算组成员可以发表意见，但不得参与投票；因利害关系人回避表决无法形成多数意见的，清算组可以请求人民法院作出决定。与争议事项有直接利害关系的清算组成员未回避表决形成决定的，债权人或者清算组其他成员可以参照《公司法》第二十二条的规定，自决定作出之日起60日内，请求人民法院予以撤销。

（5）规定无法清算案件审理清算义务人的责任

在实务中，普遍存在公司解散后不依法清算，股东故意逃废债务，导致法院因公司主要财产、账册、重要文件等灭失或者人员下落不明而无法清算的情况，《纪要》对此作出规定。一是对于被申请人主要财产、账册、重要文件等灭失，或者公司人员下落不明的强制清算案件，经向公司的股东、董事等直接责任人员释明或采取罚款等民事制裁措施后，仍然无法清算或者无法全面清算，对于尚有部分财产，且依据现有账册、重要文件等，可以进行部分清偿的，应当参照《企业破产法》的规定，对现有财产进行公平清偿后，以无法全面清算为由终结强制清算程序；对于没有任何财产、账册、重要文件，被申请人人员下落不明的，应当以无法清算为由终结强制清算程序。二是债权人申请强制清算，人民法院以无法清算或者无法全面清算为由裁定终结强制清算程序的，应当在终结裁定中载明，债权人可以另行依据《公司法》司法解释（二）第十八条的规定，要求被申请人的股东、董事、实际控制人等清算义务人对其债务承担偿还责任。股东申请强制清算，人民法院以无法清算或者无法全面清算为由作出终结强制清算程序的，应当在终结裁定中载明，股东可以向控股股东等实际控制公司的主体主张有关权利。

（6）解决强制清算和破产清算相互衔接问题

强制清算程序的前提是公司财产尚足以偿还全部债务，当全额清偿完毕所有债务并且分配完毕剩余财产后终止法人资格。当公司已经资不抵债，就存在向破产清算程序转化的问题。《纪要》明确规定：一是在公司强制清算中，清算组发现公司财产不足清偿债务的，除依据《公司法》司法解释（二）第十七条的规定，通过与债权人协商制作有关债务清偿方案并清偿债务的外，应依据《公司法》第一百八十八条和《企业破产法》第七条第三款的规定向人民法院申请宣告破产。

二是有关权利人另行提起破产申请的，人民法院应当依法进行审查。权利人的破产申请符合《企业破产法》规定的，人民法院应当依法裁定予以受理。人民法院裁定受理破产申请后，应当裁定终结强制清算程序。

三是公司强制清算转入破产清算后，原强制清算中的清算组由《人民法院中介机构管理人名册》和《人民法院个人管理人名册》中的中介机构或者个人组成或者参加的，人民法院可以指定该中介机构或者个人作为破产案件的管理人，或者吸收该中介机构作为新成立的清算组管理人的成员。

四是上述中介机构或者个人不宜担任破产清算中的管理人或者管理人的成员的，人民法院应当根据《企业破产法》和有关司法解释的规定，及时指定管理人。原强制清算中的清算组应当及时将清算事务及有关材料等移交给管理人。公司强制清算中已经完成的清算事项，如无违反《企业破产法》或者有关司法解释的情形的，在破产清算程序中应承认其效力。

（7）规范强制清算终结程序

公司依法清算结束，清算组制作清算报告并报人民法院确认后，人民法院应当裁定终结清算程序。公司登记机关依清算组的申请注销公司登记后，公司终止。公司因公司章程规定的营业期限届满或者公司章程规定的其他解散事由出现，或者股东会、股东大会决议自愿解散的，人民法院受理债权人提出的强制清算申请后，对股东进行剩余财产分配前，公司修改章程，或者股东会、股东大会决议公司继续存续，申请人在其个人债权及他人债权均得到全额清偿后，未撤回申请的，人民法院可以根据被申请人的请求裁定终结强制清算程序，强制清算程序终结后，公司可以继续存续。

（8）规定强制清算程序可以参照适用破产清算程序有关法律规定

由于公司强制清算与破产清算在具体程序操作上具有相似性，《纪要》指出，对《公司法》、《公司法》司法解释（二）和《纪要》未予涉及的情形，如清算中公司的有关人员未依法妥善保管其占有和管理的财产、印章和账簿、文书资料，清算组未及时接管清算中公司的财产、印章和账簿、文书，清算中公司拒不向人民法院提交或者提交不真实的财产状况说明、债务清册、债权清册、有关财务会计报告以及职工工资的支付情况和社会保险费用的缴纳情况，清算中公司拒不向清算组移交财产、印章和账簿、文书等资料，或者伪造、销毁有关财产证据材料而使财产状况不明，股东未缴足出资、抽逃出资，以及公司董事、监事、高级管理人员非法侵占公司财产等，可参照《企业破产法》及其司法解释的有关规定处理。

3. 商业银行需要注意的问题

（1）充分了解公司强制清算程序相关要求

商业银行作为债权人，应充分了解债务公司强制清算申请的相关要求。当债务人提出或被申请强制清算时，商业银行要按照强制清算程序有关规定积极申报债权；因维护银行债权需要对债务人提出强制清算申请时，应注意向人民法院提交被申请人已经发生解散事由以及对被申请人享有债权的有关证据；如债务公司解散后已经自行成立清算组进行清算但又故意拖延清算的，须向人民法院提交被申请人故意拖延清算的相应证据材料。如商业银行申请强制清算，被申请人的主要财产、账册、重要文件等灭失，或者被申请人人员下落不明，导致无法清算的，法院裁定不予受理或者驳回受理申请，商业银行可向上一级人民法院提起上诉。

（2）及时对无法全面清算或无法清算的债务人追索债权

实践中，相当一部分债务人解散后不依法清算，故意逃废债务，导致法院因其主要财产、账册、重要文件等灭失或者人员下落不明而无法清算。根据《纪要》规定，对于无法清算或无法全面清算的案件，如债务人尚有部分财产、账册、重要文件等可以进行部分清偿的，商业银行可以申请人民法院就债务人现有财产进行公平清偿，然后以无法全面依法清算为由终结清算程序；对于债务人没有任何财产、账册、重要文件，人员下落不明的，商业银行可以申请人民法院以无法清算为由终结清算程序。在此情况下，商业银行可以另行依据《公司法》司法解释（二）规定，要求被申请人的股东、董事、实际控制人等清算义务人对其债务承担偿还责任。此外，在债务人股东或其他债权人提出申请的公司强制清算中，如发现公司财产不足以清偿债务的，商业银行可根据实际情况与债务人清算组协商有关债务清偿方案并清偿债务，避免进入破产清算程序，提高债权受偿效率。

（3）注意运用破产清算维护银行债权

由于公司强制清算的前提是财产足以偿还全部债务，强制清算程序的启动不具有冻结清算中公司财产的效力，对于强制清算中公司的给付之诉和强制执行等，原则上不具有中止功能。因此，如果商业银行发现债务人事实上已经出现破产原因或者存在不能清偿全部债务的重大情形，为阻止债务人被强制执行和进行个别清偿行为，防止最终债务人财产无法清偿所有债权人债权而有可能损害自身利益，商业银行应当依据《企业破产法》有关规定向人民法院另行提起破产申请，以终结强制清算程序。

（4）妥善防控原自办公司清算风险

因历史遗留问题，国有商业银行按国家有关规定对原自办公司通过关闭、解散等方式进行了清理。为防止原自办公司清理工作带来的清算风险，商业银行应对自办公司清理工作进行一次全面梳理，根据不同情况采取自行清算、强制清算或破产清算等方式进行处理。对暂时无法采取依法清算方式的，要尽量保管好公司原有主要财产、账册、重要文件等资料，避免因证据灭失在发生纠纷后处于不利诉讼局面。

二、典型案例述评

2009 年，中国银行业先后发生多起值得关注的典型诉讼案例，涉及公告催收侵害名誉权、理财产品赎回、口头挂失、全额计收信用卡透支利息、电话银行业务外包、银行产品宣传等问题。这些判例引起了媒体和社会公众的广泛关注，也成为本年度银行业诉讼纠纷的热点和焦点问题。通过对典型诉讼案例进行研究和分析，可以看出我国银行业经营管理中存在的问题，有利于提高银行对依法合规经营重要性和迫切性的认识，不断改进和提高服务水平和服务质量，促进银行业健康发展。为此，我们收集了2009年度银行业发生的一些典型案例，其中既有银行赢得诉讼的案例，也有银行败诉的教训，并且提出了进一步加强和改进银行经营管理的相关建议，以期有关方面可以从中获得相关的启示和经验。

（一）公告催收侵害名誉权纠纷案

1. 典型案例

2002年9月17日，刘某与广东省某银行签订信用卡领用合约，刘某母亲卢某与该行签订信用卡保证合约，为刘某申领信用卡提供连带责任保证。刘某信用卡交易明细显示，2008年9月27日，刘某所持信用卡在香港某自助取款机取款2笔，9月27日、28日，在香港某珠宝表饰金行消费3笔，10月1日、6日和7日在香港某自助取款机跨行查询3次，上述交易共透支人民币4 969.33元。因刘某到期未能偿还上述信用卡透支款项，某银行通过拨打刘某手机及单位电话对其进行催收，但刘某手机及单位电话均是空号，住宅电话无人接听，刘某也一直没有还款。截至2009年3月2日，刘某信用卡透支欠款本息合计5 356.84元。

2009年3月5日，某银行在报纸上刊登《关于限令持卡人归还欠款的通告》："下列持卡人的信用卡透支欠款已超过约定的还款期限，形成恶意透支。现限令下列持卡人自本公告发布之日起，自觉履行归还欠款的义务，否则，我行将依法追索到底，对涉嫌诈骗或触犯《刑法》第一百九十六条者，将依法报送司法机关追究刑事责任。"通告中列明了包括刘某在内的该行一批信用卡逾期未还款的客户信息，包括持卡人卡号、姓名、身份证号、拖欠贷款本息及持卡人原工作单位等信息，并对个人信息中卡号及身份证号的部分数字用"×××"代替。其中刊登的刘某信息为："卡号5××××××××××112463，姓名刘某，身份证号441802810815×××，本息欠款5 356.84元，持卡人原工作单位××县公安局××大队。”刘某认为，某银行在没有查清其是否欠款、未寄达信用卡消费账单、未通知其核对还款的情况下就把其欠款情况及个人信息刊登在报纸上进行催收，对其生活及工作造成极大影响，其单位同事和领导多次询问是否出现经济危机、是否因参与赌博引致欠债，并对其进行特别调查。刘某认为银行公告声称其恶意透支，严重侵害了其名誉权，遂向法院提起诉讼，要求该银行停止侵害、在金融信用系统消除影响、公开赔礼道歉，并要求银行支付精神损失赔偿金2万元及承担诉讼费用。

庭审过程中，刘某认为本案诉争的5 356.84元透支款不是其本人消费，不应承担偿还责任，并提供其往来港澳通行证说明2005年以后没去过香港。银行认为，双方签订的信用卡领用合约及信用卡章程明确约定：“凡使用密码进行的交易，均视为甲方（申领人）本人所为。”银行向法庭提供了该行信用卡系统显示的刘某卡片状态界面，证明刘某信用卡已被设定为取款和消费均需输入密码方能进行。据某银行了解，刘某母亲长期在香港务工，刘某妻子也曾于2008年“十一”期间前往香港旅游，该信用卡在自助取款机取款或在珠宝行POS机刷卡消费时均使用密码进行交易。因此，某银行认为不管是刘某本人或刘某授权他人使用该信用卡，因上述交易均已输入刘某设定的私人密码，应视为刘某本人所为，刘某应履行还款义务。

刘某认为，某银行未通过上门催收、信函催收等方式告知其透支事实而直接采取登报公告的行为是不合法的，侵犯了其名誉权。某银行辩称，刘某信用卡透支形成欠款且经多次催收后仍不归还是客观事实，某银行并无侮辱、诽谤刘某的，主观上没有过错。首先，银行有多种催收方式的选择权，可以自行或委托第三方通过信函、短信、电子邮件、电话、上门、公告或司法途径等方式向持卡人催收欠款。其次，银行在登报公告催收之前已多次电话催收，由于刘某办公电话和手机号码均是空号，家庭电话无人接听，在联系不到刘某的情况下才进行公告催收。最后，银行在登报公告催收过程中已经注意了对客户隐私的保护，对持卡人相关信息隐去了卡号、身份证号码及工作单位的部分信息，而刘某所称因公告内容受到单位内部的调查，相关情况并未对社会公开，并没有造成对刘某不利的社会影响。因此，刘某主张某银行侵害其名誉权进而请求判令某银行停止侵害、消除影响、公开赔礼道歉以及请求精神损害赔偿没有依据。

本案开庭审理后，法院询问当事各方是否同意进行调解。经协商，某银行同意于领取调解书当日向刘某口头赔礼道歉；刘某撤回对某银行的其他诉讼请求，双方在法院主持下达成调解协议。法院依法制作了民事调解书，某银行代理人向刘某当面宣读致刘某先生的一封信："刘某先生：某银行在《××日报》B2 版上刊登《关于限令持卡人归还欠款的通告》，根据相关法律法规及银行的规定对您的欠款行为进行了公告催收。如果在催收过程中银行无意中对您的生活和工作造成一定影响，对此银行表示歉意。银行将进一步改进服务方式，提高服务质量，为广大市民提供更优质、更高效的金融服务。"刘某对此表示接受与认可，双方签收了调解书。2009 年 5 月 30 日，刘某一次性还清信用卡透支本息 6 188.64 元。

2. 分析与点评

据统计，截至 2009 年 3 月底，国内信用卡发行银行已接近 30 家，其中有 17 家银行的信用卡累计发行量超过了 50 万张。除全国性的商业银行全部发行了信用卡外，很多地方性银行也正在积极发卡或筹备发卡。银行发卡激烈竞争造成一些银行片面追求发行数量而降低了申请人信用及还款能力的审查门槛。随着信用卡客户的日益增多，持卡人逾期未能偿还欠款等情况时有发生。信用卡透支面宽，单笔金额小，持卡人分散且流动性大，许多透支金额都在 5 000 元以下，对恶意透支避而不还的客户单独追讨、到公安机关通过刑事追讨或单个起诉透支人的成本较高，因此，利用媒体公开催收持卡人欠款成为当前商业银行节省成本的一种催收欠款方式，但是这种媒体公告催收方式是否合法、是否侵犯了持卡人名誉权存在一定争议，本案即是因银行在媒体上公开持卡人欠款及个人相关信息进行催收而导致被诉的典型案例。

（1）刘某是否应对信用卡透支欠款承担还款责任

在信用卡消费交易中，客户可选择设定密码交易，一旦设定消费交易密码，该密码即具有私密性和唯一性等特性，在法律上也成为银行识别客户身份以及客户对交易内容进行确认的重要手段，只要客户在交易中输入正确的账号和密码，银行就应当推定有关交易系客户本人或客户授权之人所为，并应当由客户本人对该交易承担相应的法律后果。本案中，刘某虽然举证其本人2005年后没有进入香港，但其母亲长期在港务工，其妻子也曾到港旅游，而且刘某信用卡在港进行消费交易和查询时均正确地输入了预设密码，因此，根据某银行与刘某签订的信用卡领用合约规定，该笔透支款项应视为刘某本人所为，刘某应履行还款责任。

（2）某银行公告催收行为是否侵犯刘某名誉权

目前，对逾期未能还款的信用卡客户，银行一般采用短信提醒、信函通知、电话催收、上门催收等方式催收持卡人偿还欠款，绝大部分持卡人经过银行前期催收，都能自觉归还欠款。近年来，针对少部分持卡人由于恶意欠款或持卡人无法联系导致银行无法追讨欠款等，银行也开始采取通过媒体公告催收方式清收欠款。但银行采用公告方式进行催收在实践中有颇多争议。被公告催收的持卡人认为，信用卡欠款未还属于个人隐私，银行有替客户保密的义务，而银行在报纸上公告催收，让他人知晓其欠钱不还，不讲信用，侵犯了公民名誉权。但商业银行通过公告方式进行催收也是不得已而采取的办法，银行公开持卡人欠款信息是希望给持卡人施加压力，促使他们早日归还欠款。根据我国法律有关规定，结合本案情况，某银行并未侵犯刘某的名誉权。主要理由如下：

一是刘某主张名誉权被侵害没有法律依据。名誉权，从法律上说其实就是一种社会评价，是公众对特定人的道德品质、才干、声望、信誉和形象等各方面的综合评价。名誉权是公民或法人对自身价值在社会生活中获得社会公正评价的权利。对一个公民来讲，他的社会评价如何关系到他在社会中的生存条件和生活能力，《民法通则》第一百零一条规定："公民、法人享有名誉权，公民的人格尊严受法律保护，禁止用侮辱、诽谤等方式损害公民、法人的名誉。"《最高人民法院关于审理名誉权案件若干问题的解答》第十条规定："是否构成侵害名誉权的责任，应当根据受害人确有名誉被损害的事实、行为人行为违法、违法行为与损害后果之间有因果关系、行为人主观上有过错来认定。"受害人名誉被损害是指侵权人的行为对受害人的名誉造成了较严重的损害，使受害人感觉到一种不公正的社会压力或心理负担，精神上受到折磨，心理上遭受创伤。这种不公正的社会压力、心理负担或精神上受到的折磨必须是客观实在的东西，而不是受害人主观上的一种感受。因此，行为人的某些行为如果没有造成受害人的社会评价降低，则不构成对名誉权的侵害。从本案情况看，刘某未能按时还款且经银行多次催收后仍不归还是客观事实，银行登报公告旨在通知并促使欠款人及时还款，并无侮辱、诽谤刘某的内容，主观上没有过错。刘某作为一名警察，因发生信用卡违约透支行为受到单位同事的询问和调查与其职业特殊性有关，调查未形成定论也没有向社会公开，客观上也未导致其社会评价降低。因此，刘某主张银行侵害其名誉权没有法律依据。

二是银行公告催收并未违反法律规定。目前，我国有关法律法规对银行采取何种方式进行催收并无禁止性的规定，更未禁止银行以媒体公告的方式公开债务人债权信息。实践中，银行主要是针对拖欠时间超过 120 天、还款意愿差、透支本金 2 000 元以上、经多次催收未予归还的客户进行公告催收。公告的债务人欠款信息内容属实，如将其视为侵权，未免有扩大之嫌。而且，银行对公布的债务人信息部分已作了特殊处理，在一定程度上考虑到了对欠款人的隐私保护。但必须注意的是，银行在媒体上公布的欠款人信息并非完全与公众无关，社会舆论多少会给欠款人产生一定心理压力，比较反感银行这种催收方式，容易引发纠纷或争议。

3. 相关启示

本案某银行为了顾及银行声誉，避免激化与客户的关系，在本可以不赔礼道歉的情况下，向刘某表达口头歉意，刘某也归还了欠款，达到双方共赢的诉讼结果，对商业银行信用卡风险管理及欠款催收具有重要的启示作用。

（1）坚持信用卡市场营销与风险控制并重原则

在信用卡营销时，发卡银行应完善并严格执行科学的授信审核机制，并要向申请人充分揭示风险；要根据持卡人财力状况的变化采取及时有效的风险管控措施，对逾期账款催收应严格按照法定程序向持卡人本人催收；坚决禁止为盲目追求商业利益而放松授信标准、不当营销、非法催收。

（2）谨慎使用公告方式催收债务人欠款

对信用卡逾期不能归还欠款的持卡人，商业银行应及时采取短信、电话、信函及上门等方式提醒并通知持卡人。虽然公告催收成本低、影响大，能够促使持卡人自动归还透支款或增强还款意愿，但一旦公告催收，社会舆论就会给债务人及其担保人产生一定心理压力，持卡人会感觉其名誉、隐私或商誉受到一定程度的影响。由于目前法律法规尚未对债权人公告催收债务进行明确规定，为避免产生法律纠纷，商业银行应谨慎采用公告方式进行催收。如必须要进行公告催收，则应规范相关操作流程：一是完善信用卡领用合同内容，可以在合同中补充以下条款："持卡人同意在违反本领用合同约定透支欠款，经催收两次未予归还，发卡银行有权在本单位或金融系统内部刊物、报纸、电视、因特网等媒体上公告持卡人及担保人的姓名、地址、身份证号码（或企业名称、地址、法定代表人姓名、身份证号码），透支欠款状态（包括透支数额、透支时间、到期时间等），督促持卡人自觉履行归还欠款义务。"二是确保公告内容真实、客观，注意公告措辞及表述方式，并保留已经以短信、电话或上门等方式进行催收的证据材料，以备发生客户投诉或法律纠纷时查证。

（3）注意防控银行声誉风险

本案虽然未涉及银行实质上的侵权责任，仅以银行进行口头道歉告终，但商业银行不能忽视这类诉讼案件对银行声誉造成的负面影响。由于公告催收一般会涉及人数较多的持卡人信息，如发生对银行公告催收提起客户投诉或诉讼时，商业银行应给予充分重视，根据实际情况及时采取有效措施，灵活处理，特别是要避免媒体不正当炒作，引发声誉风险。

（二）理财产品赎回纠纷案

1. 典型案例

唐某于2007年6月25日申购了上海市某银行发行的价值人民币38万元的某理财产品。此后，唐某先后分别于2008年4月7日以及2008年4月21日成功赎回了75 470.4份以及100 000份该理财产品，尚余20万份该理财产品。2008年5月19日（周一）下午四点左右，唐某到某银行办理剩余20万份某理财产品的赎回业务。当时，该行经办人员即提醒唐某已过了当日办理该产品赎回业务的时间（15：00），唐某如需继续办理申请赎回手续，则具体赎回金额要按下周净值计算。得知上述情况后，唐某没有明确表示异议，当天也没有办理过任何赎回业务手续。此后，唐某在详细查看了该理财产品说明书后发现，银行没有在相关条款中明示该理财产品在赎回工作日内的赎回时间，且该理财产品主要投资的是香港市场，唐某据此认为产品赎回时间应以港交所的交易时间下午四点结束为准。为此，唐某通过各种途径向该银行上级行以及银监局就该理财产品于“赎回工作日下午三点前结束某理财产品赎回业务”的问题进行多次投诉，某银行相关人员也多次给予其明确答复，确认此产品赎回业务必须在每个赎回工作日下午三点之前办理。但唐某对于银行的投诉答复不予认可。最后，在反复投诉无果的情况下，唐某于2008年6月30日抛售了该20万份的某理财产品，但因在此期间该产品净值连续下跌，已与最初5月19日的产品市值存在将近1.89万元的投资损失。唐某认为，银行的理财产品说明书内容存在瑕疵，导致其错过产品赎回时间，由于银行的过错给其本人造成经济损失，于是向法院提起诉讼，要求银行承担赔偿责任。

某银行答辩认为，唐某在截至2008年6月30日前，始终没有向银行方提出过终止该20万份委托理财产品的意思表示，其诉求中所谓的1.89万元损失只是唐某单纯的投资损失，与银行无关。此外，唐某具备一定的基金以及准基金型理财产品的投资经验，应该熟悉相关的赎回交易规则。

本案开庭审理后，考虑到在理财产品说明书中对赎回工作日的赎回时间确实没有具体规定，易引发投资者多种不同的解释，为了防止银行信誉受到影响，并从维护客户关系的角度出发，在法院的主持下，某银行最终与唐某达成调解协议，补偿唐某5月19日至5月26日这一周产品净值损失7 000元。

2. 分析与点评

本案主要问题和争议焦点集中在三个方面：一是本案所涉理财产品说明书中的相关表述是否存在瑕疵？二是银行与唐某之间的委托理财合同关系何时终止？三是自5月19日唐某最初提出赎回意向到6月30日最终赎回期间的1.89万元净值差价损失的性质如何认定，该损失应由谁承担？

（1）理财产品说明书中的相关表述是否存在瑕疵

首先，由于某银行推出的各类理财产品数量、种类众多，因此，每个产品的说明书内容不尽相同。以本案为例，某银行在该理财产品说明书中就该产品赎回时间的约定表述如下：“申购、赎回的开放日为每星期第一个工作日，除所有国内法定节假日以及香港法定假日。若因海外市场其他节假日导致对产品的申购赎回有重大影响，管理人可视情况进行相应调整并提前公告。”同时，在该银行网上银行对该理财产品介绍的“申赎日期”事项中，仅表述为："封闭期结束后的每星期第一个工作日。"而在诉状中，唐某又列举了该银行网上银行对另一个理财产品的介绍，其中"开放日"事项内表述如下："本产品开放日为每周一（如果周一为非工作日，则所提交申请延至下一个工作日处理），交易时间为开放日的9：00～15：00，投资者可在开放日交易时间段内提交申购、赎回申请，开放日15：00之后提交的申请属于预约交易，自动延至下一个工作日处理。募集期和封闭期不接受申购、赎回申请。"上述两个产品均为该银行推出，但对比后不难发现，两份产品说明内容对于申赎时间的表述却大相径庭。后者表述的内容更为明确、详细，相比之下前者的说明内容则过于简单、模糊，在实际业务操作中容易引起客户的误解或产生歧义，并导致在司法审判中易让法官产生不利于银行方的判断。

其次，从法律层面分析，某银行理财产品说明的相关内容存在较明显瑕疵。本案自该理财产品成立之时，银行与客户之间就构成了委托理财合同关系，而产品说明书则是该合同关系的重要组成部分。根据上述产品说明书相关内容的字面理解，某银行应该在该产品每个开放日的营业时间内，接受办理客户的当日赎回申请。即使某银行以相关理财产品的交易惯例来主张涉及"产品赎回"的相关约定存在与客户不同的解释，但根据我国《合同法》有关规定，该产品说明书应属于格式合同的范畴，某银行作为该格式合同的提供方，如果对格式条款有两种以上解释的，应当作出不利于提供格式条款一方（银行）的解释。因此，某银行即使以行业交易惯例来进行的答辩也得不到法院的支持。

（2）双方委托理财合同于何时终止

唐某自申购了某银行发行的理财产品后，即与银行之间构成了委托理财合同关系，唐某可以通过申请赎回该理财产品的方式来实现单方终止其与银行之间的委托理财合同关系。而从本案的事实经过来看，唐某在2008年5月19日下午四点左右，在得知其已过当日申请赎回时间之后，当天直至该产品下一周的赎回日（即2008年5月26日），均没有向银行方作出过任何申请赎回该

20万份理财产品的意思表示及行为。既然唐某没有在上述期间行使该委托理财产品赋予其赎回终止权，也就充分表明唐某仍然想使其与该银行之间建立的委托理财合同关系得以继续保持。唐某出于自身意愿，于2008年6月30日赎回了20万份委托理财产品。显而易见，本案中银行与唐某之间的委托理财合同关系的实际终止日期应为2008年6月30日，而非唐某所认为的5月19日。

（3）唐某1.89万元净值差价损失的定性和责任承担

既然唐某在2008年5月19日当天至该产品下一周的赎回日（即2008年5月26日），可以向某银行提出赎回申请而没有实际作出过任何申请赎回20万份理财产品的意思表示和行为，则某银行理财产品说明书中的瑕疵所可能给唐某造成的实际投资损失即不存在。故本案1.89万元净值差价损失，其性质应系唐某投资该理财产品的投资损失，与某银行该理财产品说明的瑕疵无因果关系。

3. 相关启示

虽然本案最终以调解结案，银行基于企业形象及商业信誉角度考虑，对唐某进行了部分经济补偿，使相关争议仅限于该民事纠纷案件，并没有引发其他相同类型被诉案件，有效避免了群体诉讼风险。但对于银行而言，本案中所折射出的风险启示应引起关注：

（1）加强对各类金融产品说明书法律审查

商业银行作为一个面向众多客户的金融机构，其发行的金融产品往往具有受众面广的特点，一旦某一环节出现问题，就可能引发大范围的民事纠纷。因此，银行应本着高度严谨负责的态度，对其自身发行的各类金融产品的各个环节加以管理和控制。银行尤其要对各个金融产品的说明书等加强法律审查，确保产品说明书依法合规，避免产生歧义和纠纷。产品说明书作为银行与客户之间签订的各类合同的必要组成部分，其重要性不言而喻。

如果产品说明书中一些能影响到合同的成立、变更、性质以及终止等内容的重要条款发生差错或存有漏洞，就有可能被一些客户所利用，通过投诉甚至诉讼等方式要求银行对其投资损失"埋单"，将自身的投资损失风险转嫁给银行。

（2）银行发行的相同类型、相同特点金融产品说明书的共性条款应尽可能保持一致

本案中唐某提出证据证明，某银行在与该系列理财产品相同类型的产品说明书中，就产品赎回条款采取了另一种更具体、更详尽而不会引发歧义的表述方式。这说明，银行应当对发行的各类金融产品进行必要的分类，对于同一类型金融产品具有共性的产品说明内容建立标准化"条款库"。如果今后银行再次发行同类型的金融产品，就可以直接从"条款库"中找到相应的产品说明条款，以尽可能地保证前后产品说明书中相同内容条款表述上的一致性。

（3）及时采取风险补救措施

以本案为例，对本案例中所反映出的问题，某银行可在该银行网站上对理财产品的相关内容进行补充和更正，对该产品赎回条款增加相应的内容。某银行还应全面梳理和审核以往发行而尚未终止的理财产品的相关条款是否也存在同样的瑕疵，以防止今后类似被诉案件风险敞口进一步扩大。从防控被诉案件风险角度出发，银行基层网点在营销理财产品时，如发现产品说明书存在瑕疵，应及时向上级行业务部门反映。银行应当及时采取补救措施，如通过手工补记理财产品说明书相关内容的方式，提请客户对此条款加以关注，以尽到银行充分告知义务，有效化解今后可能产生的被诉法律风险。

（三）口头挂失纠纷案

1. 典型案例

2007 年 12 月 15 日 13 时 24 分，彭某到南宁市某银行营业网

点，声称其所有存折、银行卡及身份证被偷，已经报警，要求办理挂失业务。情急之下，彭某忘记了存折、身份证号码，仅能向经办人员提供自己的姓名和出生日期。经办人员据此为其进行了查询，却无任何结果。于是，彭某提供了其旧的身份证号码，经办人员据此查询到其在工行的10笔开户信息，打印出来后交给了彭某。因其中有一张用于扣烟款的银行卡，彭某无法确定其账号，又担心挂失后无法扣款而影响生意往来，彭某暂时无法确定挂失哪些账户。此时，经办人员认为彭某账户太多，全部办理口头挂失要填很多份挂失单，且口头挂失15天届满后还要再办一次正式挂失，手续很麻烦；加之彭某称密码只有自己知道，经办人员就建议她回家拿户口簿，直接办理正式挂失。彭某坚持先口头挂失，但是又在挂失哪些账户的问题上犹豫不决，于是经办人员建议彭某对其中两张卡暂不挂失，并告知彭某到大堂经理处填写挂失申请书。然而，彭某并未立即起身填写挂失申请书，而是要求经办人员继续查询那张扣烟款的银行卡。由于该卡是用户口簿开户而非身份证开户，花了十几分钟也无法查到。最后，彭某才决定到大堂经理处填写挂失申请书。可是此时，经办人员却改口要求彭某回家拿户口簿来办理正式挂失。彭某没有拒绝，随即离开网点。50分钟后，即当日14时45分，彭某带户口簿回到营业网点。但其并未马上填写挂失申请书，而是又提供了一份存款底单，要求经办人员查清扣烟款的银行卡号。15时05分，彭某开始办理正式挂失手续。15时30分左右，经办人员上机操作，发现当日15时12分有一本存折已被取现4.8万元。

彭某认为，其发现自己的存折、卡、身份证等财物被盗后立即报警，并赶到银行营业网点要求口头挂失，已全面履行自己作为一名储户应尽的注意义务。而银行作为金融服务企业，在服务方面存在重大过错：一是对储户要求挂失这种特殊业务重视不够，没有正确履行告知义务和指导义务；二是没有足够的安全防范意识，对于明知处于危险状态的储户存款，没有在第一时间内以最安全的方式加以防范，导致储户存款损失，银行依法应承担全部赔偿责任。彭某与某银行经多次协商未果，彭某将某银行告上法庭，要求法院判令某银行赔偿其存款本金 48 000 元及利息 3 499元。

该案审理引起了各方关注。开庭时，人大代表、政协委员、新闻记者等均参加了旁听，且当庭播放了彭某到银行营业网点办理挂失过程的监控录像。银行认为：彭某到营业网点办理挂失时，既无法提供有效身份证明，也无法提供账号等存款要素，甚至连身份证号码都无法提供，导致银行无法核对储户的身份信息，也无法查清储户的账户信息。在查清彭某的账户信息后，彭某又不按经办员的要求填写挂失申请书，造成银行无法受理彭某的口头挂失申请，故银行拒绝受理口头挂失申请没有过错。按照该银行《储蓄账户和银行卡挂失业务处理实施细则》第五条规定：储户申请挂失时，必须出示有效身份证明，填写储蓄挂失申请书，选择“正式”或“口挂”并提供姓名、开户时间、存款种类、金额、住址等要素，网点查实存款未被支取后，方可受理客户的口头挂失申请。因彭某在网点要求办理挂失手续时，未能满足银行受理口头挂失申请的条件，更未发出口头挂失的要约（即未填写口头挂失申请书），且银行经办员建议彭某拿户口簿办理正式挂失手续时，彭某未持任何异议就回家拿来户口簿办理正式挂失手续。后因彭某自身风险意识不强，长时间未返回办理挂失手续，且对存折及密码保管不善，才导致其存折内存款被支取，过错责任完全在于彭某。

法院审理后认为，根据《储蓄管理条例》第三十一条“在特殊情况下，储户可以用口头或函电形式申请挂失，但必须在 5 天内补办书面申请挂失手续”，以及某银行《储蓄账户和银行卡挂失业务处理实施细则》第五条“若客户无法提供有效身份证明和账号，但可以提供姓名、余额、地址、存款种类和大致的开户日期等要素，网点在查实存款未被支取后，可受理客户的口头挂失申请”、第六条“在特殊情况下，客户可以用口头或函电形式申请挂失，但必须在同城口头挂失 5 天或异地口头挂失 15 天内，凭有效身份证明回原开户网点补办书面正式挂失手续，否则口头挂失自动失效”等规定，在特殊情况下，储户有权先申请口头挂失，储蓄机构负有及时办理口头挂失的义务。彭某因银行卡/折、身份证等被盗后立即赶到某银行网点申请口头挂失，某银行通过电脑查询到彭某的开户信息并确认账户资金正常后，即应视为彭某的挂失申请已经得到某银行的认可，某银行应当按照上述规定作为特殊情况下口头挂失处理，立即办理挂失止付手续，至于填写储蓄挂失申请书可于事后指导彭某补办，以避免彭某的存款随时遭他人盗取，保障储户的存款不受他人的侵犯。而某银行经办员认为彭某的存折有密码而疏于防范，未能及时采取有效措施，而且因怕麻烦而多次让彭某回家拿户口簿来办理正式挂失，某银行消极不作为造成彭某存款止付延迟，使彭某存款损失成为现实，对此应负主要过错责任。而彭某未妥善保管好自己的财物，致使存折、身份证落入他人之手，且对个人密码信息设置、保管不善，给他人异处盗领存款提供了便利，彭某对自己的存款被盗亦有过错，故判决银行赔偿彭某存款本金 33 600 元及利息损失。彭某和某银行均未提起上诉。

2. 分析与点评

本案争议焦点集中在两个方面：一是储户口头挂失时拒绝填写挂失申请书，银行应否予以受理；二是银行拒绝办理口头挂失，储户未提出异议，可否视为储户同意办理正式挂失。

（1）储户口头挂失时拒绝填写挂失申请书，银行应否予以受理

所谓储户挂失，是指储户遗失存单、存折或者预留印鉴的印章时，按照法律法规的要求向开户银行提供相关材料，由银行为其办理挂失手续，避免账户内资金损失的一种措施。《储蓄管理条例》（以下简称《条例》）对储户挂失问题作了比较明确的规定。《条例》第三十一条将挂失分为两种：书面挂失和口头挂失。对于书面挂失需要提供的材料，《条例》规定具体明确，具有较

强的可操作性。相比之下，口头挂失通常情况紧急，储户甚至根本无法提供本人身份证明，比如本案中的彭某。在这种情况下，银行应如何受理口头挂失，《条例》未作任何规定，仅要求5天内补办书面挂失手续即可。那么，银行到底应如何操作呢？其实，在遵循商业银行业务相关原则的前提下，《条例》空白反而为银行灵活处理相关问题提供了自由的空间。《商业银行法》第六条规定："商业银行应当保障存款人的合法权益不受任何单位和个人的侵犯。"可见，银行受理口头挂失的首要任务是：查明口头挂失申请人身份，确保其为储户或储户委托的代理人。在这个前提下，银行不必拘泥于《条例》所规定的储户应提供的相关材料，应以积极的态度进行灵活的处理，保护储户财产免受损失。

《商业银行法》第二十九条第二款规定："对个人储蓄存款，商业银行有权拒绝任何单位或者个人查询、冻结、扣划，但法律另有规定的除外。"本案中，由于彭某存折、银行卡和身份证被盗，无法提供身份证，仅向经办人员提供了自己的姓名和出生日期（后又提供旧的身份证号码），而经办人员也据此为其进行了查询。也就是说，经办人员一旦为彭某进行了查询，就证明其对彭某的储户身份确认无疑。为此，法院判决认定：彭某申请口头挂失，某银行通过电脑查询到彭某的开户信息并确认账户资金正常后，即应视为彭某的挂失申请已经得到某银行的认可，某银行应立即办理挂失止付手续。而此后经办人员多次要求彭某提供户口簿办理正式挂失的行为，则被法院认定为"消极不作为"。在确认储户身份后，办理口头挂失是否仍需履行一定的书面手续呢？履行书面手续的目的是储户和银行双方共同确认储户报失、银行办理挂失的一个书面文件。如果储户挂失的账户很多，填具书面材料势必要花费很多时间。在电子通信技术相当发达的今天，各网点间通存通兑，资金交易实时划转、实时到账，储户账户上的资金随时可能会遭受损失。即便储户设置了密码，也不可过分估计密码的作用。在这种情况下，经办人员就应该争分夺秒，先为储户办理挂失操作，相关的书面确认手续可在操作之后完成。这也符合《条例》第三十六条“5 日内补办书面申请挂失手续”的立法原意。

但是，现实生活中也存在恶意挂失的现象，也曾出现过银行为此承担责任的情况。因此，银行在方便储户的同时，也要增强风险防范意识，认真识别挂失者身份，务必在确认挂失者的储户身份后，再办理查询、挂失手续。本案中，经办人员可以先要求彭某出示户口簿，再为其查询，也许判决结果将会有所不同。

（2）银行提出办理正式挂失，储户未持异议，是否证明储户同意变更挂失形式

本案中，某银行认为彭某未填写储蓄挂失申请书应视为未向银行发出挂失要约，而其后彭某回家拿户口簿再次到网点办理正式挂失，应视为彭某向银行发出了新的要约，这种抗辩理由显然缺乏法律依据。根据《合同法》第十四条，“要约是希望和他人订立合同的意思表示”。储户挂失，前提是挂失者已经同储蓄机构形成储蓄合同关系。所谓储蓄合同，是指存款人将人民币或外币存入储蓄机构，储蓄机构根据存款人的请求支付本金和利息的合同。储户挂失并非希望和储蓄机构订立一项新的合同，而是在双方存在储蓄合同关系的基础上，由于储户发生遗失而要求储蓄机构采取得力措施保护其财产的意思表示。相应地，这也是储蓄机构在储蓄合同中应该履行的义务。银行对储户的这一意思表示没有同意与否的选择权，一旦确认双方存在储蓄合同关系即应办理。为此，挂失行为不应适用要约、承诺的相关规定。因此，法院未采纳某银行的抗辩理由，认定“彭某已持有银行经办人员为其打印的账户清单，说明银行在彭某提出口头挂失申请后，确认了彭某的储户身份及账户余额，彭某申请口头挂失的义务已经完成，口头挂失的程序已经终结。彭某回家拿户口簿办理正式挂失，是其在认为已办理口头挂失的基础上提出的新申请，并非变更申请挂失形式”。

3. 相关启示

从13时24分申请口头挂失到15时12分存款被盗，历时近两个小时，某银行未能为客户彭某办妥挂失手续。本案暴露出银行挂失业务手续繁琐，花费时间过长。同时，本案也说明银行经办人员对挂失业务的风险防范意识不足，对规章制度中关于挂失手续的认识存在偏差。本案对商业银行有以下几点启示值得关注。

（1）加强业务培训，提高员工法律风险意识

银行应让员工熟知业务操作中容易导致风险的环节，提高风险防范意识，培训员工灵活处理紧急事项应对技能。既要防止他人假冒储户挂失导致银行承担审核不当的过错责任，又要避免挂失操作耗时过长导致储户存款被盗引发银行被诉。

（2）增强员工客户至上的服务意识

当客户权利突然受到威胁或损害时，在依法合规的前提下，银行经办人员要增强客户至上的服务意识，根据实际情况作出正确判断，及时灵活处置，积极维护客户合法权益。如本案中，在非常紧急的情况下，经办人员应在审核账户信息无误后立即办理止付手续，不能因储户未填写挂失申请书就拒绝办理止付手续，更不应轻信密码完全能够起到保护存款不被盗取的作用。只有设身处地为客户着想，才能最大限度地服务好客户，也才能避免银行发生声誉风险和法律风险。

（3）为储户办理挂失业务开辟绿色通道

挂失业务是商业银行一项个人金融业务，但是与储户自身利益密切相关，属于高风险业务，如处理不当容易引起客户投诉或法律纠纷。银行应为办理挂失业务的客户开辟绿色通道，在条件允许的情况下简化流程，缩短办理业务时间，防止他人利用银行办理挂失程序复杂、耗时较长形成的时间差冒领盗取客户存款。

（四）全额计收信用卡透支利息纠纷案

1. 典型案例

2008年7月14日，艾某在某银行提供的中国某银行信用卡（个人卡）领用合约（以下简称合约）上签名，申请某银行提供VISA（双币信用卡）金卡。在合约中约定"除章程或本合约另有约定的情形之外，对持卡人的非现金交易，从记账日起至最后还款日之间的日期为免息还款期，持卡人在免息还款期内偿还全部应还款项的，无须支付当期刷卡消费交易款项的利息，免息还款期的最长期限由本行在有关金融规章许可的范围内确定。持卡人未能于最后还款日前（含当日）足额偿还全部到期应还款项的，不享受免息待遇，并且按照全部应还款项自记账日起按透支利率计算利息"。后经某银行审核通过，双方建立信用卡合同关系，艾某领取了某银行贷记信用卡金卡。2008年11月，艾某使用信用卡透支消费1 861.76元。由于未记准尾数，在该月账单最后还款期前，艾某还款1 800元，剩余61.76元未还。后艾某收到某银行发出的12月账单交易明细：上期透支消费金额1 861.76元，本期已还金额1 800.00元，循环利息34.72元。艾某认为罚息过高遂与某银行进行交涉，某银行解释为该利息不是以艾某11月实际逾期金额61.76元作为基数计算，而是以全部透支金额1 861.76元作为基数计算。但艾某认为合约中关于未按时全额还款按全部透支金额计算利息的规定属于格式条款，违反了法律法规的有关规定，加重了还款人的责任，显失公平，且某银行未对该条款进行合理提示，因此该条款应属无效条款，故起诉至法院请求判令某银行以实际逾期还款数额61.76元作为基数重新计算罚息，返还34.72元罚息并支付占有上述款项的利息。

一审过程中，某银行答辩认为，艾某与某银行签订的合约是双方在平等自愿的情况下订立的合同，其中关于逾期罚息的条款不属于法律规定的无效情形，银行是否对格式条款履行说明义务，并不必然导致条款无效。全额罚息的规则是一项国际惯例，是银行业用于防范信用卡风险、减少遏制恶意透支和套现的一种风险防范手段。某银行作为独立的公司法人，拥有自主经营的权利，对自己提供的金融服务产品，在法律规定的范围内，有自主定价的权利，艾某可以自愿选择是否接受被告提供的金融产品。

一审法院经审理认定，格式条款是当事人为了重复使用而预先拟定，并在订立合同时未与对方协商的条款。合约中关于还款及利息计算方式的条款，属于格式条款。根据法律规定，提供格式条款一方免除其责任，加重对方责任，排除对方主要权利的，该条款无效。同时，提供格式条款一方，应采取合理的方式提请对方注意免除或者限制其责任的条款，按照对方的要求，对该条款予以说明。本案中，关于还款及利息计算方式的条款，并未超出法律法规的许可范围，同时也是银行业为减少恶意透支及信用卡套现的一种风险防范手段。该条款并没有免除某银行责任，或加重艾某责任、排除艾某权利的内容，故不属于法定无效的条款。因此艾某以某银行未尽到合理提示义务、显失公平为由主张该条款无效，缺乏法律依据，故法院驳回了艾某的诉讼请求。

一审判决后，艾某不服提起上诉。上诉理由主要包括：第一，某银行在信用卡条款中以格式条款方式规定，如果发生逾期欠款，就按照全部透支金额计算罚息，显然加重了持卡人的责任，有违公平原则，为无效条款。第二，原审法院遗漏重要事实。本案所涉及的信用卡为贷记卡，而原审判决在事实查明部分对此未涉及，属于遗漏重要事实。第三，原审法院称“全额罚息”并未违反法律规定，属适用法律错误。艾某使用贷记卡消费实质为简单的贷款合同，艾某已经按期偿还款项不属于逾期贷款，不应计收罚息。第四，原审法院称“全额罚息”条款是银行业为减少恶意透支及信用卡套现的一种风险防范手段，没有法律及事实依据。第五，全额罚息要求持卡人对于已经按期偿还的款项按欠款计算罚息，显然剥夺了持卡人上述权利。某银行在二审答辩中则表示同意一审判决，同时认为其收取的是透支利息而非全额罚息，其计收透支利息的规则是银行业的惯例，且不违反中国人民银行的规定。

二审法院审理后认定，某银行与艾某签订的合约主体合格，双方当事人意思表示真实，内容未违反法律、行政法规的强制性规定，属于有效合同，双方均应按照合同的约定，履行各自的义务。该合约明确约定："除章程或本合约另有约定的情形之外，对持卡人的非现金交易，从记账日起至最后还款日之间的日期为免息还款期，持卡人在免息还款期内偿还全部应还款项的，无须支付当期刷卡消费交易款项的利息，免息还款期的最长期限由本行在有关金融规章许可的范围内确定。持卡人未能于最后还款日前（含当日）足额偿还全部到期应还款项的，不享受免息待遇，并且按照全部应还款项自记账日起按透支利率计算利息。"上述约定与普通贷款不同，既有持卡人按约定履行义务可享受的免息约定，又有持卡人超过约定的最后还款日还款按透支利率计算利息的约定。该约定符合银行业的行业惯例，不构成加重持卡人的责任。某银行依照上述约定向艾某收取透支利息依法有据，艾某的上诉意见缺乏法律依据，二审法院终审驳回上诉。

2. 分析与点评

本案的起因是某银行在艾某没有在免息期内全额归还欠款后，以艾某的全部透支金额计收透支利息。双方当事人争议的焦点也在于某银行合约约定的透支利息计收条款是否有效，透支利息计收规则是否加重了持卡人的义务。

（1）透支利息的性质

所谓利息，实际上是借款人因占用款项支付的成本。无论借款人是否按时归还借款，原则上借款人都应当按照约定的利率支付借款使用期限内的利息。而所谓罚息，顾名思义是借款人未能在借款期限届满时足额偿还借款时，需向借款人支付的带有惩罚性质的利息。通常罚息的计算方法和利率由借款人与贷款人在借款合同中进行约定，罚息的利率往往高于约定的借款利率。《贷款通则》也明确规定，只有对逾期贷款银行才有权计收罚息。可见，罚息是借款人不能按时归还借款时的一种违约责任，具有明显的惩罚性，但借款人与贷款人也可以不约定罚息的计收，在借款人未能如期还款时仍按约定借款利率计算利息。应当说，信用卡透支消费实质上也是银行向持卡人提供了短期的消费信贷服务，银行有理由向持卡人收取资金占用期间的利息，并按照约定计收罚息。但不同于传统贷款业务的是，为鼓励持卡人使用信用卡消费、扩展银行业务，银行普遍向贷记卡用户提供附条件的透支消费免息优惠，只要持卡人在规定的免息期内偿还贷记卡内的欠款，即免收持卡人欠款的全部利息。

本案中，持卡人始终认为某银行收取的利息属于罚息性质，某银行则认为自己收取的利息不属于罚息，而是透支利息。按照合约中“持卡人在免息还款期内偿还全部应还款项的，无须支付当期刷卡消费交易款项的利息，……持卡人未能于最后还款日前（含当日）足额偿还全部到期应还款项的，不享受免息待遇，并且按照全部应还款项自记账日起按透支利率计算利息”的约定，银行与持卡人仅约定了透支利率及计算方法，并未约定更高的罚息计算方法。持卡人的免息是一种附条件的免息，如果不能满足按期足额还款的条件，则不享受免息待遇，自然应当对占用的资金支付利息，即以全部透支金额为基数计算透支利息。因此，本案艾某主张某银行收取的利息为“全额罚息”是不符合事实的。

（2）透支利息规则条款的效力

由于信用卡申请人和持卡人数量众多，各家银行的信用卡透支利息规则都是通过《信用卡领用合约》和《信用卡章程》加以约定的，属于为重复使用而预先拟定的格式条款。根据法律规定，格式条款如具有《合同法》第五十二条（合同法定无效情形）和第五十三条（免责条款法定无效情形），或者提供格式条款一方免除其责任、加重对方责任、排除对方主要权利的，该条款无效。本案中，双方的辩论也始终围绕着合约中透支利息规则条款的效力问题进行。

首先，全额计收透支利息的规则并未加重持卡人的责任。如前所述，信用卡持卡人享有的免息优惠是一种附条件的优惠，其条件就是必须在规定的还款日前足额偿还欠款。在不满足条件的情况下，信用卡持卡人不能享受免息优惠，理当就占用全部欠款向银行支付利息。因此，银行约定在持卡人未能按期足额偿还欠款时，按照全部欠款金额计收透支利息并未加重持卡人的责任。本案二审判决也认定某银行合约中关于全额计收透支利息的约定未加重持卡人的责任。

其次，全额计收透支利息的规则已经向监管机构报备。银行卡利息规则是银行卡章程中必须载明的内容。中国人民银行下发的《银行卡业务管理办法》（银发〔1999〕17 号）第十六条规定：商业银行变更银行卡名称、修改银行卡章程应当报中国人民银行审批。为配合《行政许可法》2004 年 7 月 1 日开始实施，中国银行业监督管理委员会于 2004 年 6 月 30 日发布《关于银监会行政许可项目有关事项的通知》（银监发〔2004〕48 号），取消了银行卡章程报批这一行政许可事项，更改为事后报告，即只要监管机构对商业银行报备的信用卡章程没有提出异议，则可视为该章程内容符合监管要求。本案中某银行在开办信用卡业务时及修改过程中，已经就包含全额计收透支利息规则在内的信用卡章程报送人民银行审批或向监管机构报备，监管机构并未提出异议。因此，本案中某银行的全额计收透支利息规则不违反监管要求。

综上，某银行关于信用卡透支利息规则的条款不具有《合同法》规定的无效情况，既未加重持卡人的责任，也不违反监管规定，合法有效。

3. 相关启示

近年来随着银行信用卡业务的迅猛发展，越来越多的人持有并使用信用卡。但信用卡在我国的发展历史相对较短，多数持卡人对信用卡的了解十分有限，难免产生各类信用卡纠纷。其中因信用卡全额计收透支利息引发的纠纷，成为2009年媒体炒作的热点，舆论多站在客户一方批评银行“霸王”作风。本案是法院明确作出实体判决的案件，判决结果具有一定的示范效应，值得商业银行关注。

（1）在制定信用卡计息规则时充分考虑持卡人的接受能力

尽管全额计收透支利息是国际银行业的惯例，国际信用卡组织和国内多家商业银行大多采用此种计息规则，但由于我国信用卡发展历史不长，持卡人对信用卡的认识普遍不足，导致全额计收透支利息的国际惯例出现了水土不服。本案正是由于持卡人对此种计息规则的不理解、不接受而引发的。因此，从促进我国信用卡业务健康、稳定发展的角度出发，商业银行在制定信用卡计息规则等事关广大持卡人利益的格式条款时，不能简单地套用国际惯例，而应当全面考虑当地的实际情况、目标客户的理解程度和接受能力。为了更好地服务于广大持卡人，目前多家商业银行对信用卡计息规则进行了调整，改为按照未按期偿还的金额为基数计算透支利息或实行容差计息规则，即对低于一定金额（如10元）的未偿还金额不再实行全额计息。

（2）向持卡人充分说明信用卡计息规则

本案中艾某主张某银行全额计息条款无效的一个重要理由是，银行未对该条款进行合理提示。由于信用卡计息规则涉及持卡人的利益，且由银行单方面制定，持卡人对计息规则不能进行修改，因此，商业银行应当就信用卡的计息规则向持卡人进行详细说明和提示，使持卡人真正理解和接受计息规则。例如，银行可以对信用卡申请表所附的信用卡领用合约以及信用卡章程中关于信用卡计息规则的条款和内容，以黑体字的形式进行特别提示。银行信用卡营销人员在对信用卡客户进行亲访亲签时，对申请人所申办信用卡的计息规则进行说明和解释，确保持卡人全面准确了解银行的计息规则。

（3）开办银行卡业务应严格按照监管规定履行相应审批或报备手续

由于商业银行银行卡业务的目标客户群体巨大，银行卡业务涉及商业银行、持卡人、特约单位、银联等多方当事人，监管机构对银行卡业务的监管要求亦较为严格。一旦商业银行未能按照监管要求履行相关审批或报备手续，不但可能被监管机构予以处罚，还将在相关诉讼中处于被动，并带来声誉损失。本案中如果某银行的合约属于未履行报批手续的情况，则某银行对艾某计收全额透支利息的行为可能被认定为违反监管规定。因此，商业银行在开办各类银行卡业务时，必须按照监管要求向监管机构进行报批、报备，并注意留存监管机构的批复、接受报备的证明材料，以免在发生相关纠纷时陷入被动。

（五）电话银行业务外包纠纷案

1. 典型案例

2007年10月26日，深圳某银行和广州某人力资源公司签订电话银行业务呼叫服务外包协议书，约定人力资源公司承包某银行的部分电话银行业务呼叫客户服务；某银行按协议向人力资源公司支付业务外包费用，提供服务场地、设备、设施，承担工作场地水电费、电话费、清洁费、保安费等日常运行费用；人力资源公司安排服务人员到某银行提供的场地工作，这些服务人员与某银行之间不存在劳动合同关系，一切用工手续、工资发放、社会保险缴纳、人事档案及党团组织关系的管理等均由人力资源公司负责；某银行有权对人力资源公司的电话银行业务呼叫客户服务工作情况进行监督管理，并对人力资源公司设置相关绩效考核指标，包括出勤率、呼叫数、业务计划完成率、保密义务、保密责任等。

在履行协议过程中，某银行发现人力资源公司员工宋某、梁某冒充某银行内部职员，通过电话银行违规向客户推销保险公司的保险产品。为此，某银行要求人力资源公司立即更换上述工作人员，并对人力资源公司的违约行为实施了5 000元处罚。由于内部管理不规范，人力资源公司未与部分员工签订劳动合同，与部分员工解除劳动合同时也未支付解除劳动合同经济补偿金，拖欠员工2008年1月至5月工资。2008年6月，人力资源公司员工苑某等40人向某劳动争议仲裁委员会申请仲裁，要求人力资源公司和某银行支付补偿金17.58万元。

某劳动争议仲裁委员会经审理认为，由于人力资源公司经营范围内没有金融业务，某银行将电话银行业务呼叫服务外包给该公司，并提供工作场地、设备，进行人员考勤和工作完成情况的考核，实质上属于劳务派遣关系，应当与人力资源公司承担连带责任，仲裁裁决苑某等40人的主张成立，人力资源公司应当支付苑某等40人解除劳动关系经济补偿金、拖欠工资补偿金、未能签订合同劳动补偿金等共计13.88万元，某银行承担连带责任。仲裁裁决后，双方当事人均未向法院提起诉讼，人力资源公司履行了仲裁裁决，某银行没有产生实际损失。

2. 分析与点评

近年来，随着经营管理的转型和产品服务不断创新发展，为强化核心竞争力，降低经营成本，商业银行越来越多地采用了业务外包的经营模式，但随之而来的是面临较为复杂的外包业务法律风险。本案即是一起典型的因商业银行业务外包引发的被诉案件，其争议的焦点是某银行与人力资源公司之间签订的电话银行业务呼叫服务外包协议书体现的是业务外包法律关系，还是劳务派遣法律关系。

（1）业务外包与劳务派遣的法律性质不同

业务外包是指商业银行与服务供应商签订协议，将一些非核心的、辅助性的业务交给服务供应商完成，自身仅专注于具有核心竞争力业务的经营管理模式。劳务派遣是指劳务派遣单位（用人单位）与劳动者签订劳动合同、建立劳动关系并承担雇主责任，与商业银行（用工单位）签订劳务派遣协议，将符合要求的劳动者外派到商业银行从事有关工作，接受商业银行的经营管理模式。二者之间存在以下区别：

一是法律关系不同。商业银行与服务供应商之间的业务外包关系可能属于承揽合同关系、服务合同关系、技术开发合同关系或委托代理合同关系等；在劳务派遣法律关系中，劳务派遣单位与劳动者存在劳动合同关系，商业银行作为用工单位，与劳务派遣工之间是劳务关系。

二是服务供应商及劳务派遣单位所能从事的业务事项不同。商业银行在业务外包模式中，一般不会将核心业务交由服务供应商办理，仅能将非核心的事务性的工作交给服务供应商；在劳务派遣模式中，劳务派遣工则既可以从事商业银行核心业务，又可以从事非核心业务。

三是商业银行对服务供应商及劳务派遣单位的人员管理参与程度不同。在业务外包模式中，商业银行与服务供应商的员工不存在劳动或劳务关系，不参与服务供应商的人员管理；在劳务派遣模式中，商业银行则要对劳务派遣工进行劳动管理，参与了劳务派遣单位的人事管理。

四是商业银行面临的法律风险不同。就业务风险而言，在业务外包模式中，因服务供应商给客户造成的损失，一般由服务供应商承担；在劳务派遣模式中，劳务派遣工给客户造成的损失，则由商业银行承担。就人员风险而言，在业务外包模式中，从事业务外包工作人员的考核、管理、社会保险等均由服务供应商负责，工作人员与服务供应商的劳动争议，与商业银行无关；在劳务派遣模式中，劳务派遣工的管理、考核、奖惩等由商业银行负责，劳务派遣工与劳务派遣单位发生的劳动争议，商业银行要承担连带责任。

（2）某银行与人力资源公司工作人员之间存在劳务派遣关系

本案中，某银行与人力资源公司签订的电话银行业务呼叫服务外包协议书的初衷为建立业务外包关系，双方在协议中也明确约定了协议性质为业务外包协议，并约定了人力资源公司的员工与某银行只存在服务关系，不存在劳动关系。但是，由于某银行对外发包业务有关操作不规范，导致业务外包关系掺入了劳务派遣关系因素。主要表现为双方在电话银行业务呼叫服务外包协议书中约定，对人力资源公司工作人员的出勤率、差错率、业务完成率等情况进行考核，较为明显地表明某银行参与了人力资源公司的人员管理工作。这种操作模式与业务外包关系中发包方不参与承包方的人员管理模式相悖，与劳务派遣关系中由用工单位对劳务派遣工进行管理的模式具有一定的相似性。某劳动争议仲裁委员会正是基于这一点认定某银行与人力资源公司工作人员之间存在劳务派遣关系，裁决人力资源公司拖欠苑某等40人各项补偿金成立，并根据《劳动法》第九十二条“劳务派遣单位给劳动者造成伤害的，劳务派遣单位与用工单位承担连带赔偿责任”的规定，裁决某银行应对人力资源公司的赔偿责任承担连带责任。

（3）某银行电话银行业务外包存在诸多操作风险

电话银行业务属于电子银行业务范畴。《电子银行业务管理办法》（银监会2006年第5号）对金融机构电子银行业务外包进行了专门规定，明确电子银行业务外包是指金融机构将电子银行部分系统的开发和建设、电子银行业务的部分服务与技术支持、电子银行系统的维护等专业化程度较高的业务工作，委托给外部专业机构承担的活动；对外包业务操作的风险评估、防范、控制、安全策略及应急计划等作出要求；规定应与外包服务供应商签订书面合同，明确双方的权利和义务，特别是服务供应商的保密义务和保密责任；对业务处理系统、授权管理系统、数据备份系统的总体设计开发，以及其他涉及机密数据管理与传递环节的系统进行外包时，应经过商业银行董事会或者法定代表人批准，并在实施前应向银监会报告。本案中，某银行违规将部分电话银行业务外包给外部非专业机构即人力资源公司，对人力资源公司的监管也不力，也未准确定位与人力资源公司工作人员之间的法律关系，导致对人力资源公司与苑某等40人劳动纠纷中承担连带责任。

3. 相关启示

本案虽然是一起劳动争议纠纷，某银行最终也未产生财务损失，但其中反映出来的电子银行外包业务风险应值得商业银行充分关注。

（1）严格遵守监管规定，审慎选择外包业务

电子银行业务一般包含网上银行业务、电话银行业务、手机银行业务以及客户利用电子服务设备和网络通过自助服务方式完成金融交易的银行业务。根据银监会《电子银行业务管理办法》的规定，商业银行可以选择将电子银行业务中涉及专业化程度较高的业务工作，委托给外部专业机构承担，并且要审慎管理业务外包产生的风险。对于涉及商业银行根本利益的事项，如涉及商业银行核心竞争力、重要商业秘密或与客户联系密切的业务事项，即使有关监管规定未明确，也不宜外包，否则可能产生法律风险和操作风险。

（2）谨慎签订外包合同，妥善安排外包结构

目前，在国内电话银行业务外包缺乏具体行业标准的环境下，商业银行要对服务供应商的经营资质、内部管理、经营状况、社会信誉等因素进行综合评定，通过规范的集中采购程序选择优质企业作为电话银行业务服务供应商。要充分评估外包服务供应商的经营状况、财务状况和实际风险控制与责任承担能力，进行必要的尽职调查，明确双方的权利和义务，尽可能将风险防范工作放在事前。要注意分清外包业务与劳务派遣之间的界限，妥善处理与外包服务供应商工作人员的关系，避免因外包服务产生不必要的劳务纠纷。

（3）构建完善的业务外包控制机制，加强对服务供应商监管

商业银行要充分认识外包服务供应商对电话银行业务风险控制的影响，建立规范的外包业务管理制度，加强对服务供应商的有效监管，并制定相应的风险防范措施。要安排专职或兼职外包质量监督人员，监督合同的执行，加强对服务供应商的日常监

督。监督的重点可放在关键业务环节、服务供应商提供服务执行能力变化、履行保密义务情况以及服务供应商与服务人员劳动合同签订、薪酬发放、社保缴纳等方面。

（4）建立应急预案，防范服务供应商停止服务造成银行业务中断风险

业务外包造成了商业银行对服务供应商事实上的依赖性，如果服务供应商违约拒绝履行外包合同，或因不可抗力导致不能履行外包合同，无疑会给商业银行造成较大影响。为防止业务中断，商业银行要与外包服务商建立有效的联络、沟通和信息交流机制，密切关注服务供应商运行状况，并制定在意外情况下能够实现外包服务供应商顺利变更，保证业务外包服务不间断的应急预案。

（六）银行产品广告宣传纠纷案

1. 典型案例

2002 年至 2003 年，某银行为宣传第三方存管、基金定投、个人外汇理财等产品，委托青岛某广告公司印制宣传折页，双方签订的宣传折页制作合同约定：广告图案由广告公司自行设计，该公司不得侵犯他人的知识产权，如由广告公司提供的图文资料产生法律纠纷，由广告公司承担一切责任。广告公司制作宣传折页过程中，在未经美国某图片公司授权情况下，使用了其享有著作权的 11 张图片作为折页插图。广告公司将宣传折页制作好后，某分行将折页作为广告摆放于营业网点。2005 年 7 月，北京某图像技术有限公司通过传真方式给某银行发来版权质询函，称上述图片由其在中国代理，并且已经在中国国家版权局注册登记，要求某银行向其提供有效的授权许可文件，否则将追究某银行的侵权责任。经某银行调查，广告公司使用上述图片的确没有获得任何授权，此后图像技术公司也没有继续追索。但 2008 年 7 月，图片公司授权图像技术公司对某银行提起诉讼，要求某银行停止侵

权、公开赔礼道歉、赔偿各项损失16.5万元（1.5万元/张）。某银行从宣传折页的设计制作者是广告公司，某银行未实施侵犯图片公司著作权行为，图像技术公司要求赔偿的数额过高等方面进行抗辩。

某市中级人民法院一审审理认为，涉案的11张图片属于我国著作权法保护的作品。图片公司是涉案的11张图片的著作权人。根据《广告法》第四十七条规定，广告主、广告经营者、广告发布者在广告经营、发布、使用中，依法承担民事责任。本案中，某银行未尽到谨慎审查的义务，未经图片公司许可在其宣传折页中使用了图片公司享有著作权的图片，该行为构成著作权侵权，应当承担停止侵权、赔偿损失及为诉讼支付合理费用的民事责任。某银行抗辩称涉案宣传材料是由广告公司印刷和设计的，应由广告公司承担责任的抗辩理由，法院不予支持。由于图像技术公司的实际损失及某银行的违法所得均无法确定，故本案的赔偿数额由法院根据上述11张图片制作的难易程度、某银行侵权行为的具体情节、参考图像技术公司同类图片实际的市场许可价格等因素酌定。因此，判决某银行停止侵权，赔偿图像技术公司6.6万元。

某银行不服，提起上诉。某省高级人民法院经审理认为，某银行作为宣传折页的发布者，其没有尽到合理审查义务，致使其宣传折页中使用的涉案图片侵犯了他人的著作权，应当承担相应民事责任。赔偿数额的确定应当考虑到涉案图片的性质、在被控侵权物中所起的作用等因素。某银行是在银行业务的宣传折页中使用的涉案图片，图片与银行业务没有关联性，公众主要关注的是其宣传折页中的文字内容，并不是其中的图片。因图像技术公司未提供其侵权受损或某银行侵权获利的相关证据，考虑到根据图片公司作品的类型、独创性、艺术价值及某银行使用侵权图片的大小、使用方式、侵权载体的传播范围等因素，再结合图像技术公司为制止侵权产生的合理开支等情况，一审判决某银行支付图像技术公司6.6万元的赔偿数额偏高，应予调整。因此，改判某银行赔偿图像技术公司2.5万元。

2. 分析与点评

本案主要的争议焦点为某银行是否侵权，以及赔偿数额确定问题。

（1）某银行是否侵犯图片公司的著作权

根据某银行与广告公司签订的广告制作合同，宣传折页的设计、制作工作均由广告公司独立完成，某银行并未参与，而且合同中也明确规定了如由广告公司提供的图文资料产生法律纠纷，由广告公司承担一切责任。表面看来，某银行未侵犯图片公司著作权，侵权主体应为广告公司。实际上，根据我国广告法及有关著作权法律法规，某银行已构成侵权。

首先，某银行作为广告主，对于发布的广告负有审慎审查义务。广告主是指为推销商品或者提供服务，自行或者委托他人设计、制作、发布广告的法人、其他经济组织或者个人。我国《广告法》第五条规定："广告主、广告经营者、广告发布者从事广告活动，应当遵守法律、行政法规，遵循公平、诚实信用的原则。"《广告法》第四十七条规定："广告主、广告经营者、广告发布者违反本法规定，有下列侵权行为之一的，依法承担民事责任……（四）广告中未经同意使用他人名义、形象的……"根据上述规定，某银行作为宣传折页的广告主，负有对宣传折页内容是否合法的实质审查义务。审查的内容包括广告是否对同业构成不正当竞争，是否存在诋毁他人形象的内容，是否侵犯了他人著作权、商标权及专利权，是否存在误导消费者、虚假宣传等情况，确保所发布的广告内容合法，避免侵犯他人权利。应当注意的是，这种审查义务是法定义务，不能通过有关合同约定将审查义务转移。其次，某银行作为广告受益人，应当对广告侵权承担相应责任。某银行将宣传折页摆放在营业网点，向不特定的第三人发布，以宣传其第三方存管、基金定投、个人外汇理财等产品，属于广告宣传的直接受益人。在诉讼中，如果某银行不能证明宣传折页由其他单位或个人委托制作、有关侵犯著作权行为与其无关，就应当对广告侵权后果承担相应责任。最后，某银行与广告公司的约定不能对抗第三人。尽管某银行与广告公司的宣传折页制作合同明确规定，如由广告公司提供的图文资料产生法律纠纷，由广告公司承担一切责任，但根据合同相对性原则，该约定仅在双方之间具有法律约束力，不具有对世效力，无法对抗受害人，无法排除或转移某银行的侵权责任。但是，这一约定赋予某银行一定的追偿权，在赔偿受害人后，可就有关损失向广告公司追偿。

（2）赔偿损失金额如何确定

根据《著作权法》第四十八条规定："侵犯著作权或者与著作权有关的权利的，侵权人应当按照权利人的实际损失给予赔偿；实际损失难以计算的，可以按照侵权人的违法所得给予赔偿。赔偿数额还应当包括权利人为制止侵权行为所支付的合理开支。权利人的实际损失或者侵权人的违法所得不能确定的，由人民法院根据侵权行为的情节，判决给予五十万元以下的赔偿。"该条规定确立了三个赔偿数额的计算方法，即实际损失标准、侵权利润标准和法定赔偿标准。本案中，图片公司实际损失难以确定，某银行的侵权利润又难以计算，因此，应适用法定赔偿标准。法定赔偿标准包含三个要素：赔偿幅度、酌定因素及法定赔偿对象。赔偿幅度即50万元以内；赔偿酌定因素包括制作作品的难易程度、著作权侵权行为的具体情节、侵权作品传播范围、著作权人为制止侵权行为所支出的合理费用等；法定的赔偿对象是作品而非侵权行为，即使一部作品有多个侵权行为同时存在，权利人仍然只能在50万元以下获得救济。某银行宣传折页所使用的11张图片仅是起到了一定的装潢、美化作用，图片与某银行业务并没有关联性。在侵权作品的传播范围方面，某银行仅是将宣传折页置于营业场所供客户领取，并未积极主动地向不特定的第三人发布，侵权作品的传播范围较小。因此，某银行侵犯图片公司著作权情节并不严重，一审法院判决某银行赔偿6.6万元（6 000

元/张）的数额明显偏高，二审法院判决考虑到了某银行侵权情节较轻等因素，改判某银行赔偿2.5万元（约2 000元/张）的数额比较合理。

3. 相关启示

近年来，为提升品牌价值、提高产品或服务的竞争力，国内商业银行纷纷通过电视、报纸、杂志等媒体加大广告宣传力度，以期在激烈的市场竞争中占据更大的市场份额。个别商业银行过多地追求广告效果，往往忽视了广告宣传可能存在的法律风险，从而使自己陷入了广告纠纷中。本案虽然最后由广告公司承担了赔偿损失，但如何使自己的广告既能达到有效的宣传效果，又不至于违法侵权产生纠纷，仍是商业银行应当重视的一个法律问题。

（1）加强产品广告宣传管理工作，妥善宣传金融产品

广告宣传涉及诸多法律问题，既包括实体法，又涉及程序法，商业银行在利用广告进行产品和业务宣传时，不能盲目追求广告效果，还应注意广告的内容、发布程序等是否依法合规：一是注意广告中所使用的标语、图像、形象设计等没有侵犯其他人的著作权、商标权、专利权或肖像权；二是广告内容不得含有法律法规明令禁止涉及的内容，以及违反公序良俗的内容，例如不得使用国旗、国徽或国歌；三是注意广告的用语应当符合《反不正当竞争法》的要求，防止出现贬低竞争对手的言辞；四是申请发布广告时，要严格遵守《广告法》规定的发布程序，避免因未履行相关审批手续被广告主管部门处罚。为加强银行产品和业务广告宣传管理工作，商业银行可设立单独的广告宣传管理部门，专门负责广告创作、发布、委托广告公司制作等事项，防止侵权行为发生。

（2）把好广告商准入关，妥善签订广告合同

广告商的经验、能力、技术、信誉等因素是关系到广告宣传能否成功的关键因素之一，也是防范法律风险最重要的环节。因

此，商业银行要结合产品和业务广告宣传需求，科学、合理地评价广告商，通过集中采购程序，选择实力强、信誉好、报价相对合理的广告商；与广告商签订的广告委托设计合同条款符合法律规定，涉及商业银行重大利益的合同条款不可或缺。例如，广告作品著作权归属条款，是否允许广告商将设计工作转包条款，权利瑕疵担保和责任分担条款（即广告公司保证任何人不会对商业银行使用该广告作品提出任何异议和主张）和违约条款等。合同签订前，须征求本行法律事务部门意见，确保合同合法有效，维护合法权益。

（3）督促广告商依约履行，确保广告商行为合法

商业银行作为广告主，须对广告公司设计制作的广告作品依法承担广告主责任。为避免广告商行为不合法导致商业银行承担法律责任，商业银行在与广告商的合作中，要加强沟通协调，督促广告商依约履行合同，严格审查设计作品，确保其作品来源合法性；由广告公司自主创作的广告，应要求广告公司提供创作素材及独创性声明；若广告公司使用了他人作品，应要求其提供著作权许可使用协议，明确许可使用期限，以防控有关风险。

（七）汇款业务纠纷案

1. 典型案例

周某为上海市某银行储户。2008 年 2 月，周某之子沈某为购买房屋准备签约并支付首付款 28 万元，期间，沈某曾与中介公司商量付款方式。2008 年 3 月 4 日沈某收到一则短信，内容为“汇款请直接汇到 6222021908……黄某”，沈某以为是中介公司的汇款指令，于是就将该短信转发给其母周某，要求其去银行开具一张本票。周某收到短信即于当日上午 10 点 11 分左右，到某银行处要求开一张本票。工作人员回答说“这里不开本票”，周某身旁的储户亦对周某说“这里没有本票”。嗣后，工作人员将一张空白的没有注明业务名称的个人业务凭证给周某填写。周某按短

信内容在银行联的“客户备注”栏内填写了收款人为黄某，收款账号为6222021908……金额为28万元，并在“客户确认”栏内签名后，交给工作人员。工作人员对周某说：“汇28万元？要50元手续费。”周某未作否定。工作人员在该凭证银行联的“银行填写”栏打印“汇款”字样及相关内容，并将28万元从周某账户汇入黄某的账户。10点31分，周某发现汇款可能被骗，随即回到某银行处向工作人员交涉，工作人员称款项已汇出无法退回。11点17分，周某又向工作人员要求冻结黄某的收款账户，未果，遂向公安机关报案。经调查发现，10点47分后，周某汇入黄某账户的28万元被人分批取走。上海市公安机关以诈骗案为由立案，侦查过程中公安机关发现黄某账户是在湖南省常德市开立的，但公安机关未能顺利破案追回周某所汇款项。周某遂提起诉讼要求法院判令某银行赔偿损失。

周某诉称，其办理业务时明确要求某银行工作人员开具本票，但该行工作人员却违反其意愿办理了汇款，工作人员将一张空白的个人业务凭证交给她填写却未作任何说明，以致于她认为她填写的就是申请开具本票的凭证，而不是汇款业务凭证。同时，工作人员办理的汇款业务也未经其最终确认。此外，周某在庭审时出具病理报告，证明其患有听力疾病，当日银行音响设备又有故障，加上工作人员隔着玻璃和她对话，她身边还有其他客户，环境较为嘈杂，因此，银行工作人员所说不办本票之类的回答，她当时并没有听见。周某认为，她到某银行处办理业务，即与某银行建立服务合同关系，现由于某银行工作人员的错误操作，导致其巨额资金被骗，要求法院判令承担全部赔偿责任。

某银行辩称，周某要求开具本票时，某银行工作人员及周某身边的男性客户均已告知周某，某银行处不办理本票业务。周某提供的收款账户为外地账户，与周某账户不在同一票据交换区域，也不适用本票业务，周某要向该账户付款只能采用汇款方式。周某得知某银行不办理本票业务后，改变业务要求为汇款。业务凭证系周某本人填写，汇款28万元为周某的真实意思表示。

周某提供的报警回执单上也记载周某要求办理的是汇款业务，业务办理完毕后周某还主动问工作人员“汇好啦?”这些事实都证明周某对其办理的汇款业务是明知的。周某被骗事实尚未有定论，是否形成损失尚不确定。即便周某款项确系被骗，也是案外人的诈骗行为所致，与某银行按周某要求进行的汇款操作没有直接因果关系，故要求法院驳回周某的诉讼请求。

法院一审审理认为，周某为某银行储户，到某银行处办理金融业务，与某银行即建立了金融服务合同关系。双方对周某当日要求办理的业务内容是本票还是汇款产生争议。根据当日业务过程情况显示，周某要求办理本票，某银行工作人员回复周某该银行不办理本票，即已对周某提出的本票业务要求予以否定。随后双方未明确业务内容，工作人员直接将空白个人业务凭证交给周某填写，周某亦直接在上面填写了收款户名、账号并签名。此空白业务凭证没有列明业务内容。周某将填好的凭证交给某银行时，某银行工作人员根据周某填写内容问：“汇28万元？要50元手续费。”实际是对周某的业务要求是否汇款，及汇款的金额进行核实。周某未作否认，即是认可了某银行的征询。此后某银行完成汇款操作，将客户联递给周某，周某还问工作人员“汇好啦?”以作确认。该两次询问均表明周某当时知道或应当知道工作人员办理的是汇款业务，故周某应对汇款后果承担主要责任。此外，周某之子收到的汇款短信，非房屋中介或卖方人员所发，短信提到的黄某亦非房屋中介和卖方人员。周某未经核实，就将黄某的账户作为收款账户至银行办理业务，周某应自行承担责任。

但是，某银行作为专业金融机构，在否定周某要求办理的本票业务后，未就周某是否改变业务内容主动与周某进行释明和确认，径行将空白的无法区分业务内容的业务凭证交由周某填写，有所不当。且根据业务凭证的背面文字，某银行在“银行填写”栏打印汇款内容后，应交回周某签字确认。某银行未交周某进行确认，违反操作程序。故某银行应对汇款后果承担次要责任。周某自称听力较弱，但某银行并不知晓，且从双方陈述看，周某应已听清工作人员的回答，故不能据此认定某银行责任。周某所汇的28万元被骗，至今难以追回，周某以该款作为损失要求法院处理，并无不当。据此，法院酌情判令某银行按汇款数额28万元的30%承担责任。

某银行不服一审判决提起上诉，二审法院审理认为，案发当日办理汇款业务的柜台由于对讲话筒接口断开导致未能录音，因此办理过程仅有录像，没有声音。周某的28万元于2008年3月4日上午10点25分汇入黄某账户。10点31分，周某发现汇款出错，回银行处向工作人员交涉，工作人员称款项已汇出无法退回，并未采取任何措施。10点47分后，款项开始被取走。在长达16分钟的间隔内，某银行并未尝试采取任何措施作出补救，有所不当。法院认为，周某固然自身存在种种过错，比如轻信诈骗短信、未能理解汇款业务的性质而填写业务凭证等。这些过错是交易款项被骗的主要原因，因此周某自身应承担大部分损失。但银行在交易过程中未能积极采取补救措施，违反了附随义务，亦具有一定的过错，且与客户的损失具有因果关系，因此应承担一定的责任。据此，二审法院裁定维持原判。

2. 分析与点评

本案的争议焦点主要集中于两个方面：一是在某银行柜员以行为方式变更业务品种的情况下，是否有义务就变更后业务情况明确告知周某；二是某银行汇款业务操作完成后，在难以确定周某所称被骗是否属实的情况下可否应周某要求冻结收款人账户，银行是否应采取必要的补救措施。

（1）在银行柜员以行为方式变更业务品种的情况下，是否有义务就变更后业务情况明确告知周某

法院认为“某银行作为专业金融机构，在否定周某要求办理的本票业务后，未就周某是否改变业务内容主动与周某进行释明和确认，径行将空白的无法区分业务内容的业务凭证交由周某填

写，有所不当”。法院还认为“根据业务凭证的背面文字，某银行在银行填写栏打印汇款内容后，应交回周某签字确认。某银行未交周某进行确认，违反操作程序”。可见，法院认为本票业务与汇款业务是两种不同的银行结算业务。两者主要区别是：本票业务是由申请人申请银行出票和持票人提示银行付款两个环节组成的，通常情况下两个环节是非连续进行的，周某有相对充足的时间发现骗局并采取控制措施，而同行账户间的汇款业务则是客户申请和银行操作连续性完成的，本案周某办理的汇款业务更是可做到实时到账，也就是说，一旦汇款汇出，汇款人即失去对相应款项的控制。如果某银行柜员在明确告知周某本网点不办理本票业务的同时，建议性地事先征询周某意愿，询问其是否选择将业务改变为汇款业务，简明扼要地介绍两种业务品种主要区别，并在得到对方当事人明确回应的情况下再进行后续操作，那么本案的定性必将发生根本性的变化。根据《合同法》第十四条和第二十一条规定，双方当事人已就变更办理汇款业务达成了要约和承诺的新合同，在此情况下周某就难以要求某银行承担任何责任。然而，正是由于某银行柜员主动建议改变业务品种，却未予以必要的告知，只是简单地说一句“是汇款”，却未得到周某的任何确定性回应。虽然周某也没有明确表示否定，又主动填写了业务凭条，但该凭条内容完全空白，且未列明“汇款专用”等任何提示性语句，因此难以充分认定改办汇款确系周某的真实意思表示。柜员还违反本行制度规定，在汇款凭条打印完成后未交客户最终确定就办理了汇出操作，导致周某丧失放弃汇款业务并避免经济损失的机会。

《合同法》第六十条规定，当事人应当按照约定全面履行自己的义务。当事人应当遵循诚实信用原则，根据合同的性质、目的和交易习惯履行通知、协助、保密等义务。《合同法》第九十二条规定，合同的权利义务终止后，当事人应当遵循诚实信用原则，根据交易习惯履行通知、协助、保密等义务。本案中的附随义务主要体现为银行应履行审慎适当的告知义务，即向客户明示某项业务的特点、收费、或有收益、风险等事项，正是由于本案银行柜员未能尽到告知义务，以致于周某产生实际损失，因此法院判决银行承担一定比例的赔偿责任也是合法有据的。

（2）某银行汇款业务操作完成后，在难以确定周某所称被骗是否属实的情况下可否应周某要求冻结收款人账户，银行是否应采取必要的补救措施

本案中，周某后来办理的是汇款业务，款项一经汇出，马上就能到达收款人账户。周某在发现汇款出错后，曾要求某银行立即办理对收款人账户的冻结手续，那么周某的要求是否符合法律规定呢？如果当事人确实没有任何客观可信的依据证明其款项被骗，司法机关也没有受理汇款人报案并向银行出具冻结存款通知书，银行冻结收款人账户将侵犯收款人的财产权利，是违反《物权法》和《商业银行法》有关规定的。但是，如果银行有充分依据确认客户已受骗上当，如客户凭短信将款项汇入所谓的“安全账户”、“中奖纳税专户”等，就应当视情况采取有效措施及时帮助客户冻结账户，然后再要求客户迅速通过司法途径采取保全措施，而不可拘泥于通常的协助执法机关查冻扣手续，放任犯罪分子将客户钱财洗劫一空。因为短期的冻结即使是错了，也不会导致重大过错责任。因此，某银行在款项汇出到被提取16分钟的间隔内，在周某已提出要求的情况下，未尝试采取任何有效措施作出补救，有所不当，应当承担部分赔偿责任。

3. 相关启示

（1）依法履行告知义务

商业银行作为业务交易及金融产品的提供方，作为专业的金融机构，对产品的认知与理解能力有明显的优势，而客户的认知与理解能力则处于相对弱势地位，因此，银行办理业务时，必须依法履行充分和必要的告知义务。如果客户要求办理的业务在本网点无法办理，经办人员应充分尊重客户意愿，提示其到就近有业务经营资质的网点办理该业务。如果可在本网点通过业务转换

方式实现客户交易目的的，必须在得到客户认可的前提下，向客户充分地介绍拟转换业务的主要特征，确保客户对拟转换的业务能认知并理解。同时，银行经办人员必须依据业务规程操作，并且按规定主动提示客户对打印凭证信息进行确认并签字。

（2）加强业务凭证管理

本案中，客户从银行工作人员手中拿到的是一张无业务种类标识的通用业务凭证，该凭证既可用于存取款，又可用于转账汇款，由于客户认知能力有限，确实容易引起业务品种的混淆。因此，如果能在通用业务凭证上增加业务品种选项，并让客户自己勾选业务种类，这样就能清晰地反映客户实际要求办理的是何种业务，防止发生争议或产生纠纷，一旦产生纠纷亦能便于银行和客户各自厘清责任。

（3）定期检查网点监控设备运转状态

作为经营风险和信用的特殊企业，商业银行营业网点监控设备的有效运转是关系到营业安全的大事，不可等闲视之，银行应采取有效措施定期检查网点监控设备运转情况，确保监控设备正常运转。在客户与银行发生争议或纠纷时，通过保存的营业录像资料亦能客观还原事实真相，有助于辨别是非。

（八）某奶粉集团破产管理人诉某银行借款纠纷案

1. 典型案例

2008 年 7 月至 8 月，河北某银行分四次向石家庄某奶粉集团股份有限公司发放流动资金贷款 1.5 亿元，期限为 1 年。2008 年 9 月 11 日，某集团发布产品召回声明，对 2008 年 8 月 6 日前生产的婴幼儿奶粉全部召回。当晚，中央电视台新闻联播对某集团奶粉含有三聚氰胺事件进行了报道。鉴于该事件对某集团生产经营产生重大不利影响，为保全信贷资产，根据流动资金借款合同中有关贷款加速到期条款的约定，9 月 12 日，某银行电话通知某集团解除流动资金借款合同，提前收回贷款，某集团表示同意，某银行当日上午通过特种转账传票划收贷款本息 1.51 亿元。新闻播出后第二天，某集团随即接到了停产整顿通知书，全国各地因食用该集团婴幼儿奶粉而患病的患儿家属纷纷对某集团提起诉讼，企业骤然陷入困境。2008 年 12 月 23 日，石家庄市某银行申请某集团破产，市中级人民法院立案受理。2009 年 4 月 22 日，某集团破产管理人将某银行诉至某中级人民法院，要求撤销某集团对某银行未到期借款提前清偿行为，某银行返还某集团提前清偿的 1.51 亿元。

经审理，市中级人民法院认为，某银行与某集团签订的流动资金借款合同中虽有“借款人的信用等级、盈利水平、资产负债率、经营活动现金净流量不符合甲方（某集团）信用贷款条件，或者其生产经营和财务状况发生重大变化，对贷款安全造成重大不利影响，贷款行有权宣布贷款提前到期，停止发放尚未发放的贷款，并要求借款人提前偿还已发放的部分或全部贷款”等约定，但某集团进入破产程序后，根据特别法优于普通法的原则，应优先适用《企业破产法》规定，借款合同的约定不能对抗《企业破产法》的规定；某集团发布产品召回声明时，其仍有足额资金可支付借款本息，生产经营和财务状况尚未发生重大变化，不符合约定的合同提前到期的条件；某银行划收借款本息时并不存在某集团已发生歇业、停业整顿情况，不存在合同应依法解除的情形，某银行在合同未到期的情况下划收借款本息没有依据。据此，2009 年 6 月 8 日，市中级人民法院一审判决撤销某银行划收某集团未到期借款行为，某银行立即返还所划收款项 1.51 亿元。

某银行不服，向河北省高级人民法院提起上诉。省高级人民法院认为，本案争议的焦点主要是某银行在合同约定的期限到期前扣收某集团存款用于归还借款及利息是否违反《企业破产法》第三十一条第四项的规定。某集团于 2008 年 9 月 12 日晚被政府勒令停业整顿，但某银行于当日上午即以某集团出现合同约定的“发生停业整顿”、“生产经营和财务状况发生重大变化”情形，从某集团存款账户划收借款本息 1.51 亿元。虽然流动资金借款合同约定了某银行提前解除合同条款，但债务人进入破产还债程序时，借款合同中的意思自治就与《企业破产法》禁止一定期限内个别清偿债务、提前清偿债务的规定相违背，某银行提前收贷仍然等同于某集团提前清偿，违反了《企业破产法》第三十一条第四项的规定，破坏了应当由破产程序对破产财产向全部债权人进行统一分配的程序。据此，省高级人民法院裁定驳回某银行的上诉请求，维持原判。

2. 分析与点评

本案的争议问题有两个：一是某银行宣布贷款提前到期，扣收某集团存款是否合法；二是某银行扣收某集团存款行为是否与《企业破产法》有关规定相矛盾。具体从以下几点分析：

（1）流动资金借款合同约定的贷款加速到期条款是否合法有效

约定贷款加速到期条款是商业银行信贷业务中的普遍做法，目的在于当借款人出现经营危机时能够及时有效地保护银行债权。某银行与某集团所签订的流动资金借款合同中贷款加速到期条款有两条：一是约定当某集团发生歇业、解散、停业整顿、被吊销营业执照或被撤销时，某银行有权解除合同并要求其提前归还贷款本息、赔偿损失。二是约定某集团的信用等级、盈利水平、资产负债率、经营活动现金净流量不符合银行的信用贷款条件，或者其生产经营和财务状况发生重大变化，对贷款安全造成重大不利影响时，银行有权宣布贷款提前到期、停止发放尚未发放的贷款，并要求其提前偿还已发放的贷款。这两条关于贷款加速到期条款是某银行和某集团的真实意思表示，并不违反法律及行政法规的任何规定，合法有效。

（2）流动资金借款合同中约定的合同解除条件是否已经成就

某集团婴幼儿奶粉含有三聚氰胺事件已引起全国乃至世界舆论的高度关注，大量产品被封存退货，患儿家属纷纷索赔，表明其产品质量存在严重问题。此时，某集团的生产经营已经发生重大变化，产品销售所产生的现金流即将枯竭，财务状况面临恶化乃至崩溃的局面，对某银行贷款安全造成了重大不利影响。某银行扣收某集团款项后，当天，该集团即被政府勒令停产、停业，进一步证实某集团的生产经营发生重大变化，信用等级急剧下降。此时，借款合同所约定的合同解除条件已经成就，某银行应该有权行使约定解除权。

（3）某银行扣收某集团存款行为是否属于依法行使抵销权

《合同法》第九十九条规定："当事人互负到期债务，该债务的标的物种类、品质相同的，任何一方可以将自己的债务与对方的债务抵销。"某集团与某银行存在存款合同关系，在存款合同关系中，某银行对某集团负有即期债务。同时，某集团与某银行还存在借款合同关系，在借款合同关系中，某银行是债权人。在某银行依法宣布贷款提前到期后，某银行与某集团即具备了互负到期债务的条件。因双方债权债务均为金钱之债，任何一方均可主张抵销。因此，某银行扣收某集团存款偿还贷款的行为性质应属于依法行使抵销权。

（4）某银行扣收某集团存款行为是否违反《企业破产法》有关规定

关于企业的提前清偿债务行为，《企业破产法》第三十一条第四项、第三十二条均作出了限制性规定。第三十一条是关于可撤销的破产欺诈行为的规定，"人民法院受理破产申请前一年内，涉及债务人财产的下列行为，管理人有权请求人民法院予以撤销：……（四）对未到期的债务提前清偿的……"，第三十二条是关于可撤销的个别清偿行为的规定："人民法院受理破产申请前六个月内，债务人有本法第二条第一款规定的情形，仍对个别债权人进行清偿的，管理人有权请求人民法院予以撤销。"这两条规定对于公平分配债务人财产、保障全体债权人利益、顺利进行破产清算具有重要意义。但是，适用上述规定有两个明确前提：一是债务未到清偿期；二是由债务人主动清偿，债权人被动接受。本案中，某银行宣布贷款提前到期，依法行使了合同解除权，某集团所负债务即变更为到期债务；某集团未主动清偿到期债务，某银行主动扣收了其存款。因此，本案并不具备适用上述《企业破产法》第三十一条第四项、第三十二条的两个前提条件。

同时，《企业破产法》第四十条规定："债权人在破产申请受理前对债务人负有债务的，可以向管理人主张抵销。"该条是关于破产抵销权的规定。所谓破产抵销权，是指破产债权人在破产宣告前对破产企业负有债务的，无论债务的种类和到期时间，可于清算分配前以破产债权抵销其所负债务的权利。破产抵销权具有担保债权收回的作用，很多国家的破产法均明确规定了破产抵销权。根据《企业破产法》第四十条的规定，即使是在破产申请受理后，债权人在破产申请受理前对债务人负有债务的，可以在破产程序中向管理人主张抵销。根据"举重以明轻，举轻以明重"的民法当然解释方法，债权人在破产程序中都可以向破产管理人主张抵销，那么在破产受理前向破产前的企业主张抵销更应不成问题，这种做法也是《企业破产法》第四十条规定的应有之义。因此，某银行扣收某集团存款行为是符合《企业破产法》第四十条规定的。

3. 相关启示

在本案应诉过程中，尽管某银行高度重视，通过采取组织召开专家论证会、加强与有关媒体沟通等方式积极阐述合理主张及抗辩理由，力争取得一审与二审法院的理解与支持，但最终某银行败诉，应引起商业银行高度关注。

（1）注重贷款精细化管理，依法及时行使合同解除权

合同解除权属于形成权。形成权是指权利人依自己的行为，使自己与他人间的法律关系发生变动的权利，例如撤销权、解除权、追认权等，形成权自意思表示到达对方时生效。本案中，某银行在某集团出现重大经营危机后，依法行使了合同解除权，及时收回了贷款，属于维护金融债权安全的典范。但是，根据《合同法》规定，解除权人行使合同解除权，应当通知对方，自通知

到达对方时起合同解除。某银行在行使合同解除权过程中，采取了电话通知对方财务人员的方式，未保留相关证据，导致发生纠纷时无法证明已通知对方。因此，商业银行在清收贷款过程中，既要做到依法及时清收，又要注重精细化管理，通过公证、见证、录音、录像等证据保全措施保留依法清收的证据，避免发生纠纷时因举证不能面临败诉风险。

（2）慎重适用贷款加速到期条款，避免产生法律风险

目前，我国商业银行借款合同文本均设定了贷款加速到期条款，以确保在借款人的生产经营条件、财务状况发生重大变化，不符合当初贷款条件时可以及时保全债权。因适用贷款加速到期条款往往涉及借款人的重大利益，借款人可能会千方百计阻挠商业银行适用这一条款。因此，在适用贷款加速到期条款、宣布贷款提前到期时，应当遵循审慎行事原则，避免产生法律风险：一是要加强对借款人的监测，包括对借款人经营和财务数据的监测，以及对其他可能影响借款人持续经营能力、社会形象等事件的监测，以准确掌握借款人有关信息，为商业银行决策提供及时、准确的依据；二是要合理判断，并非所有的企业危机事件都会对贷款安全造成不利影响，企业发生危机事件时要充分深入地论证危机事件是否符合合同条款约定的解除合同情形，合同解除条件是否已经成就，避免判断失当给商业银行经营和形象带来负面影响。

（3）依法行使抵销权，避免违反《企业破产法》

商业银行在行使抵销权时应仔细调查有关事实，谨慎适用涉及抵销权的法律规定，并注意是否存在商业银行的债权超过诉讼时效、客户的债权是否属于专属于客户自身的债权以及行使抵销权的对象是否适格等情形。对于法律明确规定禁止行使抵销权的情形，不得行使抵销权。在行使破产抵销权时，要严格遵守《企业破产法》第四十条关于破产抵销权的规定，如存在破产申请受理后取得他人对债务人的债权、已知债务人有不能清偿到期债务或者破产申请事实而对债务人负担债务或取得债权等情形，则不

应行使破产抵销权；如破产管理人对商业银行行使抵销权提出异议，应通过诉讼等合法途径解决，避免行使抵销行为被法院宣告无效。

三、2010 年展望

2009 年以来，根据新的形势和任务，最高人民法院以党的十七大精神为指导，深入贯彻落实科学发展观，对人民法院系统的司法理念和工作思路作了较大调整，以“三个至上（党的事业至上、人民利益至上、宪法法律至上）”、“为大局服务、为人民司法”、“从严治院、公信立院、科技强院”、“执法办案是第一要务”、“人民法官为人民”、“能动司法”等作为人民法院司法理念和工作思路的突破口，突出了人民法院的人民性，解决了审判权从何而来，以及人民法院为谁司法、为谁服务的根本问题，在尊重司法规律的基础上，立足我国国情，做到两者有机结合，促进人民法院各项工作科学发展。在发挥审判职能作用、推进工作机制创新、狠抓队伍建设等方面取得了显著成绩，为经济有序发展与社会和谐稳定创造了良好的法治环境。

2010 年，最高人民法院将继续通过制定司法解释、出台指导意见等方式，对已颁布的法律以及当前审判和执行工作中面临的突出问题进行指导和规制，充分发挥审判职能作用。综合考虑现实中面临的有关情况，2010 年最高人民法院在制定有关司法解释和审判政策文件中将有部分内容涉及银行业经营管理有关法律问题，其中以下几个方面的问题值得关注：

（一）制定《物权法》有关司法解释

《物权法》是维护国家基本经济制度、维护社会主义市场经济秩序、关系人民群众切身利益的民事基本法，与民事审判工作密切相关。《物权法》施行后出现了与《民法通则》、《担保法》、《海商法》等有关担保物权内容的规定诸法并行的局面。在抵押权登记效力、抵押登记的公信力、独立担保的适用依据、抵押权的重复设定、抵押权的存续期限、担保财产的处分、抵押权的从属性规则、担保物权竞合规则等方面，《担保法》及其司法解释与《物权法》担保物权编的规定差距较大。为了处理好《物权法》与《担保法》衔接的有关问题，最高人民法院已着手准备《物权法》担保物权编司法解释的起草工作，以规制和指导《物权法》实施后担保物权纠纷案件的审判工作。

（二）制定《公司法》后续司法解释

在2006年1月1日新修订后的《公司法》开始实施以后，为解决公司诉讼中迫切需要解决的基本问题、重大问题和现实问题，最高人民法院开始了《公司法》司法解释的起草工作，并先后出台了《最高人民法院关于适用〈中华人民共和国公司法〉若干问题的规定（一）》和《最高人民法院关于适用〈中华人民共和国公司法〉若干问题的规定（二）》。最高人民法院将继续研究制定适用《公司法》的相关司法解释，可能涉及公司设立的民事责任、股东资格确认、出资方式的效力认定、股东出资瑕疵的民事责任、公司的对外投资和担保、股东代表诉讼、公司机关会议决议无效和撤销纠纷、股东知情权纠纷、股东代表诉讼纠纷、有限责任公司新增资本认购纠纷、股份公司发行新股纠纷、利润分配请求权等问题。《公司法》后续司法解释的制定，将为人民法院正确适用有关法律提供指导和依据。

（三）制定《专利法》有关司法解释

2008年12月27日，第十一届全国人大常委会第六次会议审议通过了《关于修改〈中华人民共和国专利法〉的决定》，决定于2009年10月1日起开始施行新的《专利法》。修改后的《专利法》在专利授权标准、专利保护力度、规制滥用专利权行为等诸多方面对2000年《专利法》进行了修改完善。为正确贯彻和准确实施新《专利法》的相关规定，充分发挥司法保护知识产权的主导作用，妥善处理侵犯专利权纠纷案件，依法平等保护当事人合法权益，最高人民法院将研究制定关于适用新《专利法》审理专利权纠纷案件有关问题的司法解释，对新《专利法》施行后所涉及的侵犯专利权纠纷案件审判实践中的突出问题，如专利保护的范围、专利侵权行为的认定标准、间接侵权行为的认定和规制、侵权赔偿计算标准的细化等，提出具体适用法律的规范性意见。

（四）制定涉及行政与民事交叉、刑事与民事交叉的规范意见

随着经济生活的多样性和复杂性，有关案件中涉及行政与民事交叉、刑事与民事交叉的情形日益增多。对于刑事与民事交叉的情形，最高人民法院于1998年4月9日颁布了《关于在审理经济纠纷案件中涉及经济犯罪嫌疑若干问题的规定》，提出了经济纠纷与经济犯罪可以分开审理的基本原则。近几年来，在相关的审判实践中仍存在一些尚不明确的程序与实体问题亟须得到解决。此外，对于民事、行政交叉案件如何处理，目前尚缺乏明确规定，给司法实践中处理此类问题造成了一定的困难。因此，研究制定涉及行政与民事交叉、刑事与民事交叉的规范意见很有必要。对行政与民事交叉、刑事与民事交叉案件的不同类型如何确定不同的诉讼程序模式，采取分案审理还是并案审理的问题等作出明确规定，将有利于达到提高司法效益，减轻当事人诉累的目的。

（执笔人：张　炜、刘泽华、贾连杰、刘　晔、潘红星、陈　良、王志永、杭子晴、宋　乐）

第四章

国际银行业法制发展述评

本章选摘了部分有代表性的国际性组织、国家及地区2009年颁布的规范性文件（包括会议公报、领导人声明、白皮书、法律草案等），内容涉及金融危机爆发后国际金融监管合作、有关国家金融监管体制改革方案、存款保险制度最新监管法规、金融衍生品监管法规、金融消费者保护及反洗钱监管规定等方面。虽然其中部分规范性文件并不仅适用于银行机构，但银行机构无疑是重要的适用对象之一，因此，这些规范性文件对银行机构的监管和经营管理具有一定的影响。总体而言，这些规范性文件可以反映出2009年国际银行业法制发展的主线和整体特点。

一、有关国际组织、国家和地区金融法规文件述评

（一）金融监管改革问题

1. 二十国集团峰会有关金融监管改革文件

（1）二十国集团伦敦峰会公报

2009年4月1日至2日，包括中国在内的二十国集团（G20）成员国峰会在英国伦敦举行，会后二十国集团正式发布“会议公

报”①，就加强国际金融监管问题达成以下共识：

二十国集团与会领导人认为有必要对所有具有系统性影响的金融机构、金融产品和金融市场实施监督与管理。

第一，建立金融稳定委员会。二十国集团决定建立一个新的金融稳定委员会（Financial Stability Board，FSB）以取代金融稳定论坛（Financial Stability Forum，FSF）②，其成员主要包括二十国集团成员国、金融稳定论坛成员、西班牙和欧盟委员会等。金融稳定委员会将与国际货币基金组织共同致力于监测宏观经济和金融风险，强化监管的整体审慎，以避免系统性风险积累，防范和化解金融危机。

第二，扩大对金融机构、产品和市场的监管范围。二十国集团决定将所有可能引发系统性风险的金融机构、金融产品和金融市场置于相应的监管行列；二十国集团首次把对冲基金置于金融监管之下，要求对冲基金和经理人必须注册，并披露包括杠杆率和流动性状况等在内的相关信息，以及对可能产生的系统性风险进行评估；为了确保对对冲基金的有效监管，二十国集团要求加强各国监管机构之间的合作和信息共享。

第三，敦促各国改进会计准则。二十国集团呼吁会计准则制定机构尽快与监管机构进行合作，改进资产估值和准备金标准，制定一套高质量的全球会计准则。

第四，加强对国际评级机构的监管。评级机构对次贷相关产品不负责任的评级，是本次金融危机爆发的诸多诱因之一。二十国集团决定扩大监管措施的适用范围，将信用评级机构涵盖在内，以最大限度地增加透明度，减少可能的利益冲突，创造公平

---

① *Declaration on Strengthening the Financial System.* 文本可参见：http://www.g20.org/Documents/Fin_Deps_Fin_Reg_Annex_020409_-_1615_final.pdf。

② 金融稳定论坛是西方七大工业国为促进金融体系稳定而于1999年成立的合作组织。其成员包括阿根廷、美国等国家以及欧洲央行和国际货币基金组织等国际机构。2009年4月在伦敦举行的二十国集团峰会决定改组“金融稳定论坛”为“金融稳定委员会”，成员扩展至包括中国在内的所有二十国集团成员国，其主要职责包括关注金融市场风险，加强各成员国监管部门之间的合作和信息共享，促进全球金融稳定等。

的竞争环境。

（2）二十国集团匹兹堡峰会声明

2009年9月24日至25日，二十国集团峰会在美国匹兹堡举行，与会领导人就加强金融监管体系等问题达成共识，并发表“领导人声明”①。

“领导人声明”指出，各成员国应进一步明确国际金融监管体系的核心是提高资本标准，辅之以明确的激励信号，减少操作风险。为此，二十国集团需致力于以下几个方面的工作：

第一，在银行监管方面，在2010年年底之前就制定银行监管规则达成普遍共识并付诸实施，该规则包括：提高银行资本的数量和质量、防止过度杠杆化和减少银行从事高风险行为的动机。鼓励各国提高资本充足率，采取逆周期资本缓冲措施（counter - cyclical capital buffer），并对高风险产品和表外业务计提更多资本。

第二，在薪酬改革方面，赞同金融稳定委员会有关薪酬管理的执行标准，将薪酬与长期价值创造结合起来，降低风险偏好，具体包括撤销给予过多花红的保障条例，确保高管和普通员工的薪酬与企业风险敞口有实质性挂钩，增加薪酬政策和薪酬结构的透明度，确保薪酬政策监管委员会独立运作等。

第三，在金融机构监管方面，金融稳定委员会应在2010年10月提出具体的措施建议，减少在金融系统中具有重要地位的金融机构（systemically important financial firms）的道德风险，使其遵从的审慎标准与其倒闭造成的损失相匹配；开发有效工具和机制，解决该类金融机构的跨境破产问题，减少该类金融机构破产对金融系统的破坏性影响。

第四，在场外金融衍生品市场监管方面，最晚在2012年年底前，所有标准化的场外金融衍生品合约均应通过交易所或电子交

---

① *Leaders' Statement：The Pittsburgh Summit.* 文本可参见：http：//www.pittsburghsummit.gov/mediacenter/129639.htm。

易平台进行交易，并在合适的情况下，通过中央交易对手（central counterparties）进行清算。对于非通过中央交易对手清算的场外衍生交易合约应计提更高的资本。

第五，在会计准则方面，呼吁国际会计组织加倍努力，在独立的标准设定流程中实现统一的、全球性的会计准则。

2. 欧盟金融监管改革方案

为完善欧盟金融监管体系，提高金融系统风险的识别和处理能力，加强金融监管合作，提高欧盟各成员国监管部门的应急能力和监管目标的一致性，维护欧盟金融稳定和安全，欧盟委员会于2009年9月23日通过了欧盟金融监管改革方案①（以下简称方案）。根据方案规定，欧盟将成立欧盟系统风险委员会（European Systemic Risk Board，ESRB）和欧洲金融监管者系统（European System of Financial Supervisors，ESFS），以强化欧盟各成员国的宏观金融监管和微观金融监管。

（1）欧盟系统风险委员会（ESRB）

①欧盟系统风险委员会的主要职责。作为宏观监管部门，欧盟系统风险委员会在欧盟层面上负责金融宏观审慎监管，识别、评估和监控在宏观经济以及整个金融体系运行中出现的各种威胁金融稳定的风险，并对这些风险进行排序，在出现重大风险时发出预警并向政策制定者提供建议。同时，该委员会还负责与国际货币基金组织、金融稳定委员会以及第三国金融监管部门的联络和交流。该委员会的设立，有助于从整个欧盟层面上加强宏观监管功能，控制系统性风险。

②欧盟系统风险委员会的组成。考虑到金融宏观审慎监管职责一般由各国中央银行履行，欧盟系统风险委员会的成员主要由各成员国中央银行组成。根据方案规定，欧盟系统风险委员会的

---

① *Commission adopts legislative proposals to strengthen financial supervision in Europe*，Reference：IP/09/1347，参见网页：http：//europa. eu/rapid/pressReleasesAction. do？reference = IP/09/1347。

组成人员包括：主席（由欧洲中央银行行长担任），副主席（由欧盟系统风险委员会各成员选举产生），欧盟 27 个成员国中央银行行长，欧洲中央银行副行长，欧盟银行业、保险业及证券业三大金融监管机构的主席，欧盟理事会成员等。另外，欧盟系统风险委员会还设若干观察员。

（2）欧洲金融监管系统（ESFS）

①欧洲金融监管系统的主要职责。欧洲金融监管系统通过对特定金融机构的监管，履行对金融微观审慎监管职责。根据方案规定，原欧盟层面的银行、证券和保险监管委员会（Committee of European Banking Supervisors，CEBS；Committee of European Insurance and Occupational Pensions Committee，CEIOPS；Committee of European Securities Regulators，CESR）升级为欧盟金融监管当局（European Supervisory Authorities，ESA），即欧盟银行业监管机构（European Banking Authority，EBA）、欧盟保险养老金监管机构（European Insurance and Occupational Pensions Authority，EIOPA）和欧盟证券与市场监管机构（European Securities and Markets Authority，ESMA），各自享有独立法人地位。欧盟金融监管当局除了承继现行监管委员会所有职责（咨询权）外，还享有以下职责和监管权限：收集微观审慎监管信息；确保欧盟各成员国监管文化和监管操作的一致性；协助解决成员国之间的监管分歧；对违反欧盟法律的行为进行调查，必要时对有关成员国的监管部门提出监管整改意见和建议；对特定机构履行全方位监管权力，如有权对信用评级机构和欧盟中央清算中心等机构进行调查、现场检查；在发生危机时，协调各成员国立场和应对措施等。

此外，欧盟系统风险委员会中还成立指导委员会（Steering Committee），建立与新的金融监管机构之间的信息交流与监管合作机制，加强欧盟监管机构之间的合作、监管方法的一致性以及对金融混业经营的有效监管。

②欧洲金融监管者系统的组成。欧洲金融监管者系统由指导委员会、欧盟金融监管当局及各成员国监管机构组成。指导委员

会由欧盟金融监管当局三大机构选派的代表组成；欧盟金融监管当局三大机构的监管委员会由各自机构的主席及相关成员国监管机构的主席组成，另设观察员若干；欧盟金融监管当局三大机构还设管理委员会，由相关成员国选派的代表组成。

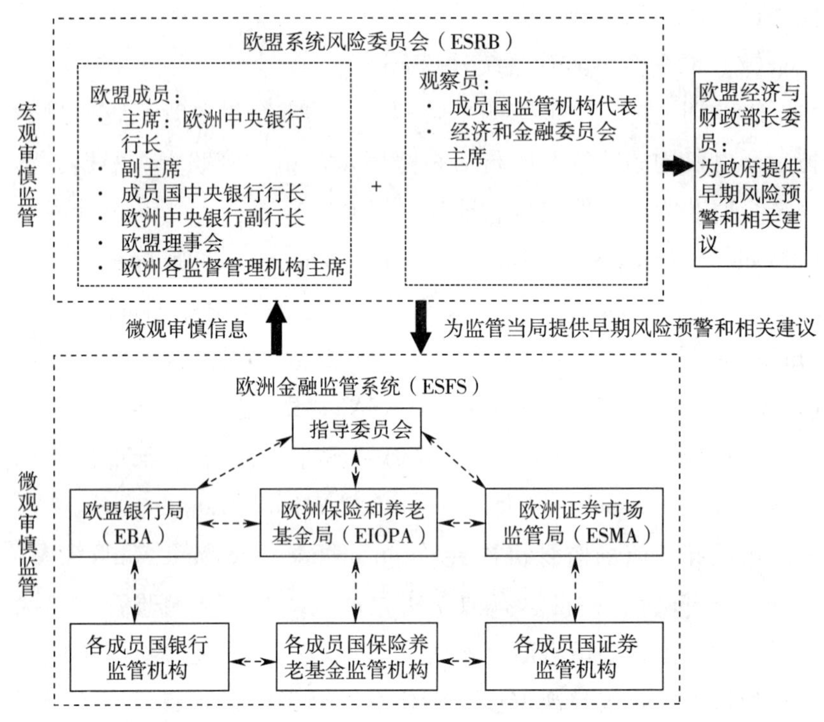

图4－1　欧盟金融监管新框架示意图

3.《巴塞尔新资本协议框架完善建议》

针对本次金融危机中暴露出银行在资本计量及其监管中存在的重要问题，在吸收、借鉴实务界与理论界关于新资本协议的最新研究成果基础上，巴塞尔委员会于2009年1月发布《巴塞尔新资本协议框架完善意见（征求意见稿）》并在全球范围内征求意见。① 2009年6月，巴塞尔委员会正式对外发布《巴塞尔新资本

① 该征求意见稿的全文参见：*Basel Committee on Banking Supervision*：*Proposed Enhancements to the Basel* Ⅱ *Framework*，http：//www. bis. org/publ/bcbs150. pdf？ noframes = 1。

协议框架完善意见》（*Enhancements to the Basel* Ⅱ *Framework*，以下简称《建议》）。[①]《建议》在巴塞尔委员会2006年6月颁布的《统一资本计量和资本标准的国际协议：修订框架》（综合版本）[②] 的基础上，对三大支柱部分内容进行了修改或补充[③]，具体包括以下几个方面：

（1）关于第一支柱（最低资本要求）的修改

第一，银行使用内部评级法计量资产证券化风险敞口的监管资本要求时，应给予再证券化风险敞口（resecuritisation exposure）更高的风险权重。所谓再证券化风险敞口，是指一个或多个基础资产符合新资本协议框架中资产证券化风险敞口定义的资产证券化风险敞口，包括基于资产支持型证券（ABS）的债务抵押工具（CDO）以及住房抵押贷款证券化的债务抵押工具等。与此同时，标准法下再证券化风险敞口的风险权重也应有所调整。

第二，不管在标准法还是在内部评级法下，银行均不能认可基于银行自身提供担保或提供相似支持的评级。也就是说，当外部评级是基于银行自身提供的担保时，银行不能采用这些外部评级。

第三，银行必须满足一定的操作性标准才能使用新资本协议资产证券化风险权重。这些要求旨在确保银行进行充分的尽职调查，不能简单依赖外部评级机构的信用评级。若银行不满足这些要求，则应从资本中扣除相应的资产证券化风险敞口。

第四，在资产证券化标准法框架下，合格流动性工具（Liquidity Facilities）无论期限长短，信用转换系数（CCF）都统一设定为50%（目前框架下，期限一年以内的短期合格流动性工具信

① 全文参见：*Basel Committee on Banking Supervision*：*Enhancements to the Basel* Ⅱ *Framework*，http：//www. bis. org/publ/bcbs157. pdf? noframes = 1。

② 全文参见：*Basel Committee on Banking Supervision*：*Basel* Ⅱ：*International Convergence of Capital Measurement and Capital Standards*：*A Revised Framework* – Comprehensive Version，http：//www. bis. org/publ/bcbs128. htm。

③ 其中，对新巴塞尔协议的第一支柱、第三支柱作了修改，对第二支柱的“监督检查程序”提出了风险管理的补充意见。

用转换系数为20%）。在资产证券化内部评级法框架下，流动性工具与其他资产证券化风险敞口的处理方法一样，适用100%的信用转换系数。如果该流动性工具有外部评级，银行可根据外部评级并使用评级法下的风险权重，如果流动性没有外部评级，银行应当采用内部评估法或者监管公式法，如果两种方法都不能适用，则该流动性工具应当从资本中扣除。此外，针对一般性市场中断（general market disruption）的流动性工具，取消标准法下和内部评级法下根据监管公式法对该类流动性工具的资本优惠。

（2）关于第二支柱（监督检查程序）的风险管理补充意见

第一，金融机构应当构建全面的风险监控体系。该体系应当包括：其一，董事会和高级管理层的积极监督，制定审慎的风险监督管理政策并依据该政策设定具体、全面的审慎风险限额，并确保其与银行的风险偏好、风险承受能力相匹配；同时，应当做到风险管理政策和程序涵盖银行可能涉及的所有实质风险。其二，银行应当建立起对风险的全面、及时的识别、计量、缓释、控制、监测和报告制度。银行的管理系统应当及时以简洁的方式为董事会和高级管理层提供有关银行风险的信息，该信息应当包括表外业务在内的全部风险敞口；同时，管理层还应当理解特定风险计量办法背后的假设和内在局限性。其三，银行应当建立全面的内部控制制度，由独立的控制人员以及内、外部审计人员对风险管理流程进行经常性监控和检验，并定期向管理层报告管理流程和制度的执行情况。

第二，加强集中度风险（risk concentrations）管理。银行应当审慎考虑单一或者相关联的风险驱动因素可能给银行带来的集中度风险，特别是在银行评估其整体的风险敞口时，应当对此类集中度风险予以充分关注。同时，银行应通过风险管理程序和管理信息系统（MIS），对全行相似的风险敞口，如按法律实体、资产类别（如贷款、衍生产品和结构性产品）、风险领域（如交易账户）或按地域划分的风险进行识别，并对相似风险敞口进行加总。

第三，加强表外敞口和证券化风险管理。银行应该在其内部资本充足性评估程序中对资产证券化所引致的所有风险予以处理，尤其是那些在第一支柱下没有完全捕获的风险，包括：①每一敞口的信用风险、市场风险、流动性风险和声誉风险；②对证券化的基础风险敞口的潜在违约和损失；③源于特殊目的实体的信用额度或流动性工具的风险敞口；④由一方和其他第三方提供保证导致的风险敞口；等等。

第四，加强声誉风险管理。银行管理层应就进入新市场、新产品和新业务领域时如何识别声誉风险来源制定适当的政策。同时，银行的压力测试程序中应包括声誉风险，以便于高级管理层充分了解声誉风险的后果和随之产生的影响。

第五，加强估值问题的管理和控制。为实现风险管理和财务报告目的，银行应具备完善的进行公允价值计价的治理结构和控制程序，同时与银行风险管理和财务报告目的保持一致。估值的治理结构和相关程序应当作为银行整体治理结构的一个有机组成部分，同时应明确董事会和高级管理层在公司治理架构和相关程序中的作用。此外，董事会应当取得高级管理层关于估值监督和估值模型反映问题的报告，并要求其提供估值技术的重大变化。

（3）关于第三支柱的修改

针对公开披露存在的明显缺陷，经过对信息披露现有规定及其在实践中反映出来的问题的认真评估，巴塞尔委员会对目前第三支柱规定的披露要求提出了若干修改建议，要求银行在原有第三支柱披露要求的基础上，对以下问题予以披露：交易账户中的资产证券化风险敞口状况、资产负债表外工具发起人的情况、内部评估法（IAA）和其他资产支持型商业票据流动性工具的情况、再证券化风险敞口状况（resecuritization）、与证券化风险敞口相关的估值问题、与资产证券化风险敞口有关的进行中风险（pine-line risk）和既存风险（warehousing risk）等。

4. 美国金融监管改革法案

2007 年以来，美国经历了 20 世纪 30 年代大萧条之后最严重的金融危机。此次金融危机暴露了美国金融监管体制存在的一些漏洞和缺陷，如缺乏统一监管机构，多头监管等削弱了政府监控，防范和处置金融体系积聚的风险能力不足，对银行控股公司、投资银行及对拥有保险储蓄的保险公司缺乏全面有效的监管等。

为了恢复对整个金融体系的信心，减少金融危机对实体经济的消极影响，美国有必要对其金融监管体系进行全面改革，消除金融监管漏洞，稳定金融体系，建立一种更加简单和有效的保护消费者和投资者利益、鼓励金融创新并能适应金融市场发展需要的金融监管体系，以促进美国经济的健康发展。在此背景下，美国政府推出了金融监管体制改革的具体方案。

2009年6月17日，美国政府发布题为《金融监管改革：新的基础》（*Financial Regulatory Reform: A New Foundation*）白皮书，对美国金融体制改革提出若干建议，并提交国会审议。该改革方案被业界视为“美国70年来最为全面的金融监管改革路线图”，一旦通过必要的立法程序付诸实施，将对美国金融市场的发展产生深远影响。[①] 2009年7月22日，美国政府向美国国会递交《2009年美国金融监管改革法案》的方案（以下简称《奥巴马改革方案》）[②]。2009年12月11日，美国众议院通过了《2009年美国华尔街改革与消费者保护法案》（以下简称《金融改革法

① 包明友：《美国金融监管改革路线图解析》，载《中国金融》，2009（13）。

② 改革法案分为五个部分（Division），每部分又分若干章（Title），涉及提升金融公司监管、加强投资者保护、加强消费者金融保护、提升金融危机管理及提升金融监管标准、加强国际监管合作等内容。

案》)[①]，对美国政府提交的改革法案作了修订和补充。截至2009年12月底，该法案尚未经美国参议院审议。该法若能最终颁布实施，将成为美国自20世纪30年代以来规模最大的一次金融改革法案。[②] 下面结合《奥巴马改革方案》及《金融改革法案》，介绍美国金融监管改革方案的主要内容。

（1）改革美国金融监管体制

第一，组建金融服务监督委员会。《金融改革法案》规定，组建一个由各金融监管机构参加的跨部门监管协调机构金融服务监督委员会（Financial Services Oversight Council，FSOC），负责监控和识别可能出现的系统性风险和改善各监管机构之间的合作，并为解决监管部门相互之间管辖权争议等问题提供平台。

《金融改革法案》第一部分《提升金融稳定法》对金融服务监管委员会的设置、机构组成、职权等作了明确规定。

根据《金融改革法案》，金融服务监督委员会由享有投票权成员和不享有投票权成员组成：前者包括美国财政部部长（兼任委员会主席）、美国联邦储备委员会（Federal Reserve Board）主席、货币监理署主任、储蓄机构监理署（Office of Thrift Supervision）主任、美国证券交易委员会（SEC，以下简称美国证交会）主席、商品期货交易委员会（CFTC）主席、联邦存款保险公司（FDIC）主席、联邦住房金融局（FHFA）主任及全国信贷联盟署（National Credit Union Administration）主任；后者由各州保险

① 《金融改革法案》全称为：*The Wall Street Reform and Consumer Protection Act of 2009*。截至本书交稿日，该法案尚未经美国参议院审议。该法案包括六部分内容：(1)《提升金融稳定法》(*Financial Stability Improvement Act*)；(2)《公司与金融机构薪酬公正法》(*Corporate and Financial Institution Compensation Fairness Act*)；(3)《场外衍生品市场法》(*Over－the－Counter Derivatives Market Act*)；(4)《消费者金融保护署法》(*Consumer Financial Protection Agency Act*)；(5)《资本市场监管法》(*Capital Markets*)；(6)《联邦保险办公室法》(*Federal Insurance Office Act*)。相关信息可访问网址：http：//financialservices. house. gov/Key _ Issues/Financial _ Regulatory _ Reform/Financial _ Regulatory _ Reform. html。

② 参见2009年12月14日《华尔街日报》报道：Damian Paletta and Robin Sidel：*House Strikes at Wall Street*，*the Wall Street Journal*，http：//online. wsj. com/article/SB126055726422487665. html。

监管专员及银行监管部门人员组成（按照一定选举程序产生），享有咨询权。[①] 该委员会的具体职责主要包括：一是就金融监管问题向美国国会提供咨询意见和建议，加强对大型金融机构的监控，及时识别可能影响美国金融系统稳定的各类系统性风险；二是颁发正式建议函，要求有关会员监管部门对各自监管的金融机构及金融服务采取更严格的审慎监管措施和标准，防范系统性风险；三是加强委员会成员之间的信息共享和合作；四是委员会有权就各相关监管部门之间的争议作出对争议各方有约束力的裁决。[②] 另外，金融服务监督委员会为履职之需，如为评估有关金融机构对金融系统可能产生的系统性风险，有权要求美国金融机构向其提交报告。

第二，组建联邦保险办公室（FIO）。《金融改革法案》第六部分规定，成立隶属于美国财政部的联邦保险办公室以协调保险业政策和强化保险业监管。

根据《金融改革法案》第六部分的规定，该办公室主要履行保险行业的监督、建议、咨询和信息交流等职责。该办公室的董事有权对保险行业的各个方面进行监控，如识别和发现监管中存在的问题和漏洞，就是否将某保险公司列入应受更严格标准监管的保险公司等问题向金融服务监督委员会提出建议等。另外，该办公室还有权（与美国贸易谈判代表共同）代表美国与国际保险业机构和监管部门进行谈判。

第三，设立消费者金融保护署（CFPA）。根据《金融改革法案》的规定，设立独立的消费者金融保护署，将原先分散于各不同监管部门的消费者保护职责予以归并，统一执行保护消费者权益职责，减少多重监管，避免监管冲突，确保有关消费者权益保护法律规定的公正性、降低监管成本及法律实施的有效性。

根据《金融改革法案》第四部分的规定[③]，作为从事消费者

---

① 参见《金融改革法案》SEC. 1001。

② 参见《金融改革法案》SEC. 1002。

③ 本章还将对《金融改革方案》第四章《消费者金融保护署法》作专门介绍。

保护的联邦级主要监管机构，消费者金融保护署对信贷、储蓄、支付和其他金融产品及服务的消费者实施保护，并对上述产品和服务的提供商进行监管，在现有消费者保护法律体系内[①]，制定相关规则，确保消费者在接受所有金融部门服务时免受不公平、欺诈性合同条款的侵害，为对消费者提供金融产品和服务的各类金融机构建立更加公平的竞争环境和实行更高的标准。

根据《金融改革法案》的规定，消费者金融保护署有权以自己的名义参与诉讼、出庭、法庭和解等，并有权通过实施监管等手段收集相关信息和资料，履行受理客户投诉，开展消费者金融教育等职责。

第四，其他主要金融监管机构。根据《金融改革法案》第一部分第三章（Subtitle C）的规定，在法案正式施行一年后，美国货币监理署（OCC）将合并美国储蓄机构监理署（OTS），负责监管全国性的银行机构。此外，美联储负责监管金融控股公司和一些地方银行，联邦存款保险公司则继续保留其监管职能。

另外，与《奥巴马改革方案》比较，《金融改革法案》对美联储的职能作了较大的限缩：其一，《奥巴马改革方案》授予美联储系统性风险监管者的权力，但《金融改革法案》明确将该项权力授予金融稳定监督委员会；其二，《金融改革法案》几乎剥夺了美联储在消费者金融保护方面的所有监管权力；其三，为提高美联储监管行为的透明度，《金融改革法案》要求美国审计总署（GAO）对美联储的货币政策实施审计。[②]

美国政府原拟设全国银行监管署（NBS），取代美国货币监理署和美国储蓄机构监理署，负责对所有联邦特许存款机构、外资银行的联邦分支机构及分理处实施审慎监管，但上述方案未被

① 如 *the Truth in Lending Act* 及 *the Equal Credit Opportunity Act* 等。

② 要求美联储接受审计总署审计，这在美国历史上尚属首次，此举被认为损害美联储的独立性而受到美联储的强烈反对。参见：Damian Paletta and Robin Sidel：*House Strikes at Wall Street*，载于 *the Wall Street Journal*，December 14，2009。http：//online. wsj. com/article/SB126055726422487665. html。

《金融改革法案》采纳。

表4－1　　美国《金融改革法案》计划新设的金融监管机构及其职责概述

新设金融监管机构	主要职责概述
金融服务监督委员会（FSOC）	负责监控识别可能出现的系统性风险和改善各监管机构之间的合作，并为解决监管部门相互之间管辖权的争议问题提供平台
消费者金融保护署（CFPA）	通过对金融机构提供的信贷、储蓄、支付和其他金融产品和服务的监管，保护金融消费者权益；有权以自己的名义提起诉讼、出庭、法庭和解；消费者教育等
联邦保险办公室（FIO）	通过收集信息、开发专业资源、参与国际协议谈判、协调保险业政策，强化保险业监管

（2）加强大型金融机构的审慎监管

第一，对大型金融机构实施更严格的监管。《金融改革法案》要求美联储对可能产生系统性风险的“大型金融机构”实施更为严格的监管措施和标准，如更高的资本充足率、杠杆限制、流动性要求、全面风险管理要求及短期负债限制等①。

《金融改革法案》规定，除美联储同意豁免外，大型金融机构的资本计提应涵盖其表外风险敞口和交易，包括备用信用证、不可撤销保函、风险参贷、回购协议、对卖方保留追索权的资产销售、利率掉期、信用互换及远期交易等衍生交易以及美联储界定的其他交易类型。

《金融改革法案》要求大型金融机构除遵循银行控股公司所需遵循的报告义务，并接受监管部门的监督和执法检查外，还要求其制订落实“破产解散计划”，即在大型金融机构发生严重财务危机时，如何迅速有序地解散公司的计划。

此外，根据《金融改革法案》的规定，大型金融机构须遵守集中度限制的规定，即大型金融机构对非附属公司的总体风险敞

---

①《金融改革法案》SEC. 1104。

口不能超过其股本及资本公积的25%。[①]

第二，大型金融机构的界定标准。根据《金融改革法案》的规定，金融稳定监督委员会经商美联储等监管部门后，依据下述标准，认定某金融机构（公司）是否属于可能对美国金融系统产生系统性风险的大型金融机构，从而对该机构实施更加严格的监管：

①公司金融资产的规模及性质；

②公司债务的规模及类型；

③公司表外风险敞口情况；

④公司与其他重要金融机构的交易情况及业务状况；

⑤公司在信贷资源方面的重要性；

⑥金融稳定监督委员会认为合适的其他因素。

第三，弥补对非银行金融机构的监管漏洞。根据美国现行《银行控股公司法》（*Bank Holding Company Act*）的规定，对于控制储蓄存款机构、产业借贷公司（Industrial Loan Company, ILC）、信用卡银行、信托公司以及依照旧例享有"非银行的银行机构"特权（grandfathered "non – bank banks"）的公司，不作为"银行控股公司"监管。但是，《金融改革法案》弥补了针对该类公司的上述监管漏洞，根据并表监管框架原则明确要求将该类公司纳入银行控股公司的监管范畴。根据《金融改革法案》，这些"非银行的银行机构"、产业信贷公司或其他具有类似性质的公司如（通过其附属机构）同时从事其他商业经营活动的，该经营模式仍可延续，但这些公司须受《银行控股公司法》的监管，该类公司与从事其他商业经营的附属机构之间的交易应受限制，以防止自我交易或关系人交易（self – dealing）。

（3）建立金融市场全面监管体系

第一，强化对证券化市场的监管。要求发起人承担证券化所产生的部分信用风险，市场参与者的薪酬应与标的贷款的长期表

① 《金融改革法案》SEC. 1104。

现相一致。美国证交会应继续提高证券化市场的透明度和标准化，明确授权证交会要求资产支持证券（ABS）的发行商实施报告制度。

《金融改革法案》第一部分F节“提升资产支持证券化流程”（Improvements to the Asset - Backed Securitization Process）对美国《1934年证券交易法》的部分规定作了修改，即要求联邦银行监管部门和美国证交会在《金融改革法案》通过后180日内，共同制定相关监管规定，要求资产支持证券发起人在通过证券化方式向第三方转移、转让或出售证券化资产过程中，发起人应对与证券化资产相关的信用风险保留相当比重的经济利益，并规定了具体的监管标准，即如监管要求债权人或发起人必须保留有关资产的信用风险，则该债权人或发起人不得以对冲或其他形式转移该等风险；另外，除非经得有权监管机构同意，发起人或债权人应保留该等资产5%的风险。①

第二，强化对信用评级机构的管理。《金融改革法案》第五部分B节②对加强信用评级机构监管作了规定：要求提高信用评级机构（全国认可统计评级机构，NRSROs）运作的透明度，强化信息披露，强化评级机构法律责任；完善评级机构公司治理，要求评级机构三分之一以上董事会成员由独立董事担任；加强内部控制，强化合规官责任，引入“旋转门防范机制”③，减少信用评级机构的利益冲突；明确个人起诉评级机构的权力，保护投资者利益；通过引入强制登记机制，加强美国证交会对信用评级机构以及评级公司员工的监管；要求监管机构建立新的信用评估标准，降低监管者和投资者对评级公司的依赖等。

第三，加强投资者保护。根据《金融改革法案》第五部分C

① 《金融改革法案》SEC. 1502.：Credit Risk Retention。

② Subtitle B：*Accountability and Transparency in Rating Agencies Act.*

③ 就评级机构而言，所谓“旋转门（Revolving Door）”现象，是指评级机构雇员向客户流动的现象，被认为是导致评级机构缺乏独立性的因素之一。

节[①]的规定，强调经纪人、投资顾问、交易商的受托职责（fiduciary duty），并要求所有为投资者提供个性化投资顾问服务的金融中介机构均须承担受托责任；加强美国证交会的监管职能，督促证交会和其他监管机构加强投资者保护；限制或勒令禁止在有关经纪合同中使用强制性的仲裁条款，保障投资者通过法院诉讼解决争议的权利；加强对违法行为检举人（whistleblowers）的保护；提高对受欺诈投资者的赔偿等。

第四，加强对包括信用违约互换（CDS）在内的所有场外衍生产品交易的综合监管[②]，实现以下监管目标：防范这些交易活动对金融体系产生风险；促进市场的效率和透明度；防止市场操纵、欺诈和其他扰乱市场的行为。

第五，引入新的破产清算授权（Dissolution Authority 或 Resolution Authority），意图终止金融机构"大而不倒"的现象。为防止超大型或特别复杂的金融机构（如雷曼兄弟和 AIG）破产对整个经济造成损害，《金融改革法案》要求完善安全有序的破产清算机制，如规定联邦存款保险公司有权插手（unwind）陷入困境的金融机构经营，确保该机构正常履行相关合同，并妥善处理有担保债权人的权益问题，维护金融秩序的稳定；同时，由大型金融机构为系统风险缴纳保费，预先成立系统性破产清算基金（Systemic Dissolution Fund），以避免清算过程给纳税人带来严重损失。

第六，完善高管薪酬及金融机构治理结构。《金融改革法案》第二部分要求上市金融机构在高管薪酬问题上为股东提供更多的话语权，包括授予股东不具约束力的咨询性投票权（advisory vote）；要求上市金融机构设立由独立董事组成的独立的薪酬委员会；允许监管机构强行中止金融机构不恰当、不谨慎的薪酬方案，并要求金融机构披露薪酬结构中所有的激励要素。

---

① *Investor Protection Act of* 2009.

② 关于美国《金融改革法案》中《场外衍生品市场法》，本章后面还有介绍。

5. 英国金融监管改革方案

作为国际金融中心之一，英国在此次国际金融危机中受到的冲击较为严重，因而成为积极推进金融监管改革的国家之一。2009年2月，英国《2009年银行法案》（*Banking Act* 2009）正式实施；2009年7月8日，英国财政大臣达林（Alistair Darling）公布了《改革金融市场》（*Reforming Financial Markets*）白皮书，英国金融监管改革的内容主要体现在这两份文件中。

（1）英国《2009年银行法案》

英国《2009年银行法案》于2008年10月7日经议会审议，2009年2月12日获王室认可，自2009年2月21日生效。该法案旨在完善英国立法体系，以维护金融稳定，保护存款人利益。在全球金融市场不稳定的情况下，该项法案的出台是英国政府加强银行体系的稳定性和风险控制能力的重要举措。

《2009年银行法案》及之后2009年7月8日英国财政大臣达林公布的《改革金融市场》白皮书，都是英国应对金融危机所采取的举措。英国将本次金融危机的爆发归咎于银行机构不负责任的经营活动而非政府监管不力。在此旨意主导下，该法案全面维护了英国现有金融体系，即英格兰银行、财政部和金融服务局"三驾马车"并立的格局，并着重扩大金融服务局的权限。

《2009年银行法案》的核心内容是强化监管部门（英格兰银行、金融服务局和财政部）在应对银行系统危机时的权力，以保护存款人利益，维护金融稳定。该法实施了一项持续有效的"特别处理机制"（Special Resolution Regime，SRR），即赋予监管部门采取措施应对银行倒闭和财务危机，包括可以在必要时临时接管某家银行，或采取将银行出售等具体措施。该规定同时取代了于2009年2月20日到期的《2008年银行法》关于"特别处理机制"的临时性规定。应对银行财务危机的举措在2008年开始实施，最早是为应对英国北岩银行（NORTHERN ROCK）[①] 倒闭而制定的，其主要目标是使政府能在必要时迅速介入对银行的救助。随后，2008 年 9 月救助 BRADFORD & BINGLEY 公司，2008 年 10 月解决两家冰岛银行在英国的子公司财务危机，均应用了“特别处理机制”。

法案的另一项重要内容是建立“金融稳定委员会”（Financial Stability Committee，FSC），同时计划授予英格兰银行在动荡局势中保持市场稳定的法定责任，以便在危机时及时作出反应。

该法案规定的其他措施还包括：完善法律框架，提高金融服务赔偿机制的有效性；完善运营监管体制以防止银行机构倒闭；保护消费者；加强英格兰银行的权力；授权财政部门制定规则以应对投资银行破产等。

法案同时规定，为了保持国家金融稳定和公众信心，对破产银行进行金融救助的具体信息可以不对外公布。这一规定引来了一些批评意见，反对者认为，不透明的政策可能损害公众利益。但政府解释称，在政府运作的透明度和私密度之间需要基于公众利益寻求一个平衡点，而如果要求政府每季度披露当局援助银行业的成本，可能不会带来这种平衡。

（2）《改革金融市场》白皮书

2009 年 7 月 8 日，英国财政大臣达林公布了《改革金融市场》白皮书（以下简称“金融改革白皮书”）。“金融改革白皮书”分析了全球金融市场现状、现有应对危机的措施以及导致危机爆发的根源等，并在此基础上提出了一系列金融改革方案，主要内容包括：

第一，建立金融稳定理事会（Council for Financial Stability，CFS），全面负责监控金融业的风险和稳定。金融稳定理事会将替

---

① 英国北岩银行位于英国北部，其前身是北岩建屋互助会（Northern Rock Building Society）。北岩银行始建于 1965 年，1997 年在伦敦交易所上市。北岩银行曾是英国 5 大抵押借贷机构之一。2007 年，因受到美国次级房贷的拖累，在市场资金流动性出现危机，造成挤兑，同年被英格兰银行注资，收归国有。

代原有的常务委员会，由英格兰银行、英国金融服务局和财政部共同组成，由财政大臣担任主席。金融稳定理事会的目标是分析和调查英国经济金融稳定中出现的风险，协调相关监管机构采取应对措施。该理事会每年定期召开会议，讨论评估系统性风险并考虑需要采取的行动，定期发布一些重要的出版物，如《金融稳定报告》和《金融稳定理事会年度金融风险展望》，以表明其态度和观点。该理事会在必要时召开会议，讨论威胁金融稳定的具体行业或公司的风险，对监管行为进行协调和干预。

第二，完善英国金融服务局的治理安排并增强其权力。“金融改革白皮书”提出，政府将重新审查英国金融服务局的法定目标和治理，以便于支持金融服务局重点关注审慎性监管与系统层面风险，并提供一个清晰的立法权限来采取行动维护金融稳定。改革的目标之一是让金融服务局在监管层面考虑欧洲甚至全球金融稳定的影响。在原有授权的基础上，“金融改革白皮书”还提出给予金融服务局新的权力，确保金融服务局能更有效地运用许可权和干预权。

第三，培育竞争市场。为了培养富有竞争的金融市场，更好地为消费者服务，“金融改革白皮书”建议应当在财政和货币指导、加强消费者保护能力、建立快速有效的赔偿机制等方面推进改革。

第四，控制系统性风险。“金融改革白皮书”提出，各监管机构应当将金融系统当做一个整体看待，并在以下方面采取措施：加强审慎性监管，提高金融机构风险暴露的透明度；强化对具有系统重要性的金融市场监管，尤其是对证券和衍生品市场的监管；强化金融服务局在防控系统性风险方面的职能，特别是监控、评估和降低因金融体系相互关联而导致的系统性风险；抑制过度信用行为，降低金融系统传导性风险；确保银行在经济波动时可以采取更富弹性的措施，以避免加剧经济下滑。

第五，加强金融消费者利益保护。“金融改革白皮书”提出，金融机构要确保消费者能够获得所需的金融服务；金融机构应该为消费者提供高度透明的金融产品；对于给大量消费者造成损害的金融产品和服务，消费者有权通过诉讼方式进行索赔；进一步完善存款保护机制。

第六，加强国际监管合作。“金融改革白皮书”提出，应当加强国际范围内，尤其是欧洲区域金融监管合作。主要措施包括：通过统一的监管标准和措施来提高各国金融监管的水平，防范监管套利带来的金融风险；加强以金融稳定委员会为核心的国际金融监管架构的建设，在世界范围内防范潜在金融风险；加强欧洲金融一体化发展过程中的风险控制，强化欧洲金融监管机构间的合作；加强跨境监管合作，建立国际金融风险预警系统；在跨国金融机构危机处置中，强化跨境合作。

“金融改革白皮书”的公布受到了广泛的关注。支持者认为，这种改进性的金融举措有利于英国金融的稳定和发展，认可非激进的政策，金融监管改革不能损伤英国金融业在全球市场中的竞争力，过于严苛的监管将会束缚金融服务业灵活经营的能力，导致其竞争力下降。反对者认为，“金融改革白皮书”安于现状，过于温和，不够激进。当前体制中，英格兰银行、金融服务局和财政部三者之间不是互不沟通，而是存在互相推诿责任所造成的监管缺失问题。由于2010年是英国的大选年，对英国当前改革批评最为严厉的保守党认为，工党政府的监管改革不能有效降低金融风险，金融危机的发生是因为现有金融监管体系在过去十多年未能有效沟通以至于监管缺失，其不完善的改革举措只是对现有体系的修补而已。保守党在其2009年7月发布的影子白皮书《从危机到信心——健全的银行管理计划》中明确提出，该党如能在2010年大选中获选，将废止当前“三驾马车”的监管体系，建立统一的金融监管体制，对银行业、建房互助协会、保险公司等进行全面的审慎性监管，并创建消费者保护局，确保消费者得到公平合理的对待。

（二）金融消费者保护问题

1. 美国《2009年消费者金融保护署法》

2009年10月29日，美国众议院能源与商业委员会（House Energy and Commerce Committee）通过《消费者金融保护署法（草案）》。2009年12月11日，该草案经美国众议院审议通过，成为美国《2009年华尔街改革与消费者保护法》的一部分，称为《2009年消费者金融保护署法》（以下简称《消费者金融保护署法》）。

《消费者金融保护署法》旨在建立统一的"消费者金融保护署"（CFPA），授予消费者金融保护署排他性的监管和检查银行机构执行消费者保护条例的权力，树立问责制的权威性，完善对消费者的保护机制①，使其免受诸如欺诈性抵押信贷、信用卡"费用陷阱"等市场不当行为的伤害。

《消费者金融保护署法》的主要内容包括：

（1）建立消费者金融保护署②。消费者金融保护署作为独立执行机构，负责规范金融消费相关产品和服务。主要职责③包括：依据相关金融法律规范消费服务，如《电子转账法》、《平等信用机会法》、《公平信用报告法》、《公平债务催收法》等；承担相关机构（如美联储、货币监理署、联邦存款保险公司、联邦贸易委员会等机构）移交的消费者保护职能。

---

① 《消费者金融保护署法》也受到美国一些消费者组织的抨击，这些消费者组织认为，设立消费者金融保护署，可能导致金融机构采取更严格的信贷审查，造成消费者获取贷款的难度加大，融资成本提高，市场选择受到限制，这对消费者而言未必是福音。

② 众议院通过的法案删除了原草案中允许各州消费者保护法超越联邦标准的规定，同时将零售商、汽车经销商和房地产经纪公司排除在消费者金融保护署监管范围之外。上述让步是确保提案通过的必要代价，同时也有积极之处。削弱各州制定更激进消费者保护法的权力有助于美国国会控制此项改革的方向和步伐，也是对部分反对者的安抚；而缩小消费者金融保护署的监管范围，也可纠正原有草案打击面过大的问题，进而避免损伤零售业等容纳大量中小企业的行业盈利空间。

③ 参见本章前面有关美国《金融改革法案》部分的介绍。

(2) 消费者金融保护署下设“消费者金融保护监督局”(Consumer Financial Protection Oversight Board)，为消费者金融保护署（主任）提供咨询意见，包括提供关于产品或服务的创新实践做法，但该局不享有任何执行权。

(3) 消费者金融保护署专设“金融认知教育办公室”(Office of Financial Literacy)，采取有效机制和措施，加强对消费者有关金融产品和金融服务的教育，例如：通过向消费者分发宣传材料，为消费者提供一对一的咨询，向消费者介绍银行产品和金融工具，为消费者分析个人征信记录，帮助消费者设计长期储蓄计划等。

(4) 授权消费者金融保护署为下列目的采取措施：防止从事与提供金融产品有关的不公正、欺诈或勒索的行为甚至犯罪行为；保证在相关费用、收益和风险方面对消费者进行适当和有效的信息披露；为相关金融服务提供行为指南等。

(5) 授权消费者金融保护署制订最低标准，定义“标准的金融产品或服务”，制订关于市场宣传和广告、协议条款与费用等方面的禁止性规定。

(6) 修订《平等信用机会法》，要求各金融机构在办理小型信贷业务时，应当询问该业务交易对方是否为妇女或者少数民族，并且分开保存该询问记录。

(7) 修订《联邦贸易委员会法》，要求联邦贸易委员会在对任何与营销、销售、条款或交付产品和服务相关的非公正行为进行调查或诉讼的时候，应当征求消费者金融保护署的意见。修改联邦贸易委员会制定法规的程序，包括法规发布、会议程序以及司法审查等。

(8) 消费者金融保护署有权限制或禁止在有关金融协议中使用强制性仲裁条款，以保障消费者的诉权。

(9) 适用例外。《消费者金融保护署法》规定了不受消费者金融保护署监管的行业和事项，如对于向消费者提供贷款支持或提供“按金留货”计划（layaway plan）① 的零售商，如该零售商不转售贷款，则无须受消费者金融保护署监管。

2. 美国《信用卡持卡人权利法案》

2009 年 5 月 22 日，美国总统奥巴马签署《信用卡持卡人权利法案》（*Credit Cardholders' Bill of Rights Act of* 2009）。该法案旨在规范信用卡交易行为，禁止信用卡公司使用隐蔽收费条款，保护消费者利益，预防信用卡危机。《信用卡持卡人权利法案》于美国总统签署 9 个月后实施。

《信用卡持卡人权利法案》对 1961 年美国《诚实借贷法》作了重大修改。为确保法案的顺利实施，法案授权美联储监管委员会制定规则和示范文本。法案主要包括消费者保护、加强对消费者的信息披露、保护年轻消费者、礼品卡等内容。具体而言：

（1）发卡机构应当在年利率上涨或持卡人协议发生任何重大变更的 45 天前，书面形式通知持卡人将发生有关变化。

除非符合特定条件，发卡机构不得就已发生的透支上调年利率、费用或其他财务收费。发卡机构只能在以下情况下调整年利率、费用或其他财务收费：已过特定期间（如促销期）；该项上调非发卡机构可控范围；逾期 30 天以上仍未支付等。除非特殊的情况，当持卡人收到信用卡利率上调通知后，应允许持卡人通过邮件、电话或电子通信等方式销卡，且不能收取罚金或费用。

（2）禁止向未满 18 岁的未成年人发放信用卡。对于已满 18 岁但未满 21 岁的全日制大学生发放信用卡应符合一定的限制条件。发卡机构亦不能把次级信用卡发给对该卡没有支付能力的人。

（3）发卡机构必须在到期日前 25 天向持卡人邮寄账单（原规定为 14 天）。

---

① 根据“按金留货”计划，消费者可先付定金预留商品，待有钱时再支付全额取货。

（4）发卡机构不得随意使用诸如“固定利率”、“优惠利率”等误导性的词语。

（5）还款的分配（Payment allocation）。当不同欠款余额有不同的利率时，银行必须优先把全部的缴款金额分至最高利率的欠款部分，或是平均分配给不同利率的欠款余额。

（6）要求发卡机构定义“到期日”（due date），如明确美国东部时间下午5点钟完成付款即属“到期日”按时付款等。

《信用卡持卡人权利法案》虽不能解决目前美国信用卡产业中的所有问题，但该法案的出台无疑是保护持卡人消费者的重要举措，而且将对促进银行卡产业健康发展起到重要的影响作用。

3. 新加坡《信用卡指引修正案》

为加强对银行卡业务的监管，新加坡金融管理局（MAS）于2009年1月发布《信用卡指引修正案》（以下简称《修正案》）[①]，对2004年制定的《银行信用卡与记账卡监管规则》进行修订。

（1）《修正案》重新阐释了原规则部分概念的定义。《修正案》对商务卡、发卡人、贷款人的定义更加符合业务实际。商务卡的发卡人不限于其本身还包括其附属公司，发卡人附属公司既包括发卡人在新加坡境内的关联公司，还包含在新加坡境内有分支机构或办事处的境外关联公司，以及新加坡监管当局认可的其他境外关联公司。《修正案》就信用卡及记账卡、证券市场、股份以及治疗活动等概念明确适用相关法律中的定义，以保证法律规范的协调一致。

（2）《修正案》列举了无担保信用贷款的除外情形，信用卡或记账卡透支、政府特定的搭桥贷款、与教育消费相关的贷款、独资或合伙企业经营贷款、医疗贷款等均排除在无担保信用贷款类型之外。此外，股票融资贷款也可不作为无担保信用贷款，但其条件是借款人获得的包括贴现、折扣等在内的各种同认购股票

① *Banking*（*Credit Card and Charge Card*）（*Amendment*）*Regulations* 2009.

相关的贷款支持与优惠的总额不超过其认购股票资金的80%，且贷款人对此能够有合理的依据。《修正案》还规定，如贷款人向其员工发放的贷款余额及逾期欠款未超过该员工年收入总额，则此类贷款也不视为无担保信用贷款。

（3）增加了涉及发卡人合并、兼并的相关规范。《修正案》规定，发卡人发生兼并、与已向持卡人发行信用卡及提供无担保信用贷款的另一发卡人合并或承接另一发卡人业务等情形时，该发卡人应履行向监管当局事先通知的义务。此外，如果在合并、兼并、业务承继过程中，持卡人欠款总额或无担保信贷总额超过其最大信用额度或总信用额度，则发卡人亦应向监管当局履行通知义务，否则该发卡人将被处以罚款。

（4）《修正案》规定发卡人应在信用卡账单上清晰地载明各种费用及其计算方法、逾期还款的罚息及后果等内容。

（5）《修正案》补充了发卡人与信用局共同检验、评估客户信用度的规定。该修正案规定，发放信用卡或记账卡前，发卡人应与至少一个信用局共同对申请人情况进行综合检验以评估该申请人的信用度。

4. 英国金融服务局《关于消费者责任问题的咨询文件》

为了明确界定消费者的责任范围，有效保护消费者的合法权益，英国金融服务局（FSA）公布《关于消费者责任问题的咨询文件》[①]，于2009年6月之前向社会广泛征集意见。

《关于消费者责任问题的咨询文件》主要讨论两方面的内容：一是在普通法框架下监管部门应当如何确定和调整金融服务提供者、分销商与消费者之间责任分配的原则；二是应当如何确定消费者权益保护的合理范围和水平。在该文件中，英国金融服务局认为应当按照1999年《金融服务与现代化法案》的相关要求，遵循“消费者应当为其决策承担责任”的普遍原则，划定消费者

① 参见：http：//www. fsa. gov. uk/pages/Library/Policy/DP/2008/08 _05. shtml。

责任的范围，将对消费者提供的保护控制在“适当”的程度，并对消费者慎重选择金融服务及其产品进行恰当的引导和教育。

根据《金融服务与现代化法案》的有关规定，为提高消费者的权益保护意识，英国金融服务局拟加强以下两方面工作：一是建立和完善金融服务企业的服务行为标准，并强化其监管与执行；二是为消费者积极提供教育服务、消费信息及相关建议。

5. 英国金融服务局《英国金融服务补偿计划改革咨询文件》

为了增强金融服务补偿计划有限公司（FSCS）为消费者提供补偿的能力，切实保护消费者合法权益，英国金融服务局于 2009 年 1 月发布《英国金融服务补偿计划改革咨询文件》（以下简称《咨询文件》），对英国金融服务补偿计划的改革事宜提出若干提议。在《咨询文件》中，英国金融服务局就完善快速支付系统（Fast payment）、提高公众消费者对金融服务补偿计划认知度等问题提出了相关建议。

（1）关于完善快速支付体系的提议

英国金融服务局建议加强金融服务补偿计划有限公司清理和支付债权的能力，为存款人资金的迅速回收和消费者信心的提高提供了便利的通道。同时建议：

第一，简化存款人索款要求中有关存款补偿的申领标准。

第二，要求银行等存款接受方（deposit takers）的每个授权分支机构能够以整体支付的方式落实存款人获取补偿的权利，而无须考察存款人对存款接受方是否负有债务。

第三，更新存款接受方及金融服务补偿计划有限公司的信息系统和基础设施。具体而言，存款接受企业投入使用的新系统应当能够实现其分支机构为每位存款客户提供单一客户检视的功能；能够对符合申领补偿条件的客户及时作信息标识；能够在补偿计划实施后的 18 个月内完成数据清除工作。

第四，改善补偿款发放体系，使之在存款接受企业拒绝履行支付义务的特殊情况下，也能实现金融服务补偿计划补偿款项的顺利发放。

（2）关于提高消费者对金融服务补偿计划认知度的提议

第一，在金融服务补偿计划有限公司的引导和行业支持下，制订策略性沟通计划以提高该计划的公众认知度。

第二，明确和细化存款接受方对金融服务补偿计划中有关存款客户权益保护机制公共信息的披露规则。

第三，重申和明确存款接受企业负有向客户及时提供有关金融服务补偿计划信息的义务。

（三）金融衍生产品监管法律问题

1. 美国《2009 年场外衍生品市场法》

2009 年 10 月 15 日，美国众议院金融服务委员会审议通过了《2009 年场外衍生品市场法》（*Over – the – Counter Derivatives Markets Act of* 2009，以下简称《场外衍生品市场法》），并提请众议院审议；2009 年 12 月 11 日，美国众议院通过该草案，并将其纳入美国《2009 年华尔街改革与消费者保护法》的一部分。《场外衍生品市场法》旨在加强场外金融衍生产品市场监管，推动美国金融市场监管改革，控制和降低系统性风险。《场外衍生品市场法》的主要内容包括：

（1）所有在交易商和大型市场主体（又称“主要掉期市场主体”，major swap participants）之间进行的标准化掉期交易，必须由中央清算系统清算，并在交易所或电子平台完成交易。“主要掉期市场主体”是指，除购买掉期产品用来规避风险的最终用户外的、在掉期产品中持有大额净头寸或其所持头寸可能对其他机构带来风险的所有机构。

（2）“主要掉期市场主体”和相关的产品、市场、交易商、交易平台，由美国证交会和美国商品期货交易委员会（CFTC）按照各自的法律权限进行监管：前者负责监管与证券相关的掉期交易及信用违约互换（CDS）交易；后者主要负责监管其他掉期产品，如利率掉期及货币互换等。若二者监管领域之间存在真空，并且无法在180天内达成一致的监管条例，则由美国财政部介入并出台规则。

（3）规定了不适用中央清算的情形。只有对“可清算的”标准化产品，并且交易双方是“主要掉期市场主体”时，才需要中央清算；对购买非标准化产品，主要用来规避商品、利率、汇率风险的企业最终用户，这类交易并不强制推行中央清算。

（4）在登记和保证金方面，依然遵循上述规则，只对中央清算、交易所交易的市场主体强制要求登记，并将由美国证券交易委员会、美国商品期货交易委员会和交易所作出保证金“大于零”的规定。除商业银行由本来的监管机构监管外，对冲基金、保险公司等将受到美国证券交易委员会和美国商品期货交易委员会的监管。

（5）在中央清算系统交易中，美国证券交易委员会和美国商品期货交易委员会可获得每笔交易信息，并对外公布市场总量数据。

2. 美国《衍生品交易问责制和披露法案》

为加强衍生品交易的政府监管，控制衍生品交易风险，美国众议院于2009年7月22日审议了《衍生品交易问责制和披露法案》（草案）（*Derivative Trading Accountability and Disclosure Act*）。该草案共十一章，主要包括以下内容：

（1）在财政部建立衍生品监管办公室。该办公室的职责包括：实施该法案并监督衍生品交易员的注册；配合美国证交会和商品期货交易委员会，制定全面、标准的衍生品交易规则；促进与衍生品法规制定相关的机构间的信息沟通和交流。

（2）任何未经注册的衍生工具交易员利用邮件或以任何方式或州际商业工具实施任何交易，或者诱使或企图诱使任何买入或卖出的衍生品交易，均是违法行为。

（3）关于衍生品交易员的监管要求。授权美国证交会和美国商品期货交易委员会行使以下职权：在各委员会管辖事项范围内发布特定衍生品交易的监管要求；实行民事处罚；审查账务和没收非法所得等。

（4）衍生品监管办公室可邀请美国证交会和商品期货交易委员会的代表、国内外交易方面的立法者和专家，组成国际监管工作组，共同审查研究监管的国际标准，对相关国际规则进行评估。

该法案将加强美国财政部的有关权限，财政部将会拥有对任何监管规则的“否决权”，同时还有权责令交易员暂停交易，或取消任何交易员进行交易的注册资格，所有衍生品交易员都将需要进行注册后才能进行交易，而其注册资料将由财政部保管。

3. 英国财政部及金融服务局《场外衍生品市场改革方案》

为弥补场外衍生品交易市场在信用风险管理和流动性方面的系统缺陷，2009 年 12 月，英国财政部及金融服务局提出《关于场外衍生品市场的改革方案》（以下简称《场外衍生品市场改革方案》）①，其主要内容包括：

（1）采用标准化程度更高的场外衍生品交易合约。高标准化的交易合约具备更好的实践操作性，也支持大量交易信息的集中处理和对比，更有利于中央交易对手清算体系的推广使用。

（2）建立健全更为稳健的交易风险管理体系，使所有交易参与方共同分担风险管理的成本。针对“可清算的标准化产品”（clearing eligible products），《场外衍生品市场改革方案》要求所有金融企业须通过中央交易对手清算体系进行交易，对于不适用中央清算的交易品种也应当通过稳妥的担保安排并计提适当的风险资本金来防控风险。

（3）为中央交易对手提供可持续、高质量的国际化交易标准。中央交易对手清算体系的推广使用使得可持续、高质量的交

---

① *Joint HMT and FSA Paper on Reforming OTC Derivative Markets*，文本可参见网址：www. fsa. gov. uk/pubs/other/reform _ otc _ derivatives. pdf。

易准则日益重要。《场外衍生品市场改革方案》呼吁欧盟制定“欧洲市场清算指引”（Clearing Directive），采取有效机制降低中央交易对手自身风险可能对金融系统造成的影响。

（4）通过国际协议规范标准交易产品的认定准则。交易产品的标准化程度应当充分考虑该产品价格水平、市场流动性程度及产品内在风险等要素，并经监管机构和中央交易对手予以评估认定。对认定为符合相关清算条件的产品，监管机构应当摒弃行政命令的方式，积极履行监管职责为中央交易对手设定更高质量的交易准则以刺激该中央清算体系的推广。

（5）通过资本性支出适度反映金融体系风险。为准确反映金融体系相关风险，《场外衍生品市场改革方案》提出非中央清算交易资本性支出的比例还应当提高，并将通过巴塞尔银行监管委员会寻求更为恰当的资本性支出比例。

（6）对交易存托机构（trade repository）中所有相关场外衍生品交易实施注册准入制度。《场外衍生品市场改革方案》拟通过场外衍生品交易监管论坛（ORF）发布该准入限制制度，此举将有利于场外衍生品交易监管机构有效行使职责。

（7）完善场外交易市场的流动性机制，强化市场交易信息对价格形成机制和市场效率的积极作用。《场外衍生品市场改革方案》提出，市场流动性机制增强的前提是量化其负面影响，并使其控制在最小范围内，从成本控制的角度考虑可以采用现行报告渠道，实现信息交流。

（8）《场外衍生品市场改革方案》指出，相关监管机构不应当以行政命令的方式对场外衍生品交易平台（organized platforms）的使用情况进行干预，以免对交易结构产生不良影响。

（四）存款保险制度改革问题

1. 巴塞尔委员会、国际存款保险协会《有效存款保险制度核心原则》

巴塞尔委员会于2006年10月发布了《有效银行监管核心原

则2006》（修订版）（*Core Principles for Effective Banking Supervision* 2006）和《核心原则评估方法2006》（*Core Principles Methodology*, 2006），明确指出建立存款保险制度的重要性，但却未据此制定存款保险制度的相关指引。2007年金融危机爆发后，各国建立银行存款保险制度显得更加迫切。2008年7月，巴塞尔委员会与国际存款保险人协会（International Association of Deposit Insurers）成立了联合工作组，讨论建立一套国际通用的存款保险制度，并于2009年6月共同发布了《有效存款保险制度核心原则》①，从存款保险制度建立的先决条件和存款保险制度的具体设计内容上确定了存款保险制度的国际通行准则，并强调加强存款保险机构与金融体系安全网的相关部门之间的信息共享及协调的重要性。主要内容如下：

（1）有效存款保险制度的先决条件

《有效存款保险制度核心原则》认为，构建有效的存款保险制度需要依赖大量外在因素或具备先决条件，主要包括：对经济和银行业的持续评估；构成金融体系安全网的相关机构具备良好的治理；强有力的审慎监管；完善的法律框架、会计制度和信息披露制度。

（2）有效存款保险制度的核心原则

《有效存款保险制度核心原则》确立了目标、授权和权力、治理、会员资格和保险范围、资金来源等18条核心原则，涵盖了存款保险制度建立的先决条件和存款保险制度的具体设计两大部分内容。具体而言：

原则1：公共政策目标。存款保险制度的主要目标是有助于稳定金融体系，保护存款者利益。

原则2：避免道德风险。为降低道德风险，应通过合理设计存款保险制度（限制保险金额、排除特定类型的存款人、实行不

---

① *Core Principles for Effective Deposit Insurance Systems*，文本可参见：http://www.bis.org/publ/bcbs156.pdf? noframes=1。

同的或经风险调整的费率等)，健全金融体系安全网（如良好的公司治理、健全的风险管理、有效的市场约束和强有力的审慎监管法律规则，包括通过及时对问题银行进行救助以最小化损失风险等)。

原则3：授权。对存款保险人的授权应明确且有明文规定，存款保险人的权责和法定的公共政策目标应相一致。

原则4：权力。存款保险人应被授予能切实履行职责的所有必要的且经明确规定的权力。所有的存款保险人应该享有财务报销权，可以签订合同，能够制定内部经营预算和程序，获得及时准确信息的渠道以确保他们能够及时履行对存款人的义务等。

原则5：治理。存款保险人应独立运作、保持透明度和问责性（accountable)，免受政治或行业的不当影响。

原则6：与其他安全网成员的关系。在开展日常经营活动和与特殊银行联系的基础上，存款保险人与其他金融体系安全网成员之间应建立紧密协作和信息共享的合作框架。这些信息应准确、及时（必要时还应保密)，信息共享与协作安排应制度化。

原则7：跨境保险问题。在遵守保密义务的前提下，所有相关的信息应能在不同司法管辖区的存款保险人之间、各国存款保险人和其他国家金融安全网成员之间进行交换。当发生多个存款保险人对保险范围内发生的承保事件负责时，如何确定负责赔付的存款保险人或保险人则显得十分重要。此时，应依母国法律制度所确立的存款保险制度来确定保险税率和保险费。

原则8：强制成为会员。应强制所有的接受公众存款的金融机构成为存款保险制度下的会员。

原则9：保险范围。决策者应通过法律、监管规章或内部细则对“可保存款”作出界定。承保范围应受到限制，但应是可信赖的，并能够迅速确定。保险范围应覆盖大多数存款人，以符合存款保险制度所确立的公共政策目标，并与其他合理设计的存款保险制度相一致。

原则10：从全额担保制度到有限范围存款保险制度的转变。

当一国决定从全额担保制度转变为有限范围的存款保险制度或改变现有的全额担保制度时，就应当在该国环境所允许的限度内尽快实施。如果全额担保制度保留时间太长，就会产生大量不利影响和显而易见的道德风险。决策者应特别注意转型期的公众态度与期望。

原则 11：资金（funding）。一国的存款保险制度应有一个可以确保能迅速及时地对存款人进行赔付的通畅的资金渠道；基于流动性目的，在需要时，还应有备用资金渠道。由于银行及其客户直接从存款保险制度中获益，银行应成为存款保险成本的首要承担者。

鉴于存款保险制度（无论事前、事后或者二者兼备）允许根据风险大小采用不同的保险费率，根据风险大小采用不同保险费率的标准应对所有成员保持透明。

原则 12：公众教育。为确保存款保险制度的有效性，有必要持续地告知公众存款保险制度的益处与局限性。

原则 13：法律保护。存款保险人和就职于该机构的任何人在履行职责时基于忠实义务而作出的决策与行为应免受法律追诉，但要求行为人应遵守利益冲突规则和行为准则以保持问责性。这种法律保护机制应在立法和银行破产管理程序中进行明确规定，在适当情况下，能够弥补对银行破产赔付所产生的法律成本。

原则 14：对在银行破产中存在过错的当事人采取的措施。存款保险人或者其他有关当局应有权对在银行破产中存在过错的当事人提起法律赔偿之诉。

原则 15：早期诊断、及时介入与解决方案。存款保险人应成为金融体系安全网框架的一部分，尽早诊断并介入对问题银行的救助，并根据金融安全网成员所确定的标准，尽早对某个银行是否处于或即将处于严重的财务困境作出决策和认定。

原则 16：有效的破产解决程序。有效的破产解决程序应确保存款保险人能够有能力履行其职责，包括：及时、准确且公平的存款赔付；将破产处置成本和市场扭曲程度最小化；将资产价值恢复到最大；通过法律行动强化对疏忽或其他不当行为的约束。此外，存款保险人和其他有关金融安全网的成员应有权建立一套灵活的机制，通过促使某个合适资产实体并购破产银行的资产或承接其债务来维持关键银行的功能（例如，持续给存款人提供获取其存款资金的渠道，维持清算和交割行为）。

原则17：赔付存款。存款保险制度应确保存款人及时获得保险资金，因此，存款保险人应提前向存款人充分披露赔付存款的条件和信息披露的渠道。存款人对赔付保险限额享有法定权利，并且应有权知晓保险赔付的条件、程序、赔付的时限及保险限额等方面的规定。

原则18：资产处置。存款保险人应分享从破产银行资产处置中所获得的收益。破产银行资产管理和处置程序（存款保险人或其他当事人充当这一角色）应依照商业因素和经济价值原则进行。

2. 美国财政部《2009年联邦存款机构监管改革法（草案）》

1933年，美国颁布《银行法》，并创设美国联邦存款保险制度。该制度对保护美国存款人利益，维持金融系统的稳定运行发挥重要作用。此后，美国分别于1950年、1991年和2002年颁布和修订《联邦存款保险法》、《联邦存款保险公司改进法》、《联邦存款保险改革法》和《存款保险安全和公平法》，对联邦存款保险制度进行多次改革。1999年，美国颁布《金融服务现代化法案》，允许混业经营，而建立在分业经营之上的美国存款保险制度却没有进行相应调整。近年来，随着参保金融机构大量开展金融衍生品，存款保险公司的承保风险进一步加大；加之存款保险公司需要对不收取保费的银行大量非存款负债进行承保，存款保险公司难以防范金融机构的信用风险、市场风险及操作风险。

基于以上原因，美国财政部于2009年7月23日向国会提交《2009年联邦存款机构监管改革法（草案）》（*Federal Depository Institutions Supervision and Regulation Improvements Act of* 2009，以下

简称《改革草案》)，对《联邦存款保险法》提出部分修改意见：

（1）改组联邦存款保险公司董事会成员。在存款保险公司董事会五位成员中，《改革草案》建议将原本由财政部货币监理署（Comptroller of the Currency）和储蓄机构监管署（Office of Thrift Supervision）委派的两名成员由全国银行监管署（National Bank Supervisor）主席和联邦储备委员会（Board of Governors of the Federal Reserve System）主席或者获得主席授权的其他人员取代。同时，在全国银行监管署主席职位出现空缺、没有任命继任者、不能履行职责以及不在等情形时，全国银行监管署代理主席应取代主席成为存款保险公司董事会的成员。

（2）扩大存款保险公司的职权。按照《改革草案》的规定，存款保险公司有权对全国银行监管署、联邦住房金融委员会（Federal Housing Finance Board）、联邦住宅贷款银行（Federal Home Loan Bank）和联邦储备银行（Federal Reserve Bank）关于业务和财务状况的报告进行检查，并提出检查意见。后者随后还需向存款保险公司提交根据检查意见进行改进的报告。同时，《改革草案》还规定，在获得联邦储备委员会和全国银行监管署主席同意后，存款保险公司有权不定时要求参保存款机构提交相关报告。

（3）赋予全国银行监管署更大的职权。《改革草案》建议，在采取临时中断保险措施的有关规定中，由全国银行监管署主席取代储蓄机构监管局的位置；全国银行监管署主席可以任命存款保险公司或重组信托公司成为管理人或接管人；在保险基金的使用、紧急并购交易以及对参保银行的监管中，全国银行监管署行使财政部货币监理署和储蓄机构监管局的相关权力。

3. 韩国《存款人保护法（修订）》和《存款人保护法实施细则（修订）》

为应对金融全球化的挑战，韩国国会早在1995年12月29日就制定了《存款人保护法》，并于1996年6月1日依据该法成立了韩国存款保险公司。1997 年 1 月 1 日，韩国存款保险公司正式开办存款保险业务。后来，韩国又根据形势变化，每年（2004 年除外）对《存款人保护法》进行修订，明确规定韩国存款保险公司对银行、证券公司、保险公司、商人银行、互助储蓄银行和信用社等六大类金融机构承担存款保险责任，保险责任范围也经历了由限额保障制转变为全额保障制，再恢复为最高为 5 000 万韩圆的限额保障制的过程。[①]

2007 年全球金融危机爆发以后，为保护存款人和维持金融系统的稳定，韩国再次对《存款人保护法》作了修订。最新版本为 2009 年 2 月 3 日修订的《存款人保护法》，其主要内容如下：

（1）强化信息披露制度

为加强对金融交易的监管，强化信息披露制度，本次修订增加了要求参保金融机构提供金融交易相关信息的规定。存款保险公司董事长可依据该法规定，要求金融机构负责人披露金融交易的相关信息资料，以及卷入破产的个人或者利害关系人，不受《实名金融交易和秘密担保法案》（*the Act on Real Name Financial Transactions and Guarantee of Secrecy*）的相关限制。但是，依据上述规定要求披露与金融交易有关的信息应限制在必需的最小范围内。

（2）推进国有资产无偿转移和完善独立审计制度

修订后的《存款人保护法》规定，如果政府认为有必要保护存款人和确保信用秩序的稳定时，政府可依据该法第 6（3）条的规定无偿将一般财产转为公司所有，不受《国有资产法》（*State Properties Act*）第 55 条规定的限制。该法还规定了独立审计相关制度，在存款保险资金和赔付资金相互独立的基础上，进一步要求银行、投资人、投资经纪人，保险公司、商人银行、互助储蓄银行和信用社在存款保险公司设立单独的存款保险资金账户和备

① 参见《韩国存款保险制度》，载《银行家》，2003（1）；又见周蓉：《韩国存款保险公司在金融重建中的举措及其启示》，载《当代经理人（中旬刊）》，2006（21）。

用账户，且要求各个账户之间保持相互独立。如果某特定账户因为出现在十年间积聚的与贷款有关的巨大损失以至于在短时间内不能恢复到正常健康状态，存款保险公司可以减少或者免除该账户的相关利益，如果仅仅是因为短时间流动性紧张，则存款保险公司可以按照《存款人保护法实施细则》的规定由专门委员会通过决定来给予一定的宽限期。

（3）进一步细化与存款保险费率相关规定

修订后的《存款人保护法》规定，参保金融机构应每年向存款保险机构支付保险费，参保金融机构具体的保费比率应考虑韩国《商业保险法》和各机构偿付能力等有关因素，各参保金融机构的费率应存在差异，但一般不超过0.5%。对于具体的比率，参保金融机构（包括高级管理人员和雇员）应承担保密义务。

同时，存款保险公司在考虑整体经济水平和金融系统稳定的基础上，设定了存款保险资金账户的具体目标金额。考虑到大量参保金融机构规模较小而不适合之前设定的存款保险资金账户的目标金额，修订后的《存款人保护法》还授权存款保险公司根据实际情况延期要求规模较小的参保金融机构缴纳存款保险资金账户的目标金额（具体应依照《存款人保护法实施细则》规定由存款保险公司组成专门委员会来决定）。

（4）完善相关法律责任条款

修订后的《存款人保护法》第30（2）条规定，按照该法（第21－4条）规定可以获得金融交易信息的人，如果利用上述信息从事除该条之外的目的，须受不超过5年的有期徒刑或不超过3 000万韩圆罚金的处罚。同时，该法第43条还规定，如果参保金融机构的代表人、代理人或者工作人员违反第40条第2款或者第41条关于参保金融机构经营活动的规定，除直接责任人须承担刑事责任外，参保金融机构也须并处罚金，但参保金融机构履行勤勉监管义务且不存在疏忽情节的，参保金融机构可以免责。

（五）反洗钱规定

1. 反洗钱金融行动特别工作组《货币服务业务的风险基础方法指引》

2009年7月，反洗钱金融行动特别工作组（FATF）发布了《货币服务业务的风险基础方法指引》（*Risk Based Approach - Guidance for Money Service Businesses*）（以下简称指引）。指引旨在阐述有效风险基础方法的要素，为政府机构和货币服务机构提供适用风险基础方法的指引。

指引所称的“货币服务业务”（Money Service Businesses）是指金融机构提供的金融服务的附属业务（subset）。指引主要针对货币服务机构从事的货币转移和货币、现金的交换活动。所谓货币服务机构，包括小规模的仓储公司、便利店等机构，也包括拥有多家分支机构的邮局、银行等大型机构。

指引主要由三部分组成，第一部分简要介绍风险基础方法的适用和目的，第二部分是针对政府机构的指引，第三部分是对货币服务机构适用的指引。下面对第二部分和第三部分的内容作简要介绍：

（1）针对政府机构的指引

在反洗钱和反恐融资中，利用风险基础方法要求政府机构和货币服务机构有效利用其资源。指引在第二部分列举了五项高标准原则，供政府机构参考，以协助其完善国内反洗钱和反恐融资制度。

原则一：国家风险评估，理解国家风险并对其作出反应。对国家风险有较好的理解，是运用风险基础方法进行反洗钱和反恐怖融资的重要内容。各国应重视国家风险评估。国家风险评估因国而异，是一个有着特定目标的过程，而非仅仅是某个标准文件。

原则二：建立支持风险基础方法运用的法律或政策机制。各国应考虑其立法或监管政策是否有利于实行风险基础方法并进行相应的改进。

原则三：设计监管构架以支持风险基础方法的运用。承担监管货币服务机构反洗钱和反恐融资职责的相关政府机构应当具有足够的权力实施风险基础方法；其他政府机构则应评估其职责范围内事项存在的风险，与反洗钱监管部门相互配合，更好地对货币服务机构实施监管。

原则四：确定主要参与者并确保其持续性。国家应考虑风险基础方法的主要参与者，可包括：立法、行政、司法等政府部门，执法部门（如警察）、情报机构、金融服务监管部门、货币服务私人机构、公众等。各部门应了解风险基础方法并加以运用。

原则五：政府机构与市场主体之间的信息交流。政府部门与市场主体之间有效的信息交流，是反洗钱和反恐融资的必要条件。政府部门可以为货币服务机构提供信息以便货币服务机构更好地运用风险基础方法进行反洗钱和反恐融资。此外，货币服务机构每天与客户进行交易，能够获得更多的客户信息，可以为政府部门提供信息。此外，政府部门之间也应实现良好的信息交流。

（2）对货币服务机构适用的指引

货币服务机构适用风险基础方法进行反洗钱和反恐融资，可以其营业活动为基础，包括业务规模、产品和服务、营业地点等。依据货币服务机构的监管机构和许可政策，在反洗钱和反恐融资方面，可将货币服务机构视为金融机构进行管理，要求货币服务机构监控和报告大额交易、可疑交易、识别客户并做相应记录。

指引从风险识别与分类、风险基础方法的运用和内部控制三个方面对货币服务机构运用风险基础方法进行了阐述：

第一，风险识别与分类。货币服务机构应对其潜在的洗钱和恐怖融资风险进行识别并分类，并可依据监管部门提供的信息调整其风险评估。对于风险的类别，指引列举了最常见的风险类别，包括国家/地区风险、客户风险、产品/交易/服务风险和代理商风险。

A. 国家/地区风险。国家或地区风险与其他风险因素相结合可能为潜在的洗钱和恐怖融资风险提供有用的信息，该等风险因素可能包括：被反洗钱金融行动特别工作组认定反洗钱和反恐融资制度薄弱，被有关机构（如联合国）决定制裁、禁运或采取其他类似措施，被权威机构认定缺乏适当的反洗钱/反恐融资的法律，被权威机构认定曾进行洗钱或恐怖融资活动等。

B. 客户风险。客户风险则是特定客户所产生的风险，货币服务机构应依据自己的标准判断可带来高风险的客户，如非面对面服务的客户、自行设计交易结构的客户、将货币转账至赌场、高风险国家的客户、不愿意透露或不知道收款人详情的客户等。

C. 产品/交易/服务风险。产品/交易/服务风险指货币服务机构本身业务所存在的风险。货币服务机构应注意利用其系统运输产品或提供服务所带来的风险。交易所附带的风险因其作为发送方还是接收方而有所不同，指引对货币服务机构可考虑的因素进行了列举，在此不一一赘述。

D. 代理商风险。代理商风险是货币服务机构使用代理商所带来的风险。代理商风险分析则是在货币服务机构的业务模式、体系和控制范围内对一系列因素进行分析，这些因素主要有：代理商的业务规模、代理商被权威机构或政府部门关注、代理商未遵守内部控制规定或外部监管规定、未按要求提供委托人信息等。

第二，风险基础方法的运用。主要包括以下几个方面：客户尽职调查（了解您的客户）、监督客户与交易、可疑交易报告、客户调查有关的培训与知情、代理商尽职调查（了解您的代理商）、监督代理商、代理商调查有关的培训与知情。

客户尽职调查和监督的程序与金融机构进行客户尽职调查的程序相似，旨在及时识别和确认每一个客户的身份。

对代理商的尽职调查及其监督则是货币服务机构应特别注意的方面。代理商尽职调查的目的是使货币服务机构了解代理商的所有权结构和其与代理商关系的合法性，选择合法的、可信赖的代理商，代理商应遵守当地的反洗钱和反恐融资的要求、政策和程序。货币服务机构对代理商的尽职调查应考虑如下因素：确定代理商的身份并审查其背景，获得更多信息了解代理商所提供的服务、历史记录等信息、向代理商提供反洗钱/反恐融资方面的资料和培训等。在与代理商确定交易关系之前，货币服务机构应对代理商进行风险评估，指引也列举了代理商风险评估所考虑的因素，如代理商所在国家、公开信息等。

第三，内部控制。风险基础方法的运用程序应包含在货币服务机构的内部控制制度中。高级管理人员负责确保货币服务机构拥有有效的内部控制机制，包括可疑交易的监控和报告。指引列举了反洗钱/反恐融资相关的内部控制应依赖的八项因素，并阐述了建立内部控制框架的十六项建议。指引指出，有关机构的高级管理层应采用独立的方式对本机构风险评估的运作、管理程序和内部控制机制进行评估，证实其采用的风险基础方法能够反映面临的风险特征。所谓“独立的方式”可包括内部审计、外部审计、专家咨询或通过其他独立于反洗钱/反恐融资实施部门的机构之评估等方式。独立评估应审查货币服务机构反洗钱/反恐融资的总体规划、风险基础方面运用的质量等。

2. 反洗钱金融行动特别工作组《冻结恐怖分子资产的国际最佳实践》

2009 年 6 月，反洗钱金融行动特别工作组发布《冻结恐怖分子资产的国际最佳实践》（*International Best Practices—Freezing of Terrorist Assets*）（以下称为文件），取代其于 2003 年 10 月 3 日发布的《冻结恐怖分子资产的国际最佳实践》。该文件旨在指导各国政府机构如何执行联合国安理会 1267 号和 1373 号决议①，也适

① 联合国安理会于 1999 年 10 月 15 日通过 1267 号决议，决定对阿富汗塔利班、本·拉登及其有关的个人和实体实施一系列制裁。http：//www. un. org/chinese/aboutun/prinorgs/sc/sres/99/s1267. htm。

联合国安理会于 2001 年 9 月 29 日通过 1373 号决议，要求各国迅速采取有效措施，防止和制止资助恐怖主义行为，参见：http：//www. un. org/chinese/aboutun/prinorgs/sc/sres/01/s1373. htm。

用于今后联合国安理会可能发布的其他有关决议。文件主要阐述了有效冻结制度的重要性，并提出数条指引供相关政府机构参考，对相关政府机构实施金融制裁过程中面临的问题和挑战予以回应。文件共由四部分组成，分别阐述了识别和确认有关个人和实体①的监管部门，适当的程序，财产、资金的冻结和已冻结资产的管理等。

（1）各国应有明确的政府机构和程序来识别和确定有关个人和实体

为履行联合国安理会 1373 号决议（UNSCR 1373）中规定的国际义务，满足反洗钱金融行动特别工作组“特别建议三”（Special Recommendation Ⅲ）的要求，各国应该制定识别和确认有关个人和实体的程序，该程序至少包括如下内容：识别有关个人和实体的决定（可以是行政决定或司法裁决），确立证据标准，在必要时可单方面启动程序，保障有关个人和实体的权利，“毫不延迟”地执行冻结、无须通知的冻结、冻结恐怖分子控制的所有资产而非仅仅是与恐怖行动有关的资产，禁止任何资产或资金直接或间接为恐怖分子谋利，资产冻结相关信息应向监管机关报告等。

文件特别指出，识别和确认有关个人和实体的行政决定或司法裁决无须建立在刑事程序基础之上。各国可遵循其国内立法来确定合理的证据规则或标准进行识别和确定有关个人或实体。但各国应明确识别和确定有关个人或实体的具体政府机关，并保障该机构拥有足够的权力和条件履行职责。

（2）适当程序应包括复核、从恐怖分子名单中删除（delist）以及解冻程序

在有关个人或实体确定后，相关政府机构应尽可能通知该个人或实体，告知识别和确认的决定及其影响。各国还应建立复核

---

① 依据联合国安理会 1267 号决议，有关个人和实体指阿富汗塔利班组织以及与本·拉登等恐怖组织或个人或受其控制或有关联的个人或实体，具体可见决议第 4 条。

程序，对从恐怖分子名单中删除或解冻申请进行审查。为确保审查程序的公正，审查机构应独立于确认机构，审查机构的最终决定应予以公开。对于根据联合国安理会 1267 号决议（UNSCR 1267）进行确认的有关个人和实体，各国应根据联合国基地组织与塔利班制裁委员会规定的指引或程序设置合适的程序进行复核。对于根据联合国安理会第 1373 号决议确认的有关个人和实体，各国应建立适当的程序进行删除名单或解冻的审查或复核。

（3）冻结程序与禁止有关个人和实体的资金或资产交易

联合国安理会 1373 号决议和 1267 号决议以及反洗钱金融行动特别工作组特别建议三规定，可冻结的资产包括金融资产和其他任何资产（无论是有形资产还是无形资产、动产还是不动产，也无论资产获取方式，例如银行支票、旅行支票、股权、证券、票据、信用证以及任何资产上所产生的利息、红利或其他收入）。凡是有关个人和实体控制的资产均在可冻结范围内，而非仅仅包括与恐怖主义活动有关的资产。在确认有关个人和实体后应“毫不延迟”地对其资产进行冻结，依据反洗钱金融行动特别工作组特别建议三，在联合国 1267 号决议中，“毫不延迟”指在基地组织和塔利班制裁委员会规定的时间内采取冻结措施。各国还应采用合适的手段（如互联网）向与冻结有关的机构传达对有关个人和实体进行冻结的信息，信息的内容包括被冻结财产的存在、该机构的义务、履行冻结程序的重要性、有关个人和实体的确定（联合国安理会 1373 号和 1267 号决议中确定的范围）、冻结可采取的措施以及政府联系人员等。

在冻结措施实施后，相关机构应向政府部门报告，对于不足以实施冻结措施的交易或资产，则应履行可疑交易报告。此外，政府部门和私人机构还应建立合适的内部控制措施和监控系统，避免在其领土内或通过其金融机构进行恐怖融资活动。

（4）对有关个人和实体的人道主义措施

对国内的有关个人和实体，依人道主义原则，各国监管部门之间应相互合作，依法合规实施冻结措施，同时对有关居民及其家庭提供必要的救助和福利。此外，各国还应有明确的政府机构及程序，以许可冻结资产的交易以及通知有关个人和实体。

3. 中国香港《防止清洗黑钱活动指引补充文件》

为有效防止洗钱活动，加强反洗钱防控措施，我国香港特别行政区金融管理局发布《防止清洗黑钱活动指引补充文件》①（以下简称《补充文件》），该文件于2009年7月24日起生效。《补充文件》结合近年来反洗钱领域的新情况、新进展，对香港金融管理局1997年发布、2000年修订的《防止清洗黑钱活动指引》进行了补充，并取代了2007年11月13日发布的补充文件版本。

此次颁布的《补充文件》反映了巴塞尔委员会2001年10月《银行仔细查证客户身份》文件、反洗钱金融行动特别工作组2003年6月修订后的40项建议、反恐怖分子筹资活动建议以及香港金融管理局2000年以来其他有关文件的新规定。其内容主要包括：

（1）有关客户接纳政策的专门规定。为有效识别具有较高洗钱风险的客户类型，《补充文件》要求金融机构应制定客户接纳政策和程序，并对高风险客户采取更为详尽的客户身份识别与查证程序。《补充文件》明确在判断客户风险状况时，金融机构应综合考虑客户国籍、公民身份与背景、客户业务性质、客户业务所在地、客户交易对手和业务伙伴所在地等因素，对于具有所有权结构过度复杂、从事大量现金交易以及政界人士背景等情形的客户应对其洗钱风险予以着重考虑。此外，对于反洗钱防控流程，《补充文件》规定金融机构应制定清晰的内部指引，明确有权批准同高风险客户建立业务关系的管理层级。

（2）客户身份验证要求。针对通过密码或代号取代客户姓名或名称的交易，《补充文件》特别明确金融机构仍应对客户进行身份查证。客户身份验证的内容包括：识别并通过可靠资料验证

---

① 参见：http：//www. info. gov. hk/hkma/chi/guide/index. htm。

客户身份、识别并验证客户的最终控制人或实际受益人身份、掌握客户交易目的与理由以及持续审查等。与客户建立业务关系后，金融机构应定期检查客户现有记录，并及时更新相关信息。

对于通过中介机构开展的业务，金融机构可由中介机构对客户进行身份核实，但金融机构仍负有识别客户的最终责任。对于高风险客户，金融机构应通过与客户直接会面的方式进行身份验证。对于金融机构境外分行或附属公司客户的身份验证要求，《补充文件》规定，整个银行集团应在综合基础上运用一套共同的客户查证标准，但银行集团可以对业务性质属于低风险的客户，经高级管理层批准后使用简化的客户查证程序。

（3）对政界人士反洗钱风险防控的专门规定。《补充文件》指出，金融机构若与担任重要公职的个人及与该等个人明显有关联的人士或公司（即家人或密切关系人等）建立业务关系，将面对特别重大的信誉或法律风险。因此，金融机构应在所有业务范围内加强对政界人士的查证程序，并在相关业务中注意审查该客户是否存在无法说明来源的财富或收入、要求就交易保密及以在政府所有的银行开设的账户或政府账户作为交易资金来源等重大风险因素。

（4）对公司客户分类明确身份查证要求。《补充文件》按公司客户性质，区别上市公司及国有企业、少数人控制的上市公司、非上市公司或国有企业及具有多层所有权结构的非上市公司等，并分别规定了反洗钱身份查证要求。对于上市公司或国有企业以外且不具备其他例外情形的企业，金融机构应了解该公司背景，对实际受益人、对资金拥有控制权的人、所有主要股东、最少两位董事（董事总经理）等进行身份核实。

（5）对代理银行反洗钱责任的专门规定。《补充文件》要求代理银行应充分了解被代理银行的业务性质，无论是否向被代理行提供信贷融资，都应进行基本的客户查证程序。代理银行应收集包括被代理银行管理层、主要业务、所在地、反洗钱措施，以及被代理行所在地银行监管制度等方面的详细信息。金融机构不应与在注册地未经营银行业务且不附属于任何受监管金融集团的空壳银行建立或维持代理关系。

（6）对持续监察提出更高要求。《补充文件》规定，金融机构应备有管理资讯系统，定期向经理等管理人员提供适时资料，以供管理人员及时察觉有关可疑行为的活动模式，并对有关结果及监察行动进行适当书面记录且应自发现可疑活动时起保存至少六年。

（7）对消极合作地区及恐怖分子筹资活动风险防控的专门规定。《补充文件》规定，对于来自没有执行或没有充分执行反洗钱金融行动特别工作组建议或可能引致金融机构承受较高风险的地区客户，金融机构应格外谨慎，但并不要求金融机构拒绝与这类客户有任何业务关系，或自动把这类客户列为高风险客户，而是要求金融机构应按常理作出判断，衡量具体业务的所有环节，评估反洗钱风险程度。为有效防控恐怖分子融资活动，《补充文件》规定，金融机构应设立储存有关涉嫌恐怖分子的名称及详细信息的资料库，以识别、举报与涉嫌恐怖分子有关的交易。

（六）稳健压力测试实践和监管基本原则问题

2009 年 5 月，巴塞尔委员会正式发布《稳健压力测试实践和监管的基本原则》（*Principles for Sound Stress Testing Practices and Supervision*，以下简称《基本原则》）①。关于压力测试，巴塞尔委员会在 2004 年发布的《巴塞尔新资本协议》（以下简称《新资本协议》）中就作了相关规定。《新资本协议》的第一支柱要求商业银行必须对相关风险参数进行压力测试；第二支柱要求商业银行在进行内部资本充足评估程序（ICAAP）时，要进行前瞻性的压力测试，以确认可能对银行产生不利影响的事件或变化出现时需要银行进一步增加的资本；同时，要求银行和监管当局依据压力测试的结果，确保银行持有一定量的超额资本。

---

① 文本可参见：http：//www. bis. org/publ/bcbs155. pdf？ noframes = 1。

巴塞尔委员会此次颁布的《基本原则》系统、全面地阐述了对银行和监管机构的压力测试要求，是巴塞尔委员会首次就压力测试实践发布的专门性监管文件。《基本原则》主要内容如下：

第一，银行开展压力测试应遵循的基本原则。

原则1：压力测试应成为一家银行整体治理结构和风险管理文化的组成部分。压力测试应具备可操作性，银行应将压力测试相关分析结果应用于管理层决策，包括董事会和高管层作出的战略性业务决策。董事会和高管层的参与对压力测试的有效实施至关重要。

原则2：银行应开展压力测试，以便增强风险识别和控制的能力，弥补其他风险管理工具的不足，改善资本和流动性管理，加强内部与外部的沟通与交流。

原则3：压力测试应综合考虑银行内部各方的意见并采纳一系列不同的视角和技术。

原则4：银行应制定书面的压力测试政策和流程。对压力测试项目的运作应保留恰当的文字记录。

原则5：银行应当具备稳健的、强有力的硬件设施保障，确保银行具备足够的灵活性来适当地开展能够满足不同精细度要求的、变化的压力测试。

原则6：银行应定期维护和更新其压力测试规章制度框架，并定期对压力测试项目的有效性、主要环节的稳健性进行独立的评估。

原则7：压力测试应覆盖银行整体范围内的各类风险和各个业务领域。银行应当能够通过有效的方式全面把握压力测试活动的成果，能够提供全行风险管理的全面状况。

原则8：压力测试应该涵盖包括前瞻性压力情景在内的一系列情景，旨在充分考虑和体现系统范围内部的相互作用和反馈。

原则9：应该针对可能产生巨额损失包括声誉损失相关事件开展压力测试。压力测试方案也应当确定哪些情景可能会影响银行的存续（反向压力测试），由此识别潜在风险以及风险之间的相互作用。

原则10：在银行的整体压力测试方案中，应考虑同时来自融资市场（Funding Market）和资产市场（Asset Market）的双重压力以及市场流动性下降对风险敞口估值造成的影响。

原则11：银行风险缓释技术的有效性应接受系统性检验。

原则12：银行的压力测试方案应包括复杂的以及专门定制的金融产品，如证券化产品。针对证券化资产，特别是基于具有次级因素基础资产的证券化资产开展的压力测试，应重点考虑其基础资产、系统性风险对此类资产风险敞口的影响、相关的合同安排及嵌入式触发因素（embedded triggers）以及杠杆的影响等内容。

原则13：压力测试方案应包括正在产生的以及既存的风险。一家银行应在压力测试中包括这类风险，而不考虑其被证券化的可能性。

原则14：银行应改进压力测试的方法以把握声誉风险的可能影响。银行应将表外业务和其他实体可能产生风险的评估纳入到压力测试方案中。

原则15：银行应改进其针对高杠杆交易对手的压力测试方法，考虑这些高杠杆交易对手在特定类别资产发生变化或者市场发生变化时可能表现出来的脆弱性，评估风险缓释技术中可能存在的路径错误风险。

第二，监管当局关于压力测试的监管原则。

原则16：监管当局应该定期、综合评估银行的压力测试方案。

原则17：当发现压力测试方案存在重大缺陷或者决策程序中没有充分考虑到压力测试结果时，监管当局应要求银行管理层采取整改措施。

原则18：监管当局应当评估（必要时提出质疑）整个银行机构在不同情景下压力测试的范围（scope）及该测试的影响程度（severity）。监管当局可以要求银行使用特定情景，或者要求在银行存续受到威胁时（反向压力测试情景）对情景进行评估。

原则19：在《新资本协议》的第二支柱下，监管当局应当把检查银行压力测试的结果作为银行内部资本充足性评估和流动性管理审查工作的一部分。监管当局评估资本和流动充足性时，应考虑前瞻性压力测试的结果。

原则20：监管当局应考虑基于普遍情景的压力测试的实施问题。

原则21：监管当局应与其他管理部门、银行金融机构开展建设性对话，识别系统的薄弱环节。同时，监管当局应当具备评估银行压力测试方案的能力和技巧。

二、国际银行业法制发展的启示

（一）进一步完善金融监管体制

目前，我国实行“一行三会”的分业监管模式，即银监会主要负责银行业的监管，证监会主要负责证券业的监管，保监会主要负责保险业的监管，而中国人民银行负责货币政策。这种分业监管体制适应当前中国经济和金融业发展的现状，但是在实践中存在一些不足。例如，如何对交叉经营业务进行监管，对外资金融机构、跨国银行和市场如何监管，如何防止出现监管冲突和监管真空等。美国、英国及欧盟有关金融监管改革的思路与举措，对我国加强和完善金融监管体制，维护金融稳定有诸多有益的启示。

1. 加强金融业宏观审慎监管

所谓宏观审慎监管，是与微观审慎监管相对应的，从监管体系整体而非单一机构角度实施的监管；其力图通过对风险相关性的分析，加强对系统重要性机构的监管，防范和化解金融系统性风险。

在现行金融监管体制下，加强宏观审慎监管，有必要进一步厘定央行在金融监管体系中的角色，同时，提高各监管部门之间协调的有效性，切实防范金融系统性风险，维护金融稳定。从未来金融监管体制改革的思路看，可以考虑借鉴欧盟金融监管体制改革的做法，在现有监管机构之外，构建相对独立的系统风险管理委员会，专司宏观审慎监管和维护金融稳定的功能，加强对宏观审慎监管工具应用的研究开发，识别和监控金融系统风险。

2. 加强监管部门信息共享及分工协作

当前，在我国金融业综合化发展步伐不断加快的情况下，金融监管部门有必要进一步健全有效的信息共享机制和协调机制，制定涵盖银行业、证券业、保险业的金融监管规范，形成更加灵活的监管磋商和信息交流共享机制，确保各金融监管部门监管方法和目标的一致性，提高监管效率与水平。

从近期看，为减少监管盲区，“一行三会”之间的协调合作仍有待加强。同时，监管部门也应加强监管的前瞻性和有效性，为金融机构的金融创新及综合化经营预留合理的空间。

从长远看，有必要进一步改进和完善我国金融监管架构，从机制上减少监管冲突，提高监管效率，同时也要防止出现监管盲区。金融监管部门要考虑逐步适应未来金融发展的趋势，逐步建立适合未来金融业创新和混业经营的监管体系。

3. 完善金融监管联席会议制度

为加强金融监管部门之间的信息共享和协调合作，可结合我国金融监管现状，借鉴美国金融监管体制改革方案，进一步完善我国金融监管联席会议制度。

金融监管联席会议制度是指在我国金融业实行分业监管的管理体制下，为实现监管机构之间协调配合，避免监管真空和重复监管，由银监会、证监会、保监会及人民银行等各监管机构在分工的基础上建立的一种合作机制。金融监管联席会议制度化运作在我国有着现实意义。

但是，在我国分业监管的格局下，现行金融监管联席会议也存在一些问题：一是有关金融监管部门以备忘录的形式对联席会议制度进行了设计，但目前在我国法律上尚未有相关依据，缺乏法律保障；二是不同金融监管部门在具体监管业务上缺乏有效协调机制，可能出现相互推诿或相互掣肘等问题，影响金融创新的效率及金融监管的有效性；三是在“一行三会”无法就监管问题达成一致的情况下，如何分配监管权力，哪方有权就监管争议作出裁定，这些问题还缺乏机制上的安排。

为完善我国金融监管联席会议制度，加强不同金融监管部门之间协调合作机制，在有关金融业基本法未作修改的情况下，可考虑以国务院行政法规等形式确立金融监管联席会议制度，明确联席会议制度的组成机构、具体职责、运行机制、监管目标的协调、不同监管部门之间分歧的解决机制及其与各监管部门及被监管金融机构的关系等问题。

（二）加强对商业银行的并表监管

随着我国商业银行综合化和国际化步伐日益加快，金融产品和金融服务复杂程度越来越高，金融风险可在不同行业、不同地域间传递和扩散，进而有可能影响整个金融系统的稳定和安全。为有效防范系统性风险，维护金融稳定，有必要加强和完善对商业银行的并表监管①。

1. 商业银行综合化经营背景下的并表监管

为适应商业银行综合化经营的发展趋势，银行监管部门应与境内外银行、保险、证券等有关监管机构共同推动监管原则、监管政策和监管标准的协调与监管信息共享；银行监管部门可根据

---

① 2008年2月，银监会颁布《银行并表监管指引》（试行）（银监发〔2008〕5号），对并表管理的范围和方式、并表监管要素、跨境并表监管、银行集团并表监管等作了原则性规定。

监管协调机制和安排，通过与境内外其他监管机构的定期监管会谈等方式保持良好沟通，就重大紧急问题进行磋商，协调现场检查的范围和方式等；与证券、保险等其他监管机构签署监管信息交换协议，并通过高效的电子信息平台共享监管信息，包括检查报告、风险评估报告和日常监管信息等。

银行监管部门还应建立金融风险全面评析制度。加强对具有普遍性或全局性风险隐患的经济、社会因素的分析；加强对金融产品的市场风险分析，掌握信贷资金的流向和流量，及时揭示信贷投放的行业风险；分析金融衍生产品给市场、投资人以及金融机构带来风险的可能性；加强对整个金融业包括银行业、证券业和保险业等各类金融机构的风险监测分析，为风险预警提供数据支持。

2. 商业银行国际化经营背景下的跨境并表监管

（1）坚持跨境并表监管的主权原则。例如，在商业银行市场准入方面，既要切实履行加入世界贸易组织的承诺，也要以商业银行的母国对该银行机构有无足够的监控手段、能否获取其经营信息、能否对该金融机构实施检查等作为市场准入的条件；以双边、多边条约等方式建立银行机构母国、东道国监管协调机制，在制度设立上既要包括对外国银行机构在我国经营活动中的监管，也要涵盖我国商业银行在外国从事金融活动的监管。

（2）加强与东道国监管当局的密切合作。在尊重东道国法律规定的前提下，依据我国与有关国家（地区）双边的监管备忘录和合作机制，获得东道国对母国并表监管的谅解与支持；加强与境外相关监管机构的沟通合作及信息交换机制，强化对银行集团境外附属机构的并表监管。

（3）保障银行监管部门获取监管信息的权力。银行监管部门应有权定期获得银行集团中境外附属机构的相关信息，并核查东道国的管理规定是否存在信息传递障碍。银行业监督管理机构可视情况禁止或限制银行集团及其附属机构在这些国家和地区设立机构并开展业务。

（4）善于利用现有国际金融监管合作机制。我国已加入国际货币基金组织、世界银行以及新近改组成立的“金融稳定委员会”（FSB）等国际金融组织和机构，这为加强我国银行并表监管国际合作奠定了良好的基础。我国银行监管部门可利用现有国际金融监管合作机制，获取信息，了解政策，甚至要求就某些具体目标采取联合行动，加强国际金融监管资源和信息的共享，为加强银行集团并表监管，更好地防范和化解系统性金融风险创造条件。

（三）提高银行监管有效性

1. 采取有效的逆周期监管措施

在本次金融危机爆发和蔓延的过程中，金融监管的顺周期性被认为扮演推波助澜的角色。例如，在宏观经济和金融市场景气时，银行资本金的监管要求不能制约金融机构大举扩张业务而承担过多的风险，但在市场低迷时，却逼迫金融机构急剧收缩业务，从而加剧了金融机构的不稳定。因此，加强金融监管，有必要采取有效的逆周期性监管措施，降低金融监管的顺周期性。

（1）灵活应用资本充足率等监管工具。采取逆周期性的资本缓冲措施，本着安全和稳健经营原则，在宏观经济形势较好时期，可适当提高银行资本充足要求；在经济紧缩时期，则可适当降低银行资本充足要求。提高银行业金融机构资本构成的质量，从源头上控制信贷的杠杆率和集中度，督促银行业金融机构加大计提拨备力度，坚守风险管理底线，实行差别化的存款准备金率，加强对贷款风险集中度的管理等。

（2）完善金融机构薪酬激励机制。通过加强银行经营业绩与高管薪酬相联系，综合考虑长期与短期业绩评价等方式，防止激励制度的短期行为化，消除薪酬制度在推动顺周期性方面的影响。

2. 加强和改善对金融创新业务的监管

"鼓励创新"是金融监管的核心。就中国目前的情况来看，金融创新不足，滞后于实体经济。合理利用金融创新可以有效地分散并降低风险，增强市场的流动性，丰富市场投资品种以及增加投资。[①]

在金融市场的激烈竞争环境中，金融机构为提升盈利能力，在拓展新的业务领域、推动业务创新的过程中，会不断遭遇现有市场规则和监管体系中存在的种种问题和缺陷，这就要求监管者不断地对规则进行修改和补充，推动金融市场制度和金融监管体系的不断优化。在当前我国金融创新法律环境和市场环境下，有必要加强资产证券化产品、银信合作产品、银证合作产品、结构性理财产品等业务的监管，及时制定或适时修改相关监管规则，防止过度或不适当的"创新"导致金融系统性风险扩散。

加强创新产品的市场监测与预警，适当提高金融创新产品的资本金要求，控制创新产品规模的非理性扩张。增加金融创新的透明度，严格规范创新产品的信息披露和销售行为，充分揭示创新产品的结构和风险，确保创新产品销售的适用性，保护投资者利益。

3. 加强对银行卡业务的监管

近年来，我国信用卡市场发展迅速，但也存在一些问题亟须规范，如一些发卡银行片面追求短期发卡数量而忽视客户信用风险、信息披露和风险揭示不充分、客户知情权未受尊重、客户信息被不当使用等。为加强和规范我国银行卡业务监管，美国《信用卡持卡人权利法案》的有关规定具有一定的参考意义。

（1）发卡银行应建立科学、合理、均衡的信用卡营销激励机

---

① 姜建清：《金融创新是一把双刃剑》，载财经网，http：//www. caijing. com. cn/2009 - 12 - 22/110342912. html 。

制，严禁对营销人员实施单一以发卡数量作为考核指标的激励机制。

（2）发卡银行应对申请人进行充分的尽职调查，遵循审慎原则发放信用卡，并根据有关监管要求，不得向未满18周岁的学生发放信用卡（附属卡除外），向经查已满18周岁无固定工作、无稳定收入来源的学生发放信用卡时，须落实有效的第二还款来源[①]等。

（3）规范和加强信息披露和风险揭示。发卡银行须履行必要的信息披露，充分告知申请人及持卡人有关信用卡的收费政策、计罚息政策，禁止发卡银行使用隐藏收费条款或“收费陷阱”设计。积极提示所申请的信用卡产品的潜在风险，并请申请人确认已知晓和理解上述信息，通过适当方式为客户提供信用卡账单通知和还款提醒服务。此外，发卡机构还应为持卡人提供及时有效的投诉渠道、应急处理机制和争议解决机制。

（4）发卡银行对其在发卡营销过程中获取的客户个人信息负有保护信息安全的义务，不得将客户信息用于客户明确授权用途之外的目的。

（5）规范催收外包行为，保护欠款人的合法权益。发卡银行应审慎实施催收外包行为，建立相应的信用卡催收外包业务管理制度，明确催收外包机构选用标准、业务培训、法律责任和经济责任，加强对外包机构的持续监督和管控，切实防范催收外包机构损害欠款人或其他相关人合法权益。

（6）信用卡客户信用记录的问题（纠错、客户知情权、违约记录异议处理机制）。客户不良记录产生前，有必要将客户违约事实及将要产生征信不良记录的预警通知客户，并确保征信信息的准确性。

---

① 参见银监会：《关于进一步规范信用卡业务的通知》（银监发〔2009〕60号）第六条。

4. 加强对信用评级行业的监管

信用评级机构作为对市场有巨大导向作用的特殊机构，其行为既关系到投资者的利益，也关系到被评级机构（如债券发行人）的利益，还关系到被评级国家的利益。因此，一旦信用评级机构这一环节出现问题，将会对整个市场产生连带影响。为维护市场秩序，保护投资者利益，我国有必要加快信用评级行业的法制建设，完善和加强信用评级的行业监管。

第一，有必要通过制定专门监管规定，明确信用评级监管体系和机构准入与退出的条件与程序；加强对信用评级机构的内控制度、人员素质、业务标准和流程、信息披露等方面的监管，加强信用评级机构的行业自律管理。

第二，完善相关机制，改变投资者和监管部门过分依赖评级机构及其评级结果的现状，在尊重市场规律的前提下改变信用评级机构的现有收费模式，解决利益冲突、不正当竞争、市场垄断、信息保护等问题，确保信用评级的独立性、公正性和客观性，促进信用评级行业的健康发展。

（四）完善金融衍生产品市场监管

我国金融衍生产品市场起步较晚，与成熟市场相比，无论规模或活跃度都有较大差距，有待进一步发展。本次金融危机经验充分证明，衍生产品的过度创新和滥用可能会引发系统性风险，加强对衍生产品市场的监管成为避免危机重演的共识。因此，我们应充分发挥后发优势，借鉴国际经验，在严格控制风险的前提下，鼓励市场创新，稳步推动我国金融衍生品市场的发展。

1. 加强金融衍生品监管合作与协调

在我国目前分业监管体制下，中国人民银行作为场外衍生产品的市场监管者①，从市场宏观层面防范风险，促进市场功能正常发挥，而银监会、证监会、保监会等机构监管者则从机构层面对机构内部制度和风控管理的合规性进行监管。为防范系统性风险，监管部门应进一步加强信息沟通，确保监管部门及时全面地掌握市场运行情况和大型金融机构的风险变化情况，采取有效措施，防患于未然。同时，银监会、证监会、保监会等监管部门之间应加强衍生品交易监管政策的协调，提高监管政策的一致性，避免监管套利②。

2. 推进场外衍生品交易合约标准化

金融衍生品交易合约标准化，有利于交易双方便捷地达成交易，有效地提升金融衍生产品市场运行效率；同时，也有利于有效地控制法律风险、交易风险和系统风险，方便市场参与者进行产品创新。③

在处理衍生品交易合约标准化问题时，有必要考虑以下因素：其一，场外衍生品交易具有个性化的特性，部分交易难以适用标准化合约；其二，合约的标准化程度受适用范围的限制，特别是对于跨境衍生品交易合约，合约的标准化程度须受不同适用法律的限制，合约标准化的适用效果也易受不同司法管辖区法律冲突的影响；其三，对于具备合约标准化条件的衍生品交易品

① 依据《中国人民银行法》的规定，中国人民银行享有对外汇市场的监管权，汇率、利率的决定权，而场外金融衍生品市场往往又以汇率衍生品、利率衍生品为其主要组成部分，因此，在现行监管框架内，可由中国人民银行主导对场外衍生品交易市场的监管。

② 王莹、荣艺华：《当前国际场外衍生品监管的新动向》，载中经专网，http：//210. 34. 157. 47/index/showdoc. asp？blockcode = zjaj&filename = 200910130553。

③ 值得一提的是，2009 年 3 月，根据人民银行的要求，中国银行间市场交易商协会发布统一的《中国银行间市场金融衍生产品交易主协议（2009 年版）》，结束了此前《中国银行间市场金融衍生产品交易主协议（2007 年版）》（简称《NAFMII 主协议》）和《全国银行间外汇市场人民币外汇衍生产品主协议》（简称《CFETS 主协议》）两份协议并存的局面。此举对提升市场参与者资本运用效率、降低金融衍生产品的系统风险、提高市场运行效率起到重要的推动作用。参见：2009 年 3 月 16 日《中国银行间市场交易商协会秘书处有关负责人就发布〈中国银行间市场金融衍生产品交易主协议（2009 年版）〉文本答记者问》。

种，还应考虑如何促进交易清算和履约等操作问题。

3. 推动中央交易对手清算制度

在场外衍生产品市场建立中央交易对手清算体系，既有利于降低交易对手的信用风险、提高资金使用效率，促进市场活跃，也有利于提高市场透明度，有利于监管者更及时、全面地掌握市场运行情况。

关于“中央交易对手清算”体系建设，二十国集团有关声明、美国《金融改革法案》及英国金融服务局的咨询建议中均提出了明确的要求和设想。为推动和落实该项制度，有必要解决以下问题：其一，判断某项场外衍生品是否适合于“中央交易对手”清算的标准或依据；其二，如何保证某类衍生品交易的市场流动性；其三，如何监管“中央交易对手”，如何防范“中央交易对手”自身的信用风险；其四，若对非通过“中央交易对手”清算的场外衍生交易合约应计提更高的资本，如何确定和统一资本计提标准，防止资本监管的套利等。

4. 确认中国法下终止净额结算制度的有效性

终止净额结算（Close - out Netting）是金融衍生产品交易中一项重要的制度安排，它以单一协议制度为基础，是在提前终止情况下对所有交易进行结算处理的制度[①]。在终止净额安排下，衍生品交易参与方可以大幅降低对交易对手的风险敞口，有效降低信用风险，并可避免因一家市场参与方破产可能引发的系列机

---

① 根据终止净额结算机制，当衍生品交易一方出现合同约定的风险事件（违约事件和终止事件）时，交易对方有权立即终止双方在衍生品交易主协议项下全部未完成履行之交易（全部受影响交易），或根据双方事先的合同约定，该等全部未完成交易于特定违约事件发生的当时被视为立即终止，并在终止后按合同约定方式计算每个终止交易的终止金额即盈亏头寸，然后将所有这些盈亏头寸进行抵冲或轧差，求得一个最终的净余额。

构破产的“多米诺骨牌效应”，避免形成系统性风险。[①] 虽然《中国银行间市场金融衍生产品交易主协议（2009 年版）》第九条也明确约定了“终止净额结算”安排，但由于与我国现行破产法部分强制性规定存在冲突[②]，终止净额结算安排在我国现行法律框架内的有效性与适用效果存在不确定性。

为适应场外衍生品发展和创新的客观要求，我国有必要确立终止净额制度在法律上（包括破产法上）的有效性和可执行性，降低参与衍生品交易市场的各金融机构所面临的不确定性，减少系统性风险。一方面，在考虑金融衍生产品交易特殊性的前提下，确认衍生产品交易主协议项下单一协议、终止净额结算、自动提前终止等安排的法律效力，协调处理现有企业破产法条款适用与金融衍生品系统性风险防范之间的关系；另一方面，也要防止终止净额结算制度范围被过度扩大，将终止净额制度对破产法普遍适用性及破产法（保护全体债权人利益）的立法取向的影响限制在最小范围内。

5. 提高衍生品交易信息透明度

强化信息披露要求，既可避免市场信息不对称性，增强市场约束，维护市场公正性，保护投资者利益，又便于监管者更全面地掌握市场运行情况，及时采取风险防控措施[③]。从衍生品市场参与者角度看，衍生品市场参与者应按照监管规定，切实做好交易信息的事后报告和备案工作，提高市场透明度，避免信息不对

---

① 2008 年雷曼兄弟（Lehman Brothers）破产案件的妥善处理就是一个例子。在雷曼兄弟破产事件中，我国境内部分商业银行及时启动了与雷曼兄弟签署的 ISDA 协议（协议适用承认净额结算法律效力的英国法或纽约州法）中的提前终止条款，按照协议的约定向对方发出提前终止通知并终止了协议项下的所有交易，进行了净额结算，在短时间内清理完成了与雷曼兄弟叙做的全部衍生交易，避免了相关债权债务关系被纳入漫长复杂的破产清算程序中进行清偿，有效地锁定了交易风险，实现了风险的有效管理与控制。

② 例如，根据《企业破产法》第三十一条、第三十二条规定，对未到期的债务提前清偿以及对个别债权人进行清偿的，可能导致管理人请求人民法院予以撤销的情形。

③ 本轮金融危机表明，有关国家的监管部门如不能及时掌握衍生品交易市场参与方整体风险暴露情况，极可能在市场出现危机时，无法及时采取应对措施。

称；从监管部门角度看，应保障监管部门获取场外衍生品交易信息的权力，将金融机构与企业之间衍生产品交易情况纳入报告范围，有助于监管部门对市场整体运行情况、风险变动情况进行监测分析，防范系统性风险。

（五）保护金融消费者和投资者合法权益

金融创新与金融监管应以保护消费者利益为目标。随着我国金融产品日趋多样化和复杂化，金融消费者权益的保护问题受到社会的广泛关注。

当前，我国金融消费者保护还存在一些薄弱环节，主要体现在：（1）《商业银行法》、《证券法》、《保险法》等法律法规对于金融消费者的保护规范多为原则性规定，操作性不强，金融监管部门对金融消费者保护承担的职责不够明确清晰等。（2）行业自律机制对金融消费者保护不够。由于制度、机制、监管等方面的原因，我国银行业协会、证券业协会、保险业协会等自律机构在金融消费者保护问题上的作用较为有限；由于金融消费专业性强、争议数量大，通过消费者协会等消费者组织保护金融消费者权益也受到一些主客观条件的限制。（3）金融消费者保护的基本路径——适当的投诉与受理机制欠缺，使得金融消费者的投诉往往直接诉诸司法途径或者一般性行业的消费者保护机制，这种做法激化了金融机构与消费者之间的对抗，很容易导致金融机构的声誉受到严重损害。

结合我国金融消费环境及消费者保护法制现状，完善消费者保护机制，维护消费者正当权益，有必要推进以下几方面的工作：

1. 明确金融监管部门在金融消费者保护中的职责

通过完善相关金融监管法律或消费者保护法律，确立监管机构在金融消费者权益保护方面的法律地位，明确监管部门的金融消费者保护职责。一是促成监管机构内部设立消费者投诉处理机构，通过调解、裁决等形式解决客户对金融机构的投诉。为确保该机构正常履职，应当明确该专门机构的权责义务，受理消费者投诉的范围，可拒绝客户投诉的情形，客户投诉被拒绝后的救济手段，以及消费者不服专门机构裁决的处理方法。二是明确金融监管部门承担金融消费者教育职责，并通过适当途径加强金融行业协会以及金融机构在消费者教育方面的职责。

2. 积极构建跨国消费者争议解决机制

随着我国金融业对外开放及金融服务国际化、电子化进程的加快，金融消费者跨境争议将与日俱增。为了保障消费者的合法权益，有必要为跨国消费者提供争端解决及救济机制。为此，可逐步推进以下几个方面的工作：（1）加强对跨国金融机构在华经营性机构的监管，规范国内金融机构的跨境服务；（2）与其他国家（地区）订立双方或多边条约，加强监管合作和信息交流，规范金融业服务标准，减少法律冲突；（3）加强跨境司法协助，为消费者提供必要的法律援助；（4）设立国际性或区域性的消费者跨境争端解决常设机构，降低争端解决成本；（5）金融机构应确保跨境业务服务（如跨境汇款业务）的透明度，以通俗易懂的方式充分履行对消费者的风险提示和告知义务，保护消费者的利益。

3. 健全金融消费者保护的自律机制

首先，强化金融行业协会在消费者保护方面的职责。银行、保险、证券等行业协会在金融消费者保护方面的基本职责有必要进一步加强，并对金融机构违反有关规范设置必要的罚则。

其次，为金融消费者的纠纷提供一个自律性的协调机制。金融行业协会可以设立专门处理消费者投诉会员的机构，并制定相应的处理程序规则，为消费者投诉会员机构提供一个平台，避免和减少金融消费者将有关投诉诉诸司法途径。

最后，健全金融消费者保护组织。考虑到金融服务的专业性，除了在监管部门内设消费者投诉处理机构外，可考虑在现有的消费者保护组织框架内，设立专门的“金融消费者保护委员会”，并在金融消费者教育、消费风险提示、反映金融消费者合法权益问题、处理金融消费者投诉、支持指导消费者诉讼等方面发挥积极作用。同时，金融监管部门可授予该委员会一定的裁决权和处罚权，但该等争端解决机制的存在，不应剥夺消费者寻求司法救济的权利。

4. 明确金融机构在金融消费者利益保护中应承担的责任

（1）加强对金融机构格式合同的规范。监管部门应加强金融机构格式合同文本的监管，防止金融机构滥用经济强势地位，设置不公平条件，损害消费者正当权益。金融机构在销售金融产品时，应对相关文件中对客户利益具有较大影响的条款予以特别提示，并考虑在显著位置以醒目字体突出相关内容，避免因金融机构未尽格式合同下的提示义务导致有关条款被认定无效。此外，为避免条款歧义情况下发生对金融机构不利解释的情况，应注意确保协议与说明书条款含义清晰准确，不存在两种以上的解释。

（2）完善信息披露要求。金融机构在披露产品和服务信息时，必须做到全面、准确、充分、及时。如银行在销售理财产品时，应将产品的结构、投资风格、市场潜在风险、免责条款等信息以通俗易懂的语言充分告知消费者。披露内容应全面准确，披露时间要及时合理，披露渠道要广泛便利，尽可能使客户信息对称，保障客户的金融信息知情权。

（3）完善金融机构客户投诉处理机制。健全有效的客户投诉处理机制，不仅有利于化解与客户的矛盾，维护金融机构声誉，也有利于金融机构及时掌握产品和业务风险动态，了解客户诉求。金融机构应当建立全面、透明、方便、快捷的客户投诉处理机制，完善投诉处理流程、回复安排、调查程序及补偿或赔偿机制。同时，加强投诉处理人员专业培训，将诉讼风险化解在投诉环节，减少金融机构的法律风险和声誉风险。

5. 合理平衡消费者与金融机构的责任分担

依法保护消费者合法权益，是立法部门、监管部门及银行机构应履行的职责和义务，但需要指出的是，在市场经济条件下，金融消费者从购买或消费金融服务中获得利益，同时也应自己承担决策的风险，即“买者自负”或“风险自担”。“买者自负”、“风险自担”是市场交易的一个基本原则，也是“意思自治”原则在金融交易中的重要体现。①

为合理平衡消费者与银行等金融机构的责任分担，有必要做好以下几个方面的工作：

（1）金融机构应充分履行信息披露和风险揭示义务，这是消费者“责任自担”的前提。银行等金融服务提供者应当履行法定或约定的信息披露和风险揭示义务，充分告知消费者有关产品的风险，保障消费者的知情权和选择权；在金融产品的销售过程中，不得使用误导性语言或承诺，避免客户对所购买的产品产生重大误解。

（2）加强对客户评估的规范管理。为保证金融消费者特别是金融理财产品客户的适格性和适当性，监管部门应对金融客户评估提出具体要求②。金融机构在销售或向客户推荐金融产品特别是复杂的结构性金融产品时，应根据监管部门的要求，对其客户评估管理流程进行考量，进一步加强客户评估各环节的管理，规范客户资料档案与评估结果的保存与使用。此外，金融机构还应加强对产品风险分类的可行性研究，增强产品适应度评估机制的科学性。

---

① 关于消费者的责任承担问题，前面引述的英国金融服务局指出，应当遵循“消费者应当为其决策承担责任”的原则。我国银监会2006年12月6日发布的《商业银行金融创新指引》第四十五条也明确提出“买者自负”原则，规定：银监会与商业银行、银行业协会有义务……增进公众对金融创新的了解和对买者自负原则的认识，增强公众对现代金融知识的理解，不断提高公众的风险防范意识和风险承受能力。

② 我国金融监管部门已认识到客户风险评估的重要性，并在有关监管规章中对金融机构提出了明确要求，如银监会《商业银行个人理财业务管理暂行办法》、《关于进一步规范商业银行个人理财业务有关问题的通知》等规定中，明确要求商业银行“建立客户评估机制，切实做好客户评估工作”。

（3）金融投资者要加强自我教育，充分认识金融产品与市场中蕴含的风险，对自己的投资决策负责。随着金融市场和技术的不断发展创新，金融产品越来越复杂，投资者在购买新的金融产品时，不能只关注预期的高收益，还要了解和认识其中存在的风险，必要时还应征询专业人士的意见。

（六）推进存款保险制度建设进程

存款保险制度是指为存款类金融机构建立专门的保险机构，投保成员机构定期缴纳保费，一旦投保成员机构面临危机或破产，存款保险机构将向其提供流动性资助或代替破产机构在一定限度内对存款人予以赔付。该制度设计的核心，在于通过市场化的风险补偿机制，防止因单个金融机构倒闭引发风险扩散。

我国存款保险制度已历时十余年的研究和设计，至今仍没有出台的时间表。本次全球金融危机爆发以来，存款保险制度对于金融安全网的重要意义日渐显现。以美国为例，自 2007 年起至 2009 年 8 月底，美国联邦存款保险公司先后接管并处置倒闭银行共计 109 家，但没有因此导致社会动荡。[①] 正如巴塞尔委员会与国际存款保险协会颁布的《有效存款保险制度核心原则》所强调的，显性存款保险（explicit deposit insurance）已经取代隐性保障（implicit protection）制度，成为各国政策制定者的优先选择；存款保险可以明确政府对存款人的责任，提升公众信心，控制银行倒闭的处理成本，为处理银行倒闭提供有效程序和筹资渠道。[②]

截至目前，我国银行业实际上仍由政府提供隐性担保。[③] 建立符合我国国情的存款保险制度，依法加强对银行风险的监管，保护存款人合法权益，对维护我国银行体系的安全与稳定具有重要意义。在此方面，巴塞尔委员会与国际存款保险协会颁布的

① 方会磊、王晶：《重提存款保险》，载《财经》，2009（20），总第 247 期，第 54 页。

② 参见《有效存款保险制度核心原则》正文第 5 段。

③ 前引方会磊、王晶。

《有效存款保险制度核心原则》具有较强的参考意义。推进我国存款保险制度建设，需注意以下几个问题：

1. 确定存款保险制度的公共政策目标

存款保险制度的主要目标在于稳定金融体系，保护存款者利益。同时，应通过合理设计存款保险制度（限制保险金额、排除特定类型的存款人、实行不同的或经风险调整的费率等），健全金融体系安全网（如良好的公司治理、健全的风险管理、有效的市场约束和强有力的审慎监管法律规则，包括通过及时对问题银行进行救助以最小化损失风险等），降低道德风险，为实现存款保险的制度目标创造条件。

2. 加快存款保险立法进程

推进存款保险制度立法工作，由全国人大或全国人大常委会制定“存款保险法”，对存款保险机构的设置、职责权限、参保方式、保险范围、跨境保险、保险费率、赔付限额和法律适用等相关内容进行明确规定。此外，金融监管机构应研究制定相关的监管规章，加强对金融机构参保存款保险和金融风险的监管。同时，存款保险机构也应制定和完善与“存款保险法”相适应的具体规则和要求。

3. 健全金融机构退出监管法制

1995 年，我国已将破产制度写入《商业银行法》。2007 年 6 月 1 日实施的《企业破产法》第一百三十四条对金融机构破产作了原则性规定①，但作为与该法配套的行政法规尚未出台，在金

① 《企业破产法》第一百三十四条规定：商业银行、证券公司、保险公司等金融机构有本法第二条规定情形的，国务院金融监督管理机构可以向人民法院提出对该金融机构进行重整或者破产清算的申请。国务院金融监督管理机构依法对出现重大经营风险的金融机构采取接管、托管等措施的，可以向人民法院申请中止以该金融机构为被告或者被执行人的民事诉讼程序或者执行程序。金融机构实施破产的，国务院可以依据本法和其他有关法律的规定制定实施办法。

融机构不能清偿到期债务并且资产不足以清偿全部债务或者明显缺乏清偿能力时，如何对其进行接管、托管、宣告破产等，尚无具体的实施办法。由于缺乏存款保险制度等配套措施，如发生金融机构破产或其他经营危机，因涉及众多存款人和客户利益，社会影响大，容易造成系统性风险和社会信用危机。

为健全我国金融机构的市场退出机制，应尽快制定出台与《企业破产法》相配套的金融机构破产条例，明确界定金融机构经营者、债权人、监管机构、政府部门等各利益相关主体的权责义务以及市场退出的具体标准、程序、债权债务清偿原则等，并选择多种市场退出方式，建立银行存款保险制度，防范道德风险，为实现合法、有序、规范、顺畅的市场退出奠定法制基础。

4. 使公众充分了解存款保险制度

为确保存款保险制度的有效性，有必要持续地告知公众存款保险制度的益处与局限性。特别是要让公众明确了解，如果实行存款保险制度，政府对银行体系是否还继续提供隐性担保；如果政府不再提供隐性担保，在银行机构发生危机时，存款人如何获取保险赔偿、理赔时限、限额以及如何针对未获保险赔偿部分存款行使权利等。

（七）构建商业银行全面压力测试体系

依据巴塞尔委员会《稳健压力测试实践和监管的基本原则》，压力测试方法的运用应当包括相辅相成的三个层次：第一层次的压力测试是一种风险管理工具，它与日常风险管理工具不同，是一种分析、管理极值风险的工具；第二个层次的压力测试是要求金融机构应当构建全面的压力测试体系，不仅包含使用一系列的压力测试计量工具，同时也应包含建立一整套应对极值风险的政策、制度、流程和预案等；第三层次的压力测试是一种管理理念，一种思维方式。

压力测试提供了一种探索社会经济环境出现极端情况下银行

应当如何应对的思维模式，金融机构应当将压力测试的理念根植于日常经营管理流程中，并将全面压力测试理念及其管理体系与常态风险管理体系相联系，共同构建金融机构的全面风险管理体系。

回顾本次金融危机，尽管很多机构在部分领域采用了压力测试工具，评估部分业务的极值风险，但并未将压力测试所代表的极值风险管理理念纳入整个机构中，也未将极端情况可能造成的危害的评估、决策、反馈机制纳入业务发展的各个环节中，以致危机一旦发生，仓促应对，颇显被动与无助。

值得一提的是，2009 年 2 月，美国奥巴马政府提出了以资本援助方案（Capital Assistance Program，CAP）为核心内容的第二次金融救援计划，对美国风险加权资产在 1 000 亿美元以上的 19 家主要银行进行压力测试。通过压力测试，美国财政部对不同假设下银行资本需求作出评估，并借以判断哪些银行适合求助于私人资本，哪些银行因无法从私人渠道筹措到资金，而需要政府提供“暂时性资金缓冲”。在救援计划中引入压力测试，是该轮救助的一大创新，是通过压力测试加强金融体系极值风险管理能力的有益探索和重大推进。通过在这次金融危机中的应用，压力测试工具及其方法被提升到一个全新的高度。

反观国内银行业，虽然国内银行机构在本次金融危机中损失较小，但平心而论，与发达国家的银行机构比较，国内银行业的整体风险管理和压力测试水平还存在一定差距。参照巴塞尔委员会《稳健压力测试实践和监管的基本原则》提出的三个层次的压力测试管理要求，国内银行业大部分处于第一层次，还处在将压力测试作为风险管理工具进行研究探索的阶段。

此次金融危机给国内银行业提供了难得的极值风险案例，国内银行业应研究总结国内外银行业风险管理体系的缺陷和不足，及时制定相应的压力测试管理政策和制度，组建压力测试人才团队，完善配套机制，构建全面压力测试体系，积极管理极值风险，保障银行机构的稳健经营。

与此同时，国内银行业的监管者应承担起必要的监管责任，加强与国内外业界交流，加快压力测试理念的传播与应用；同时，进一步推进银行业对压力测试的应用，强化对银行创新产品的压力测试要求，将压力测试与现有监管体系有机结合，有效保障金融体系稳健运行。

（八）扩展反洗钱风险基础方法的运用领域

反洗钱金融行动特别工作组在2008年发布《反洗钱与反恐融资的风险基础方法指引》后，又于2009年发布了《货币服务业务的风险基础方法指引》，将反洗钱风险基础方法运用到金融机构以外的与货币业务有关的行业，进一步加大反洗钱力度。2009年反洗钱金融行动特别工作组发布的《冻结恐怖分子资产的国际最佳实践》则对各国实施联合国安理会决议，对恐怖活动有关的个人和实体资产的冻结程序与措施进行了阐述，提出了最佳实践的建议，对我国反洗钱法律和制度的完善具有重要的借鉴意义。

1. 运用反洗钱风险基础方法加强非金融机构反洗钱管理

目前，我国反洗钱管理主要集中于金融机构，对银行、信托公司、基金公司和证券公司等金融机构的反洗钱义务有具体的法律规范，但对邮政、零售机构等非金融机构进行货币转移与现金、货币交换活动的反洗钱规定则较少，除《反洗钱法》中的原则性规定外，我国尚未建立起全面的非金融机构反洗钱制度。

反洗钱金融行动特别工作组发布的《货币服务业务的风险基础方法指引》建议各国在货币服务业务的反洗钱领域中引入风险基础方法。对政府机构而言，在货币服务业务的反洗钱领域制定与金融机构反洗钱制度类似的法律或政策，确定监管机构和各相关部门之间的合作机制，建立货币服务业务洗钱的国家风险评估制度。对货币服务机构而言，运用风险基础方法，则需建立全面的反洗钱制度，货币服务机构根据业务特点对其潜在的洗钱和恐怖融资风险进行评估，并根据风险评估结果建立反洗钱内部控制制度，实施一系列反洗钱措施，包括客户/代理商尽职调查、监督客户与交易、可疑交易报告、反洗钱培训等。

2. 强化代理行和代理商的反洗钱责任

我国《金融机构反洗钱规定》（中国人民银行令 2006 年第 1 号）要求金融机构应“保证与其有代理关系或者类似业务关系的境外金融机构进行有效的客户身份识别，并可从该境外金融机构获得所需的客户身份信息”，但对代理行或被代理行的反洗钱风险评估与具体措施则未明确规定。我国香港《防止清洗黑钱活动指引补充文件》引入了反洗钱金融行动特别工作组的代理行反洗钱管理的相关建议，指导金融机构加强代理行反洗钱管理，对我国国内监管机构及银行机构的代理行反洗钱管理具有借鉴意义。

代理银行应收集包括被代理银行管理层、主要业务、所在地、反洗钱措施，以及被代理行所在地银行监管制度等方面的详细信息，对被代理行的洗钱风险进行评估，了解被代理银行的业务性质，履行基本的客户查证程序，从被代理行获取必要的信息。反洗钱金融行动特别工作组《货币服务业务的风险基础方法指引》同样要求从事货币服务业务的非金融机构加强其代理商的反洗钱管理，对代理商的洗钱风险进行评估，做好代理商尽职调查，监督代理商的行为并负责对代理商的反洗钱管理进行必要的培训。

3. 健全对恐怖分子资产冻结的程序和相关制度

作为联合国安理会成员，我国承担着执行联合国安理会决议的国际义务，反洗钱金融行动特别工作组《冻结恐怖分子资产的国际最佳实践》为我们提供了如何执行联合国安理会制裁决议的最佳实践方法。依据该文件，对有关个人和实体资产进行冻结的制度包括如下内容：一是确定监管机构及其职责、权限；二是建立完善的冻结程序，包括对有关个人和实体的识别与确认程序、冻结程序、解冻程序以及对被冻结人员的救济程序；三是明确金融机构的相关义务，包括可疑资产和交易的报告与监控、冻结措施的实施等。目前，我国在执行安理会决议对恐怖分子资产进行冻结的相关制度方面尚不完善，存在监管机构不明确、冻结与解冻程序不全面、法律依据不充分等问题，使金融机构在执行相关规定时存在一定困难，对此有必要借鉴反洗钱金融行动特别工作组最佳实践的文件健全相关制度。

（执笔人：张　炜、刘泽华、梅明华、朱　亚、周德洋、翟彦杰、韩晓莹、王　林、许　纯）

下　篇

法律问题探讨

第五章

银行业法制学术研究综述

张 炜、刘泽华、何正启、周 慧

一、金融危机与银行监管法律问题

美国次贷危机演变成为全球金融危机，对世界经济造成巨大冲击，对各国的金融法律制度也产生了深远的影响。专家学者们纷纷对此展开热烈的讨论，从法律的视角审视金融危机的起源与发展，探讨相关法律问题，反思现行金融法律制度的缺陷，并提出改革金融监管框架的构想。

（一）金融创新法律问题

自由放任的金融创新成为此次金融危机的一大催化剂，危机背后暴露出来的是金融创新与制度制约的严重失调，反映出现行法律制度在虚拟经济领域存在的巨大缺陷。为避免重蹈覆辙，必须通过一定的立法将市场上不断涌现的金融创新纳入法律调整和监管的范围之内。

1. 次级抵押贷款

在美国住房市场高度繁荣时，次级抵押贷款作为一种金融创新得到迅速发展。该类贷款主要针对信用级别低、还贷能力差的低收入阶层。有学者提出，次级抵押贷款具有隐藏性的结构特征，贷款机构在放贷过程中没有尽到法律所规定的披露义务，许多低收入者在没有充分了解风险的情况下贸然贷款购房，为日后无力还款而违约埋下隐患。① 有学者认为，放贷人无视消费者信贷权益保护的规定，大肆进行掠夺性和欺骗性的放贷操作，营造了一个非可持续的次贷抵押世界。② 有学者指出，美国没有将从事次级抵押贷款的非银行中介机构纳入联邦监管的框架之内，过分强调自律监管和市场纪律，忽视了刚性规则的执行。不充分的监管造就了不稳定且过高的债台，而债台最终因不堪自身重荷而倒塌。③ 还有学者认为，美国在次级抵押贷款中常见的“第二抵押”的做法加剧了信贷机构在房价下跌时面临的风险。第二抵押是指同一房屋已被登记贷款抵押后又设立新抵押，在法律上居附属地位，第一抵押人对房屋具有优先受偿权。第二抵押的实际担保额是房屋未来的升值额度。在被抵押房屋的市场价值降至甚至低于第二抵押设立时的市场价值，第二抵押便名存实亡。④

2. 金融衍生品

由次级抵押贷款衍生出来的MBS、CDO、CDS等各种金融工具没有降低风险，反倒使风险更为集中和隐蔽。有学者指出，金融衍生品虽然采取了各种内外部信用增级措施，但在危机来临之时，由于担保机构或担保物同样也深受危机影响，这些担保措施便失去了原有的担保效果。如果担保机构已处于破产或崩溃状态，更遑论为他人承担清偿责任。⑤ 还有学者认为，美国金融危

① 李玫：《美国次贷危机的法律分析及对我国的启示》，载《甘肃社会科学》，2009（2）。

② 孙天琦、张晓东：《美国次贷危机：法律诱因、立法解危及其对我国的启示》，载《法商研究》，2009（2）。

③ 张桥云、韩煦、陈跃军：《贷款证券化、道德风险与监管缺失》，载《财经科学》，2009（7）。

④ 韩龙：《美国金融危机的金融法根源——以审慎规制和监管为中心》，载《法商研究》，2009（2）。

⑤ 李国安：《资产证券化与美国次债危机的法律思考》，载《厦门大学学报》，2009（4）。

机的爆发说明，在金融创新快速发展的背景下，美国现有监管制度的安排无法满足金融市场的复杂要求。一方面，监管机构各自为政，监管标准不统一，导致对金融衍生品的监管重复或监管空缺；另一方面，监管职责不清，无法协调而延误了化解金融风险的有利时机，致使金融体系风险不断累积最终以危机的形式爆发。① 美国许多大型金融机构在本轮危机中纷纷破产倒闭，它们手中均握有大量巨额的衍生品合约。根据美国破产法典的规定，金融衍生品合约在作为合约一方的金融机构破产时，可以在继续履行、终止、抵销、结算等方面享有一系列破产豁免待遇。有学者指出，安全港规则的法律制度设计有助于防范金融市场的清偿危机，在金融衍生品合约的债务人一方倒闭时阻却风险传染至其交易对手，避免了金融危机的进一步恶化。②

（二）影子银行法律问题

影子银行系统又称为平行银行系统，包括投资银行、对冲基金、货币基金、保险公司等非银行金融机构。这些机构大规模地发行以次级抵押贷款为基础的各种金融衍生品并进行融资，在带来金融市场繁荣的同时也成为此次金融危机的主要推手。

1. 有限责任

有学者指出，影子银行采取的是有限责任公司的形式，一旦影子银行经营失败导致破产，股东的损失仅仅限于其向公司投入的资本，其余损失则转嫁给了债权人（客户）。因此，有限责任制度为影子银行转移风险提供了制度上的便利。③ 还有学者提出，在资产证券化的过程中，有限责任强化了影子银行盲目信贷扩张

---

① 刘春彦、郭婷婷：《美国次贷危机对我国金融衍生品市场法律完善的启示》，载《中国金融》，2009（15）。

② 冯果、洪治纲：《论美国破产法之金融合约安全港规则》，载《当代法学》，2009（5）。

③ 吴志攀：《华尔街金融危机的法学思考》，载《经济法论坛》，第6卷，2009。

的激励，从而使其风险无限放大。① 还有学者认为，在虚拟经济中，有限责任的法则成为刺激道德风险的催化剂。影子银行的金融杠杆比例与风险比商业银行至少高30倍，在没有存款准备金、资本充足率等法律限制的情况下，借助金融杠杆效应，股东可以数十倍，甚至百倍地放大经营风险而只需承担有限责任，造成华尔街的贪婪无度和肆意赌博。②

2. 代理机制

根据实体经济形态下的传统法理，影子银行与其高管间为代理法律关系。有专家认为，由委托—代理问题产生的影子银行高管的道德风险以及法律责任的缺位或设计不合理，成为诱发金融危机的一个重要因素。③ 有学者指出，在委托—代理的法律框架下，即使在金融危机的狂潮中，华尔街的高管们竟然还可以凭借代理人的身份，通过高额的奖金和职务消费安排，公开“合法地”侵蚀银行财产，以减损对债权人的债权担保为代价中饱私囊。④ 还有学者提出，在过度自由的制度体系下，影子银行高管们作为代理人受托管理银行资财，只要合乎法律规定及合同约定，其行为的法律后果由银行承担。影子银行高管们冒险成功则获得巨额收益，失败时亦无须承担法律责任。收益与法律责任的严重失衡，导致疯狂逐利的银行高管的过度投机行为。⑤

3. 信息披露

影子银行的产品结构设计非常复杂，交易大都在柜台交易市

---

① 易宪荣：《“影子银行体系”信贷危机的金融分析》，载《江海学刊》，2009（3）。

② 罗培新：《政治、法律与现实之逻辑断裂——美国金融风暴之反思》，载《华东大学学报》，2009（2）。

③ 时辰宙：《次贷危机成因的深层次剖析——基于投资银行公司治理的视角》，载《华北金融》，2009（2）。

④ 罗培新：《美国金融监管的法律与政策困局之反思——兼及对我国金融监管之启示》，载《中国法学》，2009（3）。

⑤ 岳彩申、楚建会：《论金融创新领域法律责任制度的改革与完善——美国次级贷款危机的教训与启示》，载《法学论坛》，2009（3）。

场进行，鲜有公开披露相关信息。有学者认为，影子银行没有像商业银行那样受到充分的监管，游离于金融监管体系之外。影子银行对金融信息的垄断阻碍了金融信息的合理流通，使得政府和市场都无法及时发现隐藏的风险并作出应有的反应。① 有专家认为，金融危机的爆发有力地说明了政府和投资者在金融信息方面所处的不利地位，严重的信息不对称给影子银行过度的金融创新带来灾难性的后果。② 还有学者认为，未来信息披露机制的设计与完善应成为对影子银行监管的重点。法律应该严格规制影子银行的信息披露义务，强制信息优势者向信息劣势者提供信息，对作为信息劣势者的消费者倾斜性地赋予一定的权利。③

（三）法律风险管理问题

受金融危机影响，许多国际大银行的结构化产品、金融创新等业务遭遇到一系列影响重大的调查与诉讼，其法律风险防控工作承受了史无前例的巨大压力，完善和创新银行法律风险管理机制成为国际银行业亟待解决的共同课题。

1. 巴塞尔协议

国际大银行的法律风险管理深受巴塞尔委员会的影响，2004年通过的《巴塞尔新资本协议》曾被奉为圭臬，但在危机中该协议却暴露出严重的制度缺陷，引发了人们的反思与检讨。有学者指出，《巴塞尔新资本协议》对法律风险的褊狭界定，造成实践中各家银行对法律风险的理解莫衷一是，法律风险的适用范围受到影响，对法律风险的认识和管理被边缘化，对资本约束风险原则的机械遵从使得银行忽略了从法律角度去识别与控制风险，轻

---

① 张学安、檀吓俤：《论政府对投资银行的风险监管》，载《河北法学》，2009（8）。

② 巴曙松：《加强对影子银行系统的监管》，载《中国金融》，2009（14）。

③ 徐孟洲、周宇知：《美国次贷危机的金融法分析》，载《江西社会科学》，2009（3）。

视法律风险的影响与后果，利用表外实体大量从事资本套利，最终在金融危机中承受巨额的风险损失。[①] 2009 年 7 月，巴塞尔委员会审议通过了《巴塞尔新资本协议》的修订稿。有学者指出，银行使用抵押、担保、信用衍生产品等风险缓释工具能够降低信用风险，但同时也会增加法律风险。如果法律风险不能有效控制的话，按照《巴塞尔新资本协议》修订稿的要求，监管者可以强制规定额外的资本要求，以增强商业银行的抗风险能力。[②]

2. 总法律顾问

作为银行法律专家和高管人员，总法律顾问负责领导和管理银行的法律风险防控工作，确保银行依法合规经营。有专家指出，法律风险对银行风险总量的影响越来越大，决策程序中法律意见的缺失已成为目前银行业面临的重大风险。基于对金融危机以来法律风险的更深入认识，建立健全形神兼备的总法律顾问制度、强化总法律顾问在银行战略决策中的关键角色、充分发挥总法律顾问在银行风险管理中的主导作用，成为国际大银行的共同选择。[③] 有研究人员提出，构建总法律顾问制度是银行依法经营安全获取利润的制度支持。经历了金融危机的巨大冲击后，为了强化法律风险的防控和管理，在国际银行的公司治理结构中，总法律顾问被提到越来越重要的地位。作为银行的高级管理人员，总法律顾问直接对银行总裁负责，有些同时是董事或高级副总裁。[④]

（四）金融监管改革法律问题

金融危机对金融监管的挑战成为法学界的热点话题，各国政

---

① 侯太领：《商业银行法律风险边缘化的现状及反思》，载《投资研究》，2009（11）。

② 周晴：《提高资本质量，动态满足充足率》，国研网，2009－12－23。

③ 刘泽华、陈云：《我国商业银行急需建立总法律顾问制度》，载《中国金融》，2009（23）。

④ 周慧：《瑞银集团法律风险与合规风险管理的实践与启示》，载《投资研究》，2009（11）。

府在后危机时代出台的一系列监管改革措施备受关注。总体而言，各国金融监管改革的根本目标都是帮助本国经济尽快走出金融危机，保持金融体系稳定，促进经济增长，但彼此在监管理念和手段方面却有着不同的侧重点。

1. 美国：提倡全面与严格监管

纵观此次金融危机，美国金融监管机构对危机的产生和蔓延负有不可推卸的责任。面对外界的批评与改革的呼声，奥巴马政府于2009 年6 月公布了《金融监管改革方案》。有学者提出，该方案反映了美国对于其金融市场和金融监管体系的新认识。一方面，从金融市场的角度看，改革方案强调场内场外的监管全覆盖，以弥补市场中存在的监管漏洞；另一方面，从金融机构的角度看，改革方案扩展了金融监管覆盖的机构范围，力图消除监管中存在的死角。[①] 有学者指出，改革方案显示出更多的严格监管思路，摒弃了之前在美国金融立法和监管领域占主导地位的市场原教旨主义，愈来愈倾向于公共利益主义。可以预见未来美国金融机构、金融市场和金融工具都将面临较为严厉的监管。[②] 还有专家认为，本来美国作为一个法制发达的国家应在公司治理层面有一个灵活有效的风险控制机制，但在金融危机之后，人们才发现金融机构普遍出现了内部人控制权过大的问题，难以控制高管层的过度冒险行为。美国金融监管改革方案所强调的严格监管的目的正是矫正微观治理失效导致的市场失灵和不作为导致的政府失灵。[③]

2. 英国：在现有体系之下进行微调

有专家提出，与其他国家相比，英格兰银行一向谨慎，不愿

---

① 全先银、闫小娜：《美国的金融监管改革》，载《中国金融》，2009（17）。

② 朱小川：《次贷危机后美国金融监管制度改革方案评析》，载《中国金融》，2009（10）。

③ 王松奇：《矫正市场失灵、政府失灵与公共失灵——简评美国金融监管改革方案》，载《银行家》，2009（7）。

太多地干预金融市场，以避免引发道德风险。因此，英国的监管机构在金融危机初期几乎没有采取任何有效措施。[①] 在金融危机爆发后，为了处置陷入破产境地的危机银行，英国在2009年颁布了《银行法案》，明确银行破产的申请只能由英格兰银行、金融服务局和财政部提出，清算委员会由英格兰银行、金融服务局、财政部分别派人以及债权人代表、存款保险机构代表等组成，具体负责银行破产中相关事务的处理。有学者指出，由于英国此次所受到的冲击主要是外源性的，所以其金融监管改革仅仅是对现有的法律制度进行修补与微调，而不愿触及金融体系的整体变革，以体现英国的利益诉求，巩固伦敦国际金融中心的地位。[②]

3. 欧盟：加强各国间的监管合作

美国次贷类资产证券化产品是欧洲大型银行集团主要的投资对象之一，因此，欧洲在此次危机中蒙受了巨大损失。金融危机的冲击使得欧盟开始反思金融监管中存在的疏漏，寻找解决问题的思路。有学者指出，欧盟认为银行体系在此次金融危机中须承担主要责任，金融业应当遵循实体经济发展规律，而非脱离实际地自我膨胀。因此，危机之后欧盟开始致力于加强金融机构风险管理方面的改革。[③] 欧盟还倾向于建立一个全球性的金融监管机构。有学者认为，这是一个比较极端的方案，它要求国家放弃相当一部分主权，这对大部分国家来说颇为敏感。可接受的转变可能是：第一，对金融监管和督察达成全球标准；第二，设立一个全球性机构，可以是国际货币基金组织和国际清算银行的合并，来协调国家层面的监管，并对金融体系在跨国活动中承担的过度风险提供早期警示。[④]

---

① 朱民、边卫红：《危机挑战政府——全球金融危机中的政府救市措施批判》，载《国际金融研究》，2009（2）。

② 胡滨、尹振涛：《英国的金融监管改革》，载《中国金融》，2009（17）。

③ 汤柳、尹振涛：《欧盟的金融监管改革》，载《中国金融》，2009（17）。

④ 皮天雷：《金融创新与金融监管：当前金融危机下的解读》，载《西南金融》，2009（6）。

4. 中国：综合监管顺应发展趋势

通过考察各国金融监管改革，可以发现实行综合监管或统一监管是各国金融监管体系发展的共同方向。有学者指出，随着我国金融业混业经营的推进，多层次金融市场包括衍生品市场的形成与发展，金融控股公司将成为金融机构主要的组织形式。严格的分业监管已经很难适应需要，必须对现行金融监管体系进行改革。从长远看，中国应当走金融统一监管或综合监管之路，建立分工协作、伞形管理的金融监管体系。① 有学者提出，金融法律体系的完善是实现科学与适当的金融监管的前提与基础。因此，我国应尽快出台专门的资产证券化法，并完善合同法、证券法、公司法、破产法、税法、信托法等多个相关法律，从而确保我国的金融市场能够应对金融混业过程中所产生的巨大风险。② 还有学者认为，应完善涉外金融监管立法，将银行、保险、证券等行业中的外资金融机构和中国商业银行在境外设立的分支机构，都纳入监管对象的范围之内，以适应金融业综合化和全球化发展的趋势，维护中国的金融安全。③

二、银行经营管理法律问题

为了适应经济全球化的潮流，应对激烈的金融行业竞争，商业银行发展创新的需求越来越强烈。相应地，金融监管机构对商业银行的约束不断强化，金融法治生态环境也处于不断演变之中。因此，银行业将面临着更为严峻的法律合规风险挑战。商业银行只有坚持依法合规经营，才能真正实现可持续的发展创新。

---

① 曹凤岐：《改革和完善中国金融监管体系》，载《北京大学学报》，2009（7）。

② 许凌艳：《构建我国金融资产证券化中的投资抵押制度》，载《法学杂志》，2009（7）。

③ 齐萌：《美国次贷危机救助的法律规制及启示》，载《财经科学》，2009（4）。

（一）银行国际化经营法律问题

实施国际化战略、拓展海外业务，是商业银行增加利润、提高国际竞争力的重要途径。然而，中国银行业的国际化经营以及我国监管机构对跨国银行的监管都处于起步阶段，国际市场的复杂性使得我国商业银行在全球发展中面临诸多法律风险。

1. 海外拓展

有专家指出，近年来，我国部分商业银行在境内外公开上市，并通过境外收购、兼并和申设机构等多种形式积极拓展海外市场。在这种背景下，建立健全与商业银行发展战略、风险偏好、经营规模与结构相适应的法律风险防控体系，对于保障和促进商业银行各项业务健康发展，维护良好的声誉和形象具有重要意义。① 有学者通过分析和总结外资银行在中国发展的基本状况和主要特征，提出我国商业银行可在国外选择若干中小商业银行以协议收购、杠杆收购、参股经营、业务合作与联合经营等方式，进行收购和重组，并以此为平台进一步拓展国际化布局。② 还有专家通过平安集团投资富通的案例，反思和分析中国金融企业海外拓展中的法律风险与应对策略，提出海外投资的中国金融机构必须重视利用法律手段来维护自己的权益。③

2. 并表监管

跨国银行所选择的股权和组织结构带来了特殊复杂的风险敞口。监管者希望能够从整体上对跨国银行集团进行风险并表，建立一套与之相适应的风险评价体系。有专家指出，实践中，要评估什么样的风险是跨国银行集团不能承担的、什么样的风险会传

---

① 张炜：《银行业法制年度报告2009》，北京，中国金融出版社，2009。

② 贺苗、苌花荣、袁晓军：《外资银行本土化对我国商业银行国际化的启示》，载《经济问题》，2009（1）。

③ 许闲：《一个不成功的海外投资案例分析》，载《银行家》，2009（4）。

染、什么样的风险在内部得到了对冲等，监管人员掌握不同的风险特征和专业差别对于风险评估的专业性至关重要。[①] 对于并表监管可能引发的母国与东道国之间的管辖权冲突，有专家提出，母国并表监管与东道国监管实际上是跨国银行监管体系中不可或缺的两种模式，对任何一个跨国银行来说，只有存在有效的母国并表监管和充分的东道国监管，才能实现真正意义上的审慎监管，因此，必须加强母国与东道国之间的监管合作。[②] 还有学者提出，由母国监管当局承担业务并表和地域并表的监管责任，可全盘掌控跨国银行的经营动态，迅速查悉跨国银行的相关信息，监管成本低、监管效率高。并表监管对象主要包括银行总行或母行及其海内外的分行、子公司以及参股银行等，在一定条件下还包括银行下属的非银行金融机构及其所涉及的金融企业集团，并表范围一般视母行持股或参股及其有效控制的程度而定。[③]

（二）银行综合化经营法律问题

商业银行开展综合化经营，既能满足客户的多元化金融需求，又能提高银行整体竞争能力。随着多层面、多形式的综合化经营探索不断涌现，尤其是银行业务与信托、保险、证券等相关业务相互介入的程度越来越深，越来越多的法律问题也浮现出来。

1. 金融控股公司

美国次贷危机的爆发导致了华尔街传统投资银行的终结，而金融控股公司这一经营模式则引起了更多的兴趣和思考。有学者建议，我国应制定专门的金融控股公司法，打破原先分业经营下

---

① 刘春航、陈璐：《银行集团的风险并表：风险计量及评估方法》，载《国际金融研究》，2009（2）。

② 马硕、杨明、任丽：《商业银行并表监管的冲突与调解》，载《西南金融》，2009（6）。

③ 徐奕：《论巴塞尔协议下对跨国银行海外分支机构的监管》，载《法制与社会》，2009（1）。

的法律体系，融合金融控股公司下有关银行、信托、证券、保险等子公司以及金融衍生品的法律规范。[①] 有学者提出，在有限责任制度下，金融控股公司有可能操纵其附属金融子公司，从事高风险业务，追求高额利润。而一旦子公司破产，金融控股公司仅以出资额为限承担责任。为防范金融控股公司的道德风险，促使其审慎经营，有必要建立加重责任制度。[②] 还有学者认为，金融控股公司的各子公司间进行关联交易，使得集团内各子公司的经营状况相互影响，增大了金融控股公司内幕交易和利益冲突的风险，因此，法律应强制要求金融控股公司对关联交易进行披露。[③] 还有专家认为，金融控股公司应通过防火墙制度实现机构分离，即金融控股公司必须通过下属独立的法人机构从事多元化金融服务，确保一个机构经营不善导致的资本损失不会向其他机构转移，由其他机构承担。[④]

2. 银行与信托

银行与信托公司利用信托独特的制度安排和灵活的金融手段，积极介入到金融信托产品创新当中。为规范银行与信托公司开展业务合作的经营行为，保护各方当事人的合法权益，2008 年 12 月，中国银监会发布了《银行与信托公司业务合作指引》。有学者认为，该指引首次明确了信托公司可以将信托财产投资于金融机构股权，这对信托公司在金融投资、私人股权投资方面给予了积极肯定，因此将来信托公司与商业银行的合作可得到有效拓

① 杨东、石富元：《论次贷危机对金融控股公司法制的影响》，载《社会科学》，2009（9）。

② 陈文成：《金融控股公司对附属金融机构责任加重制度研究》，载《上海金融》，2009（8）。

③ 李晗：《我国金融控股公司信息披露法律制度的建立和健全》，载《财经理论与实践》，2009（3）。

④ 彭世清：《我国金融控股公司发展及监管问题研究》，载《华北金融》，2009（8）。

展。[①] 有学者通过考察美国信托业的发展历程得出：商业银行的信用和声誉决定了它是天然的信托业主体，一个良好发展的信托业和信托市场需要商业银行和信托公司等众多主体的参与。[②] 还有学者就信托公司与银行的合作模式进行了深入分析，包括银行代理信托资金收付、银行保管信托资产、信托受益权质押融资、银行信贷资产证券化、项目联合融资、银信连结理财、股权相互渗透等，并进一步提出在市场准入与退出方面，需要明确信托、信托业、信托机构的法律边界，加快信托业法的立法进程。[③] 针对信托公司的破产问题，有学者提出，信托设计可以通过信托财产独立性原理的运用，使作为债权人的受益人享有优先于任何其他债权人的权利，从而保证即使受托人破产，作为受益人的银行的利益仍然得到保护。[④]

3. 银行与保险

新修订的《保险法》放宽了保险公司的经营范围，拓宽了保险资金的运用渠道。原《保险法》关于“保险公司的资金不得用于设立证券经营机构，不得用于设立保险业以外的企业”的规定被删去，同时允许保险资金用于银行存款、买卖债券、股票、证券投资基金份额等有价证券、投资不动产以及国务院规定的其他资金运用形式。因此，有学者认为，随着新《保险法》的实施，我国金融业的综合经营将进入加速发展的新阶段。[⑤] 还有专家指出，从次贷危机引发全球性金融动荡的经验教训中可以看出，综合经营需要完善的金融市场作为支撑。对拥有发达金融体系的欧

---

① 邢成：《规范化与制度化：2009 年银信合作新特征——〈银行与信托公司业务合作指引〉解读》，载《中国金融》，2009（4）。

② 廖强：《制度错位与重建对我国信托业问题的思考》，载《金融研究》，2009（2）。

③ 舒军华：《我国信托公司与银行合作的模式及动因探析》，载《西南金融》，2009（5）。

④ 陈雪萍：《债权人破产保护之信托设计》，载《政治与法律》，2009（7）。

⑤ 胡滨：《〈保险法〉修订及其对中国保险业的影响》，载《金融与经济》，2009（8）。

美国家而言，保险与银行、证券等市场的互动尚且还存在如此之大的风险。而金融业间互动平台还很不完善的发展中国家，未来如何规避综合化经营背后可能隐藏的巨大风险，如何避免创新型金融产品的风险引发金融领域的"多米诺骨牌效应"，是《保险法》需要给予更多关注的问题。① 针对银行与保险公司相互投融资的发展趋势，有学者呼吁应尽快打造"防火墙"，对银行、保险在资金、业务、资本上的联系进行一定的限制，防止不同金融机构间的风险渗透，增强金融系统的风险免疫力。②

（三）银行信贷与担保法律问题

信贷与担保是银行的核心业务之一。有别于传统信贷业务，银团贷款、并购贷款、农村金融和中小企业融资等多种新型信贷业务在新的经济环境下得到了蓬勃发展，这就对银行的监管与法律风险防控提出了更高的要求。

1. 银团贷款

尽管银团贷款在国际金融市场上已是成熟产品，但我国银团贷款业务起步较晚。有专家指出，银团贷款的发展离不开法制环境的完善。因此，应建立健全我国银团贷款法律制度，对银团贷款的发起、筹组、分销、审批、投放、管理、回收、风险处置等各个环节进行全面规范，有效降低银团贷款的成本及风险。③ 还有学者认为，应增加开展银团贷款的硬约束，明确在何种情形下必须通过银团贷款的方式开展集团客户授信工作，从而通过外力推动银团贷款，大幅度降低牵头银行的协调组织成本和人力成本。④ 在银团贷款市场中，借款人和牵头行过度追求自身利益的

---

① 辜胜阻、易文：《我国〈保险法〉第二次修订的立法精神》，载《保险研究》，2009（2）。

② 曾素芬：《打造资金防火墙，防控银保跨业投融资风险》，载《中国保险》，2009（7）。

③ 张炜：《加强和完善银团贷款法律规则建设》，载《中国金融》，2009（17）。

④ 张晓宏、刘浩：《银团贷款风险管理》，载《中国金融》，2009（9）。

做法容易导致参与行的利益严重受损。因此有学者建议，由于国际间接银团贷款具有证券的某些特征，应利用证券法对银团参与行的利益进行保护，包括严格的反欺诈条款，使牵头银行无法规避其应尽义务。[①]

2. 并购贷款

随着并购市场的发展，加大并购贷款是商业银行拓宽业务领域的必然趋势。有学者认为，银监会在2008年12月推出《商业银行并购贷款风险管理指引》，是规范商业银行并购贷款经营行为、提高商业银行并购贷款风险管理能力的重要举措。在合同条款上，除指导银行根据风险评估结果审慎确定借款合同中贷款金额、期限、利率、担保等基本条款外，还进一步突出了保护贷款人利益的关键条款。[②] 有学者指出，在合同条款的设计中，商业银行应注意明确风险隔离的手段，例如设置对于为并购而专门设立的子公司的控制性或约束性条款，确保并购贷款期间子公司不会受制于其他债权人或第三方的权利主张。[③] 还有专家指出，在目标企业不接受并购时，通常会采用股权回购、购置大量非核心资产、处置核心资产、借入外债、修改公司章程提高并购条件等多种反并购防御手段，以提高并购成本或者降低并购效益。对于敌意并购，商业银行应更审慎地分析可能存在的法律风险。[④]

3. 农村信贷

近年来，各地纷纷开展农村信贷产品创新，探索以农村土地经营权和农村房屋为抵押的信贷模式成为热点问题。有专家认

---

① 阳露昭、史佳佳：《国际间接银团贷款适用美国证券法的理论和实践研究》，载《政治与法律》，2009（5）。

② 秦若水：《循序渐进，在规范中稳步发展并购贷款——〈商业银行并购贷款风险管理指引〉解读》，载《中国金融》，2009（13）。

③ 徐洁勤、张宁：《通过合同条款控制并购贷款风险》，载《中国金融》，2009（13）。

④ 王醒春、马旭红：《并购贷款法律风险防范》，载《中国金融》，2009（13）。

为，考虑到农民失地风险问题以及银行执行难问题，银行不应接受以耕地承包经营权或是耕地流转所得的经营权设定的抵押。[①]金融监管环境在保障农村信贷服务的可获得性上发挥着基础性作用。有学者认为，在广大农村，金融监管体系十分薄弱，因此将民间借贷纳入正式的法律框架后，必须改善民间借贷监管制度，构建一个正式监管与自律监管相结合的多层次监管体系。[②] 还有学者认为，针对不同类型的农村金融机构与不同的农村金融服务市场应采取不同的监管措施，在最低注册资本、存款准备金、资本充足率、股权结构和利率等方面进行分类监管，对大型商业银行、农村商业银行、农村合作银行、农村信用社、村镇银行、贷款公司、农村资金互助社和小额贷款公司等农村金融机构采取不同的监管要求。[③]

4. 中小企业融资

应收账款担保融资在我国已经逐步开展起来，并成为解决中小企业融资难问题的重要措施。出质登记是应收账款质权设立的生效要件，对于作为质权人的银行保全其质权至关重要。有学者指出，出质登记申请应坚持单方申请主义，但须设计相应救济手段以弥补登记错误。在登记生效之下，应收账款质押登记机构对登记资料应负高于形式审查但低于实质审查的责任。[④] 知识产权质押贷款有利于拥有知识产权的科技型小企业解决资金紧张问题，是对传统担保方式的有益探索。有专家认为，依据我国法律规定，可作为质押担保的知识产权仅限定于商标权、专利权以及

---

① 汪小亚：《关于农村土地经营权抵押贷款问题的研究》，载《中国金融》，2009(9)。

② 岳彩申：《民间借贷监管制度的创新和完善——以农村金融制度改革为中心的研究》，载《经济法论坛》，第6卷，2009。

③ 孟飞：《农村金融服务可获得性：监管问题与制度创新》，载《财经科学》，2009(8)。

④ 高圣平、秦鑫：《应收账款出质登记制度研究》，载《烟台大学学报》，2009(2)。

著作权等知识产权中的财产权，质押标的物范围明显偏窄。[①] 还有学者提出，要充分利用银行内部法律事务部门的专业力量控制知识产权质押贷款法律风险。在贷前审查、贷中以及贷后管理阶段，银行要做到对知识产权质押贷款业务的全程跟踪，动态关注所质押知识产权的权利状态，避免由于权属不明、权利状态变更等引发法律风险。[②]

（四）银行卡与电子银行法律问题

随着网络技术的广泛普及与不断升级，我国银行业务也从实体向虚拟发展，各家银行都开办了越来越多的电子银行和银行卡业务。一方面提高了银行的营业效率，为客户提供了更多、更便捷的服务项目；但另一方面，相关法律制度的滞后与银行的不当管理操作容易引发法律纠纷。

1. 银行卡

银行卡的迅猛发展造成其服务内容始终处于创新变化之中，因而发卡银行和持卡人的权利义务也相应地不断调整。有专家指出，尽管银行卡的章程与领用合约在形式上体现为格式合同，但兼顾公平与效益、平衡发卡行与持卡人利益，应该是信用卡章程和领用合约的基本价值取向。因此，章程和领用合约的制定，既要考虑信用卡业务的发展实际，也要照顾持卡人的合法权益；既要保证发卡行的交易安全，也要着力为客户提供优质高效的信用卡服务。[③] 对于实践中银行经常遇到的持卡人送达难问题，有专家指出，银行应在办卡时以显著方式告知持卡人对送达地址予以确认、确认后的法律后果及变更地址后的告知义务，提示持卡人

① 中国人民银行天津分行课题组：《动产质押：缓解中小企业融资难的有效途径》，载《中国金融》，2009（4）。

② 仇书勇、龚明华、陈璐：《知识产权质押贷款的风险及其防范》，载《新金融》，2009（9）。

③ 董建军等：《国内外商业银行信用卡章程及领用合约的比较法律研究》，载《上海金融》，2009（11）。

有关银行信息因持卡人自身原因无法送达的责任及后果。[①] 密码交易规则也是银行卡争议的热点问题之一，在银行卡欺诈案件中，其效力往往受到置疑。有专家指出，私人密码使用视为本人行为的前提是真实的银行卡。在银行未能识别伪造卡、也没有证据证明客户泄露密码的情况下，银行应当承担违约责任。[②]

2. 电子银行

在电子商务中，不法分子可能窃取他人的私人密码并生成电子文件，而交易对手则可能基于此与之订立合同。在这种情形下，损失应由谁承担？有学者认为，目前电子银行业务普遍使用的是私人密码、客户认证均属于电子签名的一种。在办理电子银行业务时，客户通过电子交易平台进行业务操作，其页面操作、输入密码等行为表明客户认可电子签名这种方式，银行与客户双方使用电子签名、数据电文进行交易的意思表示真实明确。因此，商业银行通过电子签名识别和确认客户身份应受法律保护。[③] 有学者则提出，为保护消费者权益，增加电子签名认证的可信度，私钥持有者应享有一定的责任限制。要确定银行是否履行谨慎的审查和认证职责，确定电子签名的来源及其在传送中没有被修改或替换，均涉及较为复杂的证明程序，因此还不如直接为用户设置一个适当通知情形下的责任限额来得简便。[④] 有专家认为，电子银行业务是一项技术性较强的业务，因此银行应承担更为严格的告知义务。银行至少应明确告知客户如下内容：服务内容、银行和用户的责任、电子交易记录的确认和领取方法、错误操作的纠正方法、系统安全的措施等。同时，银行在履行告知义务的

---

① 上海市高级人民法院课题组：《金融危机背景下的金融风险防范——以信用卡纠纷为视角》，载《法律适用》，2009（9）。

② 张光宏、郭敬波：《私人密码使用即为本人行为原则的限制》，载《人民司法》，2009（19）。

③ 李睿：《网络信用卡犯罪若干法律问题的新解读》，载《政治与法律》，2009（4）。

④ 刘满达：《电子签名认证中的消费者权益保护》，载《法学》，2009（1）。

方式上应注意以下几点：一是公开披露；二是充分说明；三是考虑用户权益；四是便于银行有效举证。[①]

（五）理财业务法律问题

理财业务在我国蓬勃发展，已经成为商业银行新的重要利润增长点。受金融法律制度、银行监管体制和金融市场发育程度等方面的制约，商业银行在国内发展理财业务不可避免地会遇到许多新的法律问题。

1. 监管实践与规定

目前我国依然实行金融分业监管的体制，而理财产品的运作涉及到银行、信托、保险、证券、外汇、货币等多个市场。有学者提出，这可能会导致产品运作过程中的监管重复或监管缺位，形成风险的积累。因此，在理财产品快速发展的背景下，需要以更有效的方式加强监管部门之间的沟通、交流与合作。[②] 还有学者指出，实践当中我国金融业之间分野的突围并不是以原《商业银行法》、《保险法》及《证券法》的修订为突破点的，而是表现为一种自下而上的监管部门之间共谋式的"反叛"，理财业务产生的历史背景、其衍生性质以及业务交叉性决定了中国银监会必须与中国证监会、中国保监会一起对理财业务的监管达成可能的共识。[③] 实践中，一些地方商业银行和信用社把理财业务当成了高息揽储的手段，在缺乏相关理财人才和经验的背景下，不顾自己的承债能力，盲目地发行理财产品；一些外资银行将境外的理财产品在境内销售，受金融危机影响，引起了投资者的巨亏。因此，有学者认为，并不是所有的商业银行都适合从事所有类型的

---

① 吴志龙：《电子银行业务法律保护问题探讨》，载《现代金融》，2009（5）。

② 翟立宏、张星：《商业银行结构性理财产品的现状与发展前景》，载《中国金融》，2009（14）。

③ 黎四奇：《对我国商业银行个人理财业务法律制度的检讨与反思》，载《时代法学》，2009（2）。

理财业务，建议中国银监会制定出具体的标准，按理财产品的种类向商业银行颁发理财业务许可证。[①]

2. 银行业务与操作

在理财产品质押操作中，银行通常采取冻结止付客户理财资金账户的措施。有专家提出，虽然这种操作方式可以较好地控制客户理财资金账户及其对应资金，但实际上并不能起到对质押担保进行公示的效果，往往也不能对抗善意第三人和有权机关的冻结、扣划行为，因而银行就理财产品优先受偿的行为，可能面临较大的法律风险。[②] 有学者通过对国内首例公开报道的银行理财诉讼——汇丰双利存款一案的分析，提出在“存款”名义下实际发生的是“存款合同+期权合同”的场外金融衍生品交易，客户承担理财产品市场风险的决策基础是银行的信息披露与风险提示义务，银行如何履行信息披露义务是银行个人理财纠纷中区分市场风险与法律责任的关键。[③] 有专家认为，为防控法律风险，银行在理财业务中应建立完整的事前、事中、事后信息披露机制，及时通过有效渠道和方式向客户告知相关情况，特别是在理财产品存续期内，要向客户提供方便、及时、准确的资产变动、资产估值等重要信息。[④]

三、银行消费者权益与征信制度法律问题

随着金融创新的不断推进，银行消费的形式已从单一的存取款向支付、理财、融资、投资等多元化交易延伸，银行为消费者

① 潘修平、王卫国：《商业银行理财产品若干法律问题探讨》，载《现代法学》，2009（4）。

② 平一：《银行理财产品质押中的法律关系》，载《中国城市金融》，2009（2）。

③ 刘燕：《存款合同还是金融衍生交易——汇丰银行“双利存款”案解析》，载《法律科学》，2009（3）。

④ 秦宏昌：《商业银行开展理财业务的风险与防范》，载《金融理论与实践》，2009（5）。

提供的产品与服务日益增多。与此同时，消费者与银行间的纠纷不断，消费者权益保护的问题备受关注。

（一）消费者知情权

理论界对于消费者知情权的界定与属性一向存有争议。有学者明确指出，消费者的知情权属于民事权益的范畴，我国未来的侵权法应将民事权益列为侵权法的保障对象，这将有益于审判实践的确定。[①] 还有专家提出，在银行业务日益电子化的背景下，银行不宜简单地通过电子交易机制在发生有关事由后，立即终止合同履行，而应该以合理的方式告知当事人。[②] 2009 年美国《信用卡消费者权益法案》成为美国金融改革的重要举措。该法案的目的是对银行消费者实行强有力的保护，对银行等发卡机构采取更严格的管制。有学者指出，该法案的出台预示着银行即将结束长期以来对美国消费者不公平的加息和收取各种隐性费用的做法，其执行将不可避免地引发一场信用卡行业的重组，并将对各国信用卡监管产生一定的示范作用。[③]

（二）消费者隐私权

商业银行在与消费者业务往来过程中必然会产生收集、知悉、利用消费者各种信息的行为，这些信息的不当管理及利用极易造成对消费者权益的侵害。有专家提出，商业银行侵害消费者权益的行为具有现实性、多样性、复杂性等特点，在法律后果上表现为消费者隐私暴露、安宁权侵犯、经济损失以及消费者信誉影响等。[④] 有学者通过对银行委托催收账款、银行职员盗取存款、银行向征信中心误报信用信息等案例的分析，提出金融信息权不

---

① 王利明：《侵权法一般条款的保护范围》，载《法学家》，2009（3）。

② 李金泽：《银行提前收回贷款纠纷案》，载《银行家》，2009（9）。

③ 孙晓云：《美国信用卡的新立法对银行和消费者的影响——制度立法、商业模式、消费行为的互动》，载《中国金融》，2009（13）。

④ 卜祥瑞：《商业银行侵犯客户金融隐私权问题探讨》，载《银行家》，2009（5）。

同于传统上的隐私权，保护客体不限于私生活，而是强调个人的自主权利。消费者拥有个人信息自主权，消费者决定是否、何时、以何种方式公开关于自己的数据都属于隐私权的保护范围。[①]还有学者提出，现实中对个人金融信息的侵犯行为日益频繁和严重，亟待刑法保护。侵犯个人金融信息行为类型较多，需要全面地、有针对性地进行规制，既要完善现有罪名，还要增设专门罪名。[②]

（三）征信制度

征信制度的宗旨在于在保护个人和企业权益的同时，允许信用信息的合理和合法分享。有学者指出，一个有效运作的征信体系必须解决好金融信息分享与消费者隐私权保护之间的利益平衡问题。适当的信息分享法律制度和监管措施有助于增强消费者对征信制度的信心，维护征信活动的公信力。[③] 有学者认为，征信系统信息的真实性是征信体系建设和可持续发展的重要前提。督促征信服务机构和银行核查并如实记录征信信息，不仅有利于保障消费者享有对不同种类金融产品（服务）的公平待遇，而且对银行提高风险评估能力、降低风险隐患具有重要的积极作用。因此，应加强征信系统建设，提高征信系统信息的真实性与可得性。[④] 还有专家指出，很多消费者对自身的信用信息处于不知情的状态，直到办理银行业务被拒时才知道存在不良信用记录，这无疑限制了消费者的正当交易权利。因此，应要求信息提供者在向征信机构报告消费者不良信用信息时，提前告知消费者，比如发催收通知单、最后警告信等，使消费者能够提前核实信息的完

---

① 王泽鉴：《人格权的具体化及其保护范围·隐私权篇》，载《比较法研究》，2009(2)。

② 杨帆：《个人金融信息的刑罚保护初探》，载《上海金融》，2009（7）。

③ 徐淑芳：《征信体系的法律和监管框架：欧美的经验及其借鉴》，载《上海金融》，2009（3）。

④ 张倩、张云志、席秉琼、洪郑冲：《从美国信用卡新法案看金融消费者权益保护》，载《中国信用卡》，2009（8）。

整性与准确性。[①]

四、回顾与前瞻

（一）2009 年银行业法制学术研究回顾

2009 年，金融危机的阴霾尚未完全消散，各国政府着力推进金融监管改革。这一特殊的形势背景对银行法学研究产生了重要的影响，银行法学界就金融危机和银行发展创新的许多热点和重点问题展开了富有成效的讨论和研究，涌现出许多可圈可点、不乏真知灼见的好文章，读后给人以深刻的启迪。归纳起来，2009 年银行业法制学术研究呈现出以下特点：

1. 关注国际金融动态，反思危机下银行法律问题

席卷全球的金融危机，不仅是对全球经济的挑战，也是对各国现有金融体制的挑战，对长期以来占据主流地位的欧美金融理论及金融法理念的挑战。我国理论界对此展开热烈的讨论，从法律的视角审视国际金融危机的产生与原因，追踪梳理各国政府采取的应对之策，分析评判西方银行法的理论和实践，深入思考如何吸取金融危机的经验教训，进而设计更加健康有效的银行法律制度。国内法学界对全球金融危机的研究，从宏观思考、制度改进、比较观察、金融监管、理论探讨、实证分析等多方面展开，观点鲜明并富有针对性，有力地推动了银行业发展的理论思考。

2. 深入研究我国金融监管现实，推动我国银行法制建设

专家学者们对中国银行业的法制建设倾注了极大的热情，结合我国国情与现状，分析讨论我国当下银行法制环境和监管实践中存在的问题及其成因，提出卓有见识的针对性建议，并指明今

---

① 马义玲：《构建我国征信立法框架的思考——以案例为视角》，载《金融理论与实践》，2009（3）。

后一段时期内我国银行法制建设的发展方向和需要重点研究的法律问题。专家学者们还积极参与我国的银行立法工作，努力推动信托业法、侵权责任法、银行业金融机构破产条例、存款保险条例等重要法律制度的制定出台，为国家的立法和监管政策提供智力支持。银行法学界的研究，在有力地促进我国银行监管生态环境完善的同时，也大大发展和丰富了我国银行法制理论。

3. 密切联系商业银行实务，为促进金融繁荣献计献策

专家学者们特别注意将理论研究与银行业务实践紧密结合，面向银行业与服务银行业，为银行的改革发展建言献策、群策群力、集思广益。在2009年的银行法学研究中，涌现出了许多针对银行发展创新的前瞻性研究和重要探索，内容覆盖了国内银行经营管理的各个方面。一些专家学者针对银行业务中面临的种种法律风险，在结合有关制度规范进行学理分析的基础上，提出相当有见解的法律对策；一些专家学者从战略的高度，剖析商业银行公司治理法律问题，研究如何进一步提高董事、监事、总法律顾问和其他银行高管履职的专业性和尽职性；还有一些专家学者基于对法律风险认识的不断深入，提出完善银行法律风险防控管理机制的创新性思路。他们的研究对银行实务起到鲜明的指导作用，对确保银行依法合规运营、推动银行业务创新、促进金融繁荣具有重要意义。

（二）2010年银行业法制学术研究前瞻

随着全球经济逐渐步入复苏期，金融市场的不确定性与系统风险有望逐步降低，银行间交易呈现出日渐活跃的趋势。但金融危机所留下的许多法律瘤疾仍未彻底治愈，经济乍暖还寒之际银行业的勃兴还面临着一些新的法律难题。展望2010年，以下几个方面的问题值得从银行法制学术研究的角度予以关注：

1. 银行法律制度变革问题亟待解决

从全球视野和未来发展观察，银行法无疑是最活跃、最具实

践性、最具变革性、最具包容性的法律。金融市场的迅速演变，对银行法制建设以及银行法理论提出了更高更新的要求。在后危机时代，如何通过法律改革和制度创新提升银行风险防控能力，促进我国商业银行的可持续发展，成为必须深入思考和研究解决的重大课题。其中，对于资产证券化、银行债权保护、企业融资（包括中小企业融资）、商业银行公司治理等法律问题，应当给予更多的关注。

2. 银行监管体系完善问题值得关注

金融危机对全球经济的冲击仍未消散，缺乏监管的金融体制也备受各界诟病。过去盛行欧美的自由市场理论和监管措施被证明不足以防止银行出现系统性问题。在促进金融创新的同时，如何平衡银行业发展和金融监管的关系？在银行转向更为复杂的综合化经营之际，如何从多头监管向集合监管转型？随着我国银行体系的进一步开放，如何推进银行监管的国际协调与合作？在全球银行监管体制大变革的趋势下，如何把握我国的选择？上述课题成为亟待研究的热点问题。

3. 银行新型业务法律问题需要深入探讨

在金融全球化的背景下，商业银行之间的竞争日趋激烈，我国的金融综合经营已成大势。同时，电子计算机和互联网的突飞猛进为商业银行开展新型业务提供了技术条件。商业银行已不满足于仅仅经营传统的存贷款业务，中间业务，诸如投资银行、私人银行、资产管理、个人理财等新型业务成为商业银行的重要利润增长点。与之相应的，关于这些业务发展的法律问题将成为银行从业者必须认真面对的重要课题。

4. 银行消费者保护法律问题不容忽视

成熟的消费者保护法律制度是发达金融体系的共同特征，也是构成银行体系国际竞争力的重要因素。如果商业银行只关注自身的利益诉求而忽视了对消费者利益的切实保护，就会挫伤消费者的银行消费取向，使银行业发展失去广泛的公众基础和社会支持。而在国内的金融交易活动中，损害消费者利益的不当金融行为并不鲜见。因此，在银行服务及产品日益复杂和多样化的今日，银行消费者的知情权、隐私权、公平交易权、财产权、选择权、名誉权等权益保护问题值得深入探讨。

第六章

银行监管与内控机制

华尔街金融危机中的法学思考[①]

吴志攀[②]

一、金融危机对现行法律体系的挑战

由次贷引发的金融危机，目前仍在继续发展蔓延。这场危机对美国乃至整个西方世界的冲击是巨大的，甚至可以说是根本性的。许多规模庞大、历史悠久的金融机构一朝瓦解。一般认为，危机还没有见底，未来的情况可能还会进一步恶化。

全世界主要国家的政府已经纷纷行动起来。无论是 G7 财长会议，还是二十国财长会议，以及亚欧首脑会议，都是以研究解决当前的金融危机为主题。“救市” 成了最热门的关键词。

金融危机的发生，本身并不稀奇。但是，这场危机的成因却是如此荒诞。投机者的对赌，居然酿成了如此大祸，而且这样的事情居然发生在以法律严格、监管有效著称的华尔街，这的确让

---

① 本文原载于《经济法论坛》，第 6 卷，2009，收入本书时略作修改。

② 吴志攀，北京大学党委常务副书记兼光华管理学院院长、北京大学金融法研究中心主任，博士生导师。

全世界的法律人都大吃一惊。在全球范围内美国大概是律师占全国人口比例最高的国家，而且美国法官的专业水准很高，其社会的法治程度也很高，尤其是在金融领域，这些都已得到公认。可是，现在正在发生的这一切，让我们看得触目惊心。美国的法律人对这场危机似乎毫无准备，更没有系统地提出应对方案。

与投行搭档的律师们如今才如梦初醒：原来投行的账面资产竟然会像变魔术一样直线下降，就如同尼亚加拉大瀑布所形成的水雾，看似有，伸手过去却什么也抓不到。虚拟资产成了一个数字游戏。依据现有的法律规定，律师们无法清楚地解释：在破产程序中虚拟资产的价值如何评估？在危机中，贝尔斯登公司不得不向政府申请破产保护，可是，除了写字楼之外，它几乎没有其他可以在破产程序中保值的实体财产。美国破产法是联邦法，允许公司在濒临破产时申请政府援救。美国联邦政府的确很快就宣布施以援手。此时，经济学界还在争论着政府是否应该救市，救市是否破坏了自由市场的原则？这些争论在现实世界里恐怕意义不大。市场中的溺水者，只要能抓住一根稻草，哪里还管这根草是什么主义？美国政府也非常清醒，过去“自由”的调子唱得虽高，今天却“不管三七二十一”，一定要干预。

2008 年第一季度，美国美林证券公司也报出严重亏损报告，联邦政府再度援手，由另一家商业银行入股注资，缓解美林证券遇到的流动性风险。“看不见的手”从来就是看得见的。华尔街的律师们现在都看得清楚了，政府的这只大手里攥着纳税人大把的钞票。

华尔街的律师们，还有许多事情解释不清楚：雷曼兄弟公司申请破产保护，这是世界四大投资银行之一，有着 150 多年的历史，影响力和资产规模比贝尔斯登都大十倍以上，但这次联邦政府没有对其进行施救。律师们眼看着这家曾拥有天量虚拟资产的金融巨人轰然倒下。

雷曼兄弟公司的总裁富尔德在美国国会作证时，气急败坏地指责联邦政府：为什么要救助比它小得多的贝尔斯登，而却要眼看着他的大公司倒闭？救则生，不救则死，救与不救是一个需要考虑的问题。富尔德是华尔街上投资银行领导人，他和他领导的投行都是市场经济和金融自由化的受益者，此时他却对政府的“不干预”而大发雷霆。这真是绝妙的反讽。

美国政府向国会提出的 7 000 亿美元的援救方案，在国会第二次投票时终于通过了。美国历史上从来没有动用过这么多纳税人的钱来救助华尔街。在一般情况下，华尔街拥有的财产比政府大得多。罗斯福总统在 1929 年美国经济大危机时，也没有动用过这么多钱直接救市。这笔钱数量虽然不小，但仍可能不够。各国立法机关通过预算案，鲜见有数量限制的。法律没有办法限制，因为举国上下都在实行负债经营模式，差别只是数量多少而已。

许多经济学家和政治学家对美国金融危机的成因纷纷发表见解。大家的共同认识是：投资银行的一些“掌门人”过度贪婪，疯狂地追求超额利润而导致公司失去理智，不顾巨大的市场风险，使风险大到难以控制的程度。可是，不是有法律吗？法律为什么允许这样疯狂的行为？即使在美国拉斯韦加斯的赌场上，也要先用现金或支票换取筹码才能下赌注啊！

造成危机的这些大公司，都是华尔街的著名企业，当其他众多公司看到这些大公司不顾一切斩获暴利的时候，纷纷跟风。而当这些大公司遇到严重的亏损和流动性危机时，跟风的中小企业纷纷倒闭，劫难余生者，遍体鳞伤。那么，我们这些法律人也不禁要问：投行高管们曾在虚拟暴涨的账面利润的基础上获得巨额奖金和红利，那么，现在账面数字被证明不实，他们是否应该退回这些奖金和红利呢？现在也已经有工会组织提出要高管退回这些巨款。

我们也都知道，美国次贷危机的本质原因，是长期储蓄率下降，负债率上升，消费需求严重超过居民收入，居民和政府长期靠借贷维持高成本生活水平和社会运转。

这种模式的问题主要表现在，美国长期过度负债造成借债的需求长期大于储蓄收入。一旦债务的资金链断裂，立即引发流动性危机。我们法律人要问：为什么在布雷顿森林体系瓦解30多年后，美国还能在负债模式中过着舒适的生活？那里的法律为什么能为债务人提供了拖欠债务的无限展期？

华尔街在美国负债经营模式中，扮演了杠杆角色，杠杆比例可以高达30倍以上。金融市场上的各种融资和再融资方式、各种金融衍生工具，进一步提升了本来就已经很高的负债水平，结果使得金融风险不断增大。当风险累积到一定程度时，经济就犹如在下坡途中刹车失灵的列车，朝着危险的深渊疾驶而去。外国的法律人要问，在如此大的金融杠杆比例的情况下，盈率与赔率均高达30倍，却居然没有任何的法律限制，也没有任何有效的政府监管！这种情况，在包括欧洲在内的世界任何金融市场中都没有先例。

根据经济学家的推算，在负债过重的情况下，要想保持债务资金链不断裂，美国政府只能让利率无限度地下降，如果可以做得到的话，就不会发生金融危机。但是，这只能是假想，实际上做不到。同样，要想维持房地产市场运转，美国政府就得让房价无止境地上升，如果可以做到，房地美和房利美今天依然可以“无限风光在险峰”。但是，这也做不到，只要利息率提高，购房需求下降，房价就会回落。只要房价下跌，美国华尔街金融杠杆制造的房地产市场泡沫，就会停止原来那种“无限度的膨胀”。

在法律人看来，生活中本来就不应该存在这些“无限度”的概念，因为在法律程序中实现不了，将这些问题摆到法院，法官们也难以作出判决和司法救济。

法律是要维护公平与正义的，比如欠债就要还钱，法律要捍卫这样的原则。在人们的生活中，这句话也是天经地义的。可是，美联储、财政部以及华尔街却完全可以无视这样的原则。美国的法律对此有办法吗？国际金融法能管吗？管不了。香港电影《无间道》里有句台词：“出来混，总是要还的。”现在美国华尔街的金融危机还是“白道”呢，始作俑者更是要“还”的吧？可是全世界的无辜的人都在被迫“还”，法律对此居然无计可施。

迷信市场的经济学家也有一种看法，认为市场存在一种内在补偿机制，当金融市场风险存在时，金融市场的不确定性就会增大。市场不确定性越大，投机空间也就越大。做多与做空双方可相互弥补，有亏钱的，就有赚钱的，市场能不断配置资源，实现资金再分配，最终不会发生危机。

但是，从法律人的角度来看，做多做空必须有限度，必须有法律监督。投机交易带来的高额利润可以刺激人失去理智，这个时候如果没有法律的严格监管，无理性的“理性人”就会无限度地扩大负债，扩大做空。无本生意，亏了拿什么还？无止境的证券化被冠以“金融自由化”的美名，似乎行为者的自律可以代替外部监管。外部监管虽然没有被“废除”，却成为摆设和装饰。金融衍生品在华尔街无限制推广，股市上的投机活动无限制扩张，天文数字的高额利润和高收入无限制上升，此时华尔街的人，鲜有不被鼓鼓荷包搞得疯疯癫癫的。空手套白狼，狼越套越大，越套越多，最后被狼给吃了。金融危机终于爆发了。

市场“失灵”，法律更“失灵”了。这场金融危机实际上就是对现行金融法律体系的巨大挑战。

二、金融危机的法律解读

法律人束手无策，可是法律人在危机面前，实在不应该“失声”。从法律的角度看，对金融危机的分析，可以概括为一句话：实物经济形态下的法律，不适用于虚拟经济形态。华尔街模式属于虚拟金融的典型，实物经济形态下的法律对其监管无效。

金融危机中的法律问题，主要集中在两个方面：第一，华尔街上的金融机构在盈利时，股东和高管们分得天文数字的利润，并没有让广大纳税人分一杯羹。但是，在华尔街遇到金融危机时，却要全世界的纳税人“埋单”，这公平吗？

华尔街股票在暴涨时，金融机构的高管们获得可观分红，但并不会让海外美元债券持有人获得额外利益。但当华尔街金融机构遇到危机时，却将风险转移给了海外债券持有人，这公平吗？

更有甚者，当大祸已经酿成，那些疯狂的投机者却毫无法律责任。既然这一切不合情、不合理，那么，这居然还是“合法”的？

第二，为什么美国有如此完善的证券法律体系，有如此严格的监管机构与丰富的监管经验，却毫无实际效果？现在的法律与监管已不适应华尔街金融运行的模式了吗？本文就此再进一步分析如下。

其一，运用金融衍生工具而导致杠杆比例过大的投资银行，是否还应适用有限责任原则？

华尔街众多从事金融衍生品交易的金融公司，金融杠杆比例可以比本金高30倍，有的甚至可以达到50倍。盈利或风险都是如此之高。然而，当雷曼兄弟公司破产时，依然适用实物形态下的有限责任公司的规定。即股东对公司的责任是有限的，只限于他们的投资范围内，并不涉及他们自己的其他财产。公司的责任也只限于公司资产范围内，并不涉及其他相关联公司的资产。但是，雷曼兄弟公司除写字楼外，几乎没有更多的在实物经济形态下的财产了。投资银行的无形资产，如公司品牌、人力资源、国际营销网络、重要客户资料数据库、市场分析模型、公司经营战略和操作经验等，这些都难以成为破产时清偿给债权人的“资产”。这样的特殊公司，和那些拥有厂房、机器设备、库房存货、土地、物流运输设备、全球分销店等实物资产的公司显然不同。

回顾投资银行的历史，它们开始于咨询顾问公司的合伙形态。这种合伙公司通常为商业客户提供投资建议，正如投资行业的经纪人公司或律师事务所一样。投行在那时所做的业务，与今天的律师事务所的商务律师相差不大。今天专门从事商业法律服务的律师事务所，依然沿用合伙形式，而不是有限责任公司形式。原因就是他们凭借专业知识为客户服务，而不是凭借有形资产。合伙制的事务所由于没有这些实物资产，风险较大，法律只能让合伙公司对外承担无限责任，合伙人之间承担连带责任。法律只允许有实物资产的公司对外承担有限责任。直到今天，律师事务所、会计师事务所等依然采用合伙制，并没有变。那么投资银行凭什么就能摇身一变，成为有限责任公司，接着又成为上市公司了呢？

看看最近的历史，在20世纪70年代初期，投资银行的发展获得了一个机遇，这就是美元与黄金脱钩后，美元浮动汇率为金融衍生工具的发展提供了一个难得的机会。由于美元是世界金融市场上的主导货币，美元与其他国家货币的汇率又是浮动的，怎样控制汇率风险呢？投资银行发展了一系列以汇率为基础的金融衍生品，在国际金融市场上先后出现了四大类金融衍生产品：利率掉期类、指数期货类、汇率套期类和货币融资类。这些新型的金融产品的杠杆率可以高达10倍，后来扩大到30倍或更高的倍数，利润回报也可以同比例实现。由于初期的交易额不像现在这样大，加上风险分散和交易者谨慎，风险仍然处于可控制的范围内。尽管如此，投资银行同传统商业银行相比，它受到的监管和限制已经是很少很少了。

传统商业银行至今依然受到基准利率、存款保证金率、流动资金比例，以及后来巴塞尔银行协会制定的资本充足率等限制。从20世纪80年代起，巴塞尔协会陆续出台了以风险控制和内部控制为主要内容的银行监管规范性文件，这些规定非常严格。各国银行监管机构和银行法律法规，均不允许传统商业银行的资本与有风险资产的比例超过8%，而投资银行从事的高风险交易资本与有风险资产的比例可高达30倍或更高。在各国的银行法中，都有严格保护存款人利益的条款，许多国家还有强制存款保险制度。这些限制在投资银行的经营中都是没有的。

传统的商业银行是为实物经济形态的生产企业和居民生活服务的，但投资银行发展起来以后，随着金融衍生品的发展，虚拟经济形态开始了。从实物经济形态中转出来的大量流动资金进入了虚拟经济市场。只有专门从事高金融杠杆比例和获得高利润的投行，才能适应这种虚拟形态的市场需求，投资银行于是如雨后春笋般地发展起来。

投资银行的规模越来越大，分支机构遍布全球，从业人员成千上万，运作资金以亿美元为计算单位。它在一般形式上符合公司法规定的条件：在华尔街上的投行的股东都超过35人，注册资本也超过一般有限责任公司的N倍。而且，投行也是在华尔街上市的公司。

回顾这段历史，我们不难看出一个问题：投行的金融杠杆比例与风险都比商业银行至少高数倍，没有存款准备金，没有资本充足率等法律限制，但它们却采取了与商业银行一样的有限责任公司的形式。一旦投行经营失败导致破产，巨额的经济损失根本就无法弥补。在美国，投行的客户或债权人的损失，并没有类似商业银行的存款保险，所以，客户和债权人的损失只能是落花流水，无可挽回。

这种不合理的法律规定的严重后果，在今天华尔街金融危机中暴露无遗。所以，华尔街为了救市采取了一项措施，就是把没有倒闭的投行与商业银行合并，重新成为商业银行的投资部，或重新领取商业银行执照，按照商业银行的办法来监管。

其二，投行高管与公司之间的关系是否应该适用代理关系？

仍以雷曼兄弟公司为例。该公司在破产之前，尽管长期在金融市场从事高风险金融衍生品交易，但它的高管人员却如星巴克咖啡店的管理人员一样，与公司的关系都是代理关系。现在雷曼兄弟公司破产了，其高管人员因为与公司是代理关系，不承担任何法律责任。在破产清算程序中，给高管补发工资，依然优先于清偿债务。

雷曼兄弟公司与星巴克咖啡店相比，风险有天壤之别。可对星巴克咖啡店的高管来说，由于经营咖啡店的资金杠杆比不高，利润率也不高，风险也不大，他们的薪酬和福利是市场平均水平。而雷曼兄弟公司的高管们，由于经营模式的金融杠杆比例高，利润率也高，风险也更大。所以，他们的薪酬和福利要比星巴克咖啡的高管们高N倍。

在金融危机前，没有人抱怨这种薪酬差别不合理，媒体和工会也听之任之。但是，当雷曼兄弟公司的董事长富尔德向美国纳税人大声抱怨为什么对他的公司见死不救时，人们开始感觉到其中的不合理：假如星巴克破产了，负责人一定不好意思跑到国会，当着议员们的面大声疾呼，要政府动用纳税人的钱来救即将倒闭的咖啡店。凭借专业金融知识，帮助其他公司在金融市场上开展融资业务，这在实质上与律师凭借法律专业知识为商业客户服务是一样的。但是，律师在商业谈判、签订合同和出庭参与诉讼，以及在公司并购、企业重组、重大资产交易中提供法律意见时，律师事务所就要承担无限责任，律师本人与事务所承担连带责任。

根据代理法，代理人在被代理人授权范围内行使权利。代理人如果未越权，他的行为后果由被代理人承担。投行高管们的被代理人就是投行，投行又是有限责任公司。这样，他们可能承担的责任就比律师事务所和律师小得多了。

在投行破产清算的过程中，高管们只要没有做假账，没有伪造证据，没有贪污受贿等违法行为，他们就不承担任何法律责任。过去若干年中，破产投行的高管们除拿到一大笔补偿金之外，还可以换另一家投行继续工作，照旧获得高额薪酬和福利。

本文认为，法律不应允许投行高管们“鱼与熊掌兼得”。相反，权利与责任必须对等。

其三，金融产品风险如此之大，但经营销售这种金融产品的投行却无须承担责任，显然并不合理。

相比之下，在实体经济中，市场上销售的汽车或电脑等实体产品，如果有严重质量问题，厂家通常会实行“召回”，减少消费者的经济损失。如果是市场上销售的食品或药品有严重质量问题时，生产厂家还要承担更大的经济赔偿责任，这些厂家的负责人还可能被追究刑事责任。华尔街出售的金融衍生产品，给客户造成的经济损失与汽车、电脑给民众造成的损失相比，有过之而无不及，凭什么就没有“召回赔偿制度”呢？

这种不合理的法律制度，也许是基于人们对虚拟经济不确定性的认识还没有达到如实体经济那样确切的程度，也许因为金融家们对虚拟产品定价也没有形成像实体产品那样的共识，也许是消费者自己对这些虚拟金融产品的风险拥有自己控制的能力，不需要法律保护。可是，既然最后出了问题就让纳税人埋单，那么，这些产品带来的损害，在法律上就不应该允许免责。

其四，利润越高的行业，纳税的税率也应该越高。

一般而言，烟酒行业的税率通常比其他实体产品的税率高，有些国家对酒的税率高达70%。在美国，生产经营实体产品的税率都是相差不大的，烟酒产品除外。但虚拟经济形态中金融产品的税率，并不比实体产品的税率高。如果现在要纳税人掏钱拯救华尔街的投行，那么，它们就应该承担更高的税率，这样才是对等的。

就投资银行的高管而言，他们个人所得税的税率也不高。特别是对冲基金经理的前5位经理，年平均收入都在10亿美元以上，而他们的收入被当做投资获利，其税率低于15%，比“那些辛勤工作的教师和消防员享受的税率还低”。

同理，为什么可以救贝尔斯登，而不救雷曼兄弟公司呢？这两家公司的公司税率都是完全一样的，贝尔斯登对纳税人的贡献，并不比雷曼兄弟公司更大，这里面又是什么逻辑呢？如此不透明，美国的律师能解释清楚吗？这里的游戏规则，法律应该管。

其五，在华尔街金融危机中，信用评级公司被证明作了许多错误的评级报告，但信用评级公司并不承担任何法律责任，这显然也并不合理。

人们都看到在这场金融危机发生之前，信用评级公司曾经将一些次级债券信用评为AAA级。这样高信用级别的债券，在市场上很有吸引力，美国的投资者和外国的投资者都纷纷购买了这些债券。但是，后来的金融危机的结果证明，这些所谓“高信用级别”的债券风险非常大，因为这种债券的信贷基础并不牢靠。

例如，美国的商业银行在审查购买房屋贷款申请人的经济状况时，主要看申请人的信用评分，700 分以上的申请人就可以获得贷款。但其并不审查申请人的收入情况。而申请人如果交一点咨询费给贷款中介机构，经过一段时间的调整，申请人的信用评分就会提高了。

现在，这些信用评级公司是否应该承担赔偿责任？其中有没有欺诈行为？

以上所有这些问题，在笔者看来，都是法律的问题。如果今后我们还不能修改这些法律，不能制定公平、透明的游戏规则，那么，危机可能就真的会“过七八年来一次”。

三、进一步的思考与初步的结论

这场严重的金融危机已给美国纳税人造成如此沉重的债务负担，给美国社会信用体系造成如此重创，现在却没有任何人承担法律责任，这让人匪夷所思。

笔者询问了一些业内人士，他们的看法是，如果把笔者所考虑到的那些因素都纳入法律的范畴，投资银行融资的成本可能会很高，最后都要摊在客户身上，客户承受不了，这个市场也发展不起来了。

业内人士的看法可能是有些道理。投资银行业确实发展起来了，市场曾经繁荣了好几年。但是现在的结果证明，那些繁荣是畸形的，它无异于饮鸩止渴。

另一种观点来自美联储前主席格林斯潘。过去他在任时，认为大公司之间做交易，互相有能力监管对方。但是，当虚拟交易有利可图，而且利益又相当大时，这些交易对手之间就会形成一个利益共同体，“相互监督”并不存在。金融机构在有利可图时，就会失去理智，可以毫无顾忌地赌博，即使冒着上绞架的风险——因为它们知道法律并没有对此设定绞架。

现在，格林斯潘出来道歉了，承认自己过度相信华尔街金融机构的自律，而放松了政府对金融机构的监管。

实体经济形态下的股票交易，要有许多法律程序限制，要求充分的信息披露，而且金融杠杆比例也是有限的。即便如此，还会有虚假信息，还会有违规的内幕交易。当这些违法消息被媒体披露时，往往会导致股市下跌，就会有许多小股东遭受损失。

在虚拟经济形态下的金融衍生产品交易，至今还没有受到如实体经济公司那样复杂的法律限制，又没有那样严格的外部监管，而且还卖给外国的普通老百姓，因此风险就更加成倍扩大。

如此大的市场风险，既不能以降低成本、扩大市场的说法来解释，也不能依靠自律和相互监督，而必须有严格的外部监管和完善的法律。现在，我们要做的就是加快修改法律，制定出适合虚拟经济和金融衍生品交易的法律来。

格林斯潘的错误早在意料之中，美国很早就有《格林斯潘的骗局》等书出版。媒体也曾批评他在任期间不断降息的政策，间接资助华尔街金融家们先后将科技泡沫、房地产泡沫膨胀到无以复加的程度，从中获取巨额利润。

当然，笔者也认为，华尔街并不是一无是处，在金融领域，美国至今仍然是我国证券市场发展的“先生”。但是，“学生”向“先生”学什么，怎么学，这就需要我们思考了。

齐白石说：“学我者生，似我者死。”白石老人谈到何为“似”时，这样说：“太似为媚俗，不似为欺世，妙在似与不似之间。”

过去有的人曾经认为，我们与美国证券市场之间的差别，无论从复杂程度和多样化，还是从市场规模和开放程度来看，都好比婴儿与成年人之间的差距，故而没有“东西之分”，只有“古今之别”。但是，今天我们大概不应该再这样想了，我们的路，不可能完全复制美国，美国人摔了这么大的跟头，我们难道还要亦步亦趋？我们的国情不同，传统不同，未来的模式也应该不同。

我国的证券市场还年轻，无论遇到了多大的挫折，我们的前景都是光明远大的。年轻的中国证券市场就是要在“似与不似之间”，探索出一条符合中国国情的新的发展道路，而在这个过程中，中国的法律人应该作出自己的贡献！

改革和完善中国金融监管体系①

曹凤岐②

随着金融全球化和金融创新的快速发展，防范国际金融风险、维护一国金融体系的安全与稳定变得越来越重要。因此，在新的形势下，实行综合监管或统一监管成为各国和各地区的金融监管的发展方向。各国监管机构都根据本国市场发展的不同特点以及所处的不同发展阶段进行必要的监管改革。对我国而言，当前实行的严格的分业监管亦难以适应金融发展的需要，因此亟待改革和完善我国的金融监管体系。

一、改革和完善中国金融监管体系的必要性

（一）中国金融监管体制的沿革及现状分析

众所周知，从1949年新中国成立到1978年开始实行改革开放政策之前，中国实行严格的计划经济管理体制，当时中国几乎没有金融市场，一切信用归银行，而且相当长的时间里，中国只有一家银行即中国人民银行，它既从事信贷业务又有金融监管的职能，当时可谓是集中统一的金融监管体制，当然是严格和简单的统一监管。

20世纪80年代以后中国金融体系发生了很大变化，首先就是分出或成立了中国农业银行、中国建设银行、中国银行、中国工商银行，1983年9月，中国人民银行成为独立的中央银行。当

---

① 本文原载于《北京大学学报》，2009（4），此处为节选。

② 曹凤岐，北京大学光华管理学院教授，博士生导师。

时中国的金融市场还不发达，银行以外的金融机构还不多，因此，在1984年至1993年，中国人民银行是中国金融监管的主要机构，中国人民银行曾经集货币政策和金融监管职能于一身。在这十年里，中国仍然实行的是集中统一的管理体制。

20世纪90年代以后，中国金融体系发生了更大的变化。以1990年上海证券交易所和深圳证券交易所的成立为标志，多层次资本市场逐渐发展起来。除了四大国有商业银行外，其他股份制商业银行纷纷建立，外资银行开始进入中国，非银行金融机构迅速发展，其中保险公司和保险市场发展迅猛。此时的中国人民银行是一个超级中央银行。此后，随着我国金融事业的发展，特别是证券行业和保险行业的快速发展，我国陆续成立了中国证券监督管理委员会、中国保险监督管理委员会和中国银行业监督管理委员会。中国人民银行主要制定和执行货币政策，对货币市场和外汇市场进行监督与管理。银监会负责统一监督管理全国银行、金融资产管理公司、信托投资公司及其他存款类金融机构。证监会依法对全国证券、期货市场实行集中统一监督管理。保监会统一监督管理全国保险市场，维护保险业的合法、稳健运行。由此形成了由人民银行、证监会、银监会和保监会牵头的分业监管格局。

（二）中国现行金融监管体系存在的问题

1. 多头监管与交叉监管导致监管冲突和监管效率低下。(1) 多机构监管易导致监管冲突。目前我国对银行及非银行金融机构、证券公司与保险公司实施监管的职责分别由银监会、证监会及保监会承担。金融控股公司的出现对这种分业监管的模式提出了挑战。由于各个监管机构的目标不一样，指标体系、操作方式不同，各监管机构的监管结果可能存在很大差别。当金融控股公司只受某一机构监管时，单个监管者可能不会承担其他监管者的工作和责任；特别是金融控股公司下属的银行、保险、证券、信托公司受不同监管机构监管时，由于各监管机构的监管目标不同，会发生监管冲突，并可能通过金融控股公司的母公司逃避监管。（2）监管部门间协调难度大，监管效率低。从金融监管的主体角度来看，银监会、证监会和保监会及其派出机构是平级的，若一家金融机构经营不同业务，如既从事银行业务，还从事保险或证券业务，如某项业务发生风险，在确定由哪家监管机构牵头、由哪家监管机构最后决定等方面存在一定现实困难。

2. 对金融控股公司存在监管盲区。随着中国金融业混业经营的发展，金融控股公司将成为中国金融组织的主要形式。但我国目前实行的严格的分业监管体制，很难对金融控股公司及其所开展的金融业务进行有效监管。金融控股公司下属机构交叉持股导致法人结构复杂化，集团规模大和跨国经营导致内部管理部门层次复杂化，集团业务涉及多种金融业务又使经营复杂化。这种状况加剧了信息不对称，对于金融控股公司的外部监管也造成了困难，易于造成监管真空。另外，因为涉及多个行业的监管机构，各监管机构的监管目的、方法和重点各不相同。只要在不同的专业金融监管体系之间存在着差异，金融控股公司就可能会采取规避监管的行动，建立一种经营阻力、成本最小的组织模式，从而增加各专业金融监管当局在对相关金融机构进行监管过程中的困难。同时，即使每个监管主体能够有效控制各自监管对象的风险，但由于不同监管主体之间信息交换不畅形成的信息阻塞，使得金融控股公司整体的风险状况也难以掌握，也易于出现监管“真空”。

3. 难以对金融创新进行有效监管。始于20世纪60年代的金融创新，引发了金融业的一场革命。然而金融创新却是和放松金融监管相伴而生的；由于金融创新的快速发展，使得适当的风险管理和风险监管未能及时跟上，致使监管滞后。美国次贷危机在一定程度上讲就是金融创新过快而监管滞后的结果。中国需要金融创新，需要发展金融衍生品市场。而中国现行的金融监管体系很难对金融创新进行有效监管，其原因在于，一是因为金融工具创新从无到有，现行的监管法规及制度设计很难进行事前的预见，从而加以预防；二是因为新的金融工具应用后的优势与弊端往往需要经过一段时期后才能显现，这使得金融监管只能是事后的，而难以事前预判；三是因为金融工具创新的风险管理并不属于监管当局的直接监管范畴，更多的是金融机构自己的责任。正因为如此，金融工具创新不仅成了金融机构不断放大金融杠杆率的最佳手段和途径，而且也成为金融监管的一个难题。

二、改革与完善我国金融监管体系的总体思路

（一）中国金融监管体系改革的目标

从长远看，中国应当走金融统一监管或综合监管之路，变分业监管为统一监管，建立统一监管、分工协作、伞形管理的金融监管体系。中国金融监管体系的改革目标应当是，建立一个统一的金融监管机构——中国金融监督管理委员会，进行综合金融管理，负责统一制定我国金融业的发展规划，通盘考虑和制定金融法律、法规，协调监管政策和监管标准，监测和评估金融部门的整体风险，集中收集监管信息，统一调动监管资源。通过统一的监管机构，对银行业、证券业、保险业和其他金融部门及金融市场进行监管，以维护金融业的稳定发展。金融监督管理委员会可以针对金融监管的真空及时采取相应措施，划分各金融监管机构的职责范围，协调各监管机构的利益冲突以及划分监管归属等。

（二）中国金融监管体系改革应当分为三个阶段进行

从分业监管向统一监管转变并不是一蹴而就的事，要根据金融发展的实际情况逐步转变。成立中国金融监督管理委员会是一种较为理想的选择，必须经过若干过渡才能实现。

1. 现阶段应当进一步改进和完善现行的金融监管体系。第一，进一步明确各监管机构的职责，加强信息交流，强化监管协调，各监管机构充分合作与协作。完善和强化银监会、证监会、

保监会“监管联席会议机制”。遇到重大综合监管问题，应及时协商并作出各监管部门的统一决策。

第二，目前主要是对金融机构的监管，应当逐渐转变为功能监管。当前实行机构监管与功能监管相结合的管理办法。

第三，将合规性监管与风险性监管相结合，以合规性检查为前提，风险性监督为主，二者并重；建立银行和金融机构信用评级制度，进行合规性和风险性评级，以强化银行和金融机构对其经营和风险程度的识别和管理，增强自我约束力。

第四，最重要的是明确金融控股公司的法律地位，明确金融控股公司的监管主体，制定对金融控股公司的监管办法。金融监管机构可以通过对金融控股公司的母公司（总公司）进行直接监管，对其下属的金融企业进行业务和功能监管，也可通过金融控股公司总公司对集团下属公司进行内部管理。现阶段可以将金融控股公司总公司指定一个金融监管机构进行监督管理，为了对金融控股公司的总公司（母公司）进行统一管理，笔者建议当前可以指定银监会作为金融控股公司总公司（无论是纯粹型金融控股公司，还是银行型、证券型或保险型金融控股公司）的主管机构，对其进行监督管理（包括注册管理和日常监管），而银监会、保监会和证监会分别对金融控股公司的银行子公司、保险子公司和证券子公司及不是控股公司的单个银行、保险公司和证券公司进行监督与管理。

2. 第二阶段，在条件具备时，成立金融管理协调委员会，协调各监管部门的关系。为了增强监管协调的有效性，加强对金融控股公司的管理，应该在现有的“三会”协调基础上，在国务院层面建立金融监管协调机制，即建立最高层级的监管协调机构——中国金融管理协调委员会，该委员会直属于国务院，负责对金融监管领域所有重大问题进行协调。该机构还应具有货币和金融监管政策之间协调功能，以便在金融突发事件处置、金融稳定和风险预警、信息共享等方面形成长效机制和制度。

金融管理协调委员会在一些重大金融监管政策等方面协调中

央银行和“三会”的关系。中央银行、金融监管部门和其他政府部门之间应当协调监管政策和手段，加强信息共享，建立防范跨行业、跨市场金融风险的长效协调机制，完善跨行业、跨市场金融风险的监测、评估、预警和化解系统。监管部门可以建立对控股公司的集中监管信息平台，创造条件实现监管部门与监管对象业务系统的信息联网，改善信息传递的方式与速度。借此监控技术，监管主体可以重点对混业经营单位的资金流动进行监控，特别是那些将对集团财务健康带来不利影响的内部交易，及时、全面地获取各金融子单位的财务、资产状况及经营动态，防止内部资金违规流向实业部门。此阶段仍由银监会作为金融控股公司的主管机构，而三大监管机构仍然对金融控股公司的子公司及单个银行、保险公司、证券公司和其他金融机构进行功能监管。同时，金融控股公司总公司（母公司）对其银行、保险公司和证券公司子公司进行内部风险管理。

3. 第三阶段，在条件成熟后，建立具有政府管理职能的中国金融监督管理委员会（以下简称“中国金监会”）。中国金监会对中国金融机构和金融市场进行统一监管。现在的银监会、证监会和保监会变成金监会的下属的局，分别对银行业、证券业和保险业进行监管。中国金监会制定金融监管政策和法规，协调各监管机构之间的关系。

中央银行仍然担任部分金融监管职能，即中央银行除了制定和执行货币政策外，还负责监管货币市场和外汇市场。形成以金监会为主，与中央银行共同进行金融监管的格局。

中国金监会是直属于国务院的中国金融监管的最高机构，其负责人应当由国务委员或国务院副总理担任。中国金监会主要通过对金融控股公司总公司进行直接监管实现对金融业的监管。一是对金融控股集团设立和准入进行监管。明确市场准入资格、控股范围、模式、比例等方面的要求。二是明确集团的财务要求。对资本构成、资本充足率、资产负债计算方法等问题进行规定，明确各项考核均要以合并报表为基础的技术性要求，准确评估集团实际的财务杠杆和经营风险。三是加强对关联交易的认定和处理。中国金监会要细化银行控股公司内部、关联交易的定义和分类，对控股公司集团内部关联交易类型、交易方式、金额等作出限制性规定；密切关注集团内部大额的商品、资金等项目的往来，并要求控股公司集团对可疑交易项目进行解释。四是在金融控股公司内部建立“防火墙”制度。银监局、证监局和保监局在中国金监会的统一领导下，对金融控股公司的子公司及单个银行、证券公司和保险公司进行功能监管。

（三）进行完善金融监管体系的配套改革

1. 健全我国金融机构的内部控制制度。我国金融机构基本上都制定了一套内部控制制度，但随着我国金融市场化程度不断提高，必须进一步健全和完善内控机制。第一，设置内部稽核机构；第二，建立金融机构内部控制的稽核评价制度；第三，充实改善内控设施，建立高效的金融管理信息系统。

2. 建立金融同业自律机制。从世界各国金融同业自律制度建设的实践看，同业公会或协会是适应金融业行业保护、行业协调与行业监管的需要自发地形成和发展起来的，从我国金融业发展的现状分析，显然存在金融业发展较快与金融监管当局监管相对不足的矛盾，迫切需要建立以对金融监管当局监管起拾遗补缺作用的金融同业公会制度，创造一种维护同业有序竞争、防范金融风险、保护同业成员利益的行业自律机制。在金融监管当局的鼓励、指导及舆论的倡导下，在自发、自愿的基础上建立金融业同业公会，可根据金融机构的不同类型、不同地区建立不同的金融同业公会，并在此基础上形成全国金融同业公会的联系机制，赋予金融业同业公会行业保护、行业协调、行业监管、行业合作与交流等职能。

3. 完善我国相关法律法规体系。我国现行的金融法规主要包括《中国人民银行法》、《银行业监督管理法》、《商业银行法》、《证券法》、《保险法》和《信托法》等法律。这些法律构成的法律体系确立了我国金融机构的分类经营体制和业务范围，但金融控股公司的法律地位及性质并不明确，既无明确禁止性条款，也无明确设立性条款，"无法可依"使金融控股公司的发展缺乏法律保障。应当尽快制定金融控股公司法，确定银行控股公司准入和退出的条件与方式，界定银行控股公司的权利和义务，明确监管主体，为我国金融机构发展建立良好的外部环境，进而为规范和推动金融控股公司的发展奠定基础。

4. 加强金融监管的国际合作。随着金融国际化的发展，跨境金融监管和国际金融监管合作变得越来越重要。为了促进我国金融监管能力特别是跨境监管能力的提高，使我国的金融监管逐步踏上国际化的轨道，以不断适应金融全球化所带来的新形势的需要，我国要积极参与国际、区域以及双边等多层面的金融监管合作。作为银行、证券和保险等国际金融监管组织的一员，我国应积极通过巴塞尔委员会、国际证监会组织、国际保险监管组织加强与其他成员国的合作与交流，及时了解和把握金融监管规则的最新进展。同时随着经济区域化的发展，我国还应积极加强与东亚邻国、东盟等区域组织及其成员的金融监管合作，在双边合作方面，要积极加强与他国尤其是互设金融机构的国家的监管机关的合作，促进双方监管当局的信息共享，互相学习监管经验。

论次贷危机对金融控股公司法制的影响①

杨　东、石富元②

金融控股公司是以美国为代表的金融混业经营的主要模式。在次贷危机的冲击下，美国独立投行或转型，或被收购，拉开了组建金融控股公司的重要形式——银行控股公司的序幕。此次危机对美国金融控股公司的模式和法制产生了重大影响，我国未来

① 本文原载于《社会科学》，2009（9），此处为节选。

② 杨东，中国人民大学法学院副教授；石富元，中国人民大学法学院硕士研究生。

金融控股公司的发展也可从中获得有益的启示。

一、次贷危机对美国金融控股公司模式及法制的影响

（一）次贷危机为美国银行系金融控股公司的发展提供契机

在此次金融危机中，投行遭受重大损失，资产迅速缩水，各家投资银行资金告急，缺少外部支持难以为继，这为主要商业银行拉开金融业并购重组的序幕创造了条件。所以危机进行到现在，我们已看到美国《金融服务现代化法案》开始发挥威力了。曾担任美国一共同基金经理人的 Andy Kessler 说得好："《格拉斯—斯蒂格尔法案》1999 年被废止后，本来应不可避免地出现合并大潮，但由于所有人都忙于追逐唾手可得的利润，合并并未发生，但现在打散重来的力量已经存在。"此次次贷危机中受损较轻、有足够资本积累的金融企业已经展开了大收购，如美国银行收购美林、摩根大通收购贝尔斯登、英国巴克莱银行收购了雷曼兄弟在北美的投资银行和资本市场业务，大型商业银行抓住千载难逢的机会迅速瓜分美国证券业资产，预料中的美国金融业合并大潮正在进行。

（二）次贷危机显示银行系金融控股公司的独特优势

次贷危机显示，单一经营模式比混业经营模式应对金融危机的能力更差，混业经营在危机中显示出其强大的抗风险性。本次金融危机，虽然说摩根大通、瑞银集团和花旗集团等一些金融控股集团均遭受巨大损失，但损失最致命的是独立投资银行以及固守基础银行业务、规模较小的银行，它们没有足够大的规模、稳定的现金流和多元化的经营收益来抵御次级抵押贷款和公司债券违约所带来的损失。而那些从事综合性业务的金融控股集团，尤其是以公众存款为支撑的商业银行控股公司由于有稳定的现金流的支持，并且银行、证券、保险等业务具有不同的周期，综合化

经营平滑了收益的波动，有利于其保持稳定的经营业绩和持续经营，更容易渡过难关。

我们可以看到，银行系金融控股公司已经先后并购了困境中的贝尔斯登和美林公司等，摩根士丹利和高盛更是寄希望于吸收商业银行存款以及从美联储获得更多贴现窗口融资来实现缓冲，从而减少其对短期融资的依赖，也已获美联储批准成为银行控股公司，大型商业银行主导的金融业重整开始了，其将重新成为金融业核心。未来金融机构的混业经营有加速趋势，但原先的混业经营趋势是商业银行希望进军投资银行等非传统业务，而当前的混业经营趋势将是投资银行主动回归商业银行。以次贷危机为契机，银行系金融控股公司将会成为美国金融控股公司主流模式。

（三）美国加强关于金融控股公司统一协调监管的立法

次贷危机的最大教训是，政府在促进金融控股公司发展和混业经营的同时，必须加强而不是放松监管，对于金融混业经营和金融控股公司实行统一协调监管成为大势所趋。但一直以来，美国金融监管体制是多头监管，现在美国参与金融监管的机构有美联储、证监会、货币监理署、存款保险公司、储蓄机构监理局、保险监管局、期货监管委员会等七家。银行控股公司（包括金融控股公司）由美联储监管，而银行控股公司的非银行子公司又由美联储及证券、保险等功能监管者共同监管；银行由美联储、联邦存款保险公司、储蓄机构监管署、货币监理署和各州银行业委员会共同监管；证券期货市场由证券交易委员会和商品期货交易委员会监管；保险公司由各州保险业委员会监管。分段式多头监管既会造成监管重复，又会有监管空隙。而且如此繁杂的金融监管体系，相互协调难度加大，结果是监管效率低下，监管成本升高，危急时刻贻误时机，造成重大损失。

自1999年《金融服务现代化法案》实施后，分业监管的模式并未改变，如前所述，《金融服务现代化法案》对金融控股公司确立了“伞形监管、功能监管、协调监管”的监管理念和制度设计，实质未对美国原先的双层、多头的金融监管体制作出根本性改变。在美国伞形监管体制下，美联储既拥有监管金融控股公司的相对权力，但同时其权力又受到证券、银行、保险等具体功能监管者的牵制，严重依赖功能监管，整体效率相对低下，沟通协调困难，金融控股公司承担的监管负担相对较高。此次次贷危机从形成到爆发，时间至少隔了半年，但在这一过程中，各监管机构之间并没有进行相关信息的广泛沟通，更谈不上统一协调行动。否则，美联储不可能到危机爆发后才匆忙采取救助措施。

发展混业经营以及金融控股公司的关键在于加强统一协调的监管，监管体系一定要能够跟得上混业经营趋势，传统的分业监管模式越来越不适应金融控股公司的发展，未来的发展趋势是能够横跨证券、保险、银行的大监管体系。所以次贷危机促使美国开始检讨现行金融监管体制的弊端。

2008 年 3 月 31 日，美国财政部正式公布了《现代化金融监管架构蓝皮书》，计划通过短期、中期、长期三个阶段的变革最终建立基于三大监管目标（即市场稳定性、审慎性、商业行为监管目标）的最优化监管架构，主旨就是将多头分业监管格局收缩为混业综合监管格局，将授予美联储综合监管金融机构的权力。《现代化金融监管架构蓝皮书》认为，美联储是市场稳定的监管机构，它的监管应覆盖整个美国的金融市场。包括：实施货币政策；向金融系统供应流动性；拥有监管整个金融体系和所有金融特许机构的广泛权力；监管支付与结算系统。这将有力地加强对金融控股公司的统一协调监管，促进美国金融控股公司合理健康的发展，规避混业经营所带来的风险。

二、对我国的启示及借鉴意义

美国的次贷危机既凸显了金融控股公司在抵御金融危机中的独特优势，又为大型商业银行重新整合独立投资银行，组建金融控股公司提供了新的契机，更促使美国政府为了稳定金融秩序，防范金融风险，规范金融控股公司的发展，大力加强金融监管方面统一协调立法。这对我国发展金融控股公司，构建和完善金融控股公司立法可以得到一些启示。

（一）金融混业经营在我国是大势所趋

在金融业混业经营已成为国际趋势，面对外来的压力和迫切提高国际竞争力的需要，金融混业经营在我国是大势所趋。由于全能银行模式对于商业银行的法制环境、监管水平、内控制度、产权清晰等均有较高的要求，我国现阶段并不适宜全能银行制。在混业经营的多种实现方式中，金融控股公司形式是符合我国金融业从分业经营过渡到混业经营需要的。它可以在保持我国现有金融监管格局的条件下，在子公司层面实行“分业经营”，而在母公司层面实现“综合经营”，通过母公司的集中管理与协调，实现子公司之间密切协同，实现在同一控制权下的金融业务多元化，这对提高资金使用效率和降低金融风险都是有利的。而在金融控股公司的组建模式中，鉴于现阶段商业银行在我国金融体系中资本规模、营业网点等综合实力最强，远非保险公司、证券公司可比拟，而且商业银行进行多元化经营将增强金融体系的稳定性。

从此次次贷危机来看，银行系金融控股集团由于有央行贴现贷款、储蓄资金等稳定的现金流的支撑并且经营收益多元化，相比独立投行、单一商业银行模式更容易渡过难关。

笔者建议我国优先发展以商业银行为主导的金融控股公司。实践中，中国建设银行、中国工商银行、中国银行、交通银行等都已经逐步完成银行系金融控股公司的构建，目前中等规模以上的商业银行都或多或少不同程度地参股非银行金融机构，已经成为银行控股公司的雏形。例如，中国工商银行 1997 年底与香港东亚银行合作，在香港收购了擅长投资银行业务的国民西敏寺银行下属的西敏证券，合作建立了工商东亚金融控股公司；中国银行在香港注册成立了中银国际控股有限公司，业务范围涵盖商业银行、投资银行和保险领域，旗下有中银香港、中银国际、中银基金、中银保险等控股金融机构，并进军飞机融资、汽车融资等专业领域以及产业投资基金领域；交通银行已经建立了以商业银行为主体，包括交银保险、交银国信、交银信托、交银施罗德等机构的综合性金融集团的框架。

由于中信集团和光大集团等非银行金融机构为母公司的金融控股集团，更多的是历史原因形成的，在现阶段复制这种金融控股公司模式的成本太高。而以山东电力集团为代表的产业资本控股模式（山东电力集团已控股山东英大信托等，又是湘财证券第一大股东和华夏银行的第二大股东），即集团控股公司是一个不具有金融许可证的非金融机构经济实体，但其全资拥有或控股拥有包括银行、证券公司、保险公司、其他金融服务公司以及非金融性实体在内的附属公司或子公司，则由于过多投身实业领域，实业领域易对金融领域造成不利影响，造成主业不突出，往往只是为本集团融资提供服务，远不如商业银行利用现有的资金、网点、客户以及渠道优势进入证券、保险领域组建金融控股公司便捷有效率，这是为了迅速实现我国金融市场资源整合，打造我国的金融航母，增强我国金融控股公司乃至金融行业本身的国际竞争力，应对国际竞争的需要。但是，从长远来看，纯粹控股公司应该是金融控股公司的发展方向。

（二）必须从法律上明确金融控股公司的性质和地位，规范其组建方式

目前，我国金融控股公司的发展十分迅猛，从国家层面来说，有中信集团、光大集团、中国建设银行股份公司等；从地方层面来讲，有上海国际、粤财控股、鲁信集团、河南投资集团等，但与金融控股公司配套的相关立法一直没有跟上，也没有相应的司法解释，相关的规范层次不高，造成金融控股公司的组建和运作方式混乱不规范，这必然会埋下风险，不利于金融危机的防范，“德隆系”的垮台就是前车之鉴，而且这也在相当程度上

限制了金融控股公司的发展。由于我国法律未明确金融控股公司的地位，金融控股公司被视为一般工商企业，造成：一是投资能力受限。根据《公司法》的规定：除国务院批准设立的投资公司、控股公司外，我国金融控股公司的对外投资比例不能超过其净资产的50%，这在一定程度上限制其投资能力。二是资金运用范围狭窄。由于金融控股公司活动范围主要是金融领域，在不是金融企业的情况下，金融控股公司没有市场准入资格，其资金的应用范围狭窄。而相比较而言，工商企业投资于金融机构几乎没有任何法律障碍，国内许多现金流充裕的工商企业不断涉足金融业，以参股或控股的方式控制各类金融机构，而它们对金融机构的股权又达不到控股，甚至达不到相对控股，对金融资源的整合能力几乎为零，很大程度上只是为本集团提供融资服务，造成管理层往往重视短期利益，这很难形成金融控股公司的核心竞争力，不利于金融控股公司的长远发展。

笔者建议制定专门的金融控股公司法，对金融控股公司这一重要的公司组织形式的性质、地位以及组建方式进行专门规定，实行金融许可证审批，设置金融市场准入门槛，并且打破原先分业经营下的法律体系，融合金融控股公司下有关银行、信托、证券、保险等子公司以及金融衍生品和机构的法律规范，使金融控股公司的未来发展有明确的法律规划。如果现阶段不成熟，可以考虑在修改《公司法》时设专章规定有关控股公司设立方式，参考美国、日本、德国等代表性的国家设立金融控股公司的方式方法，如股份交换设立方式、股份转移设立方式、三角合并设立方式、脱壳设立方式等。

（三）完善我国的金融控股公司的监管立法

目前我国并无对金融控股公司监管的专门立法，只有银监会、证监会、保监会在2004年6月28日共同发布的《中国银行业监督管理委员会、中国证券监督管理委员会、中国保险监督管理委员会在金融监管方面分工合作的备忘录》。我国现行金融监管机构包括人民银行、银监会、证监会和保监会四家，这种多头分业监管体制成本高、监管重复、监管缺位，不能适应金融控股公司和混业经营发展，这与美国的多头双层监管体制颇为相像，而此次次贷危机监管部门的缺位、错位、渎职所造成的后果已经给了我们深刻的经验和教训。因此，这些机构之间应该加强金融监管的协调和合作，建立各机构之间的信息共享机制和金融稳定的协调机制。从短期看，由于金融改革的复杂性和金融监管体制的历史路径依赖，我国金融监管体制目前不宜做大的改变，而应在保持各监管机构独立性的同时完善更大范围的金融监管机制，并注重加强金融机构的法人治理和内控机制建设，注重金融行业自律组织和社会审计机构作用的有效发挥。在此基础上，可仿效英国、日本、韩国的统一监管模式，将金融控股公司和子公司的机构监管统一收归一家具有牵头能力的隶属国务院的金融机构，并负责协调和领导各业务运作的具体监管机构。牵头机构可由现行“一行三会”的领导人和专业人士组织，只增设机构和调整人员组成，负责全国金融立法、金融许可证审批、领导各分业功能型监管机构和自律性组织机构，保留银监会、证监会和保监会对金融集团下的子公司进行分业监管。但从长远看，我国还是应当建立统一集中的金融监管体制，以提高监管效率，防范金融系统风险。

美国财政部已经提出了《现代化金融监管架构蓝皮书》，计划把多头分业监管格局改组为混业综合监管格局，将授予美联储综合监管金融机构的权力，在长期规划里提出了目标监管模式，要求按照监管所要达成的目标来确定监管内容、设立监管机构。而从监管内容来看，体现功能监管为主体的理念。但我们应该看到美联储既要制定货币政策又要监管金融机构，会造成利益冲突和目标不明确，而英国由央行负责制定货币政策，由金融服务管理局负责对所有金融机构进行混业监管，日本也是由央行制定货币政策，由金融厅对金融控股公司及其下设的所有子公司进行统一监管，这种模式值得借鉴，我国应该建立一个独立的金融监管部门，综合“一行三会”的金融监管职能，进行统一协调监管。但也要注意到，一旦建立了统一的金融监管机构，就可能出现权力过于集中并产生官僚作风。为了协调监管机构的部门利益，避免出现官僚作风，可参照英国的模式，设立金融监管制约机构——金融监管的特别法庭，即加强法院对集中监管机构监管权力的再监督，该特别法庭专门审理金融监管局、隶属于监管局领导的三会与被监管者间难以调解的问题。

以摩根和高盛为首的美国独立投行在次贷危机的冲击下，重回商业银行怀抱，组建金融控股公司，标志着华尔街独立投行模式的终结。历史和现实告诉我们，金融控股公司是未来美国金融业发展方向，在促进金融业混业经营、抵御金融风险方面有着重要作用，但是发展金融控股公司一定要做到统一协调有效的监管。我国应该尽快完善有关金融控股公司的法律法规，建立统一协调的金融控股公司的监管立法，促进我国金融控股公司的发展，应对金融业的国际竞争。

美国金融监管的法律与政策困局之反思

——兼及对我国金融监管之启示①

罗培新②

肇始于美国、席卷全球并对实体经济产生重大影响的金融风暴，引起了人们沉痛的反思：一向以规则细密、监管严苛而著称的美国，多年来却在酝酿着如此深重的金融困局！美国的金融市场竞争力及监管有效性由此面临着巨大的挑战和质疑。省察反思美国金融监管，以为我国金融监管制度安排提供镜鉴，无疑正当其时。

---

① 本文原载于《中国法学》，2009（3），此处为节选。

② 罗培新，华东政法大学教授、博士生导师。

一、做大并不等同于做强：美国金融市场竞争力与监管有效性之争

追求监管的有效性是各国金融市场监管当局的共同目标，因为通常而论，金融监管的有效性是市场竞争力的核心和关键。这一命题看似简单，但却蕴含着两个颇为棘手的问题：其一，一国金融市场竞争力之高低，应当如何测度？其二，一国金融市场如何既避免监管真空，又防止监管过度，最终实现监管的有效性？

的确，金融市场竞争力之测度并非易事。金融危机后，美国学术界在一定层面上达成了以下共识：提升美国在全球的市场份额和竞争地位，只是金融监管的一项目标，它不应当牺牲金融监管的以下基础价值：其一，保护公众投资者。促成这一目标的法律法规，应当是那些完全理性且知情的投资者、存款人和保单持有人会选择适用于免受欺诈的规则。其二，消除金融失败所引发的负外部性。促成这一目标的法律法规，包括审慎的监管以确保金融机构具有足够的清偿能力以履行其对投资者、存款人和保单持有人的义务。其三，促进国家特定政治和经济目标的实现。促成这一目标的法规包括一些限制金融集团的商业活动、避免官商结合的法规。其四，消除犯罪和国际恐怖主义。促成这一目标的法规包括反洗钱监管规章等。

正如金融市场的竞争力很难以一元标准来衡量，金融监管的有效性问题同样很难测度。多年来，尽管美国表面上将保护投资者利益置于重要位置，是举世公认的开放程度相当高的金融市场，但美国金融监管却仍然饱受遭到特殊利益集团“劫掠”的指责。另外，国会在公众舆论压力之下，必须展现出正在解决当前问题的积极姿态以安抚民众，同时却对长期利益欠缺考虑。最后，更为糟糕的是，一旦国会通过了一项无效率的规则，因其带来的损害颇为“隐性”，不太可能产生足够的公众关注度以促使

国会撤销或修正这项规则。此次金融危机，除了暴露出美国金融监管不力之弊病，其高企的监管成本与监管模式之积弊，再次成为学术界争论的焦点。

二、多重抑或单一监管：美国的金融监管成本与监管模式之辩

从历史上看，多头监管体制确实支持了美国金融业的繁荣与发展。然而，事易时移，随着“混血型”金融产品和金融集团的不断涌现，这一监管体制存在的巨大局限性渐次暴露：

（一）多重金融监管导致监管成本高企，效率低下

英国金融服务局在2004年的年度报告中，比较了美国、德国、法国、中国香港、爱尔兰和新加坡等同一类型金融机构的监管成本，得出结论称美国的监管成本居于各国之首。过高的监管成本，降低了美国金融市场的相对竞争优势。另外，由于美国金融监管的开支源自于金融公司向联邦和各州监管机构支付的监管费，而金融公司通常会将其转嫁给客户，增加了金融服务的成本，最终降低了这些金融服务公司的市场吸引力。

（二）金融“混血”产品不断涌现，监管重叠与监管真空并存

随着金融创新的不断推进，银行、证券和保险领域的产品及服务不再有截然的分野，兼具银行、证券、保险属性的金融“混血”产品不断问世，并且渐成流行之势。在此情况下，相对于单一监管者而言，多重监管的制度设计就不可避免地存在监管重叠和监管真空之情形。此次美国次贷危机，即是美国联邦和各州金融监管部门激烈争论谁应当实施监管而留下监管真空的一个典型例子。毫无疑问，次贷危机已经伤害了美国金融公司的盈利能力，并且大大降低了它们与其他国家同行竞争的

实力。而令人啼笑皆非的是，在危机酝酿过程中，“放松监管”或者“不予监管”却一度被奉为提升市场竞争力的屡试不爽的法宝。

（三）多重体制不利于监管金融集团，容易累积系统性金融风险

金融脱媒的趋势导致金融集团公司的快速发展，并使银行和其他金融机构、货币市场和资本市场过分紧密地纠结在一起。然而，美国既有的支离破碎的监管架构，并不能解决或者设计之初也并不意在解决金融集团公司所带来的问题，尤其是无法胜任解决系统性风险蔓延至银行外部的问题。另外，关于金融集团公司的监管事权，经常成为联邦和各州银行、证券和保险监管者论战的焦点，斗争的结果却要么是因重复监管而导致过度监管，要么是“三不管”而导致监管真空，最后都会伤及投资者和客户的利益。

（四）金融监管竞争导致“监管竞次”和“监管套利”

在现实中，美国各金融监管机构总是倾向于尽力维持自己的监管范围，同时积极侵入和削减其他监管机构的势力范围。监管机关“地盘之争”的一个直接恶果，是产生了所谓监管“竞次”现象，即监管机构为了取悦本部门利益集团、吸引潜在监管对象或扩展监管势力范围，竞相降低监管标准，以致降低了整体监管水平，损害了消费者（投资者）和社会公共利益。美国多重监管的另一大弊病是“监管套利”，即提供相同产品的不同金融机构因受到不同监管者的监管，造成规则、标准和执法实践上的不一致，从而导致金融机构尝试改变其类属，以便将自己置于监管标准最宽松或者监管手段最平和的监管机构管辖之下。

三、法律错位：实体经济背景中出台的法律法规，严重不适应虚拟经济形态的需要

（一）股东与公司的责任承担方式与虚拟经济形态严重不相适应

在虚拟经济中，有限责任法则成了刺激道德风险的催化剂。借助衍生产品的金融杠杆效应，股东可以数倍、数十倍地放大经营风险而只须承担有限责任。在实体经济形态中，公司破产了，基本上是自行承担债务，不需要政府的拯救；而在虚拟经济形态中，由于企业承担责任的能力大大降低，因而一旦发生巨额亏损，只能由债权人和政府动用纳税人的钱埋单，政府必须拯救市场以挽回对金融行业的信任危机。

（二）实体经济背景下高管与公司的代理关系与虚拟经济形态严重不相适应

公司与高管之间的传统代理法则，使华尔街迅速变得“贪婪”而狡诈。在这种法律框架内，华尔街的投行高管们可以通过高额的福利和在职消费安排公开“合法地”侵蚀公司财产，以减损对债权人的债权担保为代价而中饱私囊。另外，由于无须承担相应的法律责任，华尔街投行精英们的职业操守更为匮乏。他们既没有如实向客户揭示产品可能的风险，投行自身也没有采取有效措施管理风险，把风险传递给更广泛的机构和人群。与此同时，投行高管们却攫取了巨额的财富。这种权责显著错配的代理关系，应当予以彻底的检讨和修正。

（三）法律对金融衍生品信用评级机构和经营者的约束和规训，与虚拟经济形态严重不相适应

此次金融危机暴露了次贷产品的承销标准彻底崩溃的问题：

由于欠缺充分的风险揭示和披露，发行者、承销商、信用评级机构和全球投资者，在次贷证券化过程中，都未受到必要的市场规训。而且，现有的监管政策未能消弭这些风险管理的弱点。例如，现行有关公司资本金的规定鼓励着运用金融衍生工具将资产证券化，但未能鼓励公司保持充分的资本金和流动性以防范风险。另外，监管当局也未能坚持要求公司对其表外业务工具予以适当的披露。

四、对我国金融监管法律与政策的启示

对美国金融监管的深刻反思，给我国金融监管的法律与政策带来的启示是多元的。我们必须厘清金融市场“唯美主义”的迷思，在以下方面汲取教益：

（一）金融监管的基础价值不应让位于“做大”市场之目标

在推动金融创新、做大市场的同时，绝不能消解金融监管的基础价值，“只有管得住，才能放得开”。对于我国而言，只有结合我国金融业的现实水平和承受能力，审慎推进金融创新，才能提高金融市场的整体竞争力。一味地推动金融创新，做大市场份额的做法，显然并不足取。然而，长期以来，我国金融市场、特别是证券市场陷入了“发展与规范孰先孰后”的迷思，监管层角色因此游移不定，对于证券市场市值、交易量的孜孜以求，在无形中大大消解了监管者“保护投资者和金融市场消费者”的基础价值。在目前全球都在反思后危机时代金融监管模式的大背景下，金融监管部门应信守监管本位的制度和资源环境，认清保护投资者、培植市场公信力，正犹如引擎之于飞机、桥墩之于桥梁，发挥着基础性的作用。绝不能为保全“做大市场”的诉求而对其有所偏离。肆虐全球的金融危机一再表明，面对贪婪与狡诈而监管层无所作为的市场，无论做得多大，都只能是空中楼阁。

（二）运用政治智慧推动金融监管框架之完善

从历史上看，各国金融监管框架之变革，都是一场利益格局的重大调整，要取得预期效果，必须运用足够的政治智慧，而这涉及立法及执法两个层面。

1. 金融立法须务实考虑利益集团之影响。对目前我国分业监管体制的诟病，主要集中在两个方面：第一，不能有效监管金融集团；第二，不能有效应对以形形色色理财产品为代表的金融创新的发展。此外，前文关于美国金融监管因缺乏有效信息沟通平台而诱发种种利弊的分析，同样适用于我国。因而，汲取美国的教训，建立一个贯通各金融服务领域的伞形监管平台，以整合监管信息和资源，无疑极为必要。从我国实际情况看，中国人民银行承担着防范和化解系统性风险、维护宏观经济良好运行的职责，能够更好地在防范金融风险与允许适度风险行为以保持宏观经济活力之间保持平衡，而不像其他专业监管机构存在着过度压制风险以防止金融机构倒闭的倾向。鉴于此，应由国务院根据《中国人民银行法》第九条的授权，以行政法规的形式确认人民银行总体监管者的地位，建立人民银行主导下的常设金融监管协调架构。在此架构下，对各种金融理财产品以“功能”为基础进行协调监管，并由人民银行作为金融控股公司的法定监管者，这也更有利于实现对事实上存在的金融集团的监管。

2. 金融执法须降低裙带主义之影响。华尔街接二连三的丑闻，无不昭示着美国证券监管的严重失范，裙带主义正是其中致命的祸患。细细审视之下，我国金融市场监管层与业界的裙带关系也着实令人堪忧。以证券市场为例，由于历史渊源和监管层与业界人员的“双向流动”，我国证券监管部门与业界之关系，显然过于“亲密”。在中国社会差序格局、“人际关系资本”潜规则的主导下，监管层要对昔日的同事、朋友领导下的证券公司或基金公司的违法违规情形严加查处，必然会面临巨大的困难和心理压力。这样，对于业界的不当行为，监管部门“酌情处罚”、“下不为例”的倾向极为明显。我国在完善金融监管制度之时，应从制度上消弭监管层和业界的裙带关系所带来的消极影响。具体说来，监管层与业界的人员流动应以单向为宜，即业界人员可以流向监管层，但必须尽可能抑制监管人员流向业界的通道，否则，监管人员有可能为谋取“后监管”人脉关系，而在监管时投鼠忌器，降低了监管绩效。

（三）彻底反思并重构不适应虚拟经济形态的金融法规

金融法规落后于现实之需，时下肆虐全球的金融危机将其演绎得淋漓尽致，我国当然无法独善其身。

其一，金融企业薪酬体系不规范。正如《金融时报》首席评论员马丁·沃尔夫不无讽刺地说：“美国次贷危机不寻常之处在于，它完全没有不寻常之处：美国的机制也许比以往任何时候都更新、更灵活机智，但错误的起因仍是老一套。”这里所谓“老一套”，即指人性之“贪婪与狡诈”。类似地，我国国有控股的金融企业多年的痼疾之一就是国企股东缺位，以及由此导致的高昂的代理成本。时下，正值包括美国在内的诸多国家都对金融企业的高管年薪予以限制之时，完善我国金融企业高管的薪酬体系，特别是将国企垄断与特权所带来的盈利与市场经营绩效相分离，实乃当务之急。

其二，金融企业股东和高管的责任规范面临重构。与现在全球救助金融公司类似，在历史上，我国财政曾一而再、再而三地为银行和证券公司的坏账埋单。政府、央行应当在何种程度上、以何种方式支持金融机构、维持金融稳定？在对那些不得不施以援手的历史包袱进行清理之后，这种隐含的担保和直接的注资是否会隐藏巨大的道德风险？如果商业银行意识到经营失败肯定会得到央行的再贷款支持，那么，商业银行的经营行为必然会更趋冒险。还有，财政向银行大笔注资，以纳税人的钱进行如此巨大的财政支付转移，决策需要在哪一层面上作出？有谁应当为浪费这些庞大的公众资源直面公众的问责？除了银行之外，财政也曾大笔为证券公司埋单。许多券商顶风作案，无论是由于券商本身内控机制疏松还是大股东私欲和贪念纵容了这些违法违规行为，大股东和高管都难辞其咎。如果还是拘泥于股东以其持股份额对外承担有限责任，将极大地诱发道德风险。故而根据公司法理，当公司沦为股东胡作非为的工具时，法院可以要求股东以其股本金以外的资产对公司债权人承担责任，即所谓“揭开公司面纱”原理。然而，近年来财政为资本金不足以偿还客户保证金的券商一体埋单，而不要求大股东承担出资份额之外的责任，除了诱发道德风险外，还产生了一个重要的问题：得到全额赔付的投资者，将丧失追究相关行为人挪用保证金的责任的激励；而缺乏了民众和舆论的压力，司法机关追究券商挪用保证金行为的动机也将极大削弱！换言之，财政埋单的同时，还“买赎”了许多券商股东和高管的积罪！许多本应当追究的违法犯罪行为，不适当地得到了“宽囿”。析言之，金融企业的大股东及高管权责的严重不相匹配的情形，必须在反思金融危机之时将其彻底整肃。

商业银行关联交易管理机制研究

张　炜　何正启　朱　亚

商业银行关联交易是指商业银行及其附属公司与其关联方之间发生的交易。在关联交易中，交易双方存在控制或可施加重大影响等关联关系①，可能影响交易一方的独立判断，从而产生不公允的交易条件，以致损害商业银行、股东、存款人等相关利益人权益。关联交易是伴随着商业银行的发展出现的，特别是在商业银行改制上市及综合化经营步伐加快的背景下，关联交易引发的问题日益突出。加强关联交易规制，对于维护商业银行利益，保障金融安全、促进银行业健康发展具有重要意义。

---

① 我国《公司法》第二百一十七条第四项：关联关系，是指公司控股股东、实际控制人、董事、监事、高级管理人员与其直接或者间接控制的企业之间的关系，以及可能导致公司利益转移的其他关系。

一、强化关联交易管理的重要性

（一）关联交易规制的价值和意义

随着经济的快速发展和市场的日益成熟，商业银行关联交易规制成为行业监管和市场监管的重要方面，并具有重要的价值与意义。

商业银行关联交易规制的核心价值在于维持银行在市场交易中的“独立判断能力”，防止商业银行因被关联方施加控制或者影响，作出损害银行利益的决策，从而维护银行体系的安全与稳健。正如美联储主席保罗·A. 沃尔克 1986 年在国会就银行改革问题作证时指出，关联交易规制的“最大意义在于保护银行作为独立市场主体出于自身利益在对外交易时进行‘独立判断的能力’，一旦银行由于从属于其他机构而丧失了这种独立性，随之而来的风险将通过联邦结算系统和美联储的贴现窗口扩大到整个金融系统”。

进而言之，无论对于商业银行自身还是金融系统，关联交易规制都具有重要意义。一方面，有效的关联交易规制有利于健全商业银行公司治理机制，形成独立、有效的决策机制，保护商业银行利益，有利于维护全体股东，特别是中小股东利益，有利于维护存款人及相关权利人利益；另一方面，商业银行关联交易的规制对于实施有效风险控制，防止风险的恶意传导及扩张性传导，维护金融系统的安全具有重要意义。

（二）关联交易违规风险实证考察

近年来，监管机构和交易所对关联交易管理的重视程度，不仅表现在一系列制度办法的出台上，更表现在这些制度和办法的实施、执行上，这一点从监管机构和交易所对关联交易违规行为的惩戒上就可见一斑[①]。因关联交易违规而给上市公司及其董事、监事、高级管理人员带来的法律风险和后果应当引起高度关注。

公开资料显示，2007 年 1 月至 2009 年 10 月，上海证券交易所对上市公司违规行为公开谴责 16 次，其中，涉及关联交易违规的公开谴责 6 次，占 37.5%，涉及定期报告违规的公开谴责 5 次，占 31.25%，涉及重大事件未及时披露、违规担保（涉及非关联方）及其他信息披露违规的公开谴责各 2 次。

对上市公司董事、监事、高级管理人员、董事会秘书违规行为公开谴责 70 人次，其中 1 人同时被公开认定为三年内不适合担任上市公司董事，3 人被公开认定为不适合担任上市公司董事。在对个人的公开谴责中，因涉及关联交易违规而被谴责的 40 人次，占 57%，被认定为不适合或三年内不适合担任董事的处罚均涉及关联交易违规。

从上述情况可以看出，关联交易违规在上市公司及相关个人违规行为中的风险最大，后果最为严重。一是对上市公司的处罚中，涉及关联交易的次数最多；二是涉及关联交易违规的，对个人追究责任的力度最大，也就是说，多数涉及关联交易的违规处理，会同时对上市公司及其董事、监事等个人予以处罚。无论对上市公司自身，还是董事、监事、高级管理人员等个人，关联交易违规处罚都会产生持续的不良影响，有关处罚决定也会记入公司及个人诚信记录。交易所之所以重点并持续关注上市公司关联交易行为，主要还是因为非公允关联交易行为可能对中小股东及上市公司造成严重危害，交易所对此基本采取零容忍态度。因此，在关联交易管理问题上，商业银行必须严格依法合规，按照有关监管要求开展工作，否则，无论对上市公司还是个人而言，违规后果都会比较严重。

---

① 就银监会监管而言，由于银监会对于关联交易规制的要求提出不久，其监管措施主要体现在现场检查上，一般以管理建议的形式提出，如银监会对银行进行并表管理检查时，就关联交易管理有关问题也提出了监管意见。但从银行同业了解的情况看，目前尚未发现因关联交易管理违规对商业银行进行处罚的情况。

二、商业银行关联交易管理现状分析

为了解境内商业银行关联交易管理现状，笔者选取了工商银行、建设银行、中国银行等7家具有代表性的上市银行（见表1）进行研究与分析。调研内容包括：机构设置、职能分工、关联方管理、关联交易风险控制和统计分析、系统建设等方面。

表1　　　　境内主要上市银行一览表

序号	商业银行名称	上市地	上市时间
1	中国工商银行股份有限公司	A股/H股	2006-10-27/2006-10-27
2	中国银行股份有限公司	A股/H股	2006-07-05/2006-06-01
3	中国建设银行股份有限公司	A股/H股	2007-09-25/2005-10-27
4	交通银行股份有限公司	A股/H股	2007-05-15/2005-06-23
5	招商银行股份有限公司	A股/H股	2002-04-09/2006-09-22
6	上海浦东发展银行股份有限公司	A股	1999-11-10
7	深圳发展银行股份有限公司	A股	1987-12-22

（一）管理机构和职能分工

在董事会层面，商业银行一般在董事会下设专门委员会负责关联交易管理和风险控制，委员会成员一般由非执行董事和执行董事共同组成。

在管理层层面，各行均将关联交易管理作为合规管理工作的重要内容，由承担合规管理职能的部门牵头管理全行关联交易，董事会办公室、人力资源部、风险管理部、财务会计部等相关部门分工配合，负责信息报送、风险提示、统计、披露等工作。

（二）关联方管理

由于银监会、上交所、联交所、财政部对关联方的界定标准不一致，几家银行多采取分类管理模式，按照不同的监管规则分别建立不同的关联方名单，进而实现对关联交易的分类管理。基于风险控制和合规管理的需要，多数银行侧重于对关联法人关联交易的管理，合理界定“内部人”范围。

（三）关联交易风险控制

在风险控制方面，各行采取了一定的管理措施。有的银行依托关联交易管理信息系统，及时从业务系统中提取关联交易信息，并向业务部门进行风险提示；有的银行将信贷类关联交易的控制置于信贷业务系统中，关联方名单嵌入信贷管理系统，实现审批过程的“硬”控制；有的银行设定了最低报告标准，业务部门在审查关联交易时，如果交易金额超过这一标准的，则应报送主管部门。

（四）系统建设

普遍来看，各行关联交易管理信息化建设还处于起步阶段，但各行已经认识到，关联交易管理对于信息系统的依赖性较强，特别是关联交易的监测和统计，如果没有信息系统的支持，仅靠手工处理难以满足监管要求，容易出现疏漏。目前，有的银行已经搭建了关联交易管理信息系统的基本框架，有的建立了关联方名单查询系统，各行已在关联方信息填报、关联交易信息提取、数据查询、数据统计、备案、信息披露等工作上作出了信息化尝试。

三、商业银行关联交易管理面临的主要问题

由于非公允关联交易的危害性，监管各方日益重视和关注上市银行关联交易的管理。一方面，近几年商业银行在关联交易管理方面做了大量工作并取得了积极成效；另一方面，由于关联交易管理工作刚刚起步，风险意识有待加强，加之关联交易相关适用规则较为复杂，商业银行关联交易管理仍面临一些问题和薄弱环节，各项工作有待进一步提高。

（一）关联交易风险意识有待加强

关联交易管理是随着商业银行的发展提出的新要求，实践中存在着对关联交易管理不了解、风险意识淡薄的问题。某些银行存在领导不够重视、业务部门对关联交易管理要求不了解的情况。主要表现在：一是对关联交易法律规定、内部规章缺乏足够了解，如将商业银行关联交易管理与授信业务中的集团关联企业管理相混淆；二是对管理要求不熟悉，不能按照要求进行关联方识别、不能及时统计报送关联交易信息，相关制度未能在某些机构得到很好的贯彻执行；三是岗位和人员设置不到位，人员少、工作量大，限制了关联交易风险控制工作的有效开展。

（二）关联交易管理制度有待进一步完善

商业银行均制定了关联交易管理制度，基本能够满足银监会、证监会等监管部门的要求。但在操作层面，有的银行的规定较为原则，在关联方范围、关联交易类型界定、关联交易信息统计、信息披露等方面有待进一步细化，相关配套制度需要进一步补充完善。

（三）关联方范围有待优化

对关联方范围的界定应当以既满足监管要求又与商业银行实际相结合为原则。由于银监会《商业银行与内部人和股东关联交易管理办法》中对“分行高级管理人员”、“总行、分行有权决定或参与授信和资产转移的其他人员”的界定不明确，各家银行对此的界定差异较大，有的银行界定范围较窄，有的界定较宽。从管理成本和风险匹配性角度来看，各家银行应当适度界定关联方范围，工作重点放到风险较大的关联法人形成的关联交易上，更有利于风险控制。

（四）关联交易系统化控制尚处于较低水平

目前多数银行关联方报送、关联交易信息统计、备案等工作都通过手工完成，而关联交易适用规则的复杂性、发生范围的广泛性都使手工管理模式难以满足监管要求，难以有效控制交易风险。一是关联交易的审批未实现硬控制，关联交易管理相关要求还没有或者无法嵌入到业务操作系统中，有关风险控制只能依靠业务部门的主动识别，比如，不得向关联方发放信用贷款等监管要求无法有效控制。二是某些银行依靠手工填报关联方信息，工作量大，特别在信息变动频繁的情况下，信息的准确性难以保证。三是关联交易数据依靠手工统计，完全依赖业务部门按照规定主动报送，数据的准确性、完整性难以保证，数据分析工作也难以开展。四是缺乏对关联交易风险的实时系统监控，银行掌握的关联交易情况多为事后数据，关联交易主管部门无法及时了解到关联交易情况，这意味着关联交易风险的事前控制环节缺失，风险处于敞口状态，这一问题的解决需要系统化控制。

四、完善商业银行关联交易管理机制的对策

商业银行关联交易管理是一个复杂的系统工程，涉及到商业银行经营管理的各个环节，关系到商业银行、股东特别是中小股东、存款人等多方利益，因此，对关联交易风险的控制应当是全方位的过程管理。从依法合规经营的角度来说，特别对上市商业银行而言，既要遵守行业监管的规定，又要符合上市地规则的要求，而不同规则之间存在一定的差异，如果关联交易管理不到位，又增加了合法合规性风险。结合前文对商业银行关联交易管理现状的研究分析，现就进一步完善商业银行关联交易管理机制，加强和改进关联交易风险控制工作提出以下对策建议。

（一）强化关联交易风险意识，提高重视程度

对于上市银行而言，关联交易管理的关键在于风险防范，保证交易的公允性，避免损害银行利益或引发法律合规风险。对于管理者而言，由于关联方主要为银行的主要股东、董事、监事、

高级管理人员及其相关的法人、其他组织和自然人，而关联交易最终责任由董事会承担，独立董事亦需对关联交易发表意见，因此，关联交易管理亦是董事个人责任的一个重要方面。商业银行应当采取专题培训和宣传教育等多种方式，使各级经营管理人员充分认识关联交易管理不当可能带来的危害，不断强化关联交易风险意识，严格依法合规开展关联交易管理工作。

（二）完善关联交易管理制度，强化执行力度

商业银行应当进一步完善关联交易管理制度，明确分类管理原则，将关联交易管理贯穿到日常的经营管理活动中，强化相关制度的实施力度，注重风险控制的效果。

第一，明确关联交易分类管理原则，适应各规则间存在差异的状况。分别按照境内外各相关监管要求，分类确认相应规则下的关联方范围，分类识别相应规则下的关联交易，并按照相应规则进行关联交易审批、统计、信息披露等工作，以适应规则的差异性，确保符合各相关监管规则。

第二，将关联交易管理要求纳入相关业务管理办法，将关联交易管理落到实处。关联交易管理制度不可能对具体交易事项的审批要求逐一规定，对具体业务的处理要求应当体现在各项业务的规章制度中，这样才能使关联交易风险控制落到实处。

第三，通过强化内部控制机制，贯彻关联交易风险控制目标。一项关联交易首先应当符合一般交易的内部控制流程和风险控制要求。良好的内部控制环境能够避免或减少关联交易带来的问题。通过加强和完善内部控制来实现关联交易规制目的，防范关联交易风险是非常有效并且经济可行的途径。

（三）区别关联交易风险程度，增强管理的科学有效性

关联交易覆盖银行经营管理的各个领域，因交易类型、交易金额及关联关系不同而产生的各种风险存在差异，因此，应当对关联交易进行科学的区别管理，提高管理效率，兼顾效率与公

平，实现合理成本下的风险控制。

第一，对于涉及控股股东、实际控制人等关联方的重大关联交易，按照特别程序进行审批。比如，规定某些类型的交易，如与主要股东发生的交易，应当提交关联交易控制委员会或董事会进行审批，并实行关联董事回避制度。

第二，对于可通过系统控制交易条件或者经办人员无权调整交易条件的业务，除按照有关要求进行识别、统计、报告外，可以按照一般交易流程办理。对于某些可以通过系统设定交易条件，并避免因人为不当干预而损害银行利益的交易类型，可以通过严格系统设置，实现风险控制。

第三，对于金额较小或一定限额以下的业务，除可以授权按照一般业务权限办理外，还可简化统计、报备程序，以汇总报告方式取代逐笔报告方式，提高管理效率并有效控制成本。

（四）建立关联交易管理系统，提升信息化水平

目前多数银行的关联交易管理工作通过手工途径完成，各类信息的准确性、及时性难以保证，且难以实现风险的有效监控。商业银行应当通过开发关联交易管理系统，实现关联方与关联交易管理的自动化、系统化、智能化，进一步满足商业银行关联交易管理的工作需要。

在关联方管理方面，实现关联方信息填报、自动筛查、实时动态纠错、对关联方按不同监管规定进行分类、审核、查询等功能。在关联交易管理方面，逐步实现系统动态跟踪全行发生的各项业务，采集业务系统数据，甄别关联交易；对关联交易进行分类统计；按照监管要求，设定重大关联交易、一般关联交易额度限制；设置信息披露要求等。实现对关联交易风险的事前、事中、事后的全流程控制，确保关联交易管理符合监管要求，有效防控关联交易风险。

（五）兼顾关联交易信息披露及其豁免原则的适用

商业银行在对外披露工作中，一方面应当按照有关规定进行

及时准确的披露，这是对披露工作的基本要求；另一方面要适当运用豁免原则。豁免披露的基本出发点有两个：一是避免商业秘密，甚至国家秘密的不适当泄露，给竞争对手以可乘之机；二是在监管许可的范围内，避免过度披露，提高效率，控制经营成本。因此，从根本上说，豁免披露也是为了上市公司利益最大化，以保护投资者利益为宗旨的。因此，商业银行在关联交易信息披露工作中，应当兼顾披露和豁免披露原则的适用。

（六）加强集团成员关联交易风险管理

按照上交所和联交所的规定，关联交易不仅包括商业银行与关联方之间发生的交易，还包括商业银行子公司与关联方之间进行的交易，因此，对于关联交易的管理应当采取集团口径，集团成员亦应当遵守商业银行关联交易管理制度，按照关联交易的管理要求予以统计、报备，符合披露条件的，应当予以披露。因此，商业银行应当结合集团成员适用规则的特殊性，建立统一有效的集团关联交易管理制度。

后危机时代我国商业银行流程再造与总法律顾问制度的建立

刘泽华　陈　云

从特定意义上说，任何一次规模巨大的金融危机，都是对金融体系缺陷的一次集中暴露，从而也为金融界反思与改进提供了机会。虽然此次金融危机尚未终结，但是关于后危机时代的讨论却早已开启。后危机时代给全球银行业带来的最深远和最重要的挑战是如何改变造成这场全球金融危机的制度因素和增长模式。许多国际大银行公开承认，危机之前奉行的发展战略以及与之相应的流程设计中存有明显的缺陷，并先后开展战略反思和银行流程再造。

一、后危机时代国际大银行流程再造的四个特点

（一）重新思考“流程为何而设”的问题

20世纪90年代初，在银行监管规则的变化和衍生产品市场兴起的背景下，欧美银行的经营模式已经由传统的以“发放—持有”为特征的利差经营模式，转型为以“发放—销售”为特征的信贷资产周转经营模式。在经营模式转型的同时，欧美银行进行了以业务扩张为直接目标的流程重组。这类“流程银行”的共同特征是：按照客户或产品类别划分业务条线，条线垂直管理；前、中、后台相互制衡；流程作业标准化、自动化、信息化、智能化，管理层的目标是以最少的资本占用追求最多的利润回报。

然而，此次金融危机暴露出这些效率优先的“流程银行”没有履行其尽职责任和风险责任，其流程上主要的、共性的缺陷是风险管理模块的弱化、错配与失灵。究其根源，在于银行没有深刻理解“流程为何而设”。片面强调以利益最大化为导向的流程设计，未能在业务发展与风险控制二者之间找准平衡点。危机再次证明，风险控制和管理对于银行具有如同生命线一般重要的战略意义，流程建设与再造均必须以银行可持续发展为根本目标。虽然本次金融危机对中国银行业冲击有限，但银监会主席刘明康仍明确指出：“中国银行业应反思当前的金融危机”，“应对部门的设置、产品的设计实施流程再造和彻底的重组。”①

（二）重新考量法律风险管理的重要意义

与1997~1998年亚洲金融危机不同，此次全球金融危机不是基于银行传统业务出现的危机，它是21世纪第一个复杂金融衍生

---

① 刘明康：《内银应重传统业务》，载《信报财经新闻》，http：//resource. stockstar. com/info2009/Darticle. aspx？ id = JL，20090516，00000406&columnid = 1743，2009年10月14日访问。

市场的危机，涉及行业产业、社会公众的范围之广、数量之巨前所未有。对于深陷次贷漩涡的国际大银行来说，此次危机突出表现为“诉讼之灾”，它们中的大多数都因为对次级证券和结构化产品的估值、信息披露、拨备、减计、合同义务等违法违规行为在多个国家受到政府调查并遭遇一系列的诉讼。严重的财务损失、高昂的法律代价、严苛的监管处罚、多重的营业限制，甚至刑事制裁都纷至沓来，其面临的法律困境成为难以承受之重。

危机之前，国际大银行总体上都是遵循巴塞尔银行监管委员会关于“法律风险”的规定，构建对于法律风险管理部门的控制机制。巴塞尔委员会在2004年《统一资本计量和资本标准的国际协议：修订框架》中规定：“操作风险是指由不完善或有问题的内部程序、人员及系统或外部事件所造成的风险。本定义包括法律风险，但不包括策略风险和声誉风险。”这种对法律风险的界定仅考虑了银行可能直接形成损失的法律风险，而没有涵盖从其他风险转化出来而可能间接形成损失的法律风险。此次危机表明，巴塞尔委员会对于法律风险的界定有失褊狭，对法律风险的危害估量不足，对法律风险的防控缺乏战略预见。而在商业银行全面风险管理的实践中，巴塞尔委员会的规定则已极大地影响到法律风险的适用范围及其在银行风险活动中受重视的程度，具体表现为在公司治理结构中缺乏法律风险管理组织架构、法律的技术价值在银行风险管理过程中仅局限于审查文本和提供诉讼数据等方面，真正意义上的法律风险被完全边缘化。①

在经历了一系列沉重的诉讼打击后，许多国际大银行公开承认其风险管理的组织架构中存有明显的缺陷，即它忽视了法律风险管理的重要作用，未能有效地防范与遏制法律风险（包括合规风险）的不断积累，并避免其破坏性爆发。同时，此次金融危机也使许多国际性银行机构逐渐认识到，随着金融法制环境的迅速

① 参见侯太领：《商业银行法律风险边缘化的现状及反思》，载《2009年中国法学会银行法学会研究会年会论文集》。

演变，银行业面临的法律风险正在发生深刻变化：其一，从范围上看，由于银行每一种业务或交易都会涉及特定的法律关系，国际商业银行大规模地跨境和跨行业拓展业务，跨国银行更是受到不同国家多个监管机构的监管，法律风险的范围愈加广泛；其二，从风险转换看，现代法治国家的风险处置越来越程序化、规范化、法制化，无论是信用风险、市场风险，还是操作风险，都与法律风险密切相关，甚至可能最终转化为法律风险；其三，从总量上看，法律风险管理不仅要与银行的战略、经营、产品、服务保持高度关联，还应与不断变化的监管规则一致，同时要与多个司法管辖区域的要求相适应，法律风险在商业银行风险组合中的地位不断上升，对风险总量的影响也越来越大；其四，从风险控制层面看，在商业银行决策层面的法律风险控制力不够。决策是企业生存发展的核心和关键要素，决策程序中法律意见的缺失已成为目前银行业最大的法律风险。

（三）重塑总法律顾问在银行风险战略决策中的关键地位

美国经济学家里奥·蒂尔曼在其2009年出版的《金融进化论》中，基于对此次金融危机的反思，指出“金融的本质可以说就是一组关于融资安排的契约流”。这就要求银行必须具备高超的法律风险控制能力，否则难以驾驭现代金融市场的复杂契约流，最终在竞争中面临被淘汰的命运。基于对金融危机以来法律风险的重新认识，完善和创新银行法律风险管理机制成为银行业面临的共同课题。其中，建立总法律顾问制度，确立总法律顾问在银行战略决策中的关键角色，则不约而同地成为瑞银集团、摩根大通、花旗集团等一些国际大银行用于有效防控法律风险的共同选择，这些银行在集团内部先后建立起总法律顾问制度或设立了类似于总法律顾问的管理机构和职位。[①] 总法律顾问制度是企业为确保其战略目标的实现而将法律事务的职能与作用在组织架构和制度程序上所作出的相应安排。在商业银行建立总法律顾问制度，是对原有商业银行治理结构制度缺陷进行的针对性变革，建立总法律顾问制度有助于银行业正确对待法律风险的实质地位，树立法律风险在多数情况下是银行风险终极形态的理念，认清违约责任以及其他法律责任与信用风险、市场风险、操作风险的关系，充分发挥法律方法在风险管理活动中的定性作用及总法律顾问在法律风险管理中的主导作用。

（四）重整法律部门与合规部门的关系设置

以往，基于对法律风险属于操作风险，而操作性法律风险又属于合规风险的狭隘理解，许多商业银行组建不同的部门分别管理操作风险、合规风险和法律风险；或者只设置合规风险管理部门和法律风险管理部门，由前者一并负责管理操作风险和合规风险，而后者专门负责管理法律风险。例如，2001 年瑞银集团将合规部与法律部分立，并入风险总监办公室，分立首席法律官和首席合规官，分别处理法律问题和合规问题。事实证明，上述治理结构的效果很不理想。在经过了金融风暴的重创后，瑞银集团认识到，原有的法律风险与合规风险管理体系并不完备。为保证法律合规工作的有效性和独立性，2008 年瑞银集团进行了机构重组，集团层面和各大事业板块中都设立了法律合规部，大大强化了法律风险与合规风险的管理。而摩根大通将法律风险、声誉风

① 例如，瑞银集团在对反思美国对其提起的逃税案和拍卖利率债券（Auction – Rate Securities，ARS）欺诈案等法律风险与合规风险管理上的缺陷之后，建立了总法律顾问制度；又如摩根大通在反思其因诱导与欺诈而卷入安然破产案和世通破产案等这些法律风险而对自身声誉造成重创的事实之后，对法律风险、合规风险和信托风险进行整合，设立总法律顾问职位，全面负责全球法律和合规事务；再如花旗集团也同样因为欺诈与非法诱导而卷入安然破产案和世通破产案等，在对这些重大法律风险案件进行深刻反思之后，花旗集团最终也建立了类似于总法律顾问制度的首席法律顾问制度。其他的国际优秀银行也都已建立或正在酝酿建立总法律顾问制度。参见周慧：《法律风险与合规风险管理的困境与突破》，载中国工商银行内部研究刊物《研究信息》。

险和信托风险归由法律合规部管理，法律合规部在摩根大通的风险管理架构中居于重要位置。①

法律部门作为合规风险的归口管理部门是国际大银行强化法律风险与合规风险管理的主流做法和改革趋势，可更有效地促进全面风险管理的实现。设立法律合规部管理法律风险和合规风险，可实现法律资源的充分利用，有助于商业银行找到长期发展与短期业绩的平衡点，避免职能的交叉重叠，促进成本收益间的平衡，提高各方利益相关者的满意度。合规风险管理依托法律部门，有利于商业银行正确理解和解释法律法规、监管规则，熟悉和了解国内外监管环境，密切跟踪国内外监管立法动态。

二、总法律顾问制度在银行流程再造中的重要作用

在法律风险几乎泛化到银行每一个业务条线的金融法制环境下，在经受危机重创之后回归合规理念、重塑战略目标和重整风险控制体系的新一轮银行流程再造中，设置总法律顾问职位，建立总法律顾问制度已成为一项重要决策，其重要作用主要体现在以下几个方面：

（一）总法律顾问制度弥补了原有流程在价值取向上的不足

原有的流程理念在一定程度上忽视了法律风险的有效防范，反映了其价值取向上的偏向与存在的问题，总法律顾问制度的建立与完善正是对原有流程理论的纠正，将重视法律风险防范的应有价值取向回归至银行流程再造的理论与实践之中，不再过于强调如何让企业全力追逐更大的市场与利润，而忽视或轻率对待攫取市场与利润过程中所存在或产生的违约、违规、欺诈、非法诱导、不适当销售、非法或不适当逃避监管、犯罪等法律风险，而

① 参见周慧：《法律风险与合规风险管理的困境与突破》，载中国工商银行内部研究刊物《研究信息》。

这些法律风险的积累和爆发足以摧毁企业自身，从而将重视法律风险管理的价值取向提高到同原有的“有效攫取市场与利润”等其他价值取向相并行的重要地位。可见，总法律顾问制度本质上体现了安全经营与安全获取利润的价值理念，它的建立是对原有流程理念的重大改进和必要变革。

（二）总法律顾问发挥着流程再造的“设计师”与“监理师”的双重作用

银行流程再造是一项庞大的系统工程，从国际银行业的实践做法来看，在流程再造的全部阶段，总法律顾问主要发挥如下职能：

首先，在流程再造前的远景规划环节，总法律顾问作为高管层或董事会成员，基于对新的监管规则和市场竞争规则推出后市场格局变化的判断，从总体法律风险防范的角度参与新流程的战略目标规划，对银行的决策提供法律审查意见，为银行各业务线提供高质量的法律合规支持，针对监管问题和新的法律法规及监管规则制定新的银行政策和程序。

其次，在流程再造中的项目启动、原流程诊断、新流程设计等环节，总法律顾问一方面负责评估和监测新的业务和流程的合法合规性；另一方面对银行员工进行法律法规培训，对流程再造实施过程中的相关法律问题提供咨询审查意见。

最后，在流程再造后的新流程试运行、新流程评估、新流程运行及持续改善等环节，总法律顾问从法律合规的角度对新流程的试运行状况作出判断和评估，与执法部门和监管当局保持交流以确保交易的合规性与顺畅性，当监管法制环境及市场交易规则发生重大变化，总法律顾问及时提出改进流程及法律风险控制方案，确保银行的营运和交易得以持续符合法律、法规、监管要求和行业准则。

（三）总法律顾问制度既是商业银行依法决策、管理和经营的重要组织保障，又是切实提高银行竞争力的制度保障

总法律顾问一般都是银行高管，对总裁负责，有些同时是董事或高级副总裁。总法律顾问作为杰出的法律专家，同时又是卓越的领导者，全面领导和管理法律与合规事务。从这次全球金融危机和当前国际大银行法律风险管理实践来看，我国商业银行应深刻认识到建立商业银行总法律顾问制度防控法律风险是当务之急，它应成为商业银行决策和风险管理机制的重要组成部分，其他制度不可替代。

三、在银行流程再造中建立总法律顾问制度的可行性分析

在我国商业银行近年来的改革发展过程中，总法律顾问制度的组织基础得到了充分的锻炼，运行机制逐步得以挖掘，商业银行建立总法律顾问制度的基本要求和相应基础条件已逐渐完备。

一是从我国当前的政策上来看，国家正在积极推进重点企业建立总法律顾问制度。2002 年 7 月 18 日，国家经贸委、中组部、中央企业工委、中央金融工委、人事部、司法部、国务院法制办共同发布了《关于在国家重点企业开展企业总法律顾问制度试点工作的指导意见》（国经贸法规〔2002〕513 号），确定并倡导中央企业和大型企业建立总法律顾问制度。该意见指出：企业总法律顾问制度是企业法律顾问制度的核心，是企业依法决策、依法经营管理、依法维护合法权益的重要的组织保障和制度保障。尽快在企业推行这项制度，是建立现代企业制度的内在要求，是提高企业国际竞争力的迫切需要，也是加强企业法制建设、强化企业管理的重要基础，对于进一步深化企业改革，整顿和规范市场经济秩序，加快推进我国社会主义法制建设，都将产生重要而深远的影响。该意见同时指出：组织开展企业总法律顾问制度试点

是我国企业制度创新、管理创新的有益探索，也是我国企业应对加入世贸组织挑战的一项重要举措。实践表明，总法律顾问制度在中央企业和大型企业的建立和完善，近年来较好地发挥了其法律风险防控作用，同时也产生了较大的经济效益和良好的社会效果。因此，我国商业银行可以积极借鉴国家这项重要政策要求，尽快建立总法律顾问制度。

二是商业银行总法律顾问制度试点工作早已展开。2003 年，中组部、司法部等七部委在联合发布的《关于在国家重点企业开展企业总法律顾问制度试点工作的指导意见》中，确定中国银行为我国第一批 26 家总法律顾问制度中央试点企业之一。作为商业银行总行中唯一的试点单位，经过若干年的不懈努力和实践，中国银行贯彻执行总法律顾问制度政策积累了许多宝贵的经验和教训。

三是商业银行的法律组织机构健全稳定。我国商业银行普遍在总行设有法律部门或法律合规部门，在分支机构和核心职能部门亦设有相应的法律机构并配备专业法律人员。健全完整的组织机构，为统一的总法律顾问制度的有效纵向运作打下了坚实的组织基础。

四是商业银行法律事务工作理念已发生重要转变。随着我国商业银行的改革发展和法律风险管理体系的不断完善，商业银行防范和控制法律风险的综合管理能力已有显著提升。同时，商业银行法律事务工作方式也发生了巨大变化，已逐渐由过去单纯的救济型向预防型转变，由事务型向管理型转变，这些变化带来了商业银行法律风险管理的独立性、创造性和价值性，使得总法律顾问制度的理念能在商业银行内部真正得以实施。

四、我国商业银行流程再造的必要性与紧迫性

近年来，我国部分商业银行在境内外公开上市，并通过境外收购、兼并和申设机构等多种形式积极拓展海外市场，金融创新

与综合经营步伐不断加快。在这种背景下，建立健全与商业银行发展战略、风险偏好、经营规模与结构相适应的法律风险防控体系，对于有效识别、防范和化解法律风险，保障和促进各项业务健康发展，维护商业银行良好的声誉和形象具有十分重要的意义。然而，目前我国一些商业银行的合规体系仍建立在“部门银行”而不是“流程银行”基础上。此种状况导致部分银行业金融机构合规失效的问题仍然时有发生，有章不循，长期不执行内部管理规章制度和操作流程的现象仍在一定范围内存在，银行内部的相互制衡机制难以有效发挥作用，造成了严重的资金损失。要妥善解决上述问题，根本出路在于对目前的部门银行模式进行再造，建构真正意义上的流程银行。

同时，始于美国次贷危机的国际金融危机引发了世界各国对金融监管的全面反思，也催生了监管规则的新变革。目前，国际金融机构正在紧锣密鼓地进行金融监管改革，包括对资本、拨备、杠杆率、流动性、公司治理和薪酬制度等一系列标准的修订和完善，接下来要对各项指标进行定量影响测算和校准，并在各国实施。这必然导致国际金融法制环境发生重大变革。面对新形势、新挑战，中国银行业在新的发展起点上，需要认真应对，化“危”为“机”，必须及早研究，适时规划，以强化法律风险体系建设为切入点，着手推进银行流程再造。

五、以银行流程再造为契机建立形神兼备的总法律顾问制度

要建立科学的商业银行总法律顾问制度，我国银行业应注意做好以下几个方面的工作：

第一，商业银行总法律顾问制度应当形神兼备。为有效防控法律风险，建立商业银行总法律顾问制度应尽量避免在个别金融机构试点过程中出现的形到而神不具、制度流于形式的问题。中国银行业监管部门有必要对总法律顾问制度进行深入研究，使之

形神兼备，与我国商业银行的经营管理现实及其未来战略发展要求完全切合，更好地发挥其在商业银行法律风险管理中不可替代的作用。一是科学合理地定位总法律顾问，在确保总法律顾问首先应是杰出的法律专家的前提条件下，总法律顾问的地位还应当定位于商业银行总行高管层人员或是董事会成员。二是准确界定总法律顾问的职责范围，明确总法律顾问对法律风险评估、防控方案的设计实施负总责，在决策机制中的地位相对独立，直接向董事会负责，参加董事会会议。三是赋予总法律顾问及其机构体系的相对独立性，确保总法律顾问独立、客观地开展法律审查并发表法律意见。

第二，以总法律顾问为主导，建立集约化法律工作体制。本着独立性、专业化、集约化和因行制宜的原则，商业银行内部法律工作体制应以总法律顾问制度为主导，强化商业银行总行法律部门作为全行法律风险管理中枢与核心机构的职能作用，充实人员力量，增强其对全行各业务领域和重要经营管理行为的法律风险控制的辐射力和覆盖面，以满足全行集约化经营程度不断提高，特别是总行对分支行直接管理与监控力度不断加强的需要。同时，商业银行大中城市分行应当探索建立集约型法律工作机构，将辖内分支机构的法律事务和法律专业人员集中起来，分工负责处理有关业务事项，集中统一进行管理；有条件的省级分行可以先设立区域性法律事务中心，对部分辖属分支机构的法律事务实行集中处理并对法律专业人员进行统一管理，为今后在更大范围内逐步推广法律事务工作集中垂直管理奠定基础。

第三，完善法律风险跨国协调与管理机制。为顺应商业银行国际化发展需要，妥善处理国际化经营发展中面临的不同法域法律问题，应当以总法律顾问为主导，改进商业银行海外分支机构法律事务工作，优化商业银行全球各主要区域的法律合规事务管理机制。在商业银行有关海外分支机构适当配备有资质的法律人员，由该法律人员对所在分支机构的经营行为、金融服务和产品的合法合规性提供法律审核意见，并直接向总法律顾问报告工作；加强各海外分支机构法律人员之间的协调与合作，如商业银行开发的产品和服务同时在多地域发行或提供，各地域的法律人员均需对该产品在各法域下的合法合规性出具意见，上述法律意见经商业银行总行法律部门汇总整理后，经总法律顾问审定后，向相关业务部门和管理层反馈，供经营管理决策参考使用。

第四，建立法律人员的职业发展与激励机制。商业银行总法律顾问制度不仅是总法律顾问的设置、产生和职责等制度规范，总法律顾问以外的其他法律人员在这一制度体系中同样具有重要地位。做好法律风险防控工作，离不开法律专业队伍。为有效发挥银行总法律顾问制度的作用，有必要完善银行法律人员晋升机制，探索建立商业银行法律人才价格机制，健全法律事务工作激励机制，为法律人员创造一个适合成长的职业发展空间，提高法律人员的工作积极性和忠诚度。

论中国场外金融衍生品市场监管法律框架的构建

翟彦杰

场外金融衍生品个性化的设计能够最大限度地满足现代金融市场风险管理的需求，并在事实上“逐渐成为全球金融的中心”。[①] 然而，也正是因为其严重依赖不断创新的金融技术，场外金融衍生品市场往往很不稳定，迄今为止，发生的众多危机事件都与其有着千丝万缕的联系。如何对场外金融衍生品市场进行有效的法律监管，成为当前国际金融立法关注的重点。本文旨在借鉴已有监管理论研究成果和场外金融衍生品交易实践的基础上，提出并论证适于我国国情的场外金融衍生品市场监管的法律框架。

① 加里·斯基纳西、肖恩·克雷格、博克哈德·德瑞斯、查尔斯·克雷默，黄芳芳、杨学钰译：《现代银行业与场外衍生工具市场——全球金融的变化及其对系统性风险的影响》，7页，北京：中国金融出版社，2003。

一、总体思路——构建以交易商监管为中心的综合监管模式

本文主张的总体监管思路要点有三：一是以交易商监管为场外金融衍生品市场监管制度的中心；二是对金融机构市场参与者与非金融机构市场参与者实行分类监管；三是实行以监管目标为导向的对交易商及其交易行为的综合监管。

（一）以对交易商的监管为场外金融衍生品市场监管的中心

美国的监管经验告诉我们，以产品为导向的监管模式在场外金融衍生品极具创新的特质面前会引致监管空白、监管权力冲突的窘境。[①] 本文主张对场外金融衍生品的监管需要以对交易商的监管为中心，这是因为：

第一，如果把场外金融衍生品市场上的交易予以类型化，我们可以发现，主要包括三种类型：

（1）最终用户——交易商（经纪商）——最终用户；

（2）交易商——最终用户；

（3）交易商——交易商。

场外金融衍生品“量体裁衣”的特点决定了往往很难在市场上直接找到对风险有相反需求的最终用户，这时市场中介经常在最终用户提出场外金融衍生品的需求时先以自己的名义与其进行交易（第二种交易类型），然后在自己的账户上进行抵消，未抵消的风险敞口再寻找自己的交易对手（第三种交易类型）。在此过程中，交易商既向最终用户提供建议、推销产品，同时又是产品的设计者、出售者，具有做市商和经纪商的双重身份。[②] 因此，

---

① 关于美国场外金融衍生品监管的法律制度，参见《场外金融衍生品市场监管法律制度研究》，见《中财法律评论》（第一卷），北京，知识产权出版社，2008。

② 我国商业银行的前述代客外汇买卖业务（外币与外币远期交易）、远期结售汇业务以及人民币外币掉期业务都以此种方式展开。

可以认为，场外金融衍生品交易在多数情况下兼具经纪商（broker）和做市商（market maker）的身份，它们集产品设计、推销、出售等功能于一体，毫无疑问地成为场外金融衍生品市场上的主导者。

第二，场外金融衍生品市场“高集中度”的特点决定了大交易商对整个场外金融衍生品市场具有举足轻重的影响，必须重点监管。

场外金融衍生品市场往往由大的机构市场参与者主导，表现出“高集中度”的特点，这是因为通常情况下，当市场上不能找到两个对风险有相反需求的最终用户时，交易商往往会自己作为头寸的另一方对最终用户进行交易然后再利用某些场内交易品种的组合进行对冲。但是交易商在其账户上有很多场外衍生品的头寸时，其中一些头寸会互相抵消，因此他们只需将净头寸在场内交易所进行对冲即可。在这种情况下，交易商总是试图扩大其场外衍生品的业务规模。

场外金融衍生品交易“高集中度”的特点决定了绝大多数的交易都集中在有限的一些大交易商身上，那么关注了这些大的交易商也就抓住了场外金融衍生品市场监管问题的主要方面。

（二）对金融机构市场参与者与非金融机构市场参与者实行分类监管

可以认为，场外金融衍生品市场是一个考验市场主体综合风险管理能力的市场。然而，不同类型的市场主体管理风险的能力显然是不同的。因此，分类监管是场外金融衍生品市场监管的必由之路。

然而，如何进行分类监管却是一个更加复杂的问题。从目前见诸纸面的研究文献来看，学者们一般主张对市场参与者作“交易商”和“最终用户”的区分，以此来尝试对场外金融衍生品市场参与者作分类监管。[①] 笔者对此持不同意见：第一，分类监管的目的是为了保证对不同风险控制能力的主体适用不同的监管方法，而“交易商”与“最终用户”的分类却是依据主体参与场外衍生品的目的进行的分类。由此导致“最终用户”成为了一个参差不齐的群体，商业银行等金融机构、工商企业甚至个人都可能包含其中。如果对它们适用相同的监管规定，显然不能达到分类监管的目的。第二，此种分类方法涉及到对参与者交易目的的考察，而法律主体内心意思的判断向来是困扰法学理论的一大难题。可见，此种分类的确定性较差。

本文主张作一个粗略的划分，即将所有的市场参与者按其是否为金融机构区分为金融机构市场参与者和非金融机构市场参与者，这是因为，金融机构（一般而言包括银行类金融机构、证券公司、保险公司）作为经营风险的企业较之其他非金融机构管理风险的能力普遍较高；同时，为应对“市场失灵”的状况各国普遍建立起了针对金融机构的监管体系，有专门的监管机关负责金融机构稳健运行。因此，金融机构在经营风险、管理风险、承受风险上必然与普通非金融机构大不一样，对其适用不同的监管方针也较为可行。此种区分方法也恰似目前最受英国监管机关称道的“批发市场”体制和对批发市场机构的“轻触”式监管思路。

在此种划分下，可以大体作以下设想：

第一，对于金融机构的监管。虽然目前在我国并不是所有的金融机构都具有场外金融衍生品交易商的资格，但扩大金融机构参与场外金融衍生品市场是一种必然的趋势，因此在作监管模式设计时可适当超前，将对金融机构的监管统一到对“交易商”的监管中。

第二，对于非金融机构的监管。限于我国目前的信用环境，本文主张通过限制某些机构的部分场外金融衍生品业务资格来实现有效监管；同时，通过构建消费者保护措施，实现监管对处于

---

① 王旸：《衍生金融工具法律问题研究》，博士学位论文，中国政法大学，2006。

弱势地位的市场参与者的保护。

（三）实行以监管目标为导向的对交易商及其交易行为的综合监管

场外金融衍生品设计的模糊性，使得许多产品很难界定性质和分别归入传统的领域，因此以产品为导向的功能型监管难以让人放心，美国的监管即是适例。与此同时，原本属于不同领域的金融机构通过使用场外金融衍生品往往间接进入了其原本无法进入的市场，因此机构监管为导向的分业监管已经面临诸多困境。因此，本文主张对场外金融衍生品市场采用一种“目标型监管”模式：明确针对场外金融衍生品交易的监管目标，并以此种目标为准则对交易商及其交易行为进行综合监管。①

本文认为，场外金融衍生品市场监管的基本目标应当包含三个层次：第一，引导市场主体（主要是交易商）有效地控制场外金融衍生品的微观风险；第二，防止微观风险向系统性风险转化，维护金融稳定；第三，防止交易商的机会主义行为，保障弱势市场参与者的利益。② 针对第一项目标监管需要引导交易商建立起适于其场外金融衍生品业务的内部风险控制制度；针对第二项目标监管者可以规定交易商必要的披露义务使得监管者能够有效地知悉交易商场外金融衍生品业务的范围及其可能给金融安全带来的潜在影响，同时需要通过明确交易商资本充足率要求增强其抵御金融风险的能力；针对第三项目标，需要重点通过构建必要的弱势市场参与者保护制度来实现。

---

① 英国著名经济学家，英格兰银行货币政策委员会委员古德哈特教授曾提出所谓“目标型监管”的概念，其含义为：应当以监管目标为准则设立监管结构，指出在实践中监管结构的设计应当采取矩阵式，即金融机构本身和金融机构的业务都应当接受监管。See Charlse Goodhart, Philipp Hartmann, David Llewelyn, Financial Regulation: Why, How and Where Now? Routledge, 1998, pp. 1 ~ 38.

② 在场外金融衍生品市场监管目标的概括上，本文的观点同国际货币基金组织的论述基本相同。参见加里·斯基纳西、肖恩·克雷格、博克哈德·德瑞斯、查尔斯·克雷默，黄芳芳、杨学钰译：《现代银行业与场外衍生工具市场——全球金融的变化及其对系统性风险的影响》，52 ~ 56 页，北京：中国金融出版社，2003。

二、以交易商监管为中心的监管制度的主要法律框架

（一）统一立法与监管协调机制的建立

为适应对交易商及其交易行为进行综合监管的“目标型监管”的需要，尽管从长远看，像英国金融服务管理局（FSA）一样的单一、综合监管机构设置应当是首选，但是从近来关于国务院“大部制”改革讨论中反映出来的信息表明，在短期内，分业监管还将成为我国金融监管的基本模式，因此，当前场外金融衍生品市场监管就应当作以下调整：

第一，推进明确监管目标指引下的统一监管立法，明确各监管机关的职责。必须改变我国目前这种以“产品”为导向的立法模式；同时，考虑由人民银行牵头，组织银监会、证监会、保监会等金融监管机构联合起来推动场外衍生品市场监管统一立法，对场外衍生产品方面的监管职责进行划分，尤其应当明确当某一种类型的金融机构因为场外衍生品业务事实上进入到另一种金融机构的业务类型时，其交易行为应该由谁来监管的问题，避免出现监管的真空，同时也防止监管重叠导致的低效率。

第二，建立有效的、具有可操作性的国内金融监管协调机制。2003 年 6 月，银监会、证监会、保监会曾建立了监管联席会议机制和经常联系机制。但是这对于场外金融衍生品的监管是远远不够的，因为：其一，这种监管协调机制对监管各方没有直接的管辖权，不具有强制力、权威性和可操作性；[①] 其二，此种监管协调机制没有将央行纳入，其协调的全局性和有效性不足；其三，此种协调机制尤其没有解决在“一行三会”无法就监管问题达成一致的时候，如何分配监管权力的问题。对此，美国在本次危机后推出的《2009 年场外金融衍生品市场法》颇具借鉴意

① 曾筱清：《制度设计是金融监管协调的关键——评金融监管〈备忘录〉》，载《法制日报》，2004 - 09 - 02。

义——该法案规定美国商品期货交易委员会（CFTC）与证监会（SEC）应当建立联合的监管规则制定委员会，制定协调且相互匹配的监管规则，有效防止规避两者监管的行为；最为重要的是，该法案明确规定当美国商品期货交易委员会与证监会无法就监管权限问题、监管规则的制定问题在180天达成一致的，美国财政部有权介入并主导相关规则的制定。①

第三，加强与国际监管机关间的监管合作与协调。场外金融衍生品自身的性质决定了其市场具有明显的国际化，如汇率互换，没有跨国的交易，其本身的风险管理功能将无法显现。而事实上，场外金融衍生品交易中的大部分，包括半数以上的货币掉期和同一货币的利率互换是跨国进行的，② 因此加强对场外金融衍生品的监管，不同国家监管机关之间的协调就显得至关重要。

（二）对非金融机构市场参与者监管的法律制度框架

1. 原则禁止非金融机构市场参与者跨国场外金融衍生品交易的市场准入。在目前的监管环境下，可以禁止境内非金融机构主体直接与国外交易对手进行场外金融衍生品交易。这是因为从风险管理需求来看，这类主体通过国际场内金融衍生品交易、国内场内与场外的衍生品交易以及通过国内金融机构的代理参与跨国场外交易，基本能够满足其管理风险以及一定程度上套利的需求。

当然，非金融机构市场参与者之间可能千差万别，在原则禁止其参与跨国场外交易的前提下，针对风险管理能力特别强，对风险管理有特别需求的大型企业（如某些大型国有企业集团、跨国公司），可采取单独授权的方式准予其参与跨国的场外金融衍

① 详见美国众议院金融服务委员会（House Committee on Financial Service）：《2009年场外金融衍生品市场法》（*Over - the - Counter Derivatives Markets Act of* 2009），http://www.house.gov/apps/list/press/financialsvcs_dem/otc_discussion_draft.pdf。

② 加里·斯基纳西、肖恩·克雷格、博克哈德·德瑞斯、查尔斯·克雷默，黄芳芳、杨学钰译：《现代银行业与场外衍生工具市场——全球金融的变化及其对系统性风险的影响》，13页，北京：中国金融出版社，2003。

生品交易。

2. 非金融机构市场参与者保护制度——适当性原则。对交易商客以“适当性”原则的义务，是保护非金融机构市场参与者的重要举措。我国在构建相关监管制度时，需要注意以下两个问题：

第一，明确“适当性原则”的基本要求。在制定统一的场外金融衍生品立法时，可以考虑从两方面完善此项要求：一是明确对客户的披露义务。金融机构在办理业务时，应充分揭示衍生产品交易的风险，取得该机构或个人的确认函，确认其已理解并有能力承担衍生产品交易的风险。二是适当性判断义务。明确交易商在与其他非交易商交易对手达成交易前，须评估交易对手是否适合该产品，并仅出售依据其合理判断认为适合该交易对手的产品。①

第二，违反适当性原则的法律责任。除可能的行政责任和形式责任外，我们主张对交易商违反适当性原则课以民事责任。交易商民事责任的基本思路可以规定为如果非金融机构参与者有充分的证据证明交易商未全面、适当履行其对客户的披露义务或者作出的适当性判断明显有违客户之交易目的的，须对由此给交易对手造成的损失承担赔偿责任。同时，为平衡交易商和其对手之间的地位，可以考虑将举证责任留给交易商之交易对手，并规定如果交易商能够证明在达成交易之时，已为勤勉尽职之调查并有充分理由认为相应场外金融衍生品适合该交易对手的，可以免责。

① 2008年7月9日，由国际互换与衍生产品委员会（ISDA）等五家国际交易协会共同发起的协会联合委员会（Joint Associations Committee，JAC）发布不具有法律约束力的《结构性产品：管理销售商与投资者关系的原则》（*Structured Products：Principles for Managing the Distributor – Individual Investor Relationship*），对结构性理财产品销售过程中如何处理销售商和零售投资者之间关系的问题作了规定。该原则的具体内容参见：http：//www. isda. org/press/press070908. pdf。笔者认为，相关立法可对此予以借鉴。

（三）对金融机构市场参与者暨交易商监管的法律框架

1. 信息披露法律框架。此处所讨论的信息披露是一种交易商对监管机关所作的监管信息（regulatory information）的披露，其目的在于为监管机关监管工作的开展提供基本的信息来源。笔者认为，应当明确监管信息的最低披露要求，包括：

一是交易商场外金融衍生品活动范围和性质。包括各类场外衍生品名义风险敞口量以及在监管需要的情况下，交易商须向监管机关提供某种高风险场外衍生产品的单独信息。

二是交易商场外金融衍生品市场价值（market price，即为市场重置成本）。包括交易商以交易目的持有的场外金融衍生品总的正市值与总的负市值以及以非交易目的持有的场外金融衍生品的总的正市值与总的负市值。

三是交易商各类场外金融衍生品的到期日、信用风险状况以及已形成的损失。

2. 资本充足性要求法律框架。对于场外金融衍生品交易商的资本充足性要求，笔者认为除目前已有的监管要求外，还须强调以下两方面内容：

（1）保障交易商资本充足性数据的真实性。场外金融衍生品复杂性、国际性的特点使得其市场价值、信用风险的计算较之普通金融商品（资产）更为复杂，从某种角度上说，交易商对其资本充足性的计量更有可操作的空间。而要使资本充足性成为交易商财务风险控制的核心指标，就必须保证其向监管部门报备的数据是真实准确的，这是资本充足性监管能有效发挥作用的基础保证。

（2）推动交易商建立基于资本充足性的风险预警和补偿机制。监管部门要采取措施，使交易商认识到资本充足性规定对保障其经营活动稳定的极端重要性，同时要积极推动其尽快建立起基于资本充足性的风险预警和补偿机制，并逐步实现其自身的风险管理流程与监管机构的风险监管制度的有效衔接，这样才能使交易商风险管理的目标与监管机构的目标趋于一致，从而使以资本充足为核心的风险监管制度更为有效。

3. 内部风险控制制度法律框架。笔者认为，适于场外金融衍生品业务需要的内部风险控制制度，需要涵盖以下几个方面：

（1）管理层监督机制。交易商的董事会或同级管理部门在制定风险管理政策、程序以及风险防范监督机制时必须把场外金融衍生品的交易纳入其中；建立一条可以随时向管理层报告场外金融衍生品风险事件的有效通道。

（2）在场外金融衍生品交易中使用降低风险的手段。例如使用净额结算安排、交易须备有抵押品以及其他要求交易对手提供信用增级安排的技巧，包括要求提供信用函及担保函等。

（3）风险评估及风险承担机制。交易商应当及时发现风险，具备每日进行风险评定的能力并采用可行的定价手段。同时，需持续地监督涉及场外金融衍生品业务的财务表现，包括其损益、资金需求及来源以及资金周转状况等。

4. 全面的极值风险管理制度。对于开展场外金融衍生品业务的金融机构而言，尤其需要关注在市场出现重大不利变化的情况下，是否具备超额的资本熨平巨额亏损以及是否具备防控极值风险的能力。本轮危机爆发后，巴塞尔委员会正式发布了《稳健压力测试实践和监管的基本原则》[①] 倡导金融机构建立起全面的压力测试体系。依据该文件的精神，笔者认为，场外金融衍生品的交易商应当建立全面的压力测试体系，包含使用一系列的压力测试计量工具，建立一整套应对极值风险的政策、制度、流程和预案等；同时，也应当考虑将全面压力测试理念及其管理体系与常态风险管理体系相联系，共同构建交易商的全面风险管理体系。

---

① 全文参见 Basel Committee on Banking Supervision：Principles for Sound Stress Testing Practices and Supervision，http：//www. bis. org/publ/bcbs155. pdf？ noframes = 1。

第七章

银行业务法律专论

尽快完善银团贷款相关法律规则[①]

张　炜

作为一种多边贷款模式，银团贷款具有信息共享、风险分散、合作共赢的优势，因而成为国际上通行的贷款方式。在我国，银团贷款虽然起步较晚，但近年来随着金融法制的不断健全得到了较为快速的发展。从我国金融市场的实际需求来看，银团贷款还有很大的发展空间。本文拟对国内银团贷款法律规则建设情况进行梳理，在此基础上就银团贷款中需注意的有关问题进行分析，并对进一步加强和完善国内银团贷款法律监管制度提出相关建议。

一、推广银团贷款对金融市场发展具有重要意义

根据银监会《银团贷款业务指引》的界定，银团贷款是指两家或两家以上银行基于相同贷款条件，依据统一贷款协议，按约定时间和比例，通过代理行向借款人提供的本外币贷款或授信业务。基于银团贷款自身的特点，大力推广银团贷款业务模式，对

① 本文原载于《中国金融》，2009（17）。

于促进我国金融市场健康发展具有十分重要的意义。

（一）有助于降低银行贷款风险

长期以来，国内银行在贷款业务中多倾向于采用双边贷款模式，独立进行评审与授信，并单独享有贷款收益。但是，多家银行的双边贷款容易造成对借款人的多头授信，使得一些企业获得的银行授信远超过其承债能力。同时，借款人还容易利用各家银行的相互竞争，迫使银行简化必要的审批手续，压低贷款利率，加长还本付息期限，放松担保条件。一旦借款人发生经营及债务危机，不能按时清偿贷款本息，相关风险将由贷款银行各自承担。而在银团贷款模式下，各家银行通过共同评审、共享信息，将大大增加信息的全面性和透明性，有效解决多头授信、过度竞争等问题，提高议价和谈判能力。更为重要的是，在借款人违约的情况下，风险将由多家银行共同承担，降低单一银行的贷款风险，而且由多家银行组成的银团联合对借款人采取信贷制裁措施，将大大提高对借款人的威慑力。

（二）有助于改善和提高金融服务

银团贷款集多家银行之力，可有效地为融资额度大、期限长的项目提供金融服务，防止单家银行因各种因素出现后续贷款不能及时跟上的风险，切实解决借款人的后顾之忧。此外，银团贷款通过合理分工，可迅速为借款人提供资金，为借款人省却分别与各家银行反复谈判、接受多次评估审查、筹资时间长、交易成本高的烦恼。此外，银团贷款有助于银行间形成和谐竞争关系，树立良好的银行业团队服务形象，银行自身也能通过相互合作取得共赢。

（三）有助于优化银行资产负债及收益结构

随着我国资本市场的发展，居民投资渠道日渐增多，银行储蓄分流现象越来越明显，资金来源趋于短期化。与此同时，商业银行资金运用则趋向长期化，面临资金来源短缺和期限结构不匹配的矛盾，保持和增强流动性的压力逐步显现。通过银团贷款的分销，银行可以降低存贷比、增加现金流、将一部分信贷规模用于发放新的贷款，从而提高信贷资产的流动性。此外，商业银行通过发放银团贷款还可收取一定的安排费、代理费和承诺费等相关银团贷款费用，增加中间业务收入，改善收益结构。

二、国内银团贷款法律规则梳理

银团贷款的迅速发展，离不开法律环境的完善。近年来，我国大力加强金融市场法制建设，金融生态环境逐步改善，为银团贷款市场的发展创造了一个良好的外部环境。

（一）涉及银团贷款的主要法律规则

1996 年中国人民银行发布《贷款通则》，首次明确了银团贷款、牵头行、银团贷款协议的概念及银团贷款协议的主要内容。在《贷款通则》的指引下，商业银行办理银团贷款业务开始有章可循。

1997 年中国人民银行发布《银团贷款暂行办法》（银发〔1997〕415 号，以下简称《暂行办法》），对国内银团贷款业务作了原则性规范，对支持国有大中型企业和重点项目建设、培育企业集团，起到了积极作用。

1999 年我国《合同法》出台，并专辟一章对“借款合同”进行规定。银团贷款作为多边贷款业务，其签署的银团贷款协议属于借款合同的一种。当事人按照《合同法》的有关规定，签署利率、期限、还款方式等相关条款，有利于保证银团贷款协议的规范性和完整性。

2003 年修订后的《商业银行法》明确规定：“对同一借款人的贷款余额与商业银行资本余额的比率不得超过百分之十。”此规定是为了避免银行由于信贷过度集中而带来风险，同时也为银团贷款的发展带来契机。尤其对于中小银行而言，有利于其集合众家之力，参与融资金额巨大的项目，在获得稳定收益的同时有效降低风险。

为有效维护债权人利益、促进交易顺利进行，我国继 1995 年颁布《担保法》对各种担保方式进行规范后，又于 2007 年发布了《物权法》，专门针对抵押权、质权等物权担保进行了更加详尽合理的规范。上述法律的出台，有助于保障银行在银团贷款中债权的安全。

2007 年中国银监会印发《银团贷款业务指引》（银监发〔2007〕68 号，以下简称《业务指引》），对银团贷款成员、银团贷款的发起和筹组、银团贷款协议的主要条款、银团贷款管理和银团贷款收费作出了全面规定，是目前关于银团贷款业务的最全面细致的操作规范。

（二）《业务指引》对《暂行办法》的突破

《暂行办法》和《业务指引》是银团贷款业务两个最主要的监管规定。与《暂行办法》相比，《业务指引》有了较大的突破与改进，主要表现为两项放宽、两项调整、两项规范和两项完善。

两项放宽：一是银团贷款的定义。《业务指引》将银团贷款由《暂行办法》的“向同一借款人提供资金”扩大到“向借款人提供本外币贷款或授信业务”，更加适应现代企业融资多元化的趋势，也为银团贷款业务创新留下空间。二是银团贷款的对象。银团贷款不再限于《暂行办法》规定的“国有大中型企业、企业集团和列入国家计划的重点项目”，还可以是任何“大型集团客户和大型项目的融资”，或是符合“单一企业融资总额超过贷款行资本金余额 10%，或单一集团客户授信总额超过贷款行资本金余额 15%”等条件的融资。

两项调整：一是收费制。《暂行办法》规定，“除利息外，银团贷款不得向借款人收取其他任何费用。银团贷款所发生的费用支出，由代理行承担，或由银团成员协商解决”。即银行不得收取中间费用。这一规定虽然与当时国内利率非市场化的政策相适应，能够防止银行通过收费变相提高利率，但也意味着牵头行无法通过组织银团贷款弥补其成本，导致“搭便车”行为的发生，挫伤牵头行的积极性。而《业务指引》删除了这一禁止性规定，规定银团贷款收费体现了金融服务的附加值，属于中间业务收费，不属于政府指导的范围；收费的种类和金额应由借贷双方协商确定，收费标准不得高于同期同类中间业务收费水平，这样既确保了银行的有偿服务，又降低了借款人的融资成本。据此，银行可以收取安排费、承诺费、代理费等费用。二是担保方式。《业务指引》删除了《暂行办法》中“银团贷款必须实行担保”的规定。银行可以自主评审，更加独立地依据市场规则评判借款人风险并选择合适的贷款方式。

两项规范：一是银团贷款二级市场。允许银团贷款成员在依法合规的基础上转让银团贷款，以促进银团贷款二级市场的发展；同时规定，银团贷款协议中“约定必须经借款人同意的，应事先征得借款人同意”，以维护借款人利益。二是牵头行的承贷份额和分销份额。规定单家银行担任牵头行时承贷份额原则上不低于银团总额的20%，分销给其他银团成员的份额原则上不低于50%。

两项完善：一是从可操作性和市场化原则出发，《业务指引》用较大篇幅具体地规范了银团成员的职责、权利、义务及违约条款。二是《业务指引》明确了贷款评审方式，鼓励牵头行聘请外部中介机构如会计师事务所、资产评估事务所、律师事务所及相关技术专家出具评审意见。

（三）制定银团贷款示范文本

2006年，中国银行业协会牵头制定了《银团贷款合作备忘录》，并经下设银团贷款与交易委员会的33家成员单位共同签署；同时，还发布了《银团贷款与交易示范文本前端文件》，包括银团贷款委托书、银团贷款委托书复函、银团贷款邀请函三份格式文件，其中银团贷款邀请函内附贷款条件清单、信息备忘录、保密承诺函、贷款承诺函标准文本。此外，中国银行业协会又于2007年制作公布了《银团贷款双币种流动资金合同示范文本》和《银团贷款双币种中长期合同示范文本》。以上示范文本的颁布，方便和规范了银团贷款交易行为，有助于推动银团贷款业务发展。

三、发展银团贷款业务需关注的问题及建议

建立健全银团贷款法律制度，对银团贷款的发起、筹组、分销、审批、投放、管理、回收、风险处置等各个环节进行全面规范，可以有效降低银团贷款的成本及风险。下面对银团贷款业务发展中应注意的若干重要问题进行分析，并就银团贷款法律监管制度的完善提出相关建议。

（一）继续加强银团贷款法律规则建设，明确相关监管规章效力

首先，监管部门应进一步对相关法规进行清理，明确相关规章的法律效力和相互关系。目前，《贷款通则》、《暂行办法》仍是有效的监管规章，从法律效力等级上看，比作为部门规范性文件的《业务指引》效力要高，这导致《业务指引》本身是否具备强制力、具备多大法律效力都有待商榷。《业务指引》多采用“应采取”、“鼓励采取”等措辞，使得相关规定缺乏硬性约束。事实上，各家银行普遍对《业务指引》的执行力度不大，导致《业务指引》没有发挥出其应有的作用。其次，监管部门应研究制定科学规范的银团贷款操作规程。银团贷款参与主体众多，各个主体之间的权利和义务关系、资金流和信息流纷繁复杂，如果没有一套好的操作规程，势必会由于协调组织成本、人力成本和贷款代理费用的高企而阻碍银团贷款的推广普及。最后，监管部

门应进一步完善现有规定。例如，在银团贷款出现风险的情形下，《业务指引》仅原则性规定应成立“银行债权委员会”，而未明确该委员会的构成及决策机制等事项，这些事项都有待进一步细化。

（二）建立银团贷款信息共享平台，有效抵御相关风险

银团贷款使得银行可以通过信息共享和沟通，有效监控集团授信客户融资、用资及回款等财务情况变化，最大程度地消除对集团授信客户的信息不对称。如集团授信客户出现风险，银团可以快速及时地采取相应措施，及时化解风险，减少损失。此外，信息共享也能对集团授信客户形成某种程度的“威慑”，减小其恶意骗取银行资金或悬空银行债权的道德风险。因此，建立银团贷款统计信息系统和信息披露制度势在必行。目前，国内尚没有专门机构对银团贷款业务进行分类统计和归纳分析，建议监管部门推动银团统计和信息披露系统建设，对银团贷款一级市场的包销量、二级市场的分销量、银团贷款的利率水平、费率水平、贷款年限、担保条件以及借款人的信用评级等信息进行统计分析，并制定相关信息披露规则予以公开披露。

（三）进一步加强银团贷款市场监管，避免无序竞争

推动和促进银团贷款市场发展，有必要加强监管，约束银团成员的行为，建立公平有序的市场环境。《业务指引》虽提出牵头行不得以免予收费等手段开展银团贷款业务竞争，却缺乏对牵头行责任的规范，导致实践中银行间的不良竞争，牵头行往往以免收费用或降低收费的方式进行无序竞争，扰乱了银团贷款市场秩序。因此，应进一步加强对银团贷款市场的监管，对进行不公平竞争、扰乱市场秩序的行为给予必要的惩戒和市场准入限制，避免出现恶性竞争局面。

（四）大力发展银团贷款二级市场，改善银行资产管理

允许银团贷款成员在二级市场上转让银团贷款，能有效解决

银行长期投资高收益和资金流动性差的矛盾，有利于银团贷款业务健康发展。目前，我国还没有建立起比较完善的银团贷款二级转让市场，银团贷款分销、回购和资产证券化等手段较为匮乏，交易主体资格也没有明确界定，银团贷款成员在具体转让所持有贷款份额时，在转让对象、利率、手续费用等方面无法可依，上述情况导致银团贷款转让渠道不畅，银行信贷资金流动性差，限制了银团贷款业务的发展。因此，建议监管部门制定银团贷款转让办法，在细化操作规程的同时，解决二级市场平台搭建中的会计、税收等政策性障碍，并重点开展制定银团贷款二级市场交易示范文本、建立贷款交易定价机制、规范业务操作规程等基础性工作，以推动银团贷款二级市场的规范发展。同时，对于名为资产转让、实为逃避资本监管、变相扩大信贷规模的“假转让”行为，应当进行惩戒和纠正。

（五）规范中介机制，提高银团贷款效率

银团贷款涉及较多的法律、财务等问题，需要熟悉外汇管理、货币政策、避税安排、法律冲突等一系列规范，因此，银团贷款业务的发展离不开相关专业机构的介入，律师、会计、资产评估、信用评级等行业也纷纷将银团贷款项目纳入其高端服务市场。《业务指引》鼓励牵头行聘请会计师事务所、资产评估事务所、律师事务所及相关技术专家参与项目评估和贷款管理，但缺乏对相关中介机构的具体规范。因此，为更有效地进行专业合作，减轻牵头行、代理行的工作压力，建议对参与银团贷款中介机构的资质标准、业务规则等进行规范，并建立准入和退出机制，以提高银团贷款市场的效率和质量。

BOT项目融资法律风险的防范与控制

——从特许权协议的角度出发

黄晓华

［案例］某地市政府通过公开招标，确定一个项目公司以

BOT方式投资建设该市一条高速公路，并由市交通局与项目公司签订特许权协议。项目公司为完成项目建设，向某银行进行融资，由其股东为银行借款提供连带责任保证，并将建设项目公路收费权质押给贷款银行。高速公路项目建设期间，当地市政府要求提前完工，并对公路建设标准和施工技术规范等进行了变更，导致该项目建设费用大幅度增加。由于资金严重短缺，项目公司无法按原特许权协议规定的时间完成项目建设。后经市政府协调，由另一公司介入项目后期建设，并作为投资主体之一行使对项目的建设和管理权。项目建成通车后，后介入的公司要求变更项目业主，但未与原项目公司就资产评估转让等事宜达成一致。后该市交通局单方面解除了特许权协议，原项目公司对该公路的经营权和管理权被收回转移给另一公司。银行贷款也因项目公司之间的纠纷而被悬空，无人承接，面临较大风险。

一、BOT项目融资与特许权协议

BOT项目融资和特许权协议有着极为密切的关系，这可以从对BOT项目融资的界定中得到证明。世界银行对BOT项目融资的定义是：政府给某些公司新项目建设的特许权，私人合伙人或某国际财团愿意自己融资、建设某项基础设施，并在一定时期内经营该设施，然后将此设施交给政府部门或其他公共机构。原国家计委则将其界定为：政府部门通过特许权协议，在规定的时间内，将项目授予外商或民营企业为特许项目成立的项目公司，由项目公司负责项目的投融资、建设、运营和维护。特许期满，项目公司将特许项目无偿交给政府部门。

由上述对BOT项目融资的界定，或许可以得出关于特许权协议的一些结论：一是特许权协议是体现BOT项目融资特征的重要协议文本。由于BOT项目融资广泛适用于基础设施领域，而对基础设施的建设、运营等职能原本应由政府部门承担，只是出于成本、技术等方面的考量，政府部门将项目的建设、运营等权力授予项目公司，从而使项目公司得以进行相关的项目建设、运营等。由此可见，授予和取得特许权是 BOT 项目开展的前提和基础，而约定特许权相关事项的特许权协议对 BOT 项目的重要性也就显而易见。二是特许权协议的要素在 BOT 项目融资的界定中得到体现。以原国家计委对 BOT 项目融资的界定为例，特许权协议主体一方为政府或政府部门，另一方是外商、民营企业或其为特许项目成立的项目公司；特许权期限是确定的；特许权有效期内，项目公司应负责项目的投融资、建设、运营和维护；特许期满后，项目公司应将特许项目无偿交给政府部门。由此可见，特许权协议在 BOT 项目融资中居于非常重要的地位。

目前，我国规范 BOT 项目融资的相关法律规定主要是一些行政规章和部门规范性文件，主要包括：《关于以 BOT 方式吸引外商投资有关问题的通知》（对外贸易经济合作部，1995 年）、《关于试办外商投资特许权项目审批管理问题的通知》（国家计委、电力部、交通部，1995 年）、《关于加快市政公用行业市场化进程的意见》（建城〔2002〕272 号）、《市政公用事业特许经营管理办法》（建设部 2004 年第 126 号令）、《关于印发城镇供热、城市污水处理特许经营协议示范文本的通知》（建城〔2006〕126 号）等。从总体上看，目前 BOT 项目融资法规的法律位阶较低，使 BOT 项目融资及特许权协议缺乏统一、有效的法律依据，也缺乏对特许经营权的性质、政府在特许经营协议中的角色和地位等具体问题的规定，在实践中也因此容易导致一些争议和纠纷。

二、案例中存在法律问题及其风险防控措施分析

对前述案例中存在的法律问题及其风险防控措施进行分析，离不开对项目特许权协议的研究和分析：

（一）特许权授予主体条款

根据《公路法》的相关规定，特许权的授予主体在公路项目

中首先应当是对公路拥有管理权的政府，即特许权协议的一方主体应当是政府。实践中，与所管理公路的等级相适应，此类主体通常是省、市级人民政府。因此，确认特许权授予主体的资格问题，应当区分实际情况采取不同措施：对于政府部门为签约主体的，应注意政府层级与公路等级是否相适应；对于具体项目项下的签约主体有时是交通局、公路管理局等政府部门的情况，在确认特许权授予主体资格时，还应当注意其是否取得相关政府的授权，对此可以从政府批文及其他文本、特许权协议中对于签约主体资格的表述等方面进行确认。在本案例中，由市交通局与项目公司签订特许权协议，对此应要求其提供政府授权文件或其他能够证明取得授权的材料。

（二）特许权内容条款

本条款主要对特许权的范围、性质、特许期限等作出约定。对于特许权的范围，可作如下约定：特许权授予方授予同意将项目交由项目公司建设、经营和管理，在特许经营期限内，项目公司享有项目的建设管理权、运营管理权和车辆通行收费权。特许权性质应为排他性的，应明确在特许期间，特许权授予方确保特许权的任何部分在授权期间不再授予其他方。对特许期限的约定则应当明确，并可就特许期限调整机制作出约定。在公路 BOT 项目融资中，对于特许经营期限应在符合相关规定的基础上作出明确约定。根据《收费公路管理条例》的规定，经营性公路的收费期限，按照收回投资并有合理回报的原则确定，最长不得超过 25 年；国家确定的中西部省、自治区、直辖市的经营性公路收费期限，最长不得超过 30 年。

（三）项目建设条款

本条款主要解决项目建设的组织机构、费用分担、项目设计、施工、验收等条款。前述案例中，特许权协议约定“项目公司应按照设计规范、施工计划完成工程建设，并承担费用和风险；项目公司应将施工计划方案提交市交通局并取得其同意，未经市交通局事先书面同意不得对施工计划方案进行修改”。在项目建设期间，特许权授予方要求项目提前完工、变更公路建设标准和施工技术规范等行为导致项目建设费用大幅度增加，最终使项目公司无法按承诺时间完成项目，而并非由于项目公司违约导致工程延误，因此，项目公司不应承担责任。为明确责任，防范相关风险，应在特许权协议中对项目建设标准、技术规范等可能影响项目公司履行完工义务的标准作出尽可能明确的约定，并对上述标准是否可以调整及调整程序、调整后的责任承担等作出明确约定。此外，还要注意特许权协议中有无例外条款，本案例中特许权协议就约定，特许权授予方不干涉项目公司的施工、经营、养护及管理，除非此种干预是为保护公共利益及安全所必需的，或是由法律法规所要求的。因此，除非特许权授予方能够证明其对完工期限、建设标准等的变更符合上述例外性约定，否则项目可主张特许权授予方承担违约责任。

（四）项目运营管理条款

本条款中应包括与贷款银行联系较为紧密的车辆通行费的收取、收费标准的确定、收费标准的调整方式、项目转让和融资等内容。本案例中，虽然经过市政府协调，项目公司同意由另一家公司介入项目后期投资建设，并在项目建成就项目资产评估作价获得相应补偿后退出。但是在随后的评估作价过程中，项目公司对特许权授予方单方聘请的评估公司的评估结果不予认可，最终导致前述项目主体变更未能顺利完成，银行贷款也被悬空。可以说，特许权协议缺乏对项目资产评估和项目资产转让的详细约定是导致上述问题出现的重要原因之一。

三、完善相关法律文件、维护贷款银行自身合法权益的几点意见

如前所述，在BOT项目融资中，特许权协议是一份重要的法

律文件，它不仅直接影响到特许权授予方和被授予方的权利和义务，而且也会对贷款银行的权利产生重要影响。因此，在BOT项目融资中，贷款银行防范相关法律风险、维护自身合法权益的一个重要方面就是在贷款审批发放前认真审阅项目特许权协议的相关内容，确保其中不包含可能对银行贷款债权产生不利影响的条款，并尽可能在其中补充增加有利于银行债权保护的条款。但是由于贷款银行并非特许权协议的签约方，在多数情况下，项目公司往往是在特许权协议签订之后才开始办理银行融资，因此银行往往很难参与特许权协议的磋商谈判并对协议内容进行修改完善。此时，可以通过有针对性地在贷款合同中补充增加相应条款来平衡相关风险。

（一）关注并争取完善特许权协议

特许权协议中关于保护贷款银行权益的条款可以分为两类，一类是通过特许权授予方的承诺实现对项目公司的直接保护和对贷款银行间接保护的条款；另一类是对直接保护贷款银行利益的条款。

1. 特许权授予方的承诺。一般而言，特许权授予方应在特许权协议中向项目公司作出如下承诺：

——不竞争承诺，即在同一地区或一定范围内不批准设立其他同类项目，以避免过度竞争引起项目经营收益下降而影响投资回报。

——经营期承诺，即保证项目公司在经营期内享有合法经营权，不得以不正当理由提前收回特许经营权，即使出于公共利益和国家安全的考虑对项目实行征收和国有化，也应对项目公司进行公平合理的补偿，并对提前收回特许权经营权时如何计算补偿金及具体补偿方式在合同中作出明确约定，如约定一个“接管价”、约定补偿款项如何支付等。

——高质量服务承诺。如政府应保证提供建设项目所需用地、原材料和能源；保证依法行政，不会不合理地拖延或拒发许可证、批文等。

——保护知识产权和其他秘密信息的承诺。即政府对在BOT项目设立、建设、营运阶段获得相关的知识产权、技术诀窍和其他秘密信息履行保密义务并采取积极措施加以保护。

2. 在特许权协议中设定银行贷款债权保护性条款。在特许权协议中对贷款银行权益的直接保护，可以借鉴城市供水特许权经营权协议中第一百二十四条的约定，对项目公司偿还贷款银行作出安排。《城市供水特许权经营权协议示范文本》第一百二十四条约定，“如本协议终止，甲方（特许权授予方）应在乙方（项目公司）完成项目移交后____日内按照乙方在融资文件项下尚未偿还的贷款人的本金、利息、罚息和其他债务的金额补偿乙方，在任何情况下，该补偿金额应不超过按照甲方、乙方共同委托的资产评估机构对乙方移交的全部固定资产、权利所作评估的评估值”。也可以借鉴国际BOT项目融资特许权协议中的类似条款，如巴基斯坦INDUS高速公路项目特许权协议作出相关约定：“如果政府在没有合理理由的情况下违背了特许权协议或政府财政支持协议中的任何条款，项目公司有权单方面中止特许权经营。如项目公司因此种原因中止特许权经营或政府接管对项目公司的控制等，政府必须在6个月内偿还项目公司所付的商业债务或接管该公司对放贷方的责任和义务。”以前文案例而言，如特许权协议对项目的接管约定有相关条款，直接明确特许权授予方对贷款银行的责任和义务，则银行的权益将获得保障，从而减少由此可能产生的诉讼等成本。

（二）在贷款合同中增加相应保护性条款

完善相关法律文件、保护银行债权的另外一个重要方面是完善整体融资结构，并根据BOT项目融资的特点，在与项目公司签订的贷款合同中有针对性地增加相应保护性条款。

1. 完善整体融资结构。一是设置有效的担保体系，防范贷款风险。如通过项目完工担保、产品购买担保、照付不议协议、设定担保物权等多种形式担保，建立完善的担保体系，切实防范风险。二是选择与项目实际相适应的贷款合同体系，明确风险承担的主体。即根据项目的具体方式、涉及的当事人在特许权协议或其他协议中承担的义务情况，作出与此相适应的合同安排，确保当事人具有履行贷款合同义务的能力以及借款人在其他协议下风险能够得到转移。三是通过设置合理的贷款前提条件，确定风险承担的限度。如将政府承诺作出有利于贷款人利益的安排作为贷款前提条件，确保自身的权益得到有力的保障。

2. 具体合同条款的设置。一是约定在特许权协议被解除或终止或发生其他足以影响贷款行权益的情形时，贷款银行有权宣布贷款提前到期，并提前收回全部贷款。二是约定协议被解除或终止时或其他借款人从特许权授予方取得补偿等情形下，借款人获得的赔偿金、补偿金或项目资产收购款项应优先用于偿还贷款。在借款人应获得补偿的情况下，借款人有义务通知贷款银行。三是约定在特许权协议被解除或终止、需对项目资产评估作价以对项目进行补偿时，项目公司在与特许权授予方协商确定项目资产评估或审计机构时应事先征求贷款银行的意见；如特许权协议签署在先且约定相关评估机构可由特许权授予方单方选定，贷款行无法参与项目资产评估机构或审计机构的选聘，应要求借款人就项目资产评估作价明显不合理、不公正可能对贷款银行产生的不利影响作出适当的风险控制安排。四是约定如特许权协议被解除或终止时，项目公司需要先向特许权授予方支付违约金或赔偿损失后才能偿还贷款的，贷款银行有权要求借款人提供补充担保。

我国当前商业银行发展背景下分业与混业经营模式的选择

朱　亚

在金融市场一体化的环境下，商业银行不仅面临同业竞争，更面临着来自保险、证券、信托等金融机构的竞争。为实现规模经济、协同效应、优势互补等目标，商业银行与非银行金融机构的战略合作日益加强。由于不同国家金融体制和市场环境的差异，商业银行与非银行金融机构的合作深度和广度差异较大，这其中，分业经营与混业经营模式的差异，直接影响到商业银行能否通过股权控制涉足非银行领域，并对商业银行综合化经营发展产生直接的重要影响。本文拟从分业与混业经营模式的变迁入手，探究经营模式的选择，并提出我国当前商业银行发展背景下建立风险控制下的混业经营模式的观点。

一、分业经营和混业经营模式的变迁

金融业发展的历程一直存在着分业经营与混业经营的争论，监管者也在两种经营模式间几经态度的转变。简单地说，分业经营就是银行、证券、保险等金融行业分开经营，商业银行不能涉足非银行业务，证券、保险等机构亦不能经营商业银行业务。混业经营就是允许金融机构涉足银行、保险或证券中的两个或两个以上的金融行业，实现跨行业的经营。应当指出的是，对于混业经营的理解有着狭义和广义的区别。狭义的混业经营是指一个金融法人主体内的混业经营，即对于一个法人主体而言，其营业范围包括商业银行业务、保险业务或者证券业务。广义的混业经营是指一个金融集团内的混业经营，即商业银行、保险公司或者证券公司可以通过股权投资的形式控制另一类金融机构，比如商业银行控股一家证券公司，或者一家金融控股公司同时控制商业银行、保险公司或证券公司，这都属于广义混业经营的范畴。美国的混业模式就是以金融控股公司为主要表现形式的广义混业经营的模式。本文所指的混业经营是指广义的概念，研究的是商业银行能否以股权投资的形式控制非银行金融机构。

（一）美国金融经营模式的历史沿革

西方国家近百年的金融沿革史，经历了从混业经营转向分业经营，然后又回归到混业经营的过程，这其中，美国的金融经营体制变迁最为典型。

1933年以前，美国的金融管制较为宽松，金融领域的混业经营现象十分普遍。1929～1933年的经济危机使商业银行深受其害，整个金融体系和信用体系遭到了毁灭性的打击。为避免重蹈经济危机的覆辙，美国国会于1933年通过了《格拉斯—斯蒂格尔法》，美国金融业开始了长达67年的分业经营。分业经营体制比较有效地解决了金融行业之间的风险传导问题，对于大危机后美国经济的复苏功不可没。① 随着经济活动日趋国际化、金融创新产品不断推出以及资本市场的蓬勃发展，分业经营的弊端逐渐暴露。在金融市场变迁的环境下，传统银行业务出现了衰退，银行的多元化经营受到限制，在金融机构中的竞争力逐渐下降。为适应金融自由化、国际化、电子商务与网络金融快速发展的趋势，1999年，美国国会通过《金融服务现代化法案》，废除《格拉斯—斯蒂格尔法》，结束了美国银行、证券、保险分业经营的格局。

（二）我国金融经营模式的历史变革

我国的金融经营模式也经历了从混业经营到分业经营的转变。

1. 混业经营时期。1980年国务院印发《关于推进经济联合的暂行规定》，允许银行试办信托业务。1987年国务院颁布《企业债券管理暂行条例》，规定企业债券可“委托银行或其他金融机构代理发售”，“经中国人民银行批准，各专业银行和其他金融机构可以经办企业债券转让业务”，这使得银证混业有法可依。随着后来专业银行“全能化”，非银行金融机构“银行化”的倾向越来越严重，金融机构的非理性投资和投机行为愈演愈烈，金融秩序开始混乱。1992年出现了房地产热和证券投资热，大量银

① 康华平:《金融控股公司风险控制研究》，9页，北京，中国经济出版社，2006。

行信贷资金通过同业拆借进入证券市场，金融秩序出现了较大的动荡。[①]

2. 分业经营、分业管理时期。1993年，国务院正式提出“分业经营、分业管理”的金融业经营模式和监管模式。1995年以后陆续颁布的《商业银行法》、《证券法》、《保险法》等法规，为中国实行分业经营的金融体系提供了法律依据。在1994年至1996年这段历时三年的通货膨胀时期，分业经营的模式并没有能够落实。1997年，“分业经营、分业管理”的金融业经营模式再次得到了重申和落实。1998年，中国保险监督管理委员会成立。随后，中国人民银行非银行金融机构司对证券业监管的权限全部移交给中国证券监督管理委员会。2003年中国银监会成立，专司银行业监管职能。至此，“分业经营、分业管理”在制度上得到了保证，在实践中得以贯彻。

二、两种模式的检讨

（一）两种观点

对于金融行业实行分业经营还是混业经营，历来有不同的观点。

主张分业经营模式的理由主要有：（1）分业经营体制可以防止金融资本与商业资本和产业资本结合形成的金融寡头垄断；（2）分业经营可以防止金融风险传导，维护金融体系的安全运营；（3）分业经营可以防止银行滥用权力，避免在利益冲突的情况下，损害银行存款人和客户的利益；（4）分业经营可以发挥专业优势，提高金融竞争中的比较优势等。[②]

提倡混业经营模式的理由主要是：（1）金融的本质需要混业经营，认为割裂资金的运营模式不利于规模经济的产生，是社会

① 宣文俊：《我国金融业混业经营的法律框架思考》，载《法学》，2005（1）。
② 宣文俊：《我国金融业混业经营的法律框架思考》，载《法学》，2005（1）。

资源的一种浪费；（2）混业经营模式有利于金融创新，而金融创新已经成为金融发展的趋势；（3）混业经营在进行金融资产运营时采取的是资产集约化的管理模式，比分业经营更有效率，充分体现了经营的优势；[①]（4）混业经营可以通过控股性投资的方式，使资本的利用率增加，从而发挥资本的杠杆作用；（5）混业经营可以提供多元化的金融服务，满足客户的多种需求，从而增强竞争实力。[②]

（二）新形势下经营模式的选择

笔者认为，对于分业经营还是混业经营模式的选择不能离开所处的金融行业发展阶段、金融市场环境以及对行业监管能力的判断。20世纪末以来，银行业经营发展的外在环境发生了巨大的变化。这种变化集中体现在银行业管制的放松、电子信息技术在银行业的广泛应用、金融体系的变迁以及金融一体化的发展，这都从不同方面提高了银行业市场的竞争程度。随着全球经济的持续快速发展以及金融市场的繁荣，银行机构积累了大量资本，为寻求更快的增长，国际大银行频频通过并购来实现全球化扩张，并在脱媒化趋势显现的环境中向综合化、全能化转型。

目前的金融环境已经不同于1929年经济大萧条状态的环境。在货币市场与资本市场、现货市场与期货市场等金融市场飞速发展的今天，金融机构的规模及风险管理水平以及监管机构的管理能力都得到了显著的加强。因此，在这种情形下回归混业经营模式并非简单地重复以往的老路，而是否定之否定的飞跃。

笔者认为，对于分业经营和混业经营的选择，焦点在于对资本效率和风险控制的权衡。金融行业主要包括商业银行、证券公司和保险公司三类机构。商业银行的营运资金主要来自存款，对风险较为敏感，“安全性”是商业银行的首要经营原则。而证券

---

① 安志达：《金融控股公司——法律、制度与实务》，154~170页，北京，机械工业出版社，2002。

② 宣文俊：《我国金融业混业经营的法律框架思考》，载《法学》，2005（1）。

公司和保险公司的经营范围和风险敏感度与商业银行不同。在分业经营模式的支持者看来，如果允许银行直接或者间接从事证券、保险等非银行业务，可能使银行承担过大的风险，并危及存款人的利益，因此，应当将商业银行（集团）限制在存款、贷款等传统业务上，以防止风险在不同金融行业内传导。而在混业经营的支持者看来，对商业银行（集团）业务的限制，就是限制了资金的合理使用，导致资金的浪费，而如果商业银行（集团）能够从事其他非银行业务，并不一定意味着风险从其他金融行业传导至银行，相反，多样的资金配置方案能够增强商业银行的盈利能力和抗风险能力。笔者认为，分业经营和混业经营模式并没有本质的不可融合，只是各自的出发点不同。对于缺乏监管和风险控制机制的混业经营来说，当然对金融行业有害无利，经济大萧条之前的状态就属于此。而如果能够在允许混业经营的情况下，加强风险监管，采取科学有效的方式控制风险的传导，那么这种机制下的混业经营当然更有利于提高整个金融行业的效率。这显然比简单地通过行业隔离来实现风险隔离更有意义。因此，有效监管下的混业经营模式更有利于银行业和整个金融行业的发展。

三、我国分业经营模式的放松

近年来，我国分业经营受到全球混业经营趋势的挑战。一方面，美国等国家向混业经营模式转变的实践，引发了对分业监管模式不足的思考，实践中分业经营的模式也暴露出不能适应新的金融形势的缺点，比如难以为金融创新提供良好的监管环境。另一方面，我国加入 WTO 后的开放环境，使得我国商业银行难以适应来自国际化竞争的挑战。与发达国家跨国型银行相比，中国银行业总体竞争力明显弱势，中国加入 WTO 后，大量资本实力雄厚、管理技术先进的外国银行依据中国政府所作的开放承诺逐步进入中国金融市场开展各项金融业务。外资银行在获取人民币业务“全牌照”后，依托其母公司的综合化经营平台，通过“前台分业，后台混业”的办法，为客户提供融合银行、投资及保险等多元金融产品的“一站式”服务。同时，还通过合资设立、兼并收购及参股等方式积极抢滩内地非银金融市场，快速拓展在内地市场的业务网络与客户平台。例如，汇丰银行（中国）有限公司借助其关联机构汇丰保险（亚洲）有限公司，与国民信托有限公司筹建合资保险公司；瑞士银行入股瑞银证券有限责任公司；东亚银行与德国最大的资产管理公司 UnionAsset 共同组建东亚联丰基金管理公司；美国银行与建设银行合资创立租赁公司等。这些都为我国商业银行的发展提出了严峻的考验。面对处于混业经营环境下的外国银行，受到分业经营限制的中资银行处于弱势地位。在此背景下，我国的监管部门和商业银行都在进行着混业经营的探索。

（一）政策放松

近年来，我国在金融机构经营模式上提出了一些新的思路。2005 年 10 月，《中共中央关于制定“十一五”规划的建议》要求“稳步推进金融业综合经营的试点”，2006 年 3 月，《国民经济和社会发展第十一个五年规划纲要》指出要“通过金融控股公司和其他适合我国国情的综合经营组织形式，发展综合类金融业务”。2008 年 2 月，《金融业发展和改革“十一五”规划》中更是明确指出，要“稳步推进金融业综合经营试点。鼓励金融机构通过设立金融控股公司、交叉销售、相互代理等多种形式，开发跨市场、跨机构、跨产品的金融业务，发挥综合经营的协同优势”。与此同时，监管部门也相继颁布了一系列的监管规章，探索实践混业经营模式。中国人民银行、中国银监会、中国证监会联合颁布《商业银行设立基金管理公司试点管理办法》（中国人民银行、中国银监会、中国证监会公告〔2005〕第 4 号）允许商业银行出资设立基金管理公司；中国银监会制定《金融租赁公司管理办法》（银监会令 2007 年第 1 号）允许商业银行设立金融租赁公司；中国保监会印发《关于保险机构投资商业银行股权的通知》（保监发〔2006〕98号）许可保险公司参股商业银行。这些举措表明监管部门正在尝试放松分业经营的界限，尝试混业经营的模式。

（二）实践中的金融控股公司模式

实践中，国内已经存在一些金融控股公司的模式。这些公司在发起人、组织形式和主营业务等方面存在一些差别，大体上可以分为四种模式。[①] 一是纯粹的金融控股公司，母公司不从事具体业务活动，控股各个子公司专门从事银行、证券、保险等具体金融业务；二是银行控股公司，银行业务在集团中占据绝对的主体地位；三是非银行机构主导型金融控股公司，由保险公司、证券公司、资产管理公司等非银行金融机构发起设立金融控股公司；四是区域性的金融控股公司，在区域性（地方性）商业银行、证券公司、保险公司等金融机构基础上组建金融控股公司，服务特定的社会人群和独具特色的地方性企业。

（三）国内银行迂回进入非银行金融领域

在监管当局对金融业混业经营尚未出台明确政策的情况下，我国商业银行开始尝试通过在国外设立投资银行等方式，迂回进入非银市场。比如，中国工商银行在香港设立了工银国际作为投资银行发展的平台，招商银行也借并购永隆银行的机会得到香港市场银行、保险、证券多个牌照，从而涉足非银行金融领域。也有银行通过外国子公司转道进入国内的非银行金融领域，例如，中国银行旗下的中银国际控股集团与中银集团保险有限公司分别在内地设立专营证券业务的中银国际证券和专营保险业务的中银保险有限公司。通过这些方式，我国的商业银行既积累了混业经营的先发优势，也能够更充分地发挥海外和内地市场之间的联动

① 参见中国工商银行城市金融研究所课题组：《综合经营战略与路径研究》，载《金融论坛》，2009（6）。

效应。

四、结论——探索建立风险控制下的混业经营模式

我国有必要探索建立风险控制下的混业经营模式。这一模式的建立应当与风险监管水平和金融业风险控制能力相配套。实施混业经营的关键在于完善我国的监管法制，强化风险监管理念，提高监管者的监管水平。

从监管体制上看，与分业经营相适应的是分业监管，与综合经营相对应的是统一监管。在金融服务业从分业经营向综合经营过渡的时期，由于业务混合的发展要先于业务监管的发展，造成金融监管的滞后，容易在某些领域形成监管空白，引发金融风险。如在金融控股公司形式下，金融机构的资本充足率问题；金融机构设立条件问题；金融机构的内部风险控制机制的建立问题；金融控股公司内部不同业务之间的“防火墙”设置问题；以及金融机构之间相互投资的问题等。从西方发达国家的综合经营实践来看，其金融风险的控制无不依赖于完善的监管制度，金融监管应当逐渐由原来的分机构监管向功能监管转化。从这一点上看，应当借鉴实行综合经营制度国家的监管经验，完善中国在过渡阶段的监管体制，为今后实行综合经营奠定良好的基础。

银信合作理财产品法律风险及防范

白　峰

银信合作理财产品是指银行将理财计划项下的资金交付给信托公司，由信托公司担任受托人并按照信托文件的约定进行管理、运用和处分的银行理财产品。通过与信托公司合作、采用信托途径拓展理财资金的运用渠道和范围，已成为目前商业银行理财业务发展的一种重要模式。根据理财资金运用方式的不同，银信合作理财产品主要可分为债权类和股权类两大类。债权类理财

产品由银行委托信托公司将理财资金用于发放信托贷款或投资于应收账款、票据等资产，通过行使债权获取收益。股权类理财产品则由银行委托信托公司将理财资金以打新股、投资于上市交易的证券以及对特定目标公司进行增资扩股等方式获取收益。下面分别以债券类理财产品中的债权转移类理财产品和股权类理财产品中的股权投资类理财产品为例，对银信合作理财产品的法律风险及其防范进行简要剖析。

一、债权转移类理财产品的法律风险防范

在债权转移类理财产品中，银行将通过发行理财计划募集的理财资金委托给信托公司，由信托公司将资金用于购买或受让特定债权，在持有到期后获得收益，或在约定期限届满时由转让方或第三方溢价回购。该类产品的结构通常如图 1 所示：

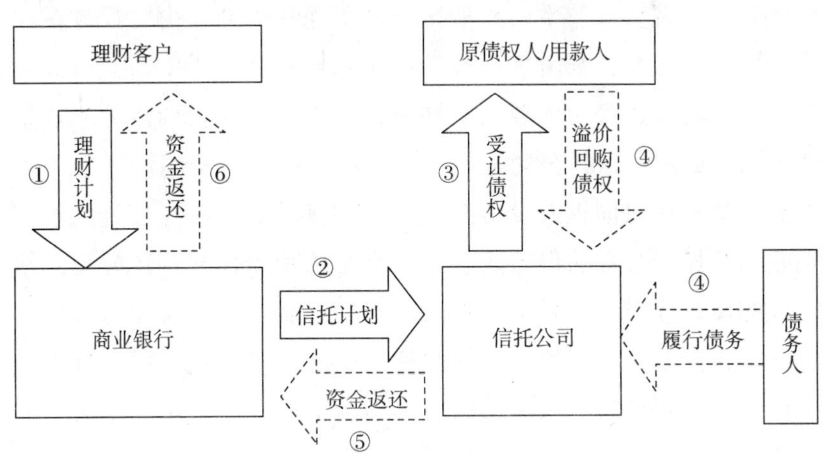

图 1　债权转移类理财产品结构图

实践中，信托公司所受让的债权主要有两种：一是银行贷款债权，包括从作为理财计划管理人的银行处受让的贷款债权；二是 BT 项目协议项下的应收账款债权。本类产品由于理财资金所投资的债权种类多样，其中可能含有较为复杂的债权结构，故其主要风险表现为债权受让行为不符合相关规定而产生的风险，以

及债务人不履行债务而产生的信用风险等。

（一）债权转移类理财产品应共同关注的法律问题

1. 确保债权受让行为符合相关法律规定。银行首先应仔细甄别债权的性质，确保以下事项：拟受让债权为转让人合法所有；债权无瑕疵、其行使未附条件；债权人对债务人不负有义务或相关义务已经履行，债务人不会就债权行使提出抗辩。其次，银行应注意相关债权是否可以依法转让。根据《合同法》的规定，按照合同性质、当事人约定及法律规定不得转让的债权不得转让。因此，银行应对原债权合同进行认真审查，注意该债权是否为法律所禁止转让，或合同中是否有当事人约定禁止债权转让的条款。

2. 根据具体情况完善债权转移程序。《合同法》规定：债权人转让权利的，应当通知债务人；未经通知，该转让对债务人不发生效力。现实操作中，如信托公司所受让的债权由转让方在约定期限进行回购，则由于债权最终又返回转让方手中，其可能并不希望该转让过程为债务人所知晓，因而提出债权的转移不通知债务人。此时，信托公司虽然转让债权，依据《合同法》的上述规定，却不能以债权人身份向债务人主张权利，信托公司能否到期收回信托资金并获得预期收益将主要依赖于债权转让方而非债务人的履约能力。如果信托期限短于债务履行期限，即债权到期前即由转让方予以回购，则在此种情况下由于信托公司本身无须向债务人主张权利，因此债权转让是否通知债务人影响不大。如信托期限大于或等于债务履行期限，则信托公司原本既可以要求债权转让方回购债权，也可以直接向债务人行使权利，此时因未履行通知义务而丧失向债务人求偿的权利，只能依赖债权转让方回购，风险将显得较为集中。可以想见，在债权转让方信用风险大于债务人的情形下，此种选择显然不够明智。因此，银行应注意审查信托期限与债权期限之间的关系，并依据债权转让方的信用风险状况判断是否同意债权转让不通知债务人。

3. 保证信托计划所投资的债权能够顺利实现。有些信托计划受让的债权的实现取决于未来一定时期的现金流，如信托计划受让工程收费权、项目收益权等。对于此类投资，法律部门应注意提示业务部门事先做好对投资项目的尽职调查，保证该项目能够产生足够的现金流以保障理财收益。

4. 在受让主债权的同时一并受让从属权利。《合同法》规定，债权人转让权利的，受让人取得与债权有关的从权利，但该从权利专属于债权人自身的除外。[①]《物权法》规定，抵押权不得单独转让，债权转让的，抵押权一并转让，但法律另有规定或者当事人另有约定的除外。[②] 最高人民法院《担保法司法解释》规定，保证人与债权人事先约定仅对特定的债权人承担保证责任或者禁止债权转让的，保证人不再承担保证责任。[③] 因此，对于所受让的债权附有担保的，银行应事先确认担保合同中是否含有禁止主债权转让的条款、是否对担保权利的转让有限制性规定，如有相关约定，则应要求信托公司按照约定征得担保人的同意或重新办理担保手续；如无特别约定，则信托公司应同时取得受让债权所附有的担保权利，以保障理财资金的安全。

（二）受让 BT 项目应收账款债权应特别关注的法律问题

BT 项目建设方式是指在基础设施等建设领域，地方政府或其授权机构与项目公司签订项目 BT 协议，委托项目公司按照约定总价承建基础设施建设项目，融资和建设事宜均由项目公司负责，项目竣工验收后由政府或其指定机构进行收购并组织营运。项目公司依据项目 BT 协议享有在未来一定时期对委托方的应收账款债权。银行将理财资金信托给信托公司，由信托公司受让项目公司享有的对地方政府的应收账款债权。该类产品结构如图 2 所示：

---

① 《合同法》第八十一条。
② 《物权法》第一百九十二条。
③ 《担保法司法解释》第二十八条。

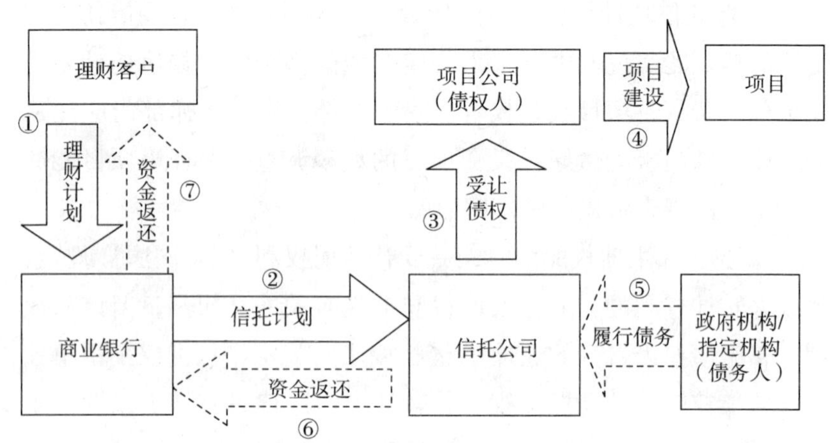

图 2　BT 项目类理财产品结构图

该类产品面临的主要风险是债权到期后能否得到正常偿付。银行在设计和发售此类理财产品时，除应关注上述关于债权转移类理财产品所应共同注意的问题外，还应对以下问题予以特别关注：

1. 遴选合适的 BT 项目。商业银行作为理财计划代理人，应尽合理努力保证所投资产品的真实、有效。商业银行除审查项目建设本身所应具备的各项证明、批准外，应着重注意对涉及项目建设及款项支付的项目 BT 协议、债权债务确认书等文件进行审查，确认有关政府或其指定机构有义务偿付应收账款，并根据应收账款偿付的方式、时间等要素妥善安排理财产品发售。

2. 完善和强化应收账款债权偿付安排。信托公司受让的 BT 项目协议项下的应收账款债权能否按期偿付往往最终依赖于项目所在地政府的信用。因此，银行在设计和发售此类理财产品时应在相关法律文件中完善和强化政府的应收账款偿付义务，尽可能要求当地政府出具专门承诺，表明其知悉并同意项目公司将项目 BT 协议项下的应收账款债权转让给信托公司，并承诺统筹安排财政资金无条件、不可撤销地向信托公司履行债务，该项债务的履行不受项目具体建设情况影响。同时，尽量要求取得当地人大同意将资金列入相应年度财政预算的书面证明材料。

3. 确保资金用途。除在资金信托合同中明确约定资金用途外，银行应注意审查信托公司与项目公司签订的债权转让协议，以确认理财资金的最终投向。此外，为保证信托公司按约定运用信托资金，银行还应要求信托公司与其签订信托资金保管协议，约定保管行只有在审查付款指令符合相关投资文件要求的情况下才予以执行，对不符合约定用途的款项划拨有权拒绝。

4. 合理匹配理财计划与信托计划期限。BT 项目建设期一般较长，相应信托计划期限也较长，而理财产品投资期限一般比较短，这样就出现了理财计划和信托计划之间的期限错配问题，形成一定的流动性风险。同时，期限的错配也可能引起收益的错配。为此，银行可滚动发行多个理财产品与一个信托计划对接。后续发行的理财计划所募集的客户资金用于承接前一理财计划所持有的信托受益权，前一理财计划通过转让信托受益权的方式获取资金返还给客户。最后一期理财计划则通过信托计划所持有的应收账款债务人履行债务的方式，获得理财资金和收益的返还。同时，为保证各期理财计划能够获得预期收益，应在信托计划中约定，应收账款债务人应按期向信托公司支付固定收益，并对收益支付标准加以明确。同时，由债务人以承诺函等方式对上述收益支付安排加以确认。为保证各期理财计划之间的衔接，资金信托合同中应明确约定受益人可以转让信托受益权。

（三）受让银行信贷资产应特别关注的法律问题

信托公司受让银行信贷资产时，该类产品结构通常如图 2 所示：

在设计和发售此类产品时，除应关注上述关于债权转移类理财产品所应共同注意的问题外，还应对以下问题予以特别关注：

1. 遴选合适的信贷资产。根据《中国银监会关于进一步规范商业银行个人理财业务投资管理有关问题的通知》（银监发〔2009〕65 号）的规定，理财资金所投资的银行信贷资产应为正常类。因此理财资金不得投资于非正常类的信贷资产。

2. 注意贷款期限与信托计划期限匹配。根据银监会《银行与信托公司业务合作指引》的有关要求，信托公司投资于银行所持的信贷资产的，应当采取买断方式，且银行不得以任何形式回购。[①] 因此，信托公司在受让银行贷款债权后，只能通过持有到期或转让给有资质的第三人来获取收益。如信托公司选择持有到期，则信托计划到期日一般应不早于贷款到期日，以便信托公司在信托计划到期时能够得以行使债权。在这种情况下，信托公司所受让贷款的剩余期限应在信托计划期限之内。一般来说，由于理财产品期限往往较短，因此信托计划期限也较短，相应选择的贷款剩余期限也不应过长。如银行拟转让给信托公司的贷款的剩余期限较长，则可采取两种方式来处理：一是设立与拟受让贷款债权剩余期限相匹配的较长期限的信托计划，再发行多个前后衔接的理财产品与之对接；二是将贷款按期限进行拆分，将与信托计划期限相匹配的期间的贷款债权转让给信托公司，超出信托期限之外的贷款债权仍由银行持有，这样虽然贷款债权的整个剩余期限可能长于信托计划，但由于贷款债权是按期限分割分段转让，所以也不存在信托计划到期后信托公司再行处置所受让债权的问题。如信托公司选择在信托计划到期时将所受让的贷款债权转让给第三方，则信托期限可短于贷款到期日，此时需注意审查受让方的资质及信用，并事先签订有关受让协议。

3. 做好信贷资产管理工作。银行向信托公司转让信贷资产后，不可避免地涉及到信贷资产的后续管理问题。相比较银行而言，信托公司往往不具备管理信贷资产的专业知识和能力，因此实践中信托公司往往委托原银行继续管理相应信贷资产，银行应通过与信托公司签署资产管理协议，按照不低于管理银行自营同类资产的管理标准做好对信贷资产的管理工作。

---

① 《银行与信托公司业务合作指引》第二十七条。

二、股权投资类理财产品的法律风险防范

为支持和促进经济发展，满足暂时性资金短缺需求，一些地方政府采用理财加信托方式筹集资金，由信托公司对政府投融资平台公司进行增资扩股，相应资金作为资本金投入项目建设。信托期满，由当地政府安排相关部门或企业按照事先约定溢价受让信托计划所持有的股权，股权受让价款用于偿付客户理财资金和收益。该类产品结构如图3所示：

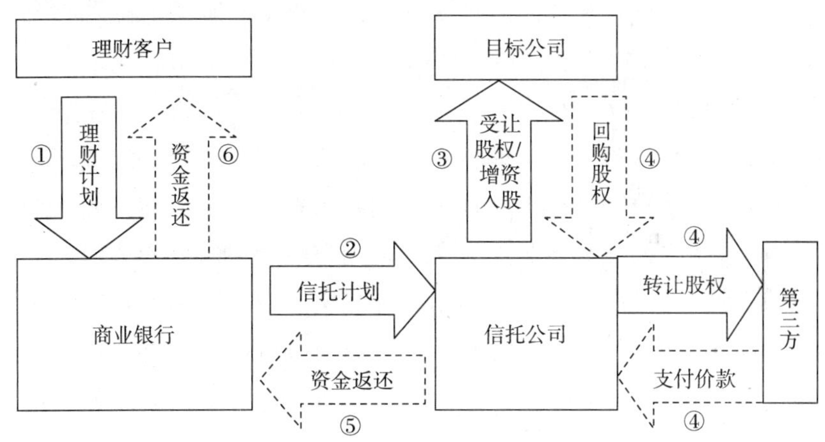

图3　股权投资理财产品结构图

银行在设计和发售此类理财产品时应注意以下问题：

（一）获得当地政府支持性文件，保证理财资金顺利退出

为保证信托计划到期政府或其指定机构按照约定受让股权，实现理财资金的顺利退出，银行应要求信托公司尽量获得当地政府的承诺，表明其同意对目标公司的增资入股和股权退出安排，承诺统筹安排财政资金和其他资金支持股权受让方履行股权受让义务，并尽量要求取得当地人大同意将股权受让资金列入相应年度财政预算的决议。此外，政府融资平台公司在进行增资前，通常由政府全资控股。对于国有独资公司，根据《公司法》第六十

七条的规定，其增资事宜必须获得国有资产监督管理机构的同意。因此，信托公司在进行增资入股时，应要求以获得相关批准为前提。

（二）及时办理股权变更登记

信托公司对政府融资平台公司的增资入股虽然只是阶段性行为，约定期限届满后将会退出对目标公司的持股，但是为保证其所持有的股权的完整性和有效性，更好地维护银行及理财客户的权益，增资入股完成后，信托公司应要求目标公司及时进行股权变更登记，将信托公司的股东身份通过工商登记加以确认。

（三）注意理财计划与信托计划期限和金额的匹配

股权投资一般属于长期行为。实践中，虽然信托公司受托进行股权投资的目的并非参与目标公司日常经营管理，因而持股时间一般较短，但仍然普遍长于银行通常发售的理财产品的期限。为了实现期限上的相互匹配，银行往往需要滚动发行多款理财产品来与一项股权投资信托计划进行对接。对此，可以在资金信托合同中设定信托收益权转让条款，前一期理财产品可以通过将其持有的信托收益权转让给后一期理财产品，实现前一期理财产品的顺利退出（见前述相关分析）。如果在相应股权回购或转让安排中，回购方或受让方承诺在未来一定期间内分期回购或受让信托公司持有的目标公司的股权，从而使信托公司分期收回股权投资款，则可以在资金信托合同中设定信托资金赎回条款，银行作为信托计划委托人和受益人分期赎回信托资金，后续理财产品发行额度则可以随之降低。

（四）强化信托公司股权管理义务

信托公司受托进行相应股权投资后，即成为目标公司的股东，依法享有各项股东权利。然而如前所述，信托公司进行股权投资的目的并非参与目标公司的日常经营管理，也往往缺乏参与公司治理的能力和经验，因此，由其直接行使股东权利既无必要性，也存在现实困难。因此，信托公司经商业银行同意，可以委托目标公司原股东或具备相应资质的第三方代其进行股权管理，代为行使股东权利。对此，信托公司应与受托方签署股权委托管理协议，对委托管理事项和各方权利义务加以明确。比如，约定在股权委托管理期间，股权受托管理人对信托公司负有下列义务：维护目标公司及信托公司的合法权益，不得损害目标公司及信托公司的利益；依照国家相关法律法规以及按正常的商业运行模式对目标公司行使股东权利；定期向信托公司完整、真实地披露公司的经营情况；向信托公司详细通报有关目标公司重大决策情况；若公司经营状况发生重大变化，及时向信托公司报告；未经信托公司事先书面同意，不得将受托管理股权进行转让、质押、再托管及/或设立任何形式的权利负担；如受托管理股权遭遇任何形式的不利情形时（包括但不限于司法查封冻结），立即通知信托公司，并应立即采取一切必要的措施消除该不利情形。

信用卡章程及领用合约法律问题研究[①]

董建军　周　慧　张大治　肖亮亮

随着经济金融格局的变化和居民消费水平的提高，我国信用卡业务进入了高速发展期。与节节攀升的发卡量、迅猛增长的客户群体、快速扩张的业务规模相对应的，是日益增多的纠纷和不断累积的风险，商业银行在业务实践中遭遇到越来越多的信用卡违约和持卡人争议问题。作为信用卡最根本的法律文件，章程与领用合约对商业银行防控信用卡风险和促进信用卡业务良性发展至关重要。本文在探讨国内商业银行信用卡章程与领用合约产生与发展的基础上，分析目前信用卡实务中存在的主要问题，并借鉴国外银行的经验做法，结合业务实际，提出完善国内信用卡章

① 本文原载于《上海金融》，2009（11），此处略有删减。

程与领用合约的对策建议。

一、信用卡章程与领用合约的法律属性

（一）章程和领用合约产生的背景

在我国，信用卡章程和领用合约的制定与金融法制环境有密切关系。我国传统的监管理念认为，金融业是高风险、高负债的行业。监管机构希望通过严格的管制，维护金融安全与稳定。因此，与一般的商事行为相比，信用卡交易的契约自然受到了诸多限制。我国1999年《银行卡业务管理办法》明确规定，商业银行开办信用卡业务，应当按照中国人民银行有关加强授权授信管理的规定，制定统一的章程，载明信用卡的申领手续、账户适用的利率、面对持卡人的收费项目及标准等。基于上述规定，国内商业银行在发行相关信用卡时，均按监管要求制定了信用卡章程。同时，为了进一步细化发卡银行与持卡人之间的权利和义务，明确持卡人使用时应注意的重要事项，发卡银行还在信用卡章程的基础上，结合信用卡实务自行拟制领用合约。

（二）章程和领用合约的法律界定

在信用卡申请人同意遵守章程并签署领用合约后，信用卡法律关系即告成立，发卡银行与持卡人均受信用卡章程与领用合约的约束。因此，信用卡章程与领用合约共同构成规范信用卡各方当事人的基础法律文件，其核心内容是对发卡银行与持卡人之间权利义务的规范。章程与领用合约本质上均属发卡银行为方便使用、提高服务效率而制定的格式合同，由各发卡银行单方事先拟就，普遍适用于一切不特定的信用卡申领人，申领人只能全部接受或一概拒绝，而不能就个别条款进行商洽。尽管在形式上体现为格式合同，但兼顾公平与效益、平衡发卡银行与持卡人利益，应该是信用卡章程和领用合约的基本价值取向。因此，章程和领

用合约的制定，既要考虑信用卡业务的发展实际，也要照顾持卡人的合法权益；既要保证发卡银行的交易安全，也要着力为客户提供优质高效的信用卡服务。

（三）章程和领用合约的法律作用

我国现行法律制度中，调整信用卡法律关系的主要包括《民法通则》、《合同法》及《银行卡业务管理办法》等。《民法通则》、《合同法》等基本法律制度规定的是一般民事活动中当事人的法律关系，缺乏针对作为特殊金融业务的信用卡交易的专门规范。而《银行卡业务管理办法》制定实施距今已近 10 年，受当时银行卡业务的客观限制，存在覆盖范围较窄、许多内容滞后于实务等问题。因此，在现有法律法规对信用卡交易关系缺乏规范的情况下，作为信用卡基础法律文件的章程和领用合约就显得尤为重要，成为当事人明确权利义务和商业银行规避纠纷、防范风险的主要法律手段。

（四）章程和领用合约的区别

在效力上，章程的法律效力高于领用合约。根据 2004 年《关于银监会行政许可项目有关事项的通知》的要求，信用卡章程的修改应向银监会履行报备手续，相较而言，领用合约的制定和修改程序相对简便，无须履行监管审批或报备手续，且一经当事人签署即生效。在具体内容上，章程具有较高的概括性，领用合约则更具操作性。依照《银行卡业务管理办法》的规定，商业银行制定的信用卡章程载明的事项涵盖了信用卡业务整个流程，而领用合约则由发卡银行自行拟就，结合信用卡业务的实际，对发卡银行和持卡人的具体权利义务作出的更有针对性的约定，提示申领人注意对其权益发生重大影响的条款。在适用对象上，章程约束的主体范围大于领用合约。章程涉及的业务层面广，对发卡银行、持卡人、联名单位、担保人、特约商户等信用卡法律关系主体均具有约束力，领用合约主要针对发卡银行和持卡人之间的权利义务，约束的主体范围小于章程。

二、信用卡章程和领用合约的新发展

近年来，我国的信用卡业务步入快速发展的轨道，并成为商业银行未来重要的利润增长点。信用卡的数量越来越多，功能和品种日益丰富，涉及的人群越来越广。为此，国内许多发卡银行也适时地对章程和领用合约进行修订和完善，以顺应信用卡业务发展创新的变化需求。

（一）契合信用卡业务发展

信用卡市场的迅猛发展促使其服务内容和业务操作始终处于创新变化之中，发卡银行和持卡人的权利义务也需要适应这一变化要求。由于发卡银行面对的是一个数量庞大的持卡人群体（动辄以百万甚至千万计），频繁修改章程和领用合约不仅存在程序复杂的问题，而且易给当事人用卡造成不便。鉴于此，国内许多商业银行对于信用卡章程和领用合约的修改保留了适当的弹性，以概括的方式表述那些根据监管规定需不时调整的内容。例如，在信用卡的使用、计息及费用中较多地使用“按照监管部门有关规定执行”的表述，以保持其业务的合规性和条款的灵活性。另外，涉及到信用卡的交易规则越来越繁杂，为明确对持卡人的约束力，更灵活地顺应信用卡业务的发展趋势，国内有些银行概括性规定：持卡人使用信用卡时，须遵守发卡机构、特约商户与信用卡组织等的相关规定；在使用电子银行、柜员机或免费增值服务等时，须遵守有关业务章程、协议和交易规则。

（二）强化法律风险防控

信用卡给人们的生活消费带来了前所未有的便利，但相关纠纷亦不断增多，如持卡人拒付银行欠款、发卡银行单方中止持卡人用卡权、透支利息与费用计算等事项引发的纠纷等。一些发卡银行在信用卡章程及领用合约中，针对实践中易引发纠纷的问题及敏感性问题作了明确约定，确保实际业务操作有法可依、有据可查，避免可能出现的各种法律风险因素。例如，约定持卡人不得以与特约商户的纠纷拒付款项、授权银行对外提供必要信息、及时启用牡丹卡并签名、妥善保管和使用密码的义务；发卡银行在变更、中止或终止服务时，负有通知义务、提供对账服务的义务；发卡银行享有调查了解持卡人资信状况的权利、主动调整信用额度的权利、变更或终止增值服务的自主权；约定了发卡银行抵销权的灵活行使，在持卡人未按时清偿到期信用卡债务的情况下，发卡银行有权从持卡人在发卡银行开立的任何账户中直接扣收；以专门的章节明确规定利息费用的计收方式和规则，在收费表中以醒目的方式具体列明各项收费的明细和金额。

（三）保障持卡人合法权益

近年来，金融消费者权益问题受到社会公众和法律界的广泛关注。发卡银行在改进服务质量的同时，还通过信用卡章程和领用合约的合理设计来保障持卡人合法权益。首先，针对“霸王条款”问题，一些发卡银行在关于凭密码交易的认定、挂失责任认定、中止及终止信用卡等涉及银行免责或重要权利义务关系的条款中，采用了诸如“持卡人以正常履行本合约、提供信用卡有关服务及履行法定义务为限”、“除非持卡人存在法律法规规定的过错”等主动限制银行的表述。其次，为了保障消费者的隐私权，一些发卡银行明确规定对持卡人的信息和资料负保密责任，并列明有权使用持卡人信息和资料的具体情形，合理限制使用范围。最后，为了保障消费者的知情权，国内许多银行在信息沟通机制上也进行了有益的创新，例如通过“短信银行”和“电话银行”等多种渠道及时为持卡人提供最新的信用卡信息（余额变动、还款提醒、额度变化、章程和合约修订等）。

上述变化反映出信用卡章程与领用合约的改进越发合理与人性化，充分体现了国内商业银行在探索更好地服务消费者方面所作出的努力。

三、信用卡章程和领用合约的主要问题与完善建议

此次金融危机的爆发严重影响到美国这一世界上最发达的信用卡市场，这也警示我国商业银行在追求市场规模和效益的同时必须重视持续的风险控制。国外信用卡的发展历史也证明，对信用卡管理的科学化与业务的规范化，完善的信用卡章程与领用合约起到了重要作用。因此，研究信用卡业务实际与发展趋势对章程与领用合约形成的新挑战，探索通过完善章程与领用合约来实现信用卡风险的有效防控，成为商业银行不容忽视的重要课题。

（一）体例行文的安排

信用卡业务的复杂性导致信用卡合约的内容繁多、篇幅冗长。实践中许多客户认为，一些重要的信息很容易被埋没在连篇累牍的章程与领用合约之中，作为非专业人士的消费者很难注意到对其权益发生重大影响的条款，消费者的许多违约行为系因银行缺乏合理的风险提示造成，因此拒绝承担有关损失后果或赔偿责任，从而引发不少信用卡纠纷。

反观国外商业银行，为方便申领人和持卡人的阅读和理解，他们的信用卡合约层次清晰，条款明确，文字简洁，并特别以能引起常人注意的方式（例如黑体字）为申领人提供审查重点条款的机会。基于此，我国商业银行应借鉴国外的科学做法，合理调整信用卡章程与领用合约的体例结构，采用更为清晰的小标题加具体条款的架构方式，在层次分明、逻辑严谨的条目下，对信用卡的业务规则和当事人的权利义务进行具体描述。同时，对于需要持卡人特别关注的事项，应在章程与领用合约中以醒目的方式突出标示。

（二）责任条款的设计

信用卡章程和领用合约作为格式合同，由银行单方事先拟

就，普遍适用于一切不特定的信用卡申领人，申领人只能被动地全部接受或一概拒绝，而不能就个别条款进行商洽。因此，章程和领用合约中的责任条款往往受到大众的密切关注。其中，银行的绝对免责条款以及持卡人承担全责的条款经常被指责涉嫌“霸王条款”，消费者往往认为这是银行不合理地转嫁信用卡风险，在不少司法判例中法院也以显失公平为由对银行依据章程和领用合约作出的主张不予支持。

为防范此类争议与风险，公平分配银行和持卡人之间的义务与责任，信用卡章程和领用合约中应合理安排一些限制性表述。例如，在免责条款之后增加类似“除非发卡银行存在法律法规规定的过错”的表述。又如，在持卡人履行完毕挂失手续之后信用卡被冒用的责任由发卡银行承担后，增加“除非持卡人存在欺诈、重大过失、拒绝协助配合发卡银行或其他不诚信行为”的表述。需要说明的是，增加前述条款对损失和责任进行合理分配，并不与有关法律规定和银行业务操作惯例存在冲突，亦不会明显加重银行应当或可能承担的义务和责任，更不会对银行业务管理或依法行使相关权利造成法律障碍，有利于取得持卡人和有关单位的理解和支持，维护商业银行良好的形象和声誉。

（三）透支款项的委托催收

出于降低成本、提高效率的考虑，我国很多商业银行都委托外部专业机构对信用卡债权进行催收。信用卡业务规模的不断扩大，意味着未来委托催收的数量越来越多、范围越来越广。在这一过程中，银行必须将相关客户信息提交给有关催收机构，催收机构以银行代理人的名义向持卡人催收债权。而目前我国法律法规及监管规章未就此问题作出明确规定，在信用卡债权催收外包商的主体资格、客户的信息保密等问题上仍存有较大争议，持卡人往往质疑委托催收的合法合规性，并拒绝配合委托催收。

为维护信用卡债权的安全、保障委托催收的顺利进行，商业银行应在信用卡章程与领用合约中明确约定信用卡债权的委托催收方式。在具体条款设计上，参考国外银行的做法，可考虑采用如下相对灵活的表述方式：一方面，约定持卡人同意发卡银行可以自行或委托第三方通过信函、短信、电子邮件、电话、上门、公告或司法渠道等方式向持卡人催收欠款，持卡人承担所有合理的收债费用和开支，确保委托催收行为具备有效性；另一方面，约定持卡人同意发卡银行可向相关单位或机构提供有关资料，但以正常履行信用卡章程与领用合约、提供信用卡有关服务及履行法定义务为限，从而避免侵犯客户的隐私权。

（四）章程和领用合约的衔接

持卡人在申领信用卡时签署的法律文件仅是领用合约，章程则由发卡银行单方发布。目前信用卡领用合约中关于章程和合约关系的基本表述为：信用卡申领人基于知悉并理解信用卡章程和本合约各项条款，自愿申领信用卡，经与发卡银行协商一致，就申领使用信用卡的有关事宜签订本合约。前述规定的缺陷在于，没有体现出信用卡章程与合约的相互关系，容易引发章程在具体适用中的纠纷，特别是在章程修改后。持卡人往往认为，章程未经其签署非双方合约，因此不能约束持卡人。

为了确保信用卡章程能够得到有效适用，商业银行可考虑在领用合约中进一步明确，持卡人签订领用合约代表持卡人知悉并确认信用卡章程各条款；持卡人声明保证遵守信用卡章程（包括以后不时的修改）。需特别注明的是，持卡人遵守的章程并不仅限于签署领用合约之时的章程，持卡人订约时的承诺使得日后修改的章程效力同样及于持卡人；在章程与领用合约发生冲突时，除双方有特殊约定外，原则上应以章程的规定为准。

（五）章程和领用合约的修改

随着信用卡业务的不断发展变化，章程与领用合约也在持续更新。由于信用卡持卡人众多、分布广泛，目前商业银行对信用卡章程和领用合约修改普遍采取公告通知方式，即在银行的网站或经营网点进行公告。其中，某些修改甚至是公告一经发布即对持卡人生效。这在实践中引发了消费者的严重不满，社会公众普遍认为章程与领用合约的修改属于银行的单方行为，以公告方式公布未经持卡人同意，侵犯了持卡人的知情权与选择权。

国外银行为了保障持卡人能及时根据信用卡合约的变更作出符合自己利益的相应举措，往往都提前向持卡人发出书面通知。因此，为了避免争议或纠纷，参考国外的经验，商业银行宜在公告中为持卡人提供一定的期限，以便其了解并决定是否接受银行新修订的信用卡章程与领用合约的内容。同时，对涉及到持卡人义务的重大修改或加重持卡人责任的内容（如收费、利息等）时，应以符合双方约定的形式（如对账单或短信等方式）提前通知持卡人。值得强调的是，由于章程修订不仅涉及发卡银行此前制定的领用合约，还将适用于发卡银行此前发行信用卡的持卡人，为统筹安排信用卡章程和领用合约有关条款，确保相关内容协调一致，商业银行在修订章程和领用合约等法律文件时，最好同时安排进行。

从发卡银行看银行卡欺诈法律风险防控①

董建军　王美茜　肖亮亮　陈　良　周　慧

一、银行卡欺诈的表现形式

银行卡欺诈，是指利用伪造的银行卡、虚假身份资料申领的银行卡或冒用他人银行卡，通过银行自助设备、POS 机刷卡设备、网上银行等途径进行取现或消费，或者使用信用卡进行恶意透支的行为。

① 本文原载于《金融论坛》，2010（1），此处略有删减。

（一）办卡欺诈

办卡欺诈主要体现在信用卡申领环节和开卡环节。信用卡申领欺诈主要表现为不法分子利用招聘、招生等手段盗用、骗取他人身份证件或伪造他人身份证件，并篡改、伪造证明材料，从而冒名向银行申领信用卡进行恶意透支的行为。信用卡开卡欺诈，是指卡片在寄送过程中被不法分子截取并激活后进行恶意透支的行为。

（二）伪卡欺诈

伪卡欺诈是指不法分子在非法窃取持卡人银行卡信息的基础上，利用专业设备克隆银行卡，进而在自助设备或通过刷卡交易等方式冒用持卡人资金。不法分子非法窃取持卡人银行卡信息的手段主要有：通过在自助网点门禁系统或自助设备上安装假刷卡装置、假键盘等，窃取持卡人银行账号或密码；通过在银行自助设备附近安装针孔摄像头或用高倍望远镜窃取持卡人密码等。

（三）自助设备欺诈

银行自助设备具有功能替代性、操作程式化、设置离行式等特点，往往成为不法分子窃取银行卡信息制作伪卡并冒用卡内资金的主要渠道，其欺诈手法主要有：通过在自助设备插卡口处安装吞卡装置骗取持卡人银行卡；在自助设备上故意制造故障并张贴虚假银行客服电话，要求持卡人提供银行账号及密码，或骗取持卡人将其账户资金转至指定账户等。

（四）电话和短信欺诈

现实生活中，经常有不法分子假冒银行、银联、监管机构或公安机关名义，发短信或打电话给持卡人，谎称其银行卡在某处消费或卡的信息资料被泄露，诱使对方在回电询问时泄露其账号和密码，或进一步诱骗持卡人将卡内资金转入不法分子提供的“安全账户”内。

（五）网络欺诈

不法分子窃取持卡人网上银行账号及密码后，往往还通过网上银行冒用卡内资金，其欺诈手段包括：通过在网吧电脑附近安置摄像头等方式偷窥持卡人网上银行账号和密码；设置虚假银行网站，并通过欺诈短信、邮件或虚假支付网页等诱骗持卡人登录，骗取持卡人的网上银行账号和密码等。

（六）冒用遗失、被盗卡

不法分子拾获、盗窃他人未设密码的银行卡后可能直接通过刷卡交易或取现窃取卡内资金，如银行卡设有简单密码（例如生日），则可能通过猜测密码或利用计算机程序测试密码后窃取卡内资金。

（七）恶意透支

持卡人如以非法占有为目的，超过规定限额或者规定期限恶意透支，经银行催收后仍不归还，将可能构成《刑法》规定的恶意透支行为。个别持卡人将其银行卡交付他人在境内或境外使用后，以银行卡被不法分子克隆且自己并未使用为由要求银行承担责任。

（八）特约商户欺诈

一些不良特约商户利用 POS 机实施盗刷、套现、受理伪卡、盗录信息等违法活动，具体手段包括：未经持卡人授权，通过增加刷卡金额或刷卡次数窃取持卡人资金；通过 POS 机与信用卡持卡人进行虚假交易，以透支方式为持卡人套取现金并收取高额手续费等。

二、银行卡欺诈中银行面临的法律风险

（一）法律文件存在瑕疵的风险

银行卡有关协议文本（包括申请表、领用合约、章程和使用

指南等）是发卡银行和客户之间的重要法律文件，通常由银行单方面事先拟定，且不允许客户就个别条款进行商洽；如果有关条款设计不周，或者有关条款赋予银行绝对权利或过分施加客户义务，往往容易引起广泛争议，甚至被指责涉嫌“霸王条款”，进而面临无效的风险。

（二）密码交易规则适用的风险

银行在相关法律文件中大多规定了“使用密码进行的交易视为持卡人本人所为”的规则，但这并不能当然免除银行保障持卡人资金安全的义务。近年来一些法院的判例认为，在出现银行卡欺诈特别是持卡人没有过错或过错不明显的情况下，前述规则应当存在例外；如果银行服务存在瑕疵或安全漏洞，银行应当按照过错原则承担相应法律责任，而不能简单适用前述规则由客户承担全部损失。

（三）合同条款解释规则的风险

虽然很多银行在法律文件中都规定了“合同的最终解释权属于银行”，但在银行卡欺诈案件审理过程中涉及合同条款的解释时，已有法院依据《合同法》第四十一条关于“对格式条款的理解发生争议的，应当按照通常理解予以解释。对格式条款有两种以上解释的，应当作出不利于提供格式条款一方的解释”的规定，认为《合同法》第四十一条属于法律的强制性规定且不允许银行排除适用。

（四）银行卡真伪鉴别的风险

法院在伪卡欺诈案件中通常认为，真实的银行卡是银行与客户之间合同关系的证明，没有真实的银行卡，银行就丧失了履行支付义务的合同依据；银行卡由银行制作和发放，准确地识别银行卡是银行应尽的合同义务；银行基于伪造卡进行支付将构成违约行为。

（五）身份证件审核的风险

《商业银行法》规定，“商业银行应保障存款人的合法权益不受任何单位和个人的侵犯”；监管机构在银行卡的发卡审核和交易管理等方面，亦明确规定了银行的身份审查义务；司法实践中，法院对银行识别客户身份真伪的要求也由最初的形式审查逐步向实质审查发展，如银行未能识别出虚假证件并导致客户资金受损，法院往往判定银行承担相应责任。根据有关法律规定，公民合法有效的证件除居民身份证外，还包括户口簿、护照、军官证、士兵证、回乡证等，但银行目前仅能通过公民身份信息联网核查系统对身份证进行有效核查，还难以做到通过现有设备和技术手段对其他证件进行实质审查，这实际上也增加了银行的风险。

（六）履行安全保障义务的风险

根据《合同法》关于“当事人应当遵循诚实信用的原则，根据合同的性质、目的和交易习惯履行通知、协助、保密等义务”，以及《消费者权益保护法》关于“经营者应当保证其提供的商品或者服务符合保障人身、财产安全的要求”的规定，银行应为客户提供必要的安全、保密交易环境；如果不法分子在银行经营场所内实施银行卡欺诈行为，法院往往倾向于以银行未完全尽到安全保障义务为由认定银行存在过错，从而使银行面临赔偿客户损失的风险。

（七）责任主体不明的风险

由于全国通存通兑、跨行自助设备支取以及 POS 机消费已非常普及，银行卡欺诈案往往涉及到发卡行、代理行、持卡人、特约商户等多方当事人，进而在诉讼过程中就责任主体问题引发争议。例如，不法分子通过伪造甲行卡在乙银行跨行取款，或者持卡人在乙银行的 ATM 机上使用甲银行卡时信息被窃取导致损失，应当由哪家银行承担责任？银行之间的责任又应当如何分配？部分法院认为，银行卡是通过发卡行的电脑交易系统进行识别，在无法识别出伪卡的情况下发卡行仍应成为跨行或异地交易的责任主体。代理行作为提供代理业务和终端设备的业务主体，如未能尽到保障交易场所安全的义务，也极可能被认定为责任主体。对于特约商户而言，法院通常依据银行与特约商户的合同约定以及彼此的过错程度来确定二者的责任分配，但也有法院以特约商户是发卡行代理人为由要求银行首先对客户承担赔偿责任，而后再向特约商户追偿。

（八）诉讼举证困难的风险

“谁主张、谁举证”是《民事诉讼法》规定的审理民事诉讼案件的基本证据规则，但一些法院对待银行以持卡人过错提出抗辩，往往要求银行负责举证证明持卡人存在过错行为，否则将承担举证不能的败诉风险。应当指出的是，银行面对的客户量非常巨大、交易渠道众多且交易环境复杂，几乎不可能监控到客户所有过错行为并全面收集相关证据，因而这种举证机制实际上不适当地加重了银行的责任，甚至可能助长道德风险。

（九）出现声誉损失的风险

发生银行卡欺诈事件后，银行除可能承担经济损失外，还可能面临多种声誉损失的风险：一是如果银行因违反监管规则而受到处罚并被公开批评，导致其银行卡业务经营管理的合法合规性及安全性受到广泛质疑，特别是对于境内外上市银行而言其不良影响甚至容易跨国界传播；二是由于银行卡客户数量众多且层次复杂，加上近年来银行卡欺诈案件频发、受害者较多，由此引发的客户投诉和银行被诉案件也明显增加，不仅引起社会公众的广泛关注，而且在处理不当的情况下经常引发各类媒体的大量负面报道甚至集中炒作；三是银行在个别银行卡欺诈案件中败诉的影响容易通过网络等媒体被迅速扩散并引发“连锁反应”，进而出现多起类似客户投诉或集体诉讼，造成非常被动的局面。

三、防范和化解银行卡欺诈法律风险的对策

（一）尽快提高银行卡防伪技术

由于磁条银行卡存在易读取、易伪造和保密度较差等缺陷，而IC银行卡与磁条卡相比具有存储容量大、安全保密性好、数据交换可靠等优势，Visa、Master等国际信用卡组织为抵御欺诈风险已在超过30个国家实施磁条卡向IC卡的迁移，发行符合EMV标准的金融卡2亿余张，布放符合EMV标准的终端超过200万台。虽然IC卡制作和运行成本高于磁条卡，但国内监管部门和发卡银行仍应顺应这一国际趋势，在充分考虑银行系统升级及机具改造成本且不过分增加持卡人负担的基础上，尽快推广应用IC卡，从技术上提高防范银行卡欺诈风险的能力。

（二）周密制定相关法律文件

银行在制定相关条款时，应公平设定各方当事人的权利和义务，合理安排交易风险和责任；既要全面考虑信用卡业务的发展实际，也要充分照顾持卡人的合法权益。例如，为避免出现“霸王条款”的争议，在关于凭密码交易的认定、挂失责任认定、中止及终止信用卡等涉及银行免责或重要权利义务关系的条款中，可以采用诸如“持卡人以正常履行本合约、提供信用卡有关服务及履行法定义务为限”、“除非持卡人存在法律法规规定的过错”等主动限制银行的表述；为保障消费者的隐私权，应明确规定银行对持卡人的信息和资料负保密责任，并列明有权使用持卡人信息和资料的具体情形，合理限制使用范围等。此外，相关条款的表述应做到简洁易懂，尽量避免使用晦涩难懂的专业术语；对确需使用专业术语或有关表述易产生争议的，应以示例等方式向客户作充分解释说明。

（三）严格审查身份证件

依法严格审查身份证件既是银行的法定义务，也是防范欺诈风险的重要环节。在办理银行卡开户、卡片挂失、密码挂失及大额取款等相关业务时，应按照相关规章制度和操作规程，要求持卡人（及其代理人）提供有效身份证件原件，严格审查身份证件是否真实，认真核对身份证件是否与持卡人本人（及其代理人）相符；通过培训提高银行柜台人员对虚假身份证件的识别能力，使其熟练掌握各类有效身份证件的主要防伪标记和外观特征；注意通过"联网核查公民身份信息系统"以及第二代身份证阅读机具等方式提高身份证件的审查效果。

（四）加强服务安全管理

为切实加强服务安全管理，银行应注意做好以下工作：完善自助设备检查巡视制度并加强对自助设备的日常检查，按规定妥善保存自助服务区域相关录像资料；严密监控不法分子设立的各类虚假银行网站、虚假银行客服电话等情况，及时提请国家相关部门依法予以关闭，并且通过有关途径对持卡人作出提示；根据实际需要不断优化银行统一客服热线服务，及时为持卡人提供欺诈应急处理服务，同时注意提高客服电话的接听和处理效率。

（五）充分提示相关风险

实践证明，相当一部分银行卡欺诈事件是因持卡人缺乏必要的安全防范意识和技能而引发，因此，银行应注意采取适当方式向持卡人充分提示银行卡交易中可能发生的风险及相应防范措施。例如，自助银行的刷卡门禁无须输入密码，任何需要密码的门禁均是不法分子非法安装的；使用自助设备前应留意周边环境是否安全，自助设备上有无多余的装置等。

（六）主动用好最新司法解释

银行在协助司法机关打击恶意透支欺诈行为的同时，也应用好《关于办理妨害信用卡管理刑事案件具体应用法律若干问题的解释》关于恶意透支犯罪的最新规定：一方面，在向有恶意透支嫌疑的持卡人发送催收通知时，结合实际情况适当提示前述司法解释有关“恶意透支”定罪量刑的法律规定，提醒和督促其按约及时足额清偿透支债务；另一方面，对于恶意透支行为情节轻微、数额不大的持卡人，应从善意角度说服其尽量在公安机关立案前主动偿还全部透支款息，以争取免受或减轻刑事处罚。

（七）严格管理特约商户及 POS 机具

银行应当加强特约商户营销的行业自律；严格特约商户准入门槛、资质审查和授信标准，同时注意合理安排 POS 机布放，审慎开展相关外包服务；周密设计与特约商户的合作协议，明确其应当承担的银行卡审核、持卡人签名核对等重要义务；切实做好特约商户的风险教育和技能培训；加强特约商户对现场检查和非现场监控，及时发现并制止相关违法违规行为；对于涉嫌刑事犯罪的行为，应及时报告公安机关并配合做好查处工作。

（八）注意收集和保存证据

为解决欺诈案件中的举证难问题，银行应高度重视并提前安排好相关证据收集和保存工作。例如在审核客户身份证件时，应注意留存持卡人、代理人的有效身份证件及相关证明文件影印件；及时调取并单独妥善保存涉及欺诈行为的相关监控录像及客服通话记录等资料，同时结合实际适当延长资料保存时间；在接收持卡人投诉材料、与持卡人协商、向公安机关报案及协助调查过程中，应避免遗漏足以证明持卡人存在重大过错的证据材料；针对涉及争议的具体业务环节或交易规则，必要时可提请监管部门、银行卡组织或上级单位出具书面证明。

（九）审慎处理欺诈纠纷

发生银行卡欺诈事件后，银行应及时采取有效措施避免损失发生或损失扩大，并且在与持卡人沟通协商时注意合理把握解释和答复口径。处理纠纷过程中，还应区分情况采取不同的解决机制：对于事实清楚、证据充分、责任明确，特别是银行过错明显且在诉讼中难以提出有效抗辩的情况，银行可考虑通过和解的方式对持卡人一定比例的损失直接赔付，但应注意通过书面约定将持卡人的损失追索权转让给银行；对于银行没有过错但客户存在误解的情况，银行应耐心做好沟通解释工作，并积极协助客户报案并配合追缴损失款项。

（十）借助保险机制分散风险损失

由于银行和持卡人因欺诈遭受的经济损失往往无法有效追偿，实践中已有保险公司向银行提供银行卡欺诈损失保险品种。在借助保险机制分散欺诈损失时，银行需要注意以下法律问题：一是投保人和被保险人是发卡银行（而不是持卡人），且保险费由发卡银行缴纳；二是保险范围为保险责任有效期间投保人所发行银行卡（有的仅限于信用卡）因欺诈遭受的经济损失；三是保险责任通常限于伪卡欺诈交易损失、非法冒用欺诈损失、未达卡欺诈损失、虚假申请欺诈损失、银行卡遗失/被盗损失等；四是保险公司的免责范围通常包括银行及其职员违法、故意或重大过失行为造成的损失，银行卡利息及透支利息等；五是由于欺诈事件发生后银行承担责任的可能性较大，因而保险费率相对较高；六是银行应在出现欺诈事件后及时按合同约定向保险公司提供相应的书面单证资料，确保有关理赔事项顺利开展。

法院冻结信用证项下提单案例评析

孙　凯

在国际贸易结算的信用证纠纷中，当事人向法院申请冻结信用证项下已议付单据所代表货物的情况极为少见。本文通过对A行发生的法院冻结信用证项下提单所代表货物的案例评析，提出防控信用证业务法律风险的建议。

一、基本案情

A行于2009年2月对外开立了一笔远期信用证，开证申请人为B公司，受益人为C公司，信用证通知行为D银行，开证金额为10 375 000.00美元（±10%），进口钢材。4月初，A行收到D银行寄交的信用证项下单据一套，单据金额为9 136 216.70美元。经审查，A行对D银行提出单据下的不符点。在双方对单据不符点进行核实的过程中，A行于4月24日收到某市中级人民法院（以下简称F中院）民事裁定书和协助执行通知书，要求冻结信用证受益人C公司享有所有权的该信用证项下提单中价值1 225万元人民币的财产。

A行立即向B公司和民事裁定书的申请人E公司了解情况，得知2009年3月E公司因与C公司的购销合同纠纷向中国国际经济贸易仲裁委员会提起仲裁，并于4月3日向F中院提出财产保全申请。

因D银行已经对该笔信用证进行了议付，根据国际惯例A行必须进行承兑；而B公司虽然于4月27日书面表示放弃不符点，但因单据无法交付而不同意承兑，致使A行陷入进退维谷的境地。鉴于此类案例的特殊性，A行从提单所代表的货物所有权已发生转移和维护国家信誉、银行声誉等方面积极向法院提出异议。经多方努力，法院于4月30日下达解除冻结的协助执行通知书。A行成功避免了914万美元的信用证项下垫款，妥善化解了国际经济纠纷。

二、相关法律分析

（一）法院的冻结属于受理申请人在仲裁程序中提出的财产保全申请

本案中，A行办理的该笔信用证业务看似与E公司毫无关系，而且E公司与C公司之间的纠纷解决方式是在上海仲裁，为什么是F中院对信用证项下提单所代表的货物进行冻结呢?

首先，根据《仲裁法》第二十八条的规定。当事人申请财产保全的，仲裁委员会应当将当事人的申请依照《民事诉讼法》的有关规定提交人民法院。因此，E公司可以通过仲裁委员会向法院提出对C公司的财产进行保全。

其次，根据最高人民法院关于“在仲裁过程中，当事人申请财产保全的，一般案件由被申请人住所地或者财产所在地的基层人民法院作出裁定；属涉外仲裁案件的，依据《民事诉讼法》第二百五十六条的规定，由被申请人住所地或者财产所在地的中级人民法院作出裁定”的系列规定，E公司可以向C公司住所地（香港）法院或C公司财产所在地的中级法院提出财产保全申请。

由于E公司认为A行所持有的以C公司为受益人的信用证项下提单所代表的货物所有权仍属于C公司，而提单目前由A行持有，所以E公司向F中院提出了财产保全申请，A行作为协助执行人应该配合法院对信用证项下代表货物所有权的提单进行查封。

（二）A行同时作为信用证开证行的身份，对已议付的信用证应该履行承兑和付款义务

本案中，在已经议付的信用证项下提单被法院冻结的情况下，A行作为开证行是否还应该履行承兑义务？根据UCP600的规定和议付信用证的法律关系，在本案中，D银行进行了善意议付，将信用证项下的单据寄交给A行，A行和B公司亦声明接受不符点，形成了单据相符，A行应承担偿付D银行的责任，并有权向开证申请人B公司进行追索。但由于无法交付提单，B公司对信用证未给予承兑，A行面临着信用证项下垫款的风险。

（三）A行化解法律风险的突破口唯有法院撤销冻结裁定书和协助执行通知书

A行在本案中具有双重身份，既是协助执行人也是信用证的开证行，法律关系复杂。经过前述审慎分析，A 行应以开证行身份向法院提出异议。

笔者认为应该从提单的性质、国际经济法关于准据法的适用及国际贸易术语的选择等方面主张已经议付的信用证项下提单所代表货物的所有权人已经不是 C 公司，法院无权冻结，要求撤销冻结裁定书和协助执行通知书。

1. 根据提单的性质，提单合法受让人应该是提单所代表货物的所有权人。提单，是指用于证明海上货物运输合同和货物已经由承运人接收或者装船，以及承运人保证据以交付货物的单证。提单是承运人保证凭以交付货物和可以转让的物权凭证，对于合法取得提单的持有人，提单具有物权凭证的功能。本案中提单的持有人不是 C 公司，因此提单所代表货物的所有权人亦不是 C 公司。

2. 准据法的适用和国际贸易术语的选择，确定提单所代表货物的所有权人。对准据法的适用，目前国际上通行的做法是允许契约当事人在契约中选择决定应适用的准据法。本案中，C 公司与 B 公司签订的买卖合同的仲裁条款约定适用中国法律。我国法律对动产所有权的转移采取的是交付主义，即动产物权的设立和转让，自交付时发生效力。

在国际货物买卖合同中，交付点的确定一般依据国际贸易术语的选择。本案中，C 公司与 B 公司约定采用的是《2000 年国际贸易术语解释通则》CFR 术语。该条术语买方承担货物在装运港越过船舷以后的一切风险，货物装运港越过船舷以后货物灭失或损坏的风险已经发生转移，说明货物在装运港越过船舷以后即完成交付。因此本案中提单所代表货物所有权人已经不是 C 公司。

本案中，A 行也正是从以上两个方面向法院主张提单所代表货物的所有权已经发生转移，法院采纳了 A 行的观点，下达了解除冻结的协助执行通知书。

三、相关启示

在国际贸易结算的信用证纠纷中，经常会遇到当事人向法院申请止付令，禁止开证行对单证相符的单据支付货款的情况；但鲜见本案件中向法院申请冻结信用证项下已议付单据所代表货物的情况。从处理本案件过程中，总结了一些经验教训。

（一）协助执行银行应该对协助执行事项进行审慎审查

银行遇到协助执行事项时，应首先审查是否是有权机关、手续是否完备、要求协助执行的信息是否一致等，核对无误后再签收协助执行通知书，配合有权机关进行协助执行。

本案中涉及的是国际信用证的协助执行，当事人多为涉外主体，因此在审查时应核对注意当事人的英文名称。本案中信用证的受益人名称与法院的协助执行通知书上的被申请人的英文拼写上存在不一致，如果 A 行在协助执行之前仔细审查，便可退回协助执行通知书，从而避免后续的波折。

国际信用证涉及众多国际惯例和国际法律关系，因此当事行遇到信用证的协助执行事项时，应该有国际业务和法律专业人士进行指导，仔细核对有关要素后再签收协助执行通知书。此外，由于此类情况的处理结果直接关系银行的国际声誉，当事行应将有关情况及时向上级行报告。

（二）在执行生效法律文书前提下，开证行应辩证地分析是否向人民法院提出异议

协助执行是银行的法定义务，当银行签收人民法院的协助执行通知书后，应该首先配合法院执行，否则法院有权对银行采取强制措施（如拘留人员或罚款），也不利于后续与法院的沟通。

银行作为协助执行的法定义务人，一般不应该介入当事人的纠纷，但由于信用证的特殊性，银行通常又是信用证法律纠纷的利害关系人，纠纷的处理结果直接关系银行的利益。当遇到法院对信用证采取强制措施时，银行应首先审查该笔业务是否符合UCP600有关规定，信用证项下单据是否符合“单单一致，单证一致”等。在符合前述要求的前提下，应及时采取相应对策，主动说服法院撤销强制措施，避免自身陷入两难境地。

（三）积极发动信用证各方当事人合力解决争议

信用证一般涉及开证行、议付行、开证申请人、受益人等方的利益，因此在遇到法院协助执行事项时，应及时将有关情况向各方通报，争取各方的谅解，并最终形成合力争取法院撤销民事裁定。本案中，开证申请人B公司、受益人C公司以当事人身份及时向法院提出异议，议付行谅解开证行、及时向法院提供议付函说明提单所代表货物所有权已经发生转移，最终四方的共同努力促成事情的圆满解决。

（四）在办理信用证业务中，开证行应促使开证申请人尊重和遵守国际惯例

本案中，申请人在国际钢材价格波动的背景下试图以提出不符点来达到降价目的，所提出的不符点有故意挑剔的嫌疑；开证银行在审查不符点时应保持独立性，向企业说明国际惯例对不符点的规定，劝其放弃“所谓”的不符点。对于银行而言，业务的拓展必须兼顾法律风险的防控。

四、银行在法院对信用证采取强制措施时的应对建议

虽然本案已经圆满解决，但在国际金融危机背景下，由于国际商品价格波动大、汇率也经常波动、企业的资金链有出现断裂的风险，信用证诈骗和与信用证有关的法律纠纷有上升趋势。为维护国际贸易结算秩序和国家声誉，尽管最高人民法院三令五申，不允许法院轻易对信用证采取强制措施，但某些基层法院由

于不熟悉UCP600或出于地方保护主义，仍会未经严格审查而对信用证采取强制措施。

法院一般会对信用证采取三种强制措施，除前文所述的法院冻结信用证项下单据或单据所代表的货物。还有两种：一是法院认定存在信用证欺诈，判决终止支付信用证项下款项或撤销信用证；二是申请人有材料证明存在信用证欺诈，向法院申请诉前财产保全，法院裁定中止支付信用证项下款项。

（一）法院判决终止支付信用证项下款项或撤销信用证的应对措施

世界多数国家对法院判决终止支付信用证项下的款项或撤销信用证，一般要求具备一定的实质条件和程序要件。即必须有欺诈的行为存在；判决应在开证行实际支付或承兑之前发出。

我国《关于审理信用证纠纷案件若干问题的规定》规定凡有下列情形之一的，应认定存在信用证欺诈：受益人伪造单据或者提交记载内容虚假的单据；受益人恶意不交付货物或者交付的货物无价值；受益人和开证申请人或者其他第三方串通提交假单据，而没有真实的基础交易；其他进行信用证欺诈的情形。

一旦法院判决存在信用证欺诈，如果银行没有议付、保兑、承兑，法院终止支付信用证项下款项或撤销信用证，则银行应协助法院执行。此种情况下，银行应仔细研究判决是否符合该国法律对判决终止支付信用证项下款项或撤销信用证的实体条件和程序要件上的规定，分析其判决是否会损害银行的利益。分析判断后，决定是否提出异议，提出异议应如何抗辩。

（二）法院裁定中止支付信用证项下款项的应对措施

世界多数国家对法院颁布禁令中止支付信用证项下的款项，一般规定有严格的实质条件和程序要件。具备的实质条件为：必须有欺诈的行为存在；禁令的颁布必须要有保持现状的必要性。具备的程序要件：在禁令颁布中法院不能处于主动的地位，应遵循民法上的不告不理原则；禁令应在开证行实际支付或承兑之前发出；其他救济方式的不充分。

我国《关于审理信用证纠纷案件若干问题的规定》也有相关的规定。法院在以下情形不能裁定中止支付或判决终止支付信用证项下的款项：对于开证行的指定人、授权人已按照开证行的指令善意地进行了付款；开证行或者其指定人、授权人已对信用证项下单据善意地作出了承兑；保兑行善意地履行了付款义务；议付行善意地进行了议付的。当事人在起诉前申请中止支付信用证项下款项应符合下列条件的：受理申请的人民法院对该信用证纠纷案件享有管辖权；申请人提供的证据材料证明存在信用证欺诈；如不采取中止支付信用证项下款项的措施，将会使申请人的合法权益受到难以弥补的损害；申请人提供了可靠、充分的担保；不存在信用证承兑、保兑、议付的情形。

因此，对法院中止支付信用证项下款项的情形，应该分析法院中止支付是否符合法定的实质条件和程序要件，该禁令对银行的影响，银行作为利害关系人应该如何抗辩。

（三）银行应严把信用证的开证关

1. 银行开立信用证的主要风险。

（1）申请人的信用风险，即申请人有无足够的现汇资金或经批准的外汇用汇计划，申请人能否遵守信用及时地按规定还款。受国际金融危机影响，国际贸易背景发生变化，进口国货币贬值、支付成本提高而使拒付增多。

（2）开证银行的经营困境使得它们也想“赖账”。作为金融危机的直接受害者，境外银行纷纷陷入经营困境。中国出口信用保险公司最新发布的出口风险预警信息显示，截至2009年3月1日，美国自2008年初以来破产银行增至41家。此外，受金融危机和银行银根紧缩影响，国外一些大银行也开始挑剔单据、无理拒付。

（3）违规风险，即违反国家进口计划或进口许可证金额的风险。

（4）信用证及有关单据内容、信息传递方面的风险。

2. 银行开立信用证的风险防范措施。

（1）做好开证申请人的资信调查工作。银行应对开证申请人的经营状况、收益状况、财务分析、资金周转、与银行的往来情况、金融危机对该行业的影响等进行调查。

（2）要加强业务人员的责任心和风险防范意识。对信用证的处理不能只停留在信用证的表面条款上，要对进出口商的贸易背景、进出口商品等多个方面进行充分了解和分析；加强对信用证的审核工作，仔细研究信用证条款可否接受；提高收单人员业务素质，审慎审查单据等。

（3）要密切关注国际金融市场的运行变化情况，重点掌握国外商业银行的资信评级变化情况，及时向相关企业进行信息披露和风险提示，帮助企业提高防范风险意识。

国家出资企业担保与审批问题探析

郭清权

国家出资企业以其财产设定担保是否需要有关政府主管部门审批一直是理论界和实务界争议较大的一个问题。《企业国有资产法》颁布前，我国不同层级的法律规制对此曾作出不少规定，但因为政出多门，意见不一，使问题显得更加的扑朔迷离。《企业国有资产法》的颁布，以国有资产监督管理基本法的形式，宣告了有关争议可以尘埃落定。本文通过对有关法律规制进行梳理和分析，试图厘清国家出资企业担保与审批问题，以引导商业银行更好地开展国家出资企业担保信贷业务。

一、国家出资企业的历史沿革

“国家出资企业”是《企业国有资产法》首次采用的法律概

念，并且《企业国有资产法》通篇没有再出现“国有企业”的字眼，而是以资本结构为基础确定企业的称谓。从国营企业到国有企业、再到国家出资企业的名称嬗变中，可以窥探出我国国有企业改革的历史进程和时代特征。

在计划经济时期，“国营企业”的称谓恰如其名，政企不分、政资不分是其鲜明特征。随着我国经济体制改革的开始和逐渐深入，国营企业逐渐从政企合一下的“放权让利”，到“实行政企职责分开”，再到1988年出台的《全民所有制工业企业法》首次以法律的形式确认了企业的法人财产权利，国有企业改革由扩大企业经营权逐步触及到企业的产权制度改革。

1993年底出台的《公司法》，确定了企业股东和经营者之间“委托—代理”的制衡关系。通过一系列的改革，公司制成为国有企业改革的主要形式，企业的股权也逐步实现了多元化，“国营企业”已悄然变成了“国有及国有控股企业”，国家与国有企业之间的关系开始向以现代产权制度为基础的委托代理关系转变。

“国家出资企业”的概念，又比“国有企业”的概念更进了一步。国有企业还多少带有特殊身份的意味，其所有制性质明显有别于普通企业。“国家出资企业”表明国家对企业国有资产管理的内容和方式，是以国家出资形成的所有者权益为基础的。而所有者权益完全是企业管理的财务语言，《企业国有资产法》以通用的财务语言表述国有企业，既表明了政企分开、政资分离在法律层面的确认，又体现了国有企业与其他企业平等的市场主体地位。

二、国家出资企业的形式

（一）国有独资企业

国有独资企业是指依照《全民所有制工业企业法》设立的企

业全部资本均为国有资本的非公司制企业。全民所有制企业是依法自主经营、自负盈亏、独立核算的经营单位。企业对国家授予其经营管理的财产享有占有、使用和依法处分的权利。企业内部的公司治理结构与公司制企业不同：企业不设股东会和董事会，实行厂长（经理）负责制，除依照法律、行政法规以及企业章程规定由履行出资人职责的机构决定的以外，其他重大事项应当由企业负责人集体讨论决定，实践中，通常是由企业厂长（经理）办公会议决定。

（二）国有独资公司

国有独资公司是指依照《公司法》设立的企业全部资本均为国有资本的公司制企业。国有独资公司是国家单独出资、由国务院或者地方人民政府授权本级人民政府国有资产监督管理机构履行出资人职责的有限责任公司。国有独资公司不设股东会，由国有资产监督管理机构行使股东会职权，也可以授权公司董事会行使部分股东会职权。

（三）国有资本控股公司

国有资本控股公司是指按照《公司法》成立的国有资本具有控股地位的公司，包括有限责任公司和股份有限公司。国有资本控股，是指国有资本的出资人具有控股股东的地位。《公司法》对“控股股东”作了界定，是指其出资额占有限责任公司资本总额的50%以上或者其持有的股份占股份有限公司股本总额50%以上的股东；出资额或者持有的股份比例虽然不足50%，但依其出资额或者持有的股份享有的表决权已足以对股东会、股东大会的决议产生重大影响的股东。

（四）国有资本参股公司

国有资本参股公司是指按照《公司法》设立，公司股份中包含部分国有资本，但国有资本不占控股地位的有限责任公司和股份有限公司。

目前，已有相当多的国家出资企业出资设立了子企业，但需要特别注意的是，这些子企业在性质上并不属于国家出资企业。《企业国有资产法》第二十一条规定：国家出资企业对其所出资企业依法享有资产收益、参与重大决策或选择管理者等出资人的权利。该法第五章关系国有资产出资人权益的重大事项还规定：国有独资企业、国有独资公司、国有资本控股公司对其所出资企业的重大事项参照本章规定履行出资人职责。具体办法由国务院规定。

三、《企业国有资产法》颁布前有关国家出资企业担保与审批的法律规制述评

（一）《全民所有制工业企业转换经营机制条例》

国务院1992年7月23日颁布的《全民所有制工业企业转换经营机制条例》（国务院令1992年第103号）（以下简称《条例》）第十五条第二款规定：企业根据生产经营的需要，对一般固定资产，可以自主决定出租、抵押或者有偿转让；对关键设备、成套设备或者重要建筑物可以出租，经政府主管部门批准也可以抵押、有偿转让。法律和行政法规另有规定的除外。按照《条例》，对于一般固定资产的抵押，赋予了国有企业自由处分权，但对于"关键设备、成套设备或者重要建筑物"的处分权则作了限制性规定，即需经政府主管部门批准，法律和行政法规另有规定的除外。

（二）《关于国有企业办理抵押贷款若干问题的批复》

国家国有资产管理局《关于国有企业办理抵押贷款若干问题的批复》（国资企函发〔1994〕36号）对国有企业抵押贷款审批进行了全面的论述，其中第四条更是明确提到：企业以财产作抵

押向金融机构借款属于法人财产权范围内的自主行为，国有资产管理部门不应越权干预，也无法逐一审查具体融资决策的正误得失，更不能承担任何连带责任。因此，一般情况下国有资产管理部门无须对国有企业以其法人财产设定抵押权进行审批和签署意见（其他部门另有规定的，由该部门办理审批）。需要注意的是，国资企函发〔1994〕36号文只是原国家国有资产管理局的行政解释，在效力上并不具有废止《条例》这一行政法规关于国有企业成套设备或者重要建筑物设定担保中的审批程序的作用。所以，许多地方的政府主管部门仍要求相关国有资产担保时必须经过相应的批准程序。

（三）《关于当前人民法院审理企业破产案件应当注意的几个问题的通知》

最高人民法院《关于当前人民法院审理企业破产案件应当注意的几个问题的通知》（法发〔1997〕2号）第七条规定：对国有企业以已确认为关键设备、成套设备或重要建筑物设立抵押而未经政府主管部门批准的，……均应认定抵押合同无效。在这里，最高人民法院也把是否经过批准作为抵押合同是否生效、担保关系是否成立的前提条件。

（四）《国家工商行政管理局关于贯彻实施〈企业动产抵押登记管理办法〉若干问题的意见》

国家工商行政管理局1999年8月16日发布的《国家工商行政管理局关于贯彻实施〈企业动产抵押登记管理办法〉若干问题的意见》第五条规定：国务院《全民所有制工业企业转换经营机制条例》规定，经政府主管部门批准，国有企业关键设备、成套设备或者主要建筑物可以抵押。以上动产抵押的，申请办理抵押物登记须同时提交政府主管部门的批准文件。法律、行政法规对企业财产抵押有特殊规定的，按规定办理。可见，《条例》的限制性规定，显然直接影响到了抵押登记机关的抵押登记管理。

（五）《关于国有工业企业以机器设备等财产为抵押物与债权人签订的抵押合同的效力问题的批复》

最高人民法院《关于国有工业企业以机器设备等财产为抵押物与债权人签订的抵押合同的效力问题的批复》（法释〔2002〕14号）认为：根据《中华人民共和国担保法》第三十四条和最高人民法院《关于适用〈中华人民共和国合同法〉若干问题的解释（一）》第九条规定的精神，国有工业企业以机器设备、厂房等财产与债权人签订的抵押合同，如无其他法定的无效情形，不应当仅以未经政府主管部门批准为由认定抵押合同无效。但有不少学者对本批复的适法性依据提出了质疑，其理由大致有以下两点：一是根据《担保法》第三十四条规定："下列财产可以抵押：……（四）抵押人依法有权处分的国有的机器、交通运输工具和其他财产；……"以国有机器、交通运输工具和其他财产依法抵押的前提是国有企业"依法有权处分"的财产，这里的"法"包括法律和行政法规。而《条例》作为行政法规，明确规定"关键设备、成套设备或者重要建筑物"须经政府主管部门的批准才可以设定担保。因此，该条文并不能作为本批复适法性的依据。二是根据《最高人民法院关于适用〈中华人民共和国合同法〉若干问题的解释（一）》第九条规定："依照《合同法》第四十四条第二款的规定，法律、行政法规规定合同应当办理批准手续，或者办理批准、登记等手续的，人民法院应当认定该合同未生效；……"同第一点所述理由一样，该条文也不能作为本批复适法性的依据。

综上可见，在国家出资企业担保与审批问题上，不同部门有不同理解和规定，有些观点甚至截然相反，给实务操作造成极大疑惑。

四、《企业国有资产法》关于国家出资企业担保机制的制度安排

《企业国有资产法》于2008年10月28日由第十一届全国人

大常委会第五次会议通过，并于2009年5月1日起正式施行。该法对国家出资企业的担保机制也作出了相应的制度安排：

（一）国有独资企业、国有独资公司为他人提供大额担保的决策程序

根据《企业国有资产法》第三十、三十一和三十二条规定，国有独资企业为他人提供大额担保应当由企业负责人集体讨论决定；国有独资公司为他人提供大额担保应当由董事会决定。

（二）国有资本控股公司、国有资本参股公司为他人提供大额担保的决策程序

根据《企业国有资产法》第十一、三十和三十三条规定，国有资本控股公司、国有资本参股公司为他人提供大额担保，应当依照法律、行政法规以及公司章程的规定，由公司股东会、股东大会或者董事会决定。由股东会、股东大会决定的，履行出资人职责的机构委派的股东代表应当按照委派机构的指示行使表决权，并将其履行职责的情况和结果及时向委派机构报告。

（三）国有独资企业、国有独资公司为关联方提供担保的审批程序

《企业国有资产法》第四十五条规定："未经履行出资人职责的机构同意，国有独资企业、国有独资公司不得有下列行为：（一）与关联方订立财产转让、借款的协议；（二）为关联方提供担保；（三）与关联方共同出资设立企业，或者向董事、监事、高级管理人员或者其近亲属所有或者实际控制的企业投资。"这里，需要着重理解和掌握以下两个概念：

1. 关联方。《企业国有资产法》所称关联方，是指本企业的董事、监事、高级管理人员及其近亲属，以及这些人员所有或者实际控制的企业。按照该法规定，国家出资企业的关联方不得利用与国家出资企业之间的交易，谋取不当利益，损害国家出资企

业利益。国有独资企业、国有独资公司为关联方提供担保，意味着以企业国有资产为关联方承担担保责任。

2. 履行出资人职责的机构。履行出资人职责的机构是经本级人民政府授权，代表本级人民政府履行出资人职责的机构、部门的统称。《企业国有资产法》第十一条前二款规定："国务院国有资产监督管理机构和地方人民政府按照国务院的规定设立的国有资产监督管理机构，根据本级人民政府的授权，代表本级人民政府对国家出资企业履行出资人职责。国务院和地方人民政府根据需要，可以授权其他部门、机构代表本级人民政府对国家出资企业履行出资人职责。"

（1）经政府授权设立的国有资产监督管理机构。主要是指国务院国有资产监督管理机构即国务院国资委，以及地方人民政府按照国务院规定设立的国有资产监督管理机构即地方政府国资委。

（2）经政府授权的其他部门、机构。从我国当前的实际情况看，政企分开、政资分开的改革远未到位。铁路、邮政、烟草、教育、文化、科技、卫生、体育等领域的许多经营性国有资产，尚未纳入国资委的监管范围。例如，按照国务院的有关规定，国务院授权财政部对金融行业的国有资产、中国对外文化集团公司、中国出版集团公司、中国烟草总公司等企业的国有资产进行监管，中国邮政集团公司暂由财政部代表国务院履行出资人职责；铁路等行业尚未实行政企分开，改革还需要一定过程。此外，按照《企业国有资产监督管理暂行条例》的规定，企业国有资产较少的市、自治州，经省、自治区、直辖市人民政府批准，可以不单独设立国有资产监督管理机构，也需要由本级政府授权其他部门、机构代表政府履行出资人职责。

当然，《企业国有资产法》对国家出资企业担保机制的有些具体问题尚需立法的进一步明确或结合其他法律规制加以分析解决。如：①该法将"为他人提供大额担保"规定为国家出资企业的重大事项，但对"大额"的标准没有明确，有待有关部门进一步解释；②该法仅对相关国家出资企业“为他人提供大额担保”的内部决策程序作了相应规定，但对相关国家出资企业“为他人提供小额担保”以及“为自身债务提供担保”是否须经内部决策程序并没有规定，这就需要结合《公司法》、《物权法》等法律规制进行综合分析。由于这些与本文的主题没有太大关联，在此不作过多论述。

五、结论

毋庸置疑，在国家出资企业担保与审批问题上，《企业国有资产法》的出台确实起到了定纷止争的作用。依照其有关规定并进行逻辑推导，可以得出以下具体结论：

其一，国家出资企业为自身债务提供担保无须经履行出资人职责的机构同意；

其二，国有独资企业、国有独资公司为关联方提供担保须经履行出资人职责的机构同意；

其三，国有独资企业、国有独资公司为非关联方提供担保无须经履行出资人职责的机构同意；

其四，国有资本控股公司、国有资本参股公司为他人提供担保无须经履行出资人职责的机构同意。

涉外认证文书法律风险防控分析

廖　静

一、涉外认证文书业务风险概述

在银行金融业务实践中，经常会遇到客户持在国外制作的民商事文书来办理业务的情况。根据国际惯例和外交实践，境外发往境内使用的民商事文书需办理领事公证或领事认证手续后才得以获得域内认可的效力。但目前我国司法体制对领事公证和领事认证并无专门的法律规定，而是散见于国际公约、法律法规之中；而且，由于领事认证和公证涉及多个国家不同的公证制度，流程和手续都较为繁琐，如对领事认证和公证的流程不熟练掌握，很容易在业务办理中形成以下风险：

（一）欺诈风险

在应提交经领事认证和公证程序的文件情况下，不法分子使用伪造、变造的文件欺骗银行工作人员，冒充真正的客户或冒充客户授权，从而给银行和真正的客户带来损失的风险。

（二）操作风险

主要表现为银行业务人员在对领事认证和公证的流程不熟悉，在需要客户提交经有权机构进行领事认证和公证文书情况下，未严格按照领事认证和公证的流程和要件进行审核，为不具备权限的客户办理了业务，从而给银行带来损失的风险。

二、领事公证和领事认证的基本含义

（一）领事公证

领事公证是指本国驻外外交、领事机构或授权机构应本国公民的要求，出具相关证明文件的活动。

领事公证的对象是本国公民，一般而言中国驻外使领馆原则上仅受理驻在国或领区内中国公民的公证申请，不受理驻在国国民或其他国家国民的公证申请。中国公民发生在中国境内的事实和行为原则上应向中国境内的涉外公证处申办公证书。

由于是由驻外使领机构直接为申请人出具公证文书，因此，并非所有事项均可办理领事公证。从我国驻外使领馆的外交实践来看，中国驻外使领馆主要办理以下几类公证：声明书公证、委托书公证、婚姻状况公证、健在公证、居留公证、部分证件复印件与原件相符公证等。办理领事公证需要申请人本人直接到驻外使领机构申请，如果本人有事不能亲自前往，则需要办理委托公证。

（二）领事认证

领事认证是指外交、领事机构或授权机构通过确认公文书上最终签署人身份及其签字和印章属实来证明文书可靠性的活动。

与领事公证不同，领事认证并非是由使领机构直接出具公证书，而是由使领机构确认驻在国公证机关公证员或有关机关签署人的签字和印章是否属实，由此证明公文文书的可靠性，其对象为外国公民或中国公民提交的外国有关机构出具的文书。领事认证对文书的内容不承担证明责任，文书内容的真实性由文书出具机构负责。文书是否符合文书使用国的法律规定，由文书接受对象负责查实。办理领事认证的目的在于使一国出具的公证书或有关文书能在另一国境内被有关当局所承认且具有法律效力，不致因怀疑文书上的签名或印章是否属实而影响文书的法律效力。

三、领事公证、认证的法律依据

《维也纳领事关系公约》第五条规定：领事职务包括担任公证人、民事登记员及类似之职司。

《中华人民共和国公证法》第四十五条规定：中华人民共和国驻外使（领）馆可以依照本法的规定或者中华人民共和国缔结或者参加的国际条约的规定，办理公证。

在我国与外国签订的双边领事条约中，亦有涉及公证和领事认证的规定，如《中华人民共和国和新西兰领事协定》第八条规定，领事具有下列职能：（1）有关公证和认证的领事职务包括：①应任何国籍的个人要求，为其认证在派遣国使用的各种文书上的签字和印章；②应派遣国国民的要求，为其出具或认证在派遣国境外使用的各种文书；③把文书译成派遣国或接受国的官方文字，并证明译文与原文相符；④执行派遣国授权而不为接受国所反对的其他公证职务；⑤认证派遣国或接受国有关当局所颁发的文书上的签字和印章。（2）领馆根据接受国法律出具、证明或认证的文书如在接受国使用，应与接受国主管当局出具、证明或认证的文书具有同等效力。

四、涉外文书发往我国境内使用的具体认证流程和要求

（一）香港发往内地使用的民商事文书

1. 香港发往内地使用的民商事文书应依法申请我国司法部授权委托的香港律师出具公证书，并由中国法律服务（香港）有限公司负责确认并加盖专递专用章，才能发往内地使用。《内地与香港关于建立更紧密经贸关系的安排》（CEPA）规定，香港发往内地使用的民商事文书应依法申请我国司法部授权委托的香港律师出具公证书，该公证书统一由司法部所属的中国法律服务（香港）有限公司负责确认并加盖专递专用章，才能发往内地使用。值得注意的是，非由司法部认可的香港律师出具的公证书或未经中国法律服务（香港）有限公司加盖专章的文书均不具备公证效力。

根据司法部文件规定，司法部授权委托的香港律师名单可在司法部发布的文件和司法部官方网站上找到，亦可向中国委托公证人（香港）协会查询。

2. 外国驻华使馆或驻中国内地及香港领馆为其本国公民出具的公证文书可直接使用。根据《民政部办公厅关于外国驻香港领事机构出具的公证文书在内地使用问题的复函》（厅办函〔1997〕259 号），外国驻华使馆或驻中国内地及香港领馆为其本国公民出具的公证文书，可在中国香港与内地直接使用，无须办理领事认证或其他确认手续。

（二）澳门发往内地使用的民商事文书

根据《内地与澳门关于建立更紧密经贸关系的安排》以及《关于内地与澳门相互承认民事登记证明文件及公证文书事的复函》（〔94〕港办三字第598号）等法规规定，澳门发往内地的民商事文书使用情况总结如下：

1. 澳门政府民事登记部门签发的有关证明文件在内地具有法律效力，可直接在内地使用。

2. 其他民商事文书须经澳门公证部门或经内地授予“公证人”资格的澳门律师进行公证，公证后的民商事文书在内地具有法律效力。司法部已于2006年授予了5名澳门律师“公证人”资格，该名单可在中国司法部的官方网站上找到。

3. 外国驻华使馆或驻中国内地及澳门领馆为其本国公民出具的公证文书，可在中国澳门与内地直接使用，无须办理中方领事认证。

（三）台湾发往内地使用的民商事文书

根据《海峡两岸公证书使用查证协议实施办法》、《两岸公证书使用查证协议》、《司法部关于印发〈海峡两岸公证书使用查证协议实施办法〉的通知》（司发〔1993〕006号）等文件规定，当事人如有民商事文书需在内地使用，应向台湾当地的公证机关申请进行公证，并由财团法人海峡交流基金会将公证书副本寄送给内地的公证员协会，公证员协会收到并进行登记后再转寄给公证书使用部门。未经台湾本地公证机关进行公证的文书或未按上述流程进行转递的公证文书在内地均不具备证明效力。

（四）与中国建立了外交关系的国家发往中国国内使用的民商事文书

从与中国建立了外交关系的国家发往中国国内使用的公证文书因申办主体不同可分为两种类型：在国外的中国公民申办在国

内使用的公证书和在国外的外国公民申办在中国国内使用的公证书。由于中国驻外使领馆原则上仅受理中国公民的公证申请，外国公民（包括外籍华人）只能向中国驻外使领馆申请认证。

1. 在国外的中国公民申办在国内使用的公证书，应由本人直接到居住地所在的中国驻该国使领馆办理公证。首先，驻外使领馆并非对任何事务均可办理公证事宜。需要公证的事实或法律行为发生在中国国内的，如出生、死亡、结婚等事项，当事人应在出国前办妥有关公证，驻外使领馆不能为此办理公证。如当事人已经出国且近期内不便回国办理，可委托国内亲友办理上述文书的公证和认证手续。

从我国驻外使领馆的外交实践来看，中国驻外使领馆主要办理以下几类公证：声明书公证、委托书公证、婚姻状况公证、健在公证、居留公证、部分证件复印件与原件相符公证等。

例如，中国驻悉尼总领事馆可为在领区新州内居住的中国公民办理下述公证：（1）证明当事人签字属实类公证，如授权委托书、声明书、民事诉状、离婚意见书等；（2）证明原件与复印件相符类公证；（3）健在类公证；（4）指纹类公证：证明印在纸上的确为某人的指纹；（5）永居身份类公证。

其次，值得注意的是，中国驻外使领馆原则上仅受理中国公民的公证申请，外国公民（包括外籍华裔）如需申办在中国使用的民商事文书，应向中国驻外使领馆申办领事认证。申办公证需要当事人本人前往总领事馆，在领事面前签名，如中国公民因故不能本人前往办理公证，则应按领事认证的程序向驻外使领馆申请认证。

另根据我国《民法通则》的规定，18 周岁以下的中国公民是无或限制民事行为能力人，因此，在国外的 18 周岁以下中国公民不能独立向总领事馆申办公证，如需以本人名义申办公证，应由其监护人代为办理，并出示有关监护关系、监护权限的证明材料。

2. 在国外的外国公民申办在中国国内使用的民商事文书。中国驻外使领馆原则上只受理中国公民的公证申请，外国公民（包括外籍华人）如需办理证明文件在中国使用，应首先在居住国当地办妥相应文件的公证，然后提交居住国外交部门或其授权机构办理公证文件的认证，再提交给我国驻外使领馆进行认证。在此程序中，我驻外使领馆仅对居住国外交部门或其授权机构认证官员的签字和该办的印章属实进行认证，对文件内容不负任何责任。如果被认证文件内容与中国法律及有关规定相抵触，总领馆将拒绝认证。

（五）未与中国建交的国家发往中国国内使用的民商事文书

由于一国的使领馆只能在与其建立了外交关系的国家派驻，因此，如未与中国建交国家送往中国使用的各类文书，需先在该国办妥公证，经该国外交部或其授权机构认证后，办理与我国有外交关系国家驻该国使领馆的认证，再经由与我国有外交关系的国家的外交部或其授权机构认证其驻外使领馆的印章及签字属实，完成上述手续后，送中国驻该建交国使领馆办理领事认证，至此，该份文书即获得了在中国境内使用的证明效力。

五、法律风险防控建议

（一）明确并掌握有关流程和步骤

考虑到在金融实务中此类持国外制成的文书前来办理业务的事例并不常见，而且领事认证和公证的程序和步骤非常复杂，要求所有的柜台一线工作人员熟练掌握业务要领比较困难，因此，为减轻柜台压力，有效避免因审核不到位出现的法律风险，建议可指定某一业务部门作为牵头部门，负责制定相关的业务办法和业务指引，明确领事公证和认证的流程和步骤；在支行层面上则指定专人和窗口负责受理此类业务，并由牵头部门对支行具体负责人员进行针对性的集中培训，使其熟练掌握领事认证和公证的程序和审核要领，避免出现业务风险。

（二）具体办理涉外文书业务时应重点审核的要素

1. 涉外文书是否需经领事认证和公证。并非所有的涉外文书均须办理我国领事认证和公证，如系由外国驻华使馆或驻中国内地及香港、澳门领馆为其本国公民出具的公证文书可直接在境内使用，此类文书已经具备了公证的效力，无须再行办理领事认证和公证。

2. 涉外公证文书的要素是否完整。即文书内容是否为办理业务所需的授权文书或证明文书；文书是否为有权人或机构出具；需要办理公证或认证的，是否为有权机构办理等。

3. 涉外公证文书的传递路径是否正确。例如香港发往内地使用的民商事文书除应依法申请委托公证人出具公证书外，还必须由司法部所属的中国法律服务（香港）有限公司负责确认并加盖专递专用章，才在内地具备证明效力。

（三）做好客户解释与沟通工作

由于办理领事认证和公证的程序较为繁琐，普通客户对此不一定了解，因此办理业务时，柜面工作人员应及时做好解释工作，告知客户相关的法律规定，以提高工作效率。在业务办理过程中，如对相关证明文书的审核存在疑问，可与客户协商，通过网络、邮件、电话等方式向我国外交机构进行查询。